제2판

기업정보와 회계

| 김세연 · 김경태 공저 |

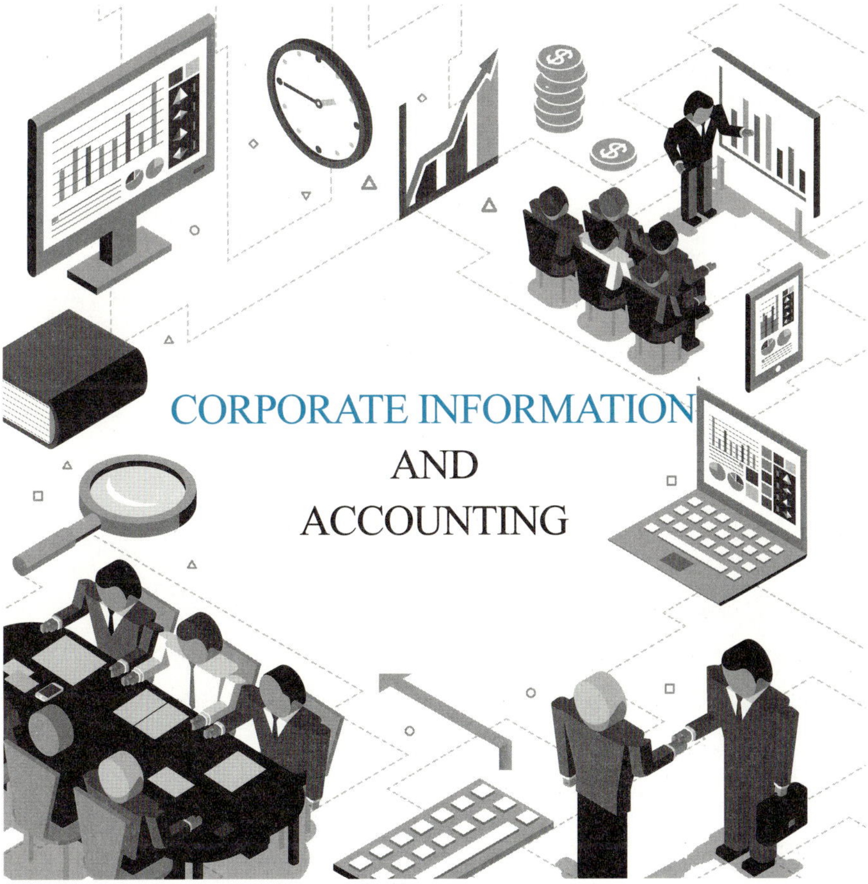

CORPORATE INFORMATION
AND
ACCOUNTING

창 민 사

2판 머리말

초판을 출간한 이후 학생들을 포함한 독자들과 회계에 대한 기본적인 내용들을 살펴본 지 3년이라는 시간이 지나갔다.

본서의 초판 머리말에서도 언급한 바와 같이 회계를 지속적으로 배워가려는 계획을 가진 사람에게나, 진로나 현업 등의 이유로 단기간에 회계를 알아보려 하는 사람 모두에게 회계의 시작은 쉽지 않은 도전이다.

많은 학문 분야들과 마찬가지로 회계도 먼저 그 내용을 살펴본 사람을 따라서 배우며 이해해 나가는 것이 좋은 학습 방법이 될 수 있을 것이다. 하지만, 회계에 대하여 알고 싶고 회계를 배우고 싶은 사람들 가운데 많은 이들은 단기간에 강의를 통해 회계를 배울 수 있는 환경에 속하기 어려울 수도 있다. 따라서 본서에서는 당신을 포함한 독자들이 지금 회계를 배울 수 있는 환경에 속해 있지 않은 상황에서 혼자 회계를 처음 보게 될 가능성도 있다는 것을 감안해서 각각의 주제들에 대해서 할 수 있는 대로 상세한 설명을 포함하고자 노력하였다.

제2판의 내용은 초판과 마찬가지로 회계정보가 만들어지는 기본적인 원리(제1부), 회계를 알아가는 단계에서 제대로 알아 놓아야 할 핵심적인 내용(제2부), 그리고 기업 속에서 나타나는 회계의 실제 모습(제3부)으로 구성되어 있다. 본서는 회계를 처음 접하는 독자들을 위한 회계 입문서임에도 회계를 알아가는 가장 기초적인 내용뿐만 아니라 회계를 제대로 이해하는 데 꼭 필요한 주제라면 기초적인 단계를 넘어서는 내용이더라도 가능한 한 쉽게 정리해서 다루어 보고자 하였다. 더불어 초판을 출간한 이후 수업을 통해서 공유된 개선 사항들과 회계기준의 제정 및 개정 내용들도 반영하고자 하였다.

제2판을 준비하는 과정에서 본서의 내용과 형식의 개선을 위해 유익한 아이디어와 도움을 주신 곽세진 회계사님과 서울시립대학교 경영학부 교수님들께 감사를 전한다. 책이 준비되고 출간되는 과정 동안 독자들에게 도움을 줄 수 있는 책이 나올 수 있도록 최선을 다해 애써 주신 창민사의 윤동구 대표님과 직원 여러분들께도 감사드린다. 그리고 책을 준비해 나가는 동안 변함없이 곁에서 지지하여 준 가족들에게 감사하고 사랑한다는 말을 전하고 싶다.

이 책은 기업의 중요한 정보들 가운데 하나인 회계를 기초적인 내용부터 처음 접하는 사람들을 위한 내용들을 담고 있다. 이 책이 당신이 회계를 알아 나가는 그 길에서 당신에게 좋은 친구가 될 수 있기를 바란다.

2025. 2.

저자 일동

머리말

이 책은 중요한 기업정보 가운데 하나인 회계를 처음 접하는 사람들을 위한 내용들을 담고 있다.

회계는 회계를 지속적으로 배워가려는 계획을 가진 사람에게나, 진로나 현업 등의 이유로 단기간에 회계를 알아보려 하는 사람 모두에게 쉽지 않은 주제이다.

많은 학문 분야가 그렇듯이 회계도 먼저 그 길을 가 본 사람을 따라 배우며 알아 나가는 것이 좋은 학습방법이다. 그런데, 회계에 대하여 알고 싶은 사람들 가운데 많은 이들이 단기간에 이런 방법을 사용하기는 쉽지 않은 것이 현실이다. 진로를 고민하는 사람은 일단 진로가 정해져야 정규 학습 내용을 계획을 세워 배워 나갈 수 있을 것이고, 현업에서 업무를 하는 중에 회계에 대한 필요성을 가지게 되었다고 당장 학교로 돌아가서 회계 강의를 들을 수 있는 것은 아니지 않는가?

이런 여러 형편 가운데에서도 회계는 때로는 전공이나 교양으로 깊이 배워 보고 싶기도 한 미지의 매력적인 주제가 되기도 하고, 현업을 해 나가면서 언젠가는, 혹은 가능한 빨리 알아 놓아야 할 것 같은 숙제가 되기도 한다. 그럼 당신이 아직 전공을 정하지 못한 사람이거나, 하루 종일 맡은 일을 하느라 정신이 없는 사람이라면 당장 배울 길을 찾기가 어려운 회계를 어떻게 알아 나가야 하겠는가?

이 책은 당신이 회계를 배울 수 있는 환경에 속해 있지 않은 상황에서 혼자 회계를 처음 보게 될 가능성도 있다는 것을 감안해서 할 수 있는 대로 상세한 설명을 포함하고자 노력하였다. 당신이 있는 곳이 지하철 안이든, 카페이든, 사무실이나 방 안이든 하여튼 당신이 이 책을 펼쳐서 내용을 볼 때 혼자 있다고 막막해 하지 말고 강의실에서 수업에 참여한 학생의 심정을 가지고 회계를 알아가고 그래서 회계를 이해할 수 있기를 바란다.

이 책의 내용은 크게 회계정보가 만들어지는 기본적인 원리(제1부), 새롭게 회계를 알아가는 단계에서 알면 유용한, 아니 제대로 알아 놓아야 할 핵심적인 내용(제2부), 그리고 책 안이 아닌 기업 속에서 나타나는 회계의 실제 모습(제3부)으로 구성되어 있다. 이 책이 당신이 생전 처음 만나게 되는 회계책인 것은 맞는데 이후 회계를 더 알아갈 수 있는 상황인지 알 수가 없어서 회계를 알아가는 가장 기초적인 내용뿐만 아니라 회계를 제대로 이해하는 데 꼭 필요한 주제라면 기초적인 단계를 넘어서는 내용이더라도 가능한 쉽게 정리해서 다루어 볼 수 있도록 하였다.

앞서 말했듯이 회계는 먼저 그 길을 가 본 사람에게 배우며 알아 나가는 것이 좋은 학습방법이므로 수업을 통해서 이 책을 배우거나, 혹은 이 책을 활용하게 된다면 전공이나 혹은 교양으로서 당신이 궁금해하던 회계의 면면들을 알아가는 과정에서 이 책에 정리된 상세한 설명들이 유용한 도움이 될 것이다. 혼자 회계를 알아가야 할지도 모르는 상황을 생각해서 자세하게 정리된 책을 스승님과 같이 볼 수 있다면 또 얼마나 도움이 되겠는가? 그리고 학생들에게 회계를 가르치는 입장에서도 이 책에 정리된 설명들을 학생들이 완벽하지는 않더라도 어느 정도 스스로 이해할 수 있다면 도저히 건너뛸 수 없는 내용들을 처음부터 끝까지 다 전달하고 이해시키느라 늘 빠듯하게 진도를 맞추던 어려움을 줄이고, 학생들에게 시간을 가지고 제대로 전해주고 싶었던 내용을 다루는 데에 조금은 더 집중할 수 있을 것이라고 기대한다.

이 책을 준비하면서 많은 분들의 도움을 받았다. 책의 내용과 형식에서 많은 아이디어와 도움을 주신 곽세진 회계사님과 서울시립대학교 경영학부 교수님들께 감사를 전한다. 책이 출간될 수 있도록 최선을 다해 노력해 주신 창민사의 윤동구 대표님과 직원 여러분들께도 감사드린다. 그리고 책을 준비해 나가는 동안 늘 곁에서 지지하여 준 가족들에게 감사하고 사랑한다는 말을 전하고 싶다.

당신에게 이 책이 회계를 학문으로 배워가는 기나긴 과정을 열어주는 서막이 될지, 아니면 현실을 헤쳐 나가는 만만치 않은 여정 가운데 당신에게 회계의 방향을 일깨워 주는 유일한 지도가 될지 알 수는 없지만, 부디 이 책이 당신이 회계를 알아 나가는 그 길에서 당신에게 좋은 친구가 될 수 있기를 바란다.

2022년 2월

저자 김세연, 김경태

차 례

| 제1부 | 회계란 무엇인가?

제1장 회계를 보는 시각

제1절 회계의 정의와 종류 18
제2절 경영과 회계 22
제3절 기업과 회계 25
제4절 회계, 정보, 재무제표 28
◈ OX문제 • 31

제2장 재무상태표는 격이 다른 재무제표!

제1절 자산, 부채, 자본 34
제2절 기업과 거래 38
제3절 재무상태의 변동 40
3.1 재무상태의 변동_대차평균의 원리 • 41

3.2 재무상태의 변동_재무상태표 • 48

3.3 재무상태표의 구조와 내용 • 63

◈ OX문제 • 72 ◈ 연습문제 • 73

제3장 기업의 성적표, 손익계산서

제1절 **수익과 비용의 이해** 76

제2절 **손익계산서를 만들어 보자!** 82

제3절 **손익계산서를 이해할 때 명심하여야 할 것들** 86

◈ OX문제 • 94 ◈ 연습문제 • 95

제4장 돌고 도는 회계

제1절 **회계순환과정의 개념** 99

제2절 **분 개** 100

제3절 **전 기** 102

제4절 **시산표 작성** 109

제5절 **마 감** 115

보 론 **회계정보의 세부 흐름** 128

◈ OX문제 • 129 ◈ 연습문제 • 130

| 제2부 | 회계정보를 이해하려면 이건 꼭 알자!

제5장 바로 지금 분개를 하는 이유

제1절 **선급비용** 137

제2절 **선수수익** 142

제3절 **미지급비용** 145

제4절 **미수수익** 148

◈ **OX문제** • 151 ◈ **연습문제** • 152

제6장 내가 판매한 재고자산은 얼마짜리?

제1절 **재고자산의 개요** 156

제2절 **재고자산의 회계처리방법** 157

제3절 **원가흐름의 가정** 163

◈ **OX문제** • 175 ◈ **연습문제** • 176

제7장 장부금액이 알려주는 것

제1절 **유형자산의 개요** 182

제2절 **유형자산의 감가상각** 184

2.1 감가상각 필수요소 1_감가상각 대상 금액 • 185

2.2 감가상각 필수요소 2_내용연수 • 186

2.3 감가상각 필수요소 2_감가상각방법 • 187

제3절 유형자산의 재평가 205
3.1 재평가 시 평가(회계처리)방법 • 213
보 론 감가상각방법-정률법 220
◈ OX문제 • 223 ◈ 연습문제 • 224

제8장 있는데 보이지 않네

제1절 무형자산의 개요 228
제2절 보이지도 않는 무형자산을 어떻게 정의하는가? 229
제3절 무형자산의 종류 231
3.1 개별취득 무형자산 • 231
3.2 개발비 • 233
3.3 영업권 • 238
제4절 무형자산의 손상 247
◈ OX문제 • 258 ◈ 연습문제 • 259

제9장 회계정보는 현재를 말한다

제1절 회계정보의 시점은 현재 263
제2절 회계와 화폐의 시간가치 268
제3절 현재가치와 미래가치의 무차별성 271
◈ OX문제 • 280 ◈ 연습문제 • 281

제10장 또 다른 금액

제1절 인 식 284
제2절 측 정 287
◈ OX문제 • 292 ◈ 연습문제 • 293

| 제3부 | 구슬이 서 말이라도 꿰어야 보배

제11장 이익이 난다고 꼭 돈이 들어오는 건 아니다

제1절 결산이라는 작업에 대한 이해 298
제2절 현금주의와 현금흐름표의 이해 299
보 론 결산수정분개와 회계정보 308

제12장 재고자산이 갖고 있는 운명

제1절 재고자산과 매출원가의 관계에 대한 이해 322
제2절 재고자산 평가방법과 기업실적에 대한 이해 325

제13장 유형자산! 그들이 사라지는 방법

제1절 유형자산과 감가상각의 관계 330
제2절 감가상각비와 투자활동 현금흐름의 관계 이해 333

제14장 보이지 않는 자산이 일으키는 논란

제1절 무형자산의 자산성에 대한 이해 ······ 338
제2절 무형자산의 손상평가에 대한 이해 ······ 342

제15장 도대체 가치가 얼마나 되는 것일까?

제1절 미래 현금흐름과 기업가치 ······ 348
제2절 미래 현금흐름과 손상평가 ······ 355
제3절 계속기업의 가정과 기업가치평가 ······ 357

제16장 적을까 말까? 적는다면 얼마로 적을까?

제1절 인식하지 못하는 자산의 존재에 대한 이해 ······ 362
제2절 측정을 위한 결산 시의 사투에 대한 이해 ······ 364

해 답 ······ 367
찾아보기 ······ 403

제 1 부

회계란 무엇인가?
(부제: 회계의 이해)

제1장 회계를 보는 시각
제2장 재무상태표는 격이 다른 재무제표!
제3장 기업의 성적표, 손익계산서
제4장 돌고 도는 회계

당신은 어디에 있는가? 당신은 투자를 하러 가고 있다. 당신은 100만원을 가지고 있었는데 나신뢰 씨로부터 지금 100만원을 투자하고 1년 후에 109만원을 얻게 되는 투자정보를 전해 듣고 투자를 하러 가는 중이다. 당신이 제안받은 투자정보는 당신의 의사결정에 영향을 미친다. 당신이 100만원을 지갑에 넣어서 가지고 있다면 1년 뒤에도 100만원이지만 투자를 하면 1년 동안 9만원을 벌 수 있다.

만약 당신이 투자를 하러 가는 길에 은행에서 10%의 수익률을 제공하는 것을 알게 되었다면?

당신이 투자하러 가는 길에 알게 된 은행의 예금이자율 10%라는 정보는 당신의 의사결정에 영향을 미친다. 당신은 당신의 100만원을 나신뢰 씨에게 투자하는 것보다 은행에 예금하면 1년 뒤에 1만원을 더 벌 수 있기 때문에 다른 조건이 동일하다면 투자를 하는 대신 은행에 예금하게 될 것이다.

위의 예시에서 당신이 나신뢰 씨로부터 투자에 대한 정보를 받기 전에는 어떤 의사결정을 하게 되는가? '가지고 있는 돈을 원래 보관하던 곳에서 잃어버리지 말고 잘 보관해야지'라고 생각했을지도 모르겠다. 그러다가 나신뢰 씨로부터 투자에 대한 정보를 받고 나자, 기존에 가지고 있던 정보와 새로운 정보(나신뢰 씨로부터 얻게 된 투자정보)를 모두 이용해서 '가지고 있는 돈 100만원을 투자해서 9만원을 벌어야겠다'라는 의사결정을 하게 된 것이다. 이어서 은행의 이자 정보를 알게 된 후에는, 기존에 가지고 있던 정보(나신뢰 씨로부터 얻게 된 투자정보 포함)와 새로운 정보(은행의 이자 정보)를 모두 이용해서 '투자를 하지 말고 은행에 예금하고 이자수익 10만원을 벌어야겠다'라는 의사결정을 하게 된 것이다.

때에 따라서 당신의 의사결정이 물론 모든 정보를 완벽하게 획득했을 때 이루어질 수도 있지만, 많은 경우에 있어서 당신의 의사결정은 세상에 존재하고 있는 모든 정보가 아닌 당신이 의사결정을 하는 시점에 가용할 수 있는 모든 정보들을 활용한 최선의 결과이다.

위의 예에서 당신이 가지고 있는 100만원은 당신이 가용할 수 있는 정보의 수준에 따라 각 상황에서 최선을 다한 결과로서 100만원이 되기도 하며(자가 보유), 109만원이 되기도 하며(투자), 110만원이 되기도 한다(은행 예금). 다시 말하지만 어떤 의사결정이 잘한 것이고, 어떤 의사결정은 잘하지 못한 것임을 말하고자 하는 것이 전혀 아니다. 대부분의 의사결정은 주어진 상황에서 좋은 결과를 얻기 위한 최선의 노력을 통해 이루어진다.

당신은 많은 선택의 순간에 당신에게 유리한 결과를 가져올 수 있도록 할 수 있게 최선을 다할 것이다. 그리고 앞서 언급한 바와 같이 매 시점의 선택에 있어 당신은 당신의 결정에 영향을 미칠 수 있는 가용할 수 있는 모든 정보를 활용할 것이다. 자, 당신의 최종 의사결정은 무엇인가? 당신이 회계정보를 이해하고 이용할 수 있다면 회계정보를 포함해서, 그렇지 않다면 회계정보가 포함되지 않은 이용할 수 있는 정보들을 이용해서 최선의 투자 의사결정을 하였으리라 확신한다.

당신에게 말하고 싶은 것은 당신이 이해하고 가용할 수 있는 정보의 수준이 당신의 의사결정에 영향을 미치며, 이에 따라 의사결정의 결과도 달라질 수 있다는 것이다. 그리고 당신의 의사결정에 영향을 미칠 수 있는 수많은 정보 가운데 회계정보도 포함될 수 있음을 말하고 싶다.

제 1 장

회계를 보는 시각
(부제: 회계의 기초)

제1절 회계의 정의와 종류
제2절 경영과 회계
제3절 기업과 회계
제4절 회계, 정보, 재무제표

당신은 어디에 있는가? 당신은 회계, 그리고 회계정보를 알아가는 그 첫 번째 발걸음을 내딛고 있다. 본 장에서는 회계가 가지는 정보로서의 의미를 알기 위해서 먼저 회계가 의미하는 정의와 회계의 종류들, 그리고 회계를 둘러싸고 있는 환경에 대하여 차례로 생각해 보고자 한다.

제1절 회계의 정의와 종류

회계(accounting)란 개인이나 기업 등의 경제 주체가 특정 기간 동안 발생한 경제적 거래나 사건을 기록한 후 그 결과를 정리하여 회계정보가 필요한 사람들에게 제공하는 일련의 과정을 말한다.

조금 더 구체적으로 살펴보면 개인이나 기업 등 다양한 의사결정 주체, 다시 말해서 의사결정자들은 자신의 의사결정 시에 자신이 가용할 수 있는 모든 정보를 활용하여 최선의 의사결정을 하고자 한다. 여기에서 의사결정자들이 활용하는 다양한 정보 가운데 회계정보가 포함됨은 물론이다.[1)]

회계란 이와 같이 회계정보를 이용하고자 하는 정보이용자들의 의사결정에 도움을 주기 위하여 회계정보를 만들고 제공하는 것을 의미한다.

그렇다면, 구체적으로 회계정보에는 어떠한 것들이 있고 회계정보는 어떤 특성을 가지고 있을까? 이에 대한 구체적인 논의를 하기에 앞서서 본 절에서는 먼저 일반적으로 이루어지는 회계의 구분에 대하여 이야기해 보도록 한다.

더 세부적인 구분도 가능하겠지만 일반적으로 회계는 제공되는 정보의 성격에 따라 크게 재무회계, 관리회계, 세무회계 및 회계감사라는 네 가지 회계 종류로 구분해 볼 수 있다.

---

1) 당신이 투자하려는 기업이 이익을 내는 기업이면 좋겠는가? 아니면 손실을 내는 기업이면 좋겠는가? 이 질문이 신경 쓰인다면 당신은 이미 투자 여부라는 의사결정에 회계정보를 사용할지를 심각하게 고려하고 있는 것이다.

그림 1.1 회계의 종류_재무회계와 관리회계

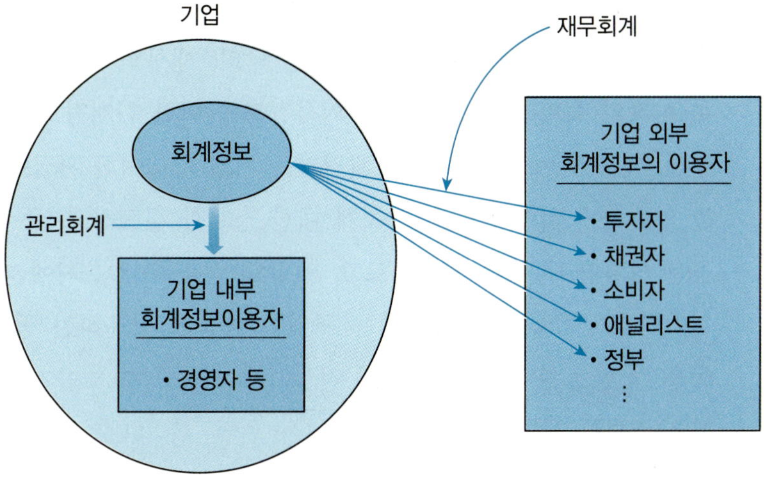

먼저 [그림 1.1]을 이용해서 재무회계(financial accounting)와 관리회계(management accounting)를 살펴보도록 하자. 앞서 우리는 회계가 회계정보이용자들의 의사결정에 필요한 회계정보를 정리하고 제공하는 일련의 과정이라고 하였다. 그렇다면 회계정보는 누가 정리해서 제공하는가? 당연한 말이겠지만 회계정보의 주체는 해당 회계정보를 가지고 있는 기업이며 회계정보 제공의 책임자는 해당 기업의 경영자이다. 그렇다면 기업은 도대체 어떤 회계정보이용자를 위해서 회계정보를 만들게 되는가? 기업의 정보를 필요로 하는 이용자는 기업 외부에도 있지만 동시에 기업 내부에도 있을 수 있다.[2] 이와 관련해서 회계에서 투자자, 채권자, 소비자 등 기업 외부의 다양한 의사결정자들에게 제공하는 정보와 관련된 회계를 재무회계라 하고, 경영자 등 기업 내부의 의사결정자에게 제공하는 정보와 관련된 회계를 관리회계라고 한다.

---

2) 예로서 기업 외부의 채권자는 자신이 기업에 자금을 대여하였을 시에, 미래 원금과 이자를 안전하게 회수할 수 있을지에 대한 관심이 있고, 자금 대여 여부라는 의사결정을 위해서 해당 기업의 회계정보를 활용할 가능성이 있다. 반면 기업 내부에 있는 경영자는 기업경영과 관련한 의사결정 시에 여러 사업부들 간에 재무상태나 성과에 어떤 차이점이 있는가에 대한 정보를 활용할 가능성이 있다.

그렇다면 재무회계와 관리회계는 어떤 차이점을 가지게 되는가? 앞서 언급하였듯이 관리회계가 기업 내부의 경영자 등 특정 정보이용자들의 의사결정에 필요한 회계정보를 제공하는 것과는 달리, 재무회계에서는 기업 외부의 다양한 성격의 회계정보이용자들의 의사결정을 위한 회계정보를 제공하고 있다. 그런데, 외부의 이용자 가운데, 채권자는 기업에 대여한 자금에 대한 원금과 이자를 안전하게 회수할 수 있을지에 대한 정보가 필요하고, 주주는 기업이 앞으로 높은 성과를 내서 주가도 오르고, 배당도 받을 수 있을지에 대한 정보가 필요할 것이다. 또, 소비자의 경우에는 구입한 제품을 사용하는 동안 제품보증서비스 등을 잘 받을 수 있도록 기업이 건실하게 지속할 수 있을지에 대한 정보가 필요할 수 있다.

재무회계 측면에서 다양한 회계정보이용자들의 의사결정에 필요한 정보들을 요청이 있을 때마다 개별적으로 정리하여 제공하는 것은 쉽지 않은 일이다. 이에 따라 다양한 기업 외부의 회계정보이용자들의 필요 정보를 충분히 포함하는 단일의 회계정보를 제공하고, 기업 외부의 회계정보이용자들은 단일의 회계정보로부터 각자의 상황에서 필요한 정보를 취사선택하여 활용하게 되었다.[3] 이러한 단일의 회계정보를 일반적으로 인정된 회계원칙(GAAP, Generally Accepted Accounting Principles)이라고 하는데, 우리가 이해하기에는 회계기준이라는 말이 더 친숙할 것 같다. [그림 1.2]는 기업에서 기업 외부의 회계정보이용자들을 위해서 단일의 회계정보를 제공하고 그 회계정보로부터 기업 외부의 회계정보이용자들이 정보를 얻는 재무회계의 정보 전달 방식을 정리한 것으로 [그림 1.1]과는 사뭇 다른 모습을 보이고 있다.

회계의 또 다른 분야로는 회계감사(auditing)와 세무회계(tax accounting)가 있다.

기업의 외부정보이용자들은 기업으로부터 제공받은 해당 정보가 회계기준을

3) '단일의 회계정보'라고 하지만, 그 내용에는 앞으로 우리가 살펴보게 될 재무상태표나 손익계산서와 같은 수많은 정보들이 포함되어 있다. 회계정보들을 만들어서 제공하는 원칙이 하나라는 것이지 제공되는 회계정보가 하나라는 의미는 아니다.

그림 1.2 재무회계와 일반적으로 인정된 회계원칙

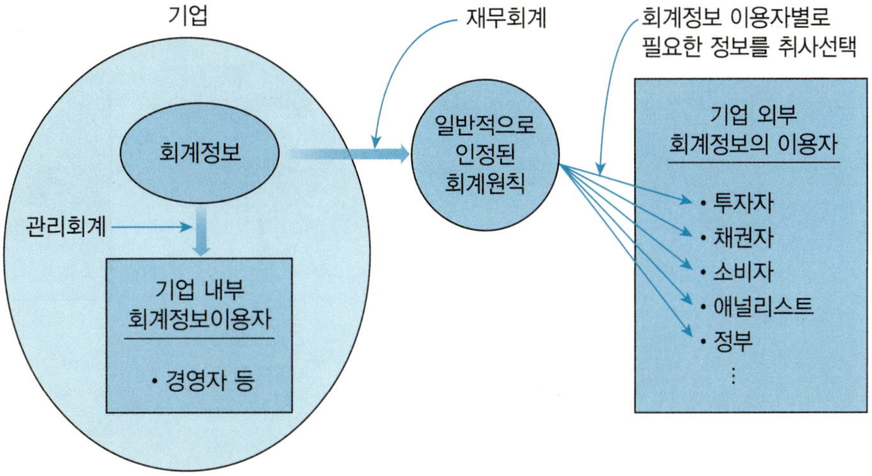

준수하여 적정하게 작성되었다고 믿을 때에 해당 회계정보를 이용하여 의사결정을 하게 된다. 만약 기업 외부의 정보이용자들이 회계정보를 신뢰하지 못한다면, 회계정보는 의사결정 시에 외면받을 것이고 회계정보이용자들의 의사결정에 유용한 정보를 제공한다는 회계 목적의 달성은 어렵게 된다. 회계감사는 기업이 작성한 회계정보가 회계기준을 준수하여 적정하게 작성되었는지에 대하여 회계정보 제공의 주체인 기업, 그리고 외부정보이용자들로부터 독립적인 제3자가 검토하고 적정 여부에 대한 의견을 제시하는 것을 의미한다. 기업 및 외부정보이용자들과 독립적인 제3자가 기업의 회계정보가 적정하게 작성된 것으로 밝힐 때, 기업의 외부정보이용자들은 해당 회계정보를 신뢰하고 의사결정에 활용할 수 있게 된다.

기업은 일정 기간 동안의 경영활동의 결과인 성과에 따라 세금을 납부한다. 세무회계는 일정 기간 동안의 경영활동의 결과인 성과에 따라 납부하게 되는 세금을 산정하는 것을 주된 내용으로 하고 있다.

그림 1.3 회계감사

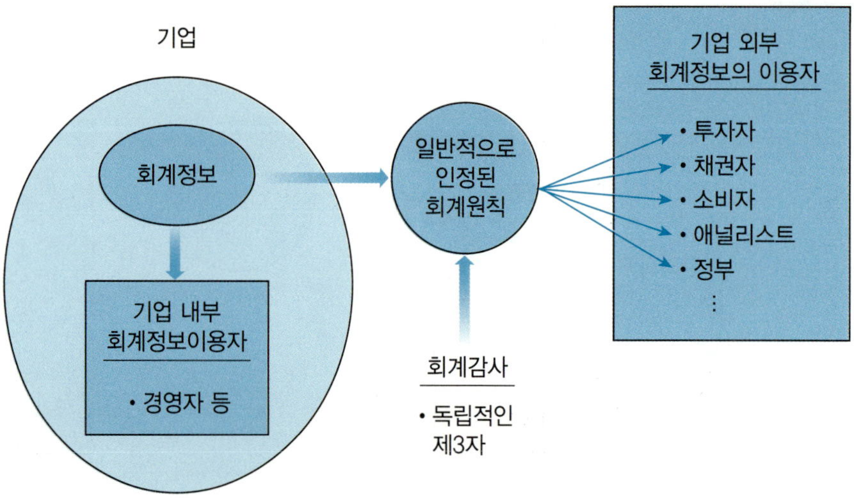

제2절 경영과 회계

이상의 내용에서 우리는 회계의 정의와 종류에 대하여 알아보았다.

우리가 보고 있는 회계와 관련하여 회계의 대상이 되는 기업의 경영이 어떠한 요소들로 구성되어 있으며 그 가운데 회계가 기업의 다른 경영요소들과 어떠한 관계를 가지고 있는가를 이해할 수 있을 때 회계 측면에서의 기업정보의 생산과 활용도 더 효과적으로 할 수 있게 된다. 다시 말하면 우리가 회계 측면에서 다루는 기업이라는 것을 기업의 다른 구성요소들, 그리고 기업 외부의 경영환경과 무관하게 단지 회계의 시각만으로 판단하는 것이 아니라 기업 내부와 외부의 다양한 환경에 적응해 나가는 유기체라는 시각에서 판단할 필요가 있다는 것이다. 따라서 기업정보를 회계의 시각에서 이해하고 활용할 때에도 다양한 요소들의 유기체라는 기업의 특성을 감안할 필요가 있다. 이러한 시각을 가질 수 있을 때 우리가 회계 측면에서 바라보는 기업, 그리고 그 기업의 정보가 의미하는 바에 대한 좀 더 깊은 이해가 가능하게 되는 것이다.

당신에게 한 가지 질문을 하도록 하겠다.

예를 들어 어떤 기업이 작년에 100만큼의 성과를 거두었고, 올해 110만큼의 성과를 거두었다고 생각해 보자. 당신은 이 기업이 내년에 얼마만큼의 성과를 거둘 것으로 예상하는가? 이 기업의 과거로부터 성과 추이의 연장으로 접근할 때 당신은 이 기업이 내년에는 120정도의 성과를 거둘 것이라고 예측할 수 있을 것이다. 그러나 기업이 과거에 이러저러한 사업을 해 왔고 어떤 수준의 영업 규모를 유지하여 왔으니, 과거와 같이 앞으로도 이러한 추세가 유지될 것이라고 단순하게 판단하는 것은 기업의 다양한 특성의 변화 가능성과 기업을 둘러싼 외부 경영환경의 변화를 고려하지 못하는 위험한 판단이 될 수 있다.

우리는 이 책을 통해서 기업, 그리고 기업의 정보를 회계 측면에서 이해하고자 한다. 회계를 아우르는 전반적인 경영의 시각에서 기업의 외부 환경요인들을 파악하고, 기업의 다양한 내부 역량들을 변화시키는 것을 경영전략(business strategy)이라고 하는데 이러한 경영전략은 미래 기업 성과의 성패를 결정짓게 된다.

[그림 1.4]는 기업의 유기적인 특성을 살펴보기 위해서 기업의 내부와 외부의 여러 요소들 간의 관계를 정리하여 놓은 것이다. 이와 관련해서, 먼저 [그림 1.4]는 기업이 전체 경영요소들 가운데 경영환경이라는 기업외부요인의 영향을 받고 있음을 보여주고 있다.

다음으로, 전체 경영요소들 가운데 기업내부역량은 인사조직, 회계/재무, 정보 등 기업을 구성하고 있는 구조(structure)와 이러한 구조를 효과적으로 운영하는 시스템(인사조직, 회계/재무, 정보, 마케팅, 생산, 관리 등)의 연합이라고 할 수 있다. 정리하면, 기업의 경영자는 기업 외부의 경영환경을 파악하고, 이를 고려하여 경영전략을 수립하며, 수립한 경영전략을 달성하기 위해 기업 내부의 역량을 효과적으로 활용하게 된다. 그리고 이러한 일련의 과정의 결과가 기업의 미래 경영성과로 나타나게 되는 것이다.

앞서 살펴본 내용에서 내년의 성과를 파악한다는 것이 회계 측면에서는 최종적으로 하나, 또는 복수의 금액 수치의 산정일 수 있다. 하지만, 이러한 구체

그림 1.4 기업경영의 요소

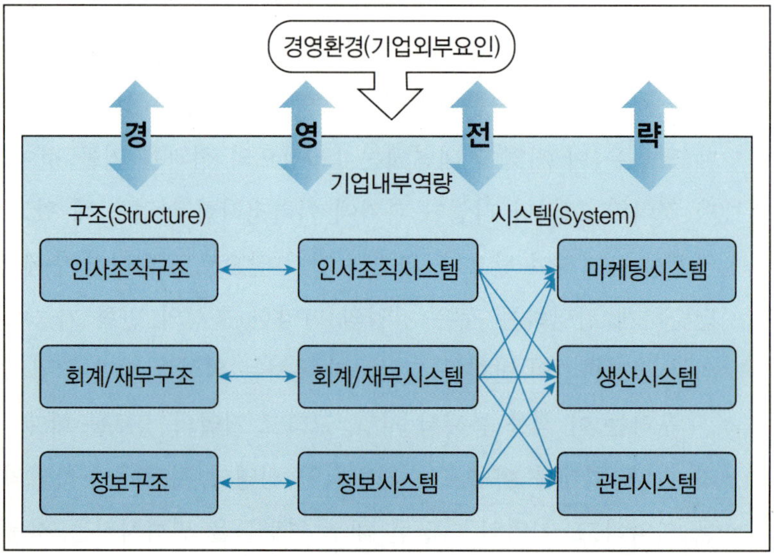

적인 정보의 산정에 있어 그 이면에 존재하고 있는 기업의 외부 경영환경, 경영전략, 다양한 내부의 경영요소들과 역량에 대한 심도 깊은 이해가 선행될 때에 회계 측면에서의 정보 활용도 더욱 유용한 의미를 가지게 될 것이다.

이제 우리가 앞서 생각해 본 미래의 성과를 다시 추정해 보자.[4] 예로서 우리가 성과를 추정하는 기업이 케이블 회사라면, 우선 향후 케이블 시장의 전체 이용자수를 추정한 후, 추정 대상 기업의 경영전략과 내부 요소들의 역량에 근거하여, 전체 케이블 시장 규모 대비 해당 기업의 시장점유율이 어느 수준이 될지 예측한 후에 앞서 추정된 시장의 전체 이용자수에 적용하면 해당 기업의 가입고객수를 추정할 수 있게 된다. 추정된 해당 기업의 가입고객수에 해당 기업의 케이블상품 가격정책을 대입하면 미래의 성과를 추정할 수 있게 된다.

---

4) 우리는 앞서 어떤 기업이 작년에 100만큼의 성과를 거두었고, 올해 110만큼의 성과를 거두었을 때 이 기업이 내년에는 120정도의 성과를 거둘 것이라고 예측하여 본 바 있다.

〈예시 1.1〉

산업용 케이블 서비스를 제공하는 (주)세연케이블의 20×1년과 20×2년의 성과는 각각 100억과 110억이었다. (주)세연케이블은 20×3년의 성과를 예측하고자 한다.

(주)세연케이블은 20×3년의 성과를 예측하기 위하여 다음과 같은 정보를 수집하였다.

- 20×3년 케이블 시장 이용자수(연평균/예상): 100만명
- 20×3년 (주)세연케이블의 시장점유율(예상): 25%
- (주)세연케이블의 케이블상품 가격정책: 단일 금액 52,000원(연 단위)

(주)세연케이블의 20×3년 성과는 얼마가 될 것으로 예측하는가?

(주)세연케이블의 20×3년 가입고객수(예상): 100만명 × 25% = 25만명

(주)세연케이블의 20×3년 성과(예상): 25만명 × 52,000원 = 130억원

기업의 성과는 회계 측면에서 중요한 정보이다. 여러분은 기업의 내부와 외부의 다양한 요소들을 고려하여 산출된 회계정보를 생각해 볼 수도 있고, 단순히 과거의 추세를 고려하여 구한 회계정보를 생각해 볼 수도 있다. 여러분은 어떤 회계정보를 이용할 것인가? 만약 전자를 생각하고 있다면, 회계 측면에서의 기업정보가 결코 회계만 관련된 것이 아니라 유기적으로 연결된 다양한 기업 내부와 외부의 요소들과도 연관되어 있다는 것을 잊지 말아야 할 것이다.

제3절 기업과 회계

물론 개인도 회계의 대상이 될 수 있지만 우리가 정보의 측면에서 접근하는 회계의 주된 대상은 기업이다. 그렇다면 기업은 무엇인가? 기업은 일반적으로 이윤을 창출하기 위해서 재화를 생산하고 판매하거나 용역을 제공하는 조직을

그림 1.5 회계의 대상

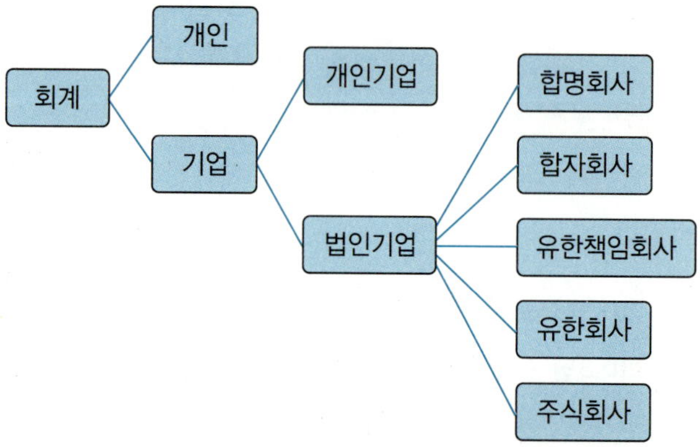

의미한다. 구체적으로 살펴보면 기업은 크게 개인기업과 법인기업으로 구분된다. 우리 주변에서 흔히 볼 수 있는 식당이나 상점, 약국 등과 같은 규모가 크지 않은 자영업의 경우에 대체적으로 개인기업으로 설립된다. 개인기업은 기업을 설립한 개인이 해당 기업의 거래나 소송 등의 당사자가 되며, 해당 기업의 소득에 대한 세금은 해당 기업을 설립한 개인이 종합소득세로 납부하게 된다. 최초 창업 시에는 규모가 크지 않아 개인기업으로 시작한 후에 기업의 소득 등의 규모가 커지게 되면 다음에 살펴볼 주식회사 형태 등 법인기업으로 전환하는 경우도 많이 있다.

개인기업과는 달리, 법인기업은 기업이 사람과 같이 권리나 의무의 주체가 된다. 따라서 기업이 다른 기업이나 사람과 거래를 할 수 있고, 소송의 당사자가 될 수 있다. 상법에서 정하고 있는 법인기업의 종류로는 [그림 1.5]와 같이 합명회사, 합자회사, 유한책임회사, 유한회사, 그리고 주식회사가 있다.[5)] 법인기업의 경우에는 법인이 법인세를 납부하게 된다. 2022년 국세청 자료를 기준으로 보면, 우리나라의 기업 종류 가운데, 개인기업은 약 8,425,342개인 것으로 나타났다. 법인기업 가운데에는 주식회사가 935,650개로 가장 많고, 유한회사/유한

5) 법인기업의 종류별 구체 특성은 경영 또는 상법 관련 교재를 참조하기 바란다.

책임회사는 42,869개, 합자회사는 2,987개, 합명회사는 950개인 것으로 나타났다.[6] 그리고 개인기업이 주식회사를 비롯한 법인기업보다 기업 수는 더 많지만, 기업의 종류별로 총수익을 비교하여 보면 주식회사의 수익이 총 5,953조원으로 가장 높은 것으로 나타났다.[7]

본 장 제1절의 일반적으로 인정된 회계원칙에서 살펴본 바와 같이 기업들이 경제적 거래나 사건을 회계 측면에서 기록할 때에 각 기업의 입장에서 임의로 판단하고 처리하는 것이 아니라 일정한 기준을 따라서 작성하게 된다. 이러한 기준을 회계기준(accounting standards)이라고 하는데 우리나라는 적용 대상기업의 특성에 따라 크게 한국채택국제회계기준(K-IFRS, Korean International Financial Reporting Standards), 일반기업회계기준(K-GAAP, Korean Generally Accepted Accounting Principles), 중소기업회계기준(Korean Accounting Standards for Small & medium Enterprises) 등의 회계기준을 사용하고 있다.

한국채택국제회계기준은 상장 및 상장예정기업과 대부분의 금융회사들

표 1.1 우리나라의 회계기준의 종류

구 분	적용 대상기업	외부감사 실시 여부[7]
한국채택국제회계기준	상장기업, 상장예정기업, 금융회사	의무
일반기업회계기준	외부감사 대상 주식회사 (한국채택국제회계기준 대상 기업 제외)	의무
중소기업회계기준	외부감사 대상 기업에 해당하지 않는 주식회사	면제

6) 국세청 자료에서는 유한회사와 유한책임회사가 구분되지 않았다.

7) 2022년 국세통계포털.

8) 주식회사를 기준으로 하면, 직전 사업연도 말의 자산총액이 500억 이상이거나 직전 사업연도의 매출액이 500억원 이상인 경우, 또는 다음의 4가지 요건 가운데 2가지 이상을 충족하는 경우에 외부감사 의무 실시 대상이 된다. (1) 직전 사업연도 말의 자산총액이 120억원 이상, (2) 직전 사업연도 말의 부채 총액이 70억원 이상, (3) 직전 사업연도 말의 매출액이 100억원 이상, (4) 직전 사업연

이 적용하는 회계기준이며 국제회계기준(IFRS, International Financial Reporting Standards)을 한국어로 번역한 것을 내용으로 하고 있으며, 2011년부터 상장기업들은 의무적으로 한국채택국제회계기준을 적용하고 있다. 일반기업회계기준은 외부감사 대상 주식회사이면서 한국채택국제회계기준의 적용 대상이 아닌 기업들이 적용하는 회계기준으로서 한국채택국제회계기준보다 상대적으로 내용이 간략하다. 그리고 중소기업회계기준은 외부감사 대상기업에 해당하지 않는 작은 규모의 주식회사들이 적용하는 회계기준이다. 처음에 잘 이해가 되지 않으면, 일단 적용 대상기업의 규모가 크고 영업 내용이 복잡할수록 적용 대상 회계기준도 내용이 많고 복잡하고, 적용 대상기업의 규모가 작을수록 적용 대상 회계기준의 내용도 상대적으로 적고 간략해진다고 생각하면 된다.

제4절 회계, 정보, 재무제표

우리는 이상의 내용에서 기업정보인 회계가 재무회계, 관리회계, 세무회계 및 회계감사와 같은 다양한 종류로 나누어진다는 것을 배웠으며, 회계정보가 그 자체로서의 의미보다는 기업 내부와 외부의 다양한 요인들과의 유기적인 관계 속에서 가지는 의미가 더 중요하다는 것도 살펴보았다. 또 회계라는 정보가 만들어지는 주된 대상인 기업이 개인기업과 다양한 법인기업의 형태로 존재할 수 있다는 것도 알게 되었다.

이제 다시 회계로 돌아와서 회계의 의미를 다시 생각해 보자. 앞서서 우리는 회계가 특정 회계주체와 관련된 거래와 사건을 정리하여 회계정보이용자들의 의사결정에 유용한 정보로 제공하는 것이라고 이야기한 바 있다. 그렇다면 회계는 어떻게 회계정보이용자들에게 제공되는가?

도 말의 종업원이 100명 이상. 이상의 내용을 살펴보면 외부감사 대상기업이 그렇지 않은 기업보다 규모나 성과 기준으로 상대적으로 더 큰 기업임을 알 수 있다.

기업의 정보라는 시각에서 회계의 범위는 매우 광범위하다. 경제신문에나 뉴스에 나오는 기업과 관련된 많은 정보 가운데 많은 것들이 회계와 관련되어 있으며, 기업의 정보를 알리는 공시들도 많은 부분 회계와 관련이 있다.

이와 같이 회계정보이용자들에게 회계정보를 전달하는 다양한 방법들이 있는데, 회계정보를 전달하는 가장 대표적인 방법은 재무제표를 통한 전달방법이다. 그리고, 회계정보를 이용하기 위해서 정보를 찾는 사람이 만나게 되는 대표적인 회계의 모습도 역시 재무제표이다.[9)]

재무제표(financial statements)는 기업의 재무상태와 경영성과를 나타내는 보고서를 뜻한다.[10)] 많은 회계정보이용자들이 재무제표로부터 기업의 회계정보를 알게 되며, 재무제표를 이용해서 해당 기업과 관련된 의사결정을 하게 된다. 재무제표는 크게 재무상태표, 손익계산서, 현금흐름표, 자본변동표 및 주석으로 구분된다.

재무상태표는 특정 시점의 기업의 재무상태를 의미하며, 손익계산서는 일정 기간 동안의 기업의 경영성과를 보여준다.[11)] 현금흐름표와 자본변동표는 각각 일정 기간 동안의 '현금'과 '주주의 몫인 자본'의 변동에 대한 정보를 제공하며, 주석은 앞서 말한 네 가지 재무제표의 본문에 나타나 있지 않지만 중요한 정보를 보여주는 보고서이다.

이와 같이 중요한 재무제표를 우리는 얼마나 알고 있어야 하는가? 우리는

---

9) 많은 사람들이 회계를 잘 이해하기 위해 애쓰는데, 대부분의 사람들이 정보로서의 회계를 이해하고 싶다고 할 때 이해하고 싶은 회계의 구체적인 대상(정보)은 재무제표인 경우가 대부분이다. 왜냐하면 대부분의 사람들이 회계정보라고 보게 되는 정보가 거의 재무제표 자체의 정보이거나 재무제표로부터 파생된 정보이기 때문이다.

10) 우리는 제2장과 제3장을 포함해서 본서의 많은 부분에서 재무제표 형태의 회계정보를 만나게 된다.

11) 다른 조건이 동일할 때 특정 시점에 기업에 재산이 많다면 그렇지 않은 경우보다 더 좋다고 말할 수 있을 것이다. 다른 조건이 동일할 때 기업의 일정 기간 동안 높은 성과를 보였다면 그렇지 않은 경우보다 더 좋다고 말할 수 있을 것이다. 기업의 재무상태와 성과는 모두 해당 기업을 평가하는 데 이용되지만 두 가지 특성이 의미하는 바가 동일한 것은 아니다. 어떤 기업의 은행 통장에 지금 1,000만원이 있다는 것(재무상태)과, 그 기업이 이번 달에 1,000만원을 벌었다는 것(성과)은 다른 의미이다.

회계 측면의 기업정보가 전달되는 주된 방법이 재무제표라는 것을 잠시 전에 배웠고, 재무상태표와 손익계산서와 같은 것들이 있다는 것도 알게 되었지만, 회계, 그리고 회계정보에 대한 구체적인 내용들은 여전히 막연하게 느껴진다. 그래서 일단은 회계와 재무제표에 대하여 다음과 같이 정리하고자 한다.

재무제표는 회계의 결과물이다.

우리는 이어지는 2장에서 회계에 대하여 좀 더 구체적으로 이야기해 보려고 한다. 그러한 과정에서 회계정보를 전달하는 주된 수단이 재무제표라는 것의 의미도 더 명확하게 이해할 수 있기를 바란다.

제1장을 마치면서 당신에게 한 가지 질문을 하고자 한다.

이 책을 보고 있는 당신은 회계라는 정보와 관련해서 어떤 역할을 하고 있거나 앞으로 하고자 하는가? 회계정보를 만들어서 기업 내부와 외부의 의사결정자들에게 제공하는 역할인가? 아니면 기업에서 회계정보를 포함한 많은 정보들을 가지고 의사결정을 해야 하는 경영자인가? 혹은 기업 외부에서 기업으로부터 제공되는 회계정보를 의사결정에 이용하고자 하는 외부정보이용자인가? 외부정보이용자라면 그 가운데 주주인가? 채권자인가? 아니면 소비자인가? 지금 언급된, 혹은 언급되지 않은 많은 경영 주체들은 앞으로 우리가 다루어 보려 하는 동일한 회계정보를 매개로 하여 상호 간에 관련되어 있기 때문에 당신이 어떤 상황에 있든지 일단 기본적으로 회계정보가 의미하는 바에 대하여 알아가는 것은 당신에게 필요한 과정이라고 생각한다.

다음 장에서는 다양한 시각들 중 기업 내부에서 회계정보를 만들어 내는 시각에서 회계, 그리고 재무제표에 대하여 좀 더 구체적으로 살펴보도록 한다.

OX 문제

1. 회계란 개인이나 기업 등의 경제 주체가 특정 기간 동안 발생한 경제적 거래나 사건을 기록하는 일련의 과정을 말한다,

2. 기업 외부의 회계정보이용자들에게 제공하는 정보와 관련된 회계를 재무회계라고 하고 기업 내부의 의사결정자에게 제공하는 정보와 관련된 회계를 관리회계라고 한다.

3. 기업의 외부정보이용자들은 기업으로부터 제공받은 해당 정보가 회계기준을 준수하여 적정하게 작성되었다고 믿을 때에 해당 회계정보를 이용하여 의사결정을 하게 된다. 회계감사란 회계정보 제공의 주체인 기업으로부터 독립적인 제3자가 외부정보이용자들을 위해서 기업이 작성한 회계정보가 회계기준을 준수하여 적정하게 작성되었는지에 대하여 검토하고 적정 여부에 대한 의견을 제시하는 것을 의미한다.

4. 일반적으로 인정된 회계원칙(generally accepted accounting principles)이 나타나게 되는 이유는 기업 외부의 회계정보이용자들이 원하는 회계정보가 동질적이기 때문이다.

5. 회계정보는 기업 내부와 외부의 다양한 경영요소들을 고려하여 산출할 때, 단순히 회계 측면에서의 과거 추세를 고려하여 정보를 산출할 때보다 더 유용한 정보가 된다.

6. 회계정보이용자들에게 회계정보를 전달하는 다양한 방법이 있는데, 회계정보를 전달하는 가장 대표적인 방법은 재무상태표를 통한 전달방법이다. 재무상태표는 기업의 재무상태와 경영성과를 나타내는 보고서이다.

7. 재무제표는 크게 재무상태표, 손익계산서, 현금흐름표, 자본변동표와 주석으로 구분된다. 이 가운데 주석은 나머지 네 가지 재무제표, 즉 재무상태표, 손익계산서, 현금흐름표와 자본변동표의 본문에 나타나 있는 중요한 정보를 주석상에서 다시 한번 보여주는 보고서이다.

제 2 장

재무상태표는 격이 다른 재무제표!

(부제: 기업의 재무상태라는 정보)

제1절 자산, 부채, 자본
제2절 기업과 거래
제3절 재무상태의 변동

당신은 지금까지 회계라는 주제를 놓고 회계 자체의 특성과 회계를 둘러싸고 있는 경영의 다양한 속성, 그리고 기업의 다양한 성격들에 대해서도 알게 되었다. 이제 회계정보를 전달하는 대표적인 수단이라고 하는 재무제표에 대하여 좀 더 자세히 알아보려는 참이다. 앞으로 우리는 재무제표의 원리를 기업의 재무상태에 대한 정보와 기업의 성과에 대한 정보의 순서대로 차례로 살펴본다.

제1절 자산, 부채, 자본

이제 막 회계를 알아가기 시작했는데 갑자기 자산, 부채, 자본과 같은 용어들이 등장했다고 긴장할 필요는 없다. 복잡하게 생각하지 말자. 그저 이제 회계에 대해서 이전보다 조금 더 구체적으로 배워보려고 하는데, 지금 배울 내용은 회계, 그리고 재무제표 가운데 재무상태표라는 것과 관련이 있다고 생각하면 당신이 이 장의 내용을 알아나갈 준비는 충분히 된 것이다.

당신에게 돈이 들어있는 지갑이 있다고 생각해 보자.

그 지갑 안에 얼마가 있는가? 예로서 5만원이 있다고 해 보자. 지갑 안에 있는 5만원의 의미는 무엇인가? 이 5만원은 당신의 생각하고 있는 목적에 따라 사용할 수 있는 5만원이다. 당신은 당신이 필요하다고 생각하는 상황에서 지갑에서 3만원이든, 5만원이든 꺼내서 쓸 수 있는 것이다.

그런데, 당신의 지갑 안에 들어있는 5만원은 어디에서 생겨서 당신의 지갑 안에 들어가게 되었을까?

5만원 중 3만원은 당신이 벌어서, 혹은 용돈으로 받아서 가지고 있던 돈을 지갑 안에 넣어 둔 것이고, 나머지 2만원은 당신의 친구에게 빌려서 지갑 안에 넣어 둔 것이라고 생각해 보자. 이때에 당신은 당신의 지갑 안에 들어있는 5만원 가운데 얼마까지 당신의 목적에 따라 사용할 수 있는가? 당신은 잠깐 3만원

과 5만원 사이에서 고민할 수도 있겠지만 곧 5만원이라고 대답할 것이다.[1)]

여기서 우리는 회계에서 나오는 자산의 의미를 생각해 볼 수 있다. 자산(assets)이란 회계의 주체, 지금 우리 상황에서는 지갑의 주인인 당신이 본인의 목적에 따라 사용하려고 가지고 있고 실제로 사용할 수도 있는 재산을 의미한다.[2)]

그렇다면 다시 한번 당신에게 물어보고 싶다. 당신의 지갑 안에 있는 5만원 중에 당신의 돈, 다시 말해서 당신의 몫은 얼마인가? 당신은 잠깐 3만원과 5만원 사이에서 고민할 수도 있겠지만 곧 3만원이라고 대답할 것이다. 그 이유는 당신의 지갑 안에 있는 5만원을 당신의 목적에 따라 당장이라도 모두 사용할 수는 있겠지만, 그 가운데 2만원은 친구에게 빌린 돈으로서 미래에 친구에게 갚아야 할 돈이고 본질적으로 당신의 돈이 아니기 때문이다.[3)]

앞서 우리는 당신이 본인의 목적에 따라 사용하려고 가지고 있고 실제로 사용할 수도 있는 재산, 우리의 예에서는 5만원을 자산이라고 정의하였다.

이제 좀 더 나아가 당신의 자산(재산)인 5만원을 원래 당신이 가지고 있었던 3만원과 친구에게서 빌린 2만원으로 나누어 생각해 보자.

여기서 우리는 회계에서 나오는 자본과 부채의 의미를 생각해 볼 수 있다. 부채(debt)란 회계의 주체, 지금 우리 상황에서는 지갑의 주인인 당신이 본인의 목적에 따라 사용하려고 가지고 있고 실제로 사용할 수도 있는 재산, 즉 자산 가운데 그 출처가 본인이 아니라 타인인 경우를 의미한다. 우리의 예에서는 지갑 안에 들어있는 5만원 가운데 2만원은 당신의 친구에게 빌린 것이니, 해당 금

---

1) 혹시 결론을 내리기 어렵다면 위와 같이 당신이 원래 가지고 있던 돈 3만원과 친구에게 빌린 돈 2만원이 들어있는 지갑을 가지고 마트에 가서 5만원어치 물건을 사고 지갑 안에서 빌린 돈 2만원이 포함되어 있는 5만원을 꺼내서 물건값을 지불하는 데 사용할 수 있는지 확인해 보기 바란다.

2) 회계에서 자산이란 '과거 사건의 결과로 기업이 통제하고 있고 미래 경제적 효익이 기업에 유입될 것으로 기대되는 자원'이라는 멋진 정의를 가지고 있다.

3) 당신이 원래 3만원을 가지고 있었는데 오늘 저녁에 쓰기에 돈이 좀 부족한 것 같아서 친구에게 내일 돌려주기로 하고 2만원을 빌렸다고 해보자. 만원권 지폐 다섯 장을 보면서 대답해 보자. 이 5만원 가운데 내 돈(내 몫)은 얼마인가? 다른 질문에도 대답해 보자. 이 5만원 가운데 내가 오늘 저녁에 쓸 수 있는 돈은 얼마인가?

액의 출처는 당신이 아니고 친구이고, 해당 금액은 당신의 몫이 아니라 당신의 친구의 몫이라고 생각하는 것이 타당하다.

그리고 자본(equity)이란 회계의 주체, 지금 우리 상황에서는 지갑의 주인인 당신이 본인의 목적에 따라 사용하려고 가지고 있고 실제로 사용할 수도 있는 재산, 즉 자산 가운데 그 출처가 본인인 경우를 의미한다. 우리의 예에서는 지갑 안에 들어있는 5만원 가운데 3만원은 당신이 원래 가지고 있었던 것이니, 해당 금액의 출처는 당신이고, 해당 금액은 당신의 몫이라고 생각하는 것이 타당하다.

이제 당신의 지갑을 가지고 정리를 해 보자.

[그림 2.1]은 당신의 지갑이다. 이제까지 우리가 살펴본 내용에 따르면 당신이 오늘 저녁에 사용할 수 있는 금액은 5만원이다. 회계의 주체, 즉 여기서는 당신이 사용할 수 있는 재산을 우리는 자산이라고 부르기로 하였는데, 그 내용을 그림의 왼쪽에 정리하면 자산 5만원으로 나타낼 수 있다.

그리고 당신이 사용하기 위해 가지고 있는 자산 5만원 가운데 출처가 당신인 금액, 즉 당신의 몫인 3만원을 자본이라고 부르기로 하였고, 자산 5만원 가운데 출처가 당신이 아닌 타인(친구)인 금액, 즉 타인(친구)의 몫인 2만원을 부채라고 부르기로 하였던 것을 기억할 것이다. 그 내용을 그림의 오른쪽에 정리하면 당신

그림 2.1 지갑 속 5만원의 의미로 보는 재무상태

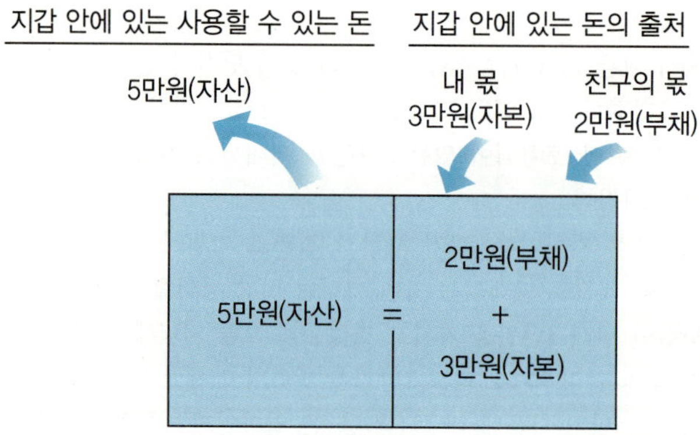

의 몫인 3만원과 당신이 아닌 타인(친구)의 몫인 2만원으로 나타낼 수 있다.

이상에서 당신은 당신 지갑의 현재 상태, 즉 당신의 재무상태를 멋지게 정리하였다. 당신은 당신이 사용할 수 있는 돈(자산) 5만원을 가지고 있으며, 그 가운데 3만원은 당신의 몫(자본)이며, 2만원은 사용할 수 있지만 미래에 갚을 의무가 있는 타인의 몫(부채)인 것이다. 부채와 자본은 이와 같이 자산의 출처(몫)가 누구에게 해당하는가를 의미하는데, 이를 다른 시각에서 생각하면 기업이 보유하고 있는 자산에 대한 청구권을 의미하기도 한다. 당신의 지갑 안에 있는 5만원(자산)에 대해서 당신(자본)과 당신의 친구(부채)는 각각 3만원과 2만원의 청구권을 가지고 있다고 볼 수 있다.

당신에게 질문을 하고 본 절을 마치고자 한다. 당신의 지갑에 쓸 수 있는 돈(자산) 5만원이 있다. 그 가운데 당신 돈(자본)이 4만원이라면, 다른 사람에게 빌려서 가지고 있는 돈(부채)은 얼마인가? 앞의 질문과 상관없이 당신이 가지고 있는 돈(자산)이 5만원 있는데 다른 사람에게 빌린 돈(부채)이 3만 5천원이라면 당신 돈(자본)은 얼마인가?[4)]

위의 두 가지 질문에 대해 답이 각각 1만원과 1만 5천원이라고 생각했다면 당신은 회계를 알아가는데 매우 중요한 개념 가운데 하나인 대차평균의 원리(principle of equilibrium)라는 것을 구체적으로 배우기도 전에 이미 이해해 버린 셈이다.[5)]

---

4) 다음의 그림을 참조하여 생각해 보기 바란다.

내 지갑 안에 들어있는 내가 쓸 수 있는 돈(자산)	=	지갑 안에 들어있는 돈 가운데 내가 원래 가지고 있던 돈(내 몫, 자본) + 지갑 안에 들어있는 돈 가운데 다른 사람에게 빌려온 돈(타인 몫, 부채)

5) 지갑 안에 들어있는 돈, 즉 내가 사용할 수 있는 돈의 총액은 정확히 내가 가지고 온 내 돈과 다른 사람에게 빌린 돈, 다시 말해서 내 몫과 타인의 몫으로 정확하게 구성되어 있다는 것은 그리 복잡하거나, 이해하기 난해한 개념은 아니다. 지갑 안에 쓸 수 있는 돈 5만원이 들어있는데, 그 가운데 내가 원래 가지고 있던 내 돈이 4만원이라면 다른 사람에게 빌린 돈은 1만원일 수밖에 없다. 지갑 안에 쓸 수 있는 돈 5만원이 들어있는데, 그 가운데 다른 사람에게 빌린

제2절 기업과 거래

우리는 앞서서 회계 주체가 자신의 목적에 따라 사용하기 위해 가지고 있는 재산을 자산이라고 정의하였다. 그리고 그 자산 총액은 출처에 따라 내 몫(자본)과 타인의 몫(부채)으로 정확하게 분할 수 있음도 살펴본 바 있다. 앞서 살펴본 당신의 지갑에는 당신의 목적에 따라 사용하기 위해 가지고 있는 재산, 즉 자산이 현금뿐이었지만 실제 개인 또는 기업의 운영에 있어 사용하기 위해 보유하고 있는 자산으로는 현금을 포함해서, 건물, 토지, 기계, 자동차, 컴퓨터 등 다양한 종류가 존재할 수 있다.

다음의 예시를 통해서 기업에서 발생할 수 있는 다양한 거래와 이에 따른 다양한 회계정보에 대해서 조금 더 구체적으로 알아보도록 하자. 이러한 내용을 통해서 당신은 회계정보가 생성되는 과정을 좀 더 상세하게 이해할 수 있게 될 것이다.

〈예시 2.1〉

서울에 사는 김세연 씨는 컨설팅사업을 위해서 컨설팅업체 (주)세연컴퍼니를 20×0년 12월에 설립하고 사업을 위한 준비를 마쳤다. (주)세연컴퍼니가 20×1년 1월 1일 기준으로 보유하고 있는 재산을 파악해 보니 다음과 같았다.

- 현금 1,000만원
- (주)현대건설 주식 400만원
- 임차보증금 300만원
- 20×1년 1월 1일 기준으로 자산을 구성하기 위한 재원(1,700만원) 중 1,000만원은 김세연 씨 본인이 출자하였으며 은행에서 차입한 금액은 700만원임

돈이 3만 5천원이라면 내가 원래 가지고 있던 내 돈은 1만 5천원일 수밖에 없다. 이러한 원리를 '대차평균의 원리'라고 하는데 '대차평균의 원리'란 간단히 말해서 자산이 부채와 자본의 합과 동일하다는 의미를 가지며 앞으로 다룰 많은 회계 개념들의 근간이 된다.

(주)세연컴퍼니는 회사 명의의 은행 통장에 1,000만원의 현금이 예금되어 있고, 회사 명의의 증권 계좌에 400만원어치의 (주)현대건설 주식을 보유하고 있으며, 사업 운영을 위해 건물을 임차하고 건물의 소유주에게 임차보증금으로 300만원을 지급한 것이다.[6] 여기서 현금, 주식, 그리고 임차보증금은 (주)세연컴퍼니의 명의로 보유하고 있으며 동시에 (주)세연컴퍼니가 통제할 수 있는 재산이 된다.

우리가 앞서 살펴보았던 지갑의 왼쪽 부분을 생각해 보면, (주)세연컴퍼니는 기업의 목적을 달성하기 위해서 현금과 (주)현대건설의 주식, 그리고 임차보증금을 자산으로 보유하고 있다는 것을 알 수 있다.

그렇다면 앞서 살펴보았던 지갑의 오른쪽 부분을 생각해 볼 때, (주)세연컴퍼니의 자산은 누구의 몫이 되는가? (주)세연컴퍼니를 설립한 김세연 씨 본인의 몫, 또는 타인으로부터 빌린 타인의 몫이라고 생각할 수 있을 것이다. 20×1년 1월 1일 기준으로 타인에게 빌린 금액이 700만원이라고 하였으므로 20×1년 1월 1일 기준으로 (주)세연컴퍼니의 자산은 기업의 소유자(주주)의 몫, 즉 자본과 타인의 몫, 즉 부채는 각각 1,000만원과 700만원이 됨을 알 수 있다.

여기에서 재무제표 가운데 하나인 재무상태표의 정의도 같이 살펴보도록 한다. 재무상태표(statement of financial position)란 기업의 특정 시점의 재무상태를

그림 2.2 20×1년 1월 1일 기준 (주)세연컴퍼니의 재무상태

(주)세연컴퍼니의 재산(자산)	=	외부에서 빌려온 타인 몫(부채)	+	(주)세연컴퍼니의 몫(자본)
현 금 1,000만원 (주)현대건설 주식 400만원 임차보증금 300만원	=	은행차입금 700만원	+	설립자본 1,000만원
자산 합계 1,700만원	=	부채 합계 700만원	+	자본 합계 1,000만원

6) 임차 시점에 건물의 소유주에게 지급한 임차보증금(leasehold deposit paid)은 임차 계약 기간이 종료되면 돌려받게 되는 금액(자산)이다.

나타내는 표로서 자산, 부채와 자본에 해당하는 모든 계정의 잔액이 표시된다.

앞서 살펴본 바와 같이 자산, 부채 및 자본 간에는 다음과 같은 등식이 항상 성립하게 된다.

자 산 = 부 채 + 자 본

앞서 지갑의 예에서 지갑의 주인이 사용하기 위해 가지고 있는 현금 금액이 본인이 원래 가지고 있었던 현금과 타인으로부터 빌려온 현금의 합과 정확히 일치한다는 것을 상기하여 보면, 기업이 보유하고 있는 재산, 즉 자산이 기업 스스로 조달한 자금(자본)과 기업 외부로부터 조달한 자금(부채)의 합과 정확히 일치한다는 것을 이해하는 것은 어렵지 않을 것이다.

위의 등식을 재무상태표 등식 또는 회계 등식(accounting equation)이라고 하며, 등식의 왼쪽과 오른쪽의 금액이 일치하는 것을 "대차평균의 원리"라고 한다. 재무상태표 등식은 우리가 기업의 재무상태를 파악함에 있어서 항상 성립하게 되며, 우리가 앞으로 배우게 될 많은 회계 내용의 중요한 근간이 된다.[7)]

제3절 재무상태의 변동

우리는 지금까지 20×1년 1월 1일을 기준으로 해서 (주)세연컴퍼니의 재무상태를 파악하여 보았다.

아래에 20×1년 1월에 발생한 거래 및 사건들을 정리하였다.

- 1월 2일 (주)세연컴퍼니는 은행에서 500만원을 추가로 차입하였다.
- 1월 5일 업무용으로 사용할 자동차를 700만원을 주고 구입하였다.

7) '대차평균의 원리'는 항상 성립하게 된다는 사실을 명심할 필요가 있다. 이에 대하여 의구심이 드는 경우에는 앞서 살펴본 지갑의 예를 떠올려 보기 바란다.

- 1월 10일 보유하고 있던 (주)현대건설 주식 중 150만원어치를 매입한 가격 150만원에 그대로 매도하여 은행에서 차입한 금액 중 150만원을 상환하였다.
- 1월 15일 (주)세연컴퍼니는 사업을 시작하고 처음으로 회사의 설립자인 동시에 대표인 김세연 씨가 (주)성실산업에 목적사업인 컨설팅을 제공하고 현금 450만원을 벌어왔다.
- 1월 25일 김세연 씨가 회사설립과 동시에 고용한 아르바이트생 한근면 씨에게 170만원의 급여를 지급하였다.
- 1월 30일 보유하고 있던 (주)현대건설 주식 250만원어치를 매도하였는데, 보유 기간 중 가격이 상승하여 현금 280만원에 매도하였다.

이하의 내용에서는 상기 (주)세연컴퍼니의 20×1년 1월의 거래를 다양한 측면에서 다루어 보도록 한다. 그런데…… 갑자기 머리가 아파오려고 하는가? 복잡한 무엇인가가 시작되는 조짐이 보여서 긴장이 되거나 보기만 해도 어려울 것 같아서 흥미가 없어지려고 하는가? 이 책은 당신에게 어려운 무엇인가를 혼자 알아내라고 시키지 않을 것이다. 당신은 그저 이 책을 읽어나가면서 책에서 알려주는 내용이 그럴 것 같은지, 어떤지 생각을 하면 된다. 자, 이제 한번 시작해 보자!

3.1 재무상태의 변동_대차평균의 원리

우리는 앞서 대차평균의 원리가 항상 성립한다는 것을 들었다. 과연 정말 그럴까? (주)세연컴퍼니의 20×1년 1월 1일의 재무상태가 앞서 살펴본 [그림 2.2]와 같을 때 1월에 발생한 거래들을 하나씩 이용해서 정말 대차평균의 원리가 항상 성립하는지 한번 살펴보도록 하자.

1월 2일 (주)세연컴퍼니는 은행에서 500만원을 추가로 차입하였다.

1월 2일의 거래의 결과, (주)세연컴퍼니의 현금(자산)은 기존에 보유하고 있

던 1,000만원에 새롭게 500만원이 더해져서 총 1,500만원이 됨을 알 수 있다. 그렇다면, 새롭게 나타난 500만원(자산)의 출처는 어디인가? 본인의 몫(자본)인가, 아니면 타인으로부터 빌려온 타인의 몫(부채)인가? 기업의 입장에서 타인인 은행으로부터 빌려왔으므로 부채가 늘어났다는 것을 알 수 있다. 이상의 내용을 (주)세연컴퍼니의 재무상태에 새롭게 반영하면 다음과 같이 된다. 파란색은 1월 2일의 변동을 반영하고 있는데, 자산과 부채가 각각 500만원씩 증가함으로써 재무상태표 등식이 성립하고 있음을 보여준다.

그림 2.3 20×1년 1월 2일 기준 (주)세연컴퍼니의 재무상태

(주)세연컴퍼니의 재산(자산)	=	외부에서 빌려온 타인 몫(부채)	+	(주)세연컴퍼니의 몫(자본)
현 금 1,500만원 (1,000만원 + 500만원) (주)현대건설 주식 400만원 임차보증금 300만원	=	은행차입금 1,200만원 (700만원 + 500만원)	+	설립자본 1,000만원
자산 합계 2,200만원	=	부채 합계 1,200만원	+	자본 합계 1,000만원

1월 5일 업무용으로 사용할 자동차를 700만원의 현금을 주고 구입하였다.

1월 5일의 거래를 보면 기업 입장에서 영업목적으로 사용할 자동차(자산)가 생기면서, 또 다른 자산인 현금이 감소하였다는 것을 알 수 있다. 이와 같이 어떤 거래는 거래의 결과 본인의 몫(자본)이나 타인의 몫(부채)의 증감이 발생하지 않을 수도 있다는 것에 주의하여야 한다. 즉 하나의 자산(자동차)이 증가하면서 또 다른 자산(현금)이 동일한 금액만큼 감소하는 거래도 가능하다는 것이다.

이상의 내용을 (주)세연컴퍼니의 재무상태에 새롭게 반영하면 다음과 같이 된다. 파란색은 1월 5일의 변동을 반영하고 있는데, 자산(자동차)이 700만원 증가하면서 또 다른 자산(현금)이 700만원 감소함으로써 재무상태표 등식이 성립하고 있음을 보여준다.

그림 2.4 20×1년 1월 5일 기준 (주)세연컴퍼니의 재무상태

(주)세연컴퍼니의 재산(자산)		=	외부에서 빌려온 타인 몫(부채)	+	(주)세연컴퍼니의 몫(자본)
현 금	800만원	=	은행차입금 1,200만원	+	설립자본 1,000만원
	(1,500만원 – 700만원)				
(주)현대건설 주식	400만원				
임차보증금	300만원				
자동차	700만원				
	(0 + 700만원)				
자산 합계 2,200만원		=	부채 합계 1,200만원	+	자본 합계 1,000만원

> 1월 10일 보유하고 있던 (주)현대건설 주식 중 150만원어치를 매입한 가격 150만원에 그대로 매도하여 은행에서 차입한 금액 중 150만원을 상환하였다.

1월 10일의 거래는 (주)세연컴퍼니가 보유하고 있던 (주)현대건설 주식(자산) 가운데 150만원어치를 매도하여 현금 150만원을 확보한 후에, 해당 금액을 이용해서 은행에 차입하고 있던 은행차입금(부채) 가운데 150만원을 상환한 것이다. 1월 10일의 거래 가운데 현금은 보유 주식의 매각에 따라 증가하지만 곧 동일한 금액이 부채를 상환함에 따라 감소하는 것을 감안하면, 1월 10일의 거래는 기업의 자산((주)현대건설 주식)이 감소하면서 부채(은행차입금)가 감소하는 거래로 판단할 수 있다.

이상의 내용을 (주)세연컴퍼니의 재무상태에 새롭게 반영하면 다음과 같이 된다. 파란색은 1월 10일의 변동을 반영하고 있는데, 자산((주)현대건설 주식)이 150만원 감소하면서 부채(은행차입금)가 150만원 감소함으로써 재무상태표 등식이 성립하고 있음을 보여준다.

그림 2.5 20×1년 1월 10일 기준 (주)세연컴퍼니의 재무상태

(주)세연컴퍼니의 재산(자산)	=	외부에서 빌려온 타인 몫(부채)	+	(주)세연컴퍼니의 몫(자본)
현 금 800만원 (주)현대건설 주식 250만원 (400만원 – 150만원) 임차보증금 300만원 자동차 700만원	=	은행차입금 1,050만원 (1,200만원 – 150만원)	+	설립자본 1,000만원
자산 합계 2,050만원	=	부채 합계 1,050만원	+	자본 합계 1,000만원

> 1월 15일 (주)세연컴퍼니는 사업을 시작하고 처음으로 회사의 설립자인 동시에 대표인 김세연 씨가 (주)성실산업에 목적사업인 컨설팅을 제공하고 현금 450만원을 벌어왔다.

1월 15일의 거래를 살펴보면 먼저 기업의 자산(현금)이 450만원 증가한 것을 알 수 있다. 재무상태표 등식을 감안할 때에 우리는 일단 또 다른 자산이 450만원만큼 감소하거나, 부채가 450만원만큼 증가하는 것을 생각해 볼 수 있겠지만, 1월 15일의 거래에서는 또 다른 자산의 감소, 또는 부채의 증가는 나타나지 않고 있다. 그렇다면 1월 15일의 거래를 재무상태표 등식의 측면에서 어떻게 판단할 수 있을까? 우리가 앞서 살펴보았던 지갑으로 다시 돌아가서, 내(본인)가 일을 해서 5만원을 벌어서 내 지갑에 벌어온 5만원을 넣었다면 지갑 안에는 쓸 수 있는 금액이 지갑에 돈을 넣기 전의 상태와 비교할 때 5만원만큼 증가하면서 자산의 증가가 되고, 이 5만원은 타인에게 빌린 몫(부채)이 아니라 내가 벌었으므로 내 것, 즉 내 몫(자본)의 증가임을 어렵지 않게 연상할 수 있다. 이러한 특성을 1월 15일의 거래에 적용하면, 1월 15일에 김세연 씨가 벌어온 450만원은 주인의 몫(자본)의 증가임을 알 수 있다. 여기에서 김세연 씨가 컨설팅을 하고 벌어서 주인의 몫(자본)이 450만원 증가한 것은 기업의 주인(김세연 씨)이 기업을 위해 스스로 출자해서 주인의 몫(자본)이 증가하는 것과는 특성이 다르므로, 이 변동은 자본과 관련이 있지만 출자해서 증가한 자본인 '설립자본'과 구분하여

'벌어서 늘어난 몫'이라는 새로운 자본 항목으로 표시하도록 한다.[8)]

이상의 내용을 (주)세연컴퍼니의 재무상태에 새롭게 반영하면 다음과 같이 된다. 파란색은 1월 15일의 변동을 반영하고 있는데, 자산(현금)이 450만원 증가하면서 자본(벌어서 늘어난 몫)이 450만원 증가함으로써 재무상태표 등식이 성립하고 있음을 보여준다.

그림 2.6 20×1년 1월 15일 기준 (주)세연컴퍼니의 재무상태

(주)세연컴퍼니의 재산(자산)	=	외부에서 빌려온 타인 몫(부채)	+	(주)세연컴퍼니의 몫(자본)
현 금 1,250만원 (800만원 + 450만원) (주)현대건설 주식 250만원 임차보증금 300만원 자동차 700만원	=	은행차입금 1,050만원	+	설립자본 1,000만원 벌어서 늘어난 몫 450만원 (0 + 450만원)
자산 합계 2,500만원	=	부채 합계 1,050만원	+	자본 합계 1,450만원

> 1월 25일 김세연 씨가 회사설립과 동시에 고용한 아르바이트생 한근면 씨에게 170만원의 급여를 현금으로 지급하였다.

1월 25일의 거래를 살펴보면 먼저 기업의 자산(현금)이 170만원 감소한 것을 알 수 있다. 재무상태표 등식을 감안할 때에 우리는 일단 또 다른 자산이 170만원만큼 증가하거나, 부채가 170만원만큼 감소하는 것을 생각해 볼 수 있겠지만, 1월 25일의 거래에서는 또 다른 자산의 증가, 또는 부채의 감소는 나타나지 않

8) 기업의 주인의 몫(자본)이 어떻게 늘어날 수 있을까? 기업의 주인이 자신이 소유하고 있던 돈을 기업에 출자하면 늘어날 수 있다(출자자본). 그리고, 기업의 주인이 기업에 돈을 가지고 오는 것이 아니라 기업이 영업을 통해서 돈을 벌어들인다면 역시 기업에서 주인의 몫이 늘어날 수 있다(벌어서 늘어난 몫). 주인이 기업에 출자한 것도 주인의 몫(자본)이고, 기업이 영업을 통해 벌어들인 것도 주인의 몫(자본)인데, 두 가지 자본의 특성(내용)은 동일하지 않으므로 양자를 '설립자본'과 '벌어서 늘어난 몫'으로 구분하여 나타내도록 한다.

고 있다. 그렇다면 1월 25일의 거래를 재무상태표 등식의 측면에서 어떻게 판단할 수 있을까? 우리가 앞서 살펴보았던 지갑으로 다시 돌아가서, 내(본인)가 내 지갑에서 5만원을 꺼내서 필요한 데에 사용하였다면 지갑 안에는 쓸 수 있는 금액이 5만원만큼 감소하면서 자산의 감소가 되고, 이 5만원은 타인에게 빌린 몫(부채)을 갚은 것이 아니라 내가 필요한 데에 사용하였으므로 내 것, 즉 내 몫(자본)의 감소임을 어렵지 않게 연상할 수 있다.[9] 이러한 특성을 1월 25일의 거래에 적용하면, 1월 25일에 한근면 씨에게 급여로 지급한 170만원은 자본의 감소임을 알 수 있다. 여기에서 한근면 씨에게 급여를 지급함에 따라 주인의 몫(자본)이 170만원 감소한 것은 기업의 주인(김세연 씨)이 기업을 위해 출자한 몫을 회수함에 따라 주인의 몫(자본)이 감소하는 것과는 특성이 다르므로, 이 변동은 자본과 관련이 있지만 설립자본과 구분하여 '벌어서 늘어난 몫'이 감소하는 것으로 표시하도록 한다.[10]

이상의 내용을 (주)세연컴퍼니의 재무상태에 새롭게 반영하면 다음 [그림 2.7]과 같이 된다. 파란색은 1월 25일의 변동을 반영하고 있는데, 자산(현금)이

그림 2.7 20×1년 1월 25일 기준 (주)세연컴퍼니의 재무상태

(주)세연컴퍼니의 재산(자산)	=	외부에서 빌려온 타인 몫(부채)	+	(주)세연컴퍼니의 몫(자본)
현 금 1,080만원 (1,250만원 − 170만원) (주)현대건설 주식 250만원 임차보증금 300만원 자동차 700만원	=	은행차입금 1,050만원	+	설립자본 1,000만원 벌어서 늘어난 몫 280만원 (450만원 − 170만원)
자산 합계 2,330만원	=	부채 합계 1,050만원	+	자본 합계 1,280만원

9) 당신이 갈증이 나서 당신의 지갑에서 천원을 꺼내서 물을 사서 마셨다면 재무상태표 등식에서 어떻게 정리가 될 수 있을지 생각해 보기 바란다.

10) 컨설팅을 해 주고 대가를 받는 것이 '벌어서 늘어난 몫'(자본)의 증가라는 것을 연상하면, 해당 컨설팅 업무를 원활하게 수행하는 업무를 담당하는 직원에게 대가를 지급하는 것이 '벌어서 늘어난 몫'(자본)과 관련하여 발생한 감소라는 것도 이해할 수 있을 것이다.

170만원 감소하면서 자본(벌어서 늘어난 몫)이 170만원 감소함으로써 재무상태표 등식이 성립하고 있음을 보여준다.

> 1월 30일 보유하고 있던 (주)현대건설 주식 250만원어치를 매도하였는데, 보유 기간 중 가격이 상승하여 현금 280만원에 매도하였다.

1월 30일의 거래를 통해서 자산((주)현대건설 주식)이 250만원 감소하였고 또 다른 자산(현금)이 280만원 증가한 것을 알 수 있다. 그런데 (주)현대건설 주식과 현금 이외의 다른 자산이나 부채의 증가나 감소는 나타나지 않고 있다. 여기서 이러한 (주)현대건설 주식과 현금의 증감이 우리가 1월 30일의 거래로부터 파악해 낼 수 있는 정보의 전부라면 재무상태표 등식에 오류가 생기게 된다.[11] 다시 한번 1월 30일의 거래를 생각해 보자. 250만원에 구입하였던 주식(자산)을 280만원의 현금(자산)을 받고 매각하였다면 기업의 주인은 자신의 몫(자본)에 대하여 어떻게 생각하겠는가? 아마도 '250만원짜리 자산을 매각해서 280만원어치의 자산이 생겼으니 내 몫이 30만원만큼 증가하였구나'라고 생각하지 않겠는가?[12] 당신이 당신의 자산 가운데 5만원어치에 해당하는 자산을 7만원에 판매하였다면 아마 당신은 2만원을 추가로 벌어서 내 몫이 2만원만큼 늘어났다고 생각할 수 있을 것이다. 물론 (주)세연컴퍼니는 컨설팅을 주된 영업으로 하는 기업으로서 주식투자가 주된 영업활동은 아니지만, 주식의 매각을 통해서 실질적으로 주인의 몫(자본)이 증가하였으므로 이러한 자본의 증가 효과를 '출자자본(자본)'이 아닌 '벌어서 늘어난 몫'(자본)에 반영하게 된다.

이상의 내용을 (주)세연컴퍼니의 재무상태에 새롭게 반영하면 다음과 같이 된다. 파란색은 1월 30일의 변동을 반영하고 있는데, 자산((주)현대건설 주식)이

---

11) (주)현대건설 주식 250만원 감소와 현금 280만원의 증가를 반영하는 20×1년 1월 30일의 (주)세연컴퍼니의 재무상태를 확인하여 보기 바란다.

12) 1월 30일의 거래와 관련하여 (주)세연컴퍼니에 자금을 빌려준 타인(은행)의 몫(부채)은 달라지지 않는다. 1월 30일의 거래과정에서 은행에서 추가로 자금을 차입하거나 기존의 차입금을 상환하지 않았기 때문이다.

250만원 감소하면서 또 다른 자산(현금)이 280만원 증가함에 따라 차액인 30만원만큼 주인의 몫이 늘어나게 되어 자본(벌어서 늘어난 몫)이 30만원 증가함으로써 재무상태표 등식이 성립하고 있음을 보여준다.

그림 2.8 20×1년 1월 30일 기준 (주)세연컴퍼니의 재무상태

(주)세연컴퍼니의 재산(자산)	=	외부에서 빌려온 타인 몫(부채)	+	(주)세연컴퍼니의 몫(자본)
현 금 1,360만원 (1,080만원 + 280만원) (주)현대건설 주식 0만원 (250만원 − 250만원) 임차보증금 300만원 자동차 700만원	=	은행차입금 1,050만원	+	설립자본 1,000만원 벌어서 늘어난 몫 310만원 (280만원 + 30만원)
자산 합계 2,360만원	=	부채 합계 1,050만원	+	자본 합계 1,310만원

이상의 내용에서 우리는 (주)세연컴퍼니의 20×1년 1월 중 거래를 이용해서 재무상태표 등식이 항상 성립한다는 사실을 알게 되었다. 어떤가? 할만 한가? 복잡한가? 한 가지를 알려주자면 지금까지 당신이 본 내용이 본 장에서 가장 복잡한 내용이고, 본 장에서 앞으로 이보다 더 복잡한 내용은 나오지 않는다. 이어지는 내용은 다시 새로운 복잡한 내용이 나오는 것이 아니라 지금까지 당신이 살펴본 복잡한(?) 내용을 그대로 다른 시각에서 다시 한번 살펴보는 것이다. 이하의 내용에서는 앞서 다루어 본 내용과 동일한 거래를 이용해서 실제 회계에서 거래를 어떻게 정보로 기록하는가에 대하여 살펴보도록 한다.

3.2 재무상태의 변동_재무상태표

우리는 앞서 살펴본 내용에서 기업의 재무상태를 파악할 때 항상 재무상태표 등식이 성립한다는 것을 살펴보았다. 다음에서는 재무상태표 등식의 시각을 기초로 하여 기업의 거래나 사건을 회계에서 정보로 기록하는 과정을 살펴보도록 한다.

이를 위하여 우리는 먼저 앞서 살펴보았던 (주)세연컴퍼니의 재무상태를 재무상태표 형식으로 다시 정리하여 본다. 아래의 그림은 앞서 살펴보았던 (주)세연컴퍼니의 1월 1일 기준 재무상태이다.

그림 2.9 20×1년 1월 1일 기준 (주)세연컴퍼니의 재무상태

(주)세연컴퍼니의 재산(자산)	=	외부에서 빌려온 타인 몫(부채)	+	(주)세연컴퍼니의 몫(자본)
현 금 1,000만원 (주)현대건설 주식 400만원 임차보증금 300만원	=	은행차입금 700만원	+	설립자본 1,000만원
자산 합계 1,700만원	=	부채 합계 700만원	+	자본 합계 1,000만원

[그림 2.9]의 20×1년 1월 1일 기준 (주)세연컴퍼니의 재무상태로부터 (주)세연컴퍼니의 20×1년 1월 1일 기준 재무상태표를 정리하면 아래의 〈표 2.1〉과 같다. 〈표 2.1〉은 회계에서 특정 시점의 기업 재무상태를 나타내는 용도로 사용하는 표, 즉 재무상태표이며 [그림 2.9]는 재무상태표 등식을 이해하기 위해서 교육목적상 사용하는 재무상태를 나타내는 그림이다. [그림 2.9]와 〈표 2.1〉을 자세히 살펴보면 형식에는 차이가 있으나 20×1년 1월 1일을 기준으로 (주)세연컴

표 2.1 1월 1일의 재무상태표

재무상태표			
(주)세연컴퍼니			20×1. 1. 1.
자 산		부 채	
현 금	1,000만원	은행차입금	700만원
주 식	400만원	자 본	
임차보증금	300만원	설립자본	1,000만원
자산 합계	1,700만원	부채와 자본 합계	1,700만원

퍼니에 대한 동일한 정보(재무상태)를 보여주고 있음을 알 수 있다.

이제 재무상태표 등식의 시각에서 기업의 거래나 사건을 회계에서 정보로 기록하는 과정을 살펴보도록 한다. 우리는 앞서 다음과 같은 재무상태표 등식이 항상 성립한다고 배웠다.

자 산 = 부 채 + 자 본

이와 관련하여 위와 같은 재무상태표 등식이 성립하는 어떤 기업에서 새로운 거래가 발생하였다고 생각해 보자. 새로운 거래를 통해서, 자산이 늘어나거나 감소할 수 있고, 부채가 늘어나거나 감소할 수 있으며 자본도 늘어나거나 감소할 수 있다. 물론 새로운 거래로 인해 자산, 부채나 자본 가운데 어떤 것은 변동하지 않을 수도 있다. 여하튼 기존의 재무상태표 등식(자산 = 부채 + 자본) 상태에서 새로운 거래로 인해 자산이 a, 부채가 b, 자본이 c만큼 변동하였다면 우리는 다음과 같은 재무상태표 등식을 생각해 볼 수 있다. 여기서 a, b, 그리고 c가 각각 양수, 음수 또는 0이 될 수도 있음은 물론이다.

(자산 + a) = (부채 + b) + (자본 + c)

재무상태표 등식에 따라 상기 등식은 항상 성립하게 된다. 이와 관련하여 기존의 재무상태표 등식(자산=부채+자본)이 성립하는 것을 상기하면 다음의 등식도 성립하게 된다.[13)]

$$a = b + c$$

위의 등식은 어떤 경제 주체의 기존 재무상태에 변동을 가져오는 거래에 따라 발생하는 변동 발생요소들(a, b, c) 역시 독립적으로 재무상태표 등식을 따르게 된다는 것을 알 수 있다. 그러므로 기업에서 특정 시점에 재무상태에 변동을

---

13) 새로운 재무상태표 등식인 (자산 + a) = (부채 + b) + (자본 + c) 가운데 기존 재무상태표 등식의 효과(자산 = 부채 + 자본) 부분을 제거하면 a = b + c가 된다.

그림 2.10 재무상태표 등식과 미니 재무상태표

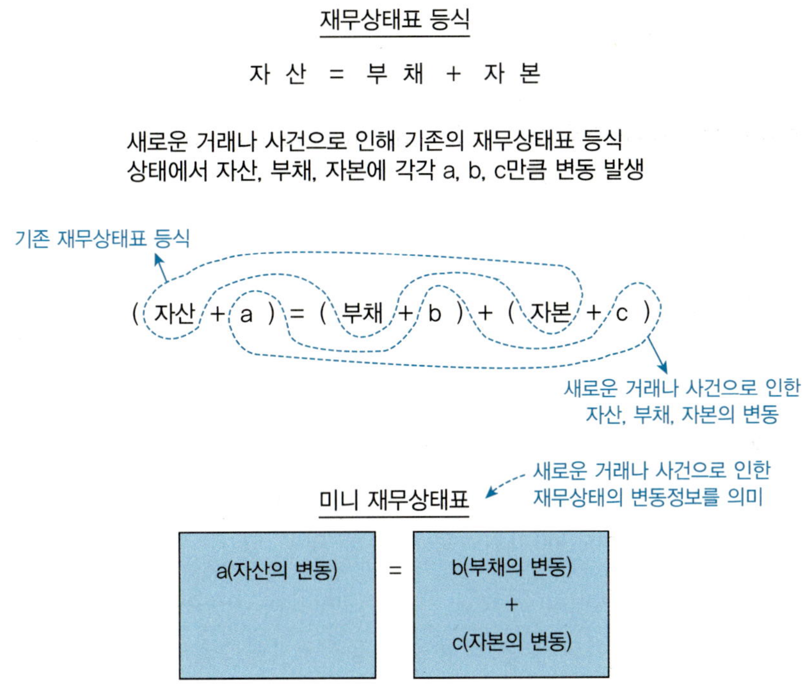

가지고 오는 거래나 사건에 따른 변동 금액(a, b, c)만을 앞서 살펴본 재무상태표 등식의 시각에서 [그림 2.10]과 같은 작은 미니 재무상태표를 이용하여 표시하는 것이 가능하다.[14)]

앞서 재무상태표 등식의 시각에서 살펴보았던 (주)세연컨설팅의 1월의 거래를 다시 한번 살펴보자.

> 1월 2일 (주)세연컴퍼니는 은행에서 500만원을 추가로 차입하였다.

[그림 2.11]은 1월 2일의 거래가 반영된 (주)세연컴퍼니의 재무상태를 보여주

14) 미니 재무상태표의 내용은 기존의 재무상태표 정보에서 거래나 사건으로 인하여 새롭게 변화된 정보를 담고 있다. 우리는 이후 분개라는 회계처리방법을 통해서 미니 재무상태표에 담겨 있는 정보, 즉 거래나 사건으로 인하여 새롭게 변화되는 정보를 회계정보로 나타낸다.

그림 2.11　20×1년 1월 2일 기준 (주)세연컴퍼니의 재무상태

(주)세연컴퍼니의 재산(자산)	=	외부에서 빌려온 타인 몫(부채)	+	(주)세연컴퍼니의 몫(자본)
현　금 1,500만원 (1,000만원 + 500만원) (주)현대건설 주식 400만원 임차보증금 300만원	=	은행차입금 1,200만원 (700만원 + 500만원)	+	설립자본 1,000만원
자산 합계 2,200만원	=	부채 합계 1,200만원	+	자본 합계 1,000만원

고 있다.

그림의 내용을 살펴보면 1월 2일의 거래를 통해서 자산이 500만원만큼 증가하면서 부채가 500만원만큼 증가한 것을 알 수 있다. 위에서 살펴본 미니 재무상태표(a = b + c)를 떠올릴 때, a = 500만원, b = 500만원, c = 0인 것으로 생각해 볼 수 있다. 이와 같은 내용을 이용해서 1월 2일의 거래에 따른 변동 금액을 미니 재무상태표를 이용해서 정리하면 다음과 같다.

표 2.2　미니 재무상태표[15)]

현금 500만원 (a, 자산의 증가)	=	은행차입금 500만원 (b, 부채의 증가)

우리는 경제적 주체의 거래나 사건에 따라 나타나는 재무상태의 변동을 위와 같은 미니 재무상태표로 정리할 수 있다. 회계에서는 이와 같이 경제적 주체, 즉 기업에서 발생한 거래나 사건에 따라 새롭게 나타나는 재무상태의 변동 부분을 기록하는 것을 분개라고 한다.

재무상태 변동에 따라 나타나는 분개(미니 재무상태표)를 거래나 사건이 반영되기 이전의 재무상태표와 합치면 거래나 사건의 효과가 반영된 새로운 재무상

---

15) C의 금액은 0이므로 별도로 기재하지 않았다.

태표가 나타난다.

(주)세연컴퍼니의 예에서 1월 2일의 거래가 반영되기 이전의 재무상태표는 다음의 〈표 2.3〉과 같다.

표 2.3 1월 1일의 재무상태표

재무상태표 (주)세연컴퍼니			20×1. 1. 1.
자 산		부 채	
현 금	1,000만원	은행차입금	700만원
주 식	400만원	자 본	
임차보증금	300만원	설립자본	1,000만원
자산 합계	1,700만원	부채와 자본 합계	1,700만원

그리고 앞서 살펴본 바와 같이 1월 2일의 거래로 인한 변동을 보여주는 분개(미니 재무상태표)는 〈표 2.4〉와 같다.

표 2.4 1월 2일의 분개(미니 재무상태표)

현금 500만원 (a, 자산의 증가)	=	은행차입금 500만원 (b, 부채의 증가)

앞서 설명한 바와 같이 특정 거래의 효과가 반영되기 전의 재무상태표와 특정 시점의 거래로 인한 변동(효과)을 나타내는 분개(미니 재무상태표)를 합하면 특정 시점의 거래 효과가 반영된 새로운 재무상태표가 나타나게 된다.

다음의 〈표 2.5〉는 1월 2일의 거래로 인한 변동사항이 반영된 재무상태표, 즉 1월 2일의 거래로 인한 변동사항이 반영되기 이전의 재무상태표인 〈표 2.3〉에 1월 2일의 거래로 인한 변동사항을 나타내는 분개(미니 재무상태표)인 〈표 2.4〉의 내용이 더해진 재무상태표를 보여주고 있다.

〈표 2.5〉의 재무상태표와 1월 2일의 거래 이후 재무상태를 재무상태표 등식을 이용하여 설명한 [그림 2.11]을 자세히 살펴보면 형식에는 차이가 있으나 동

표 2.5　1월 2일의 재무상태표

재무상태표			
(주)세연컴퍼니			20×1. 1. 2.
자 산		부 채	
현 금	1,500만원	은행차입금	1,200만원
주 식	400만원	자 본	
임차보증금	300만원	설립자본	1,000만원
자산 합계	2,200만원	부채와 자본 합계	2,200만원

일한 정보(재무상태)를 보여주고 있음을 알 수 있다.

> 1월 5일 업무용으로 사용할 자동차를 700만원의 현금을 주고 구입하였다.

1월 5일의 거래를 보면 기업 입장에서 영업목적으로 사용할 자동차(자산)가 생기면서, 또 다른 자산인 현금이 감소하였다는 것을 알 수 있다. 즉, 자산(자동차)이 700만원 증가하면서 또 다른 자산(현금)이 700만원 감소함에 따라 재무상태표 등식이 성립하는 것이다. 1월 5일의 거래로 인한 자산, 부채 및 자본의 변화를 분개(미니 재무상태표)로 나타내면 다음과 같다.

표 2.6　1월 5일의 분개(미니 재무상태표 1)

	=	
현 금 -700만원 (자산의 감소) 자동차 700만원 (자산의 증가)	=	0

자산(자동차)이 700만원 증가하면서 또 다른 자산(현금)이 700만원 감소하면서 왼쪽과 오른쪽의 합이 동일하게 0이 되므로 재무상태표 등식이 성립하는 것이다. 그런데, 회계에서는 분개 시에 특정 계정이 감소하는 것을 표현하는 금액을 음수로 표시하지 않고, 등호의 반대편에서 표시하는 방법을 사용한다. 수학에서 나오는 이항을 연상하여 보면 좀 더 편하게 이해할 수 있는데, $a-b=0$인

경우, 왼쪽에서 −b라고 표시하는 대신 −b를 오른쪽으로 이항하여 a=b라고 표시할 수 있는 것과 같은 원리이다. 이러한 원리에 따라 회계의 모든 분개에서 왼쪽과 오른쪽에 나타나는 금액은 항상 같은 값을 나타내게 된다.[16)]

이와 같은 원리에 따라 1월 5일의 거래를 다시 표시하여 보면 다음과 같다.

표 2.7 1월 5일의 분개(미니 재무상태표 2)

자동차 700만원 (자산의 증가)	=	현금 700만원 (자산의 감소)

위에서 보여지는 것처럼, 분개 시에 자산 계정이 왼쪽(좌변)에 표시되면 자산이 증가하는 것을 의미하고, 오른쪽(우변)에 표시되면 자산이 감소하는 것을 의미한다.[17)] 동일한 원리로, 분개 시에 부채 계정이나 자본 계정이 왼쪽(좌변)에 표시되면 부채나 자본이 감소하는 것을 의미하고, 오른쪽(우변)에 표시되면 부채나 자본이 증가하는 것을 의미한다. 아래의 〈표 2.8〉은 분개 시에 자산, 부채, 그리고 자본에 있어 각 계정의 위치가 의미하는 바를 정리하여 보여주고 있다.[18)]

표 2.8 분개 시 자산, 부채, 자본의 위치와 의미

왼쪽(좌변)	오른쪽(우변)
자산(자산의 증가) 부채(부채의 감소) 자본(자본의 감소)	자산(자산의 감소) 부채(부채의 증가) 자본(자본의 증가)

---

16) 300 − a = 0이라면 a는 얼마이겠는가? 당신이 생각하고 있듯이 300이다. −a를 등호의 오른쪽으로 이항하면 300 = a가 되고, 따라서 a는 300이 될 수밖에 없다. 이러한 원리에 따라 모든 분개에 있어 왼쪽과 오른쪽의 금액은 항상 같은 값을 가지게 된다.

17) 만약 당신이 다음과 같은 분개(미니 재무상태표)를 보았다면 무슨 일이 발생하였다고 말하겠는가?

현 금 700만원 (자산의 증가)	=	자동차 700만원 (자산의 감소)

18) 이후 본서에서는 미니 재무상태표 작성 관련 표현을 분개로 한다.

그리고 회계에서는 왼쪽과 오른쪽, 좌변과 우변이라는 표현 대신에 차변(debit)과 대변(credit)이라는 용어를 사용한다. 따라서 앞으로는 왼쪽 또는 좌변이라고 말하고 싶을 때는 차변, 오른쪽 또는 우변이라고 말하고 싶을 때는 대변이라고 말하면 된다.

1월 5일의 거래로 인한 변동을 나타내는 분개인 〈표 2.7〉을 1월 2일자 재무상태표인 〈표 2.5〉와 합쳐 보자. 분개에서 차변의 항목인 자동차(자산)는 1월 2일자 재무상태표에는 존재하지 않는 계정이므로 차변에 자동차 항목을 새로 만들어서 700만원을 늘려주고, 분개에서 대변 항목인 현금(자산)은 자산 항목이 대변에 왔으므로 기존 재무상태표의 차변의 자산 항목인 현금이 감소하였다는 것을 나타내므로, 차변의 현금 금액을 700만원만큼 감소시키게 된다. 그 결과 1월 5일의 거래가 반영된 재무상태표는 다음의 〈표 2.9〉와 같다.[19)]

표 2.9 1월 5일의 재무상태표

재무상태표			
(주)세연컴퍼니			20×1. 1. 5.
자 산		부 채	
현 금	800만원	은행차입금	1,200만원
주 식	400만원	자 본	
임차보증금	300만원	설립자본	1,000만원
자동차	700만원		
자산 합계	2,200만원	부채와 자본 합계	2,200만원

> 1월 10일 보유하고 있던 (주)현대건설 주식 중 150만원어치를 매입한 가격 150만원에 그대로 매도하여 은행에서 차입한 금액 중 150만원을 상환하였다.

1월 10일의 거래는 (주)세연컴퍼니가 보유하고 있던 (주)현대건설 주식(자산)

19) 〈표 2.9〉의 재무상태표는 앞서 살펴본 〔그림 2.4〕의 재무상태와 동일한 의미를 나타내고 있다.

가운데 150만원어치를 매도하여 현금 150만원을 확보한 후에, 해당 금액을 이용해서 은행에서 차입하고 있던 은행차입금(부채) 가운데 150만원을 상환한 것이다. 다시 말해서, 1월 10일의 거래는 기업의 자산((주)현대건설 주식)이 감소하면서 부채(은행차입금)가 감소하는 거래로 판단할 수 있다.

1월 10일의 거래로 인한 자산, 부채 및 자본의 변동을 재무상태표 등식(자산=부채+자본)을 떠올리면서 분개(미니 재무상태표) 시에 다음과 같이 나타내는 것을 생각해 볼 수 있을 것이다.

표 2.10 1월 10일의 분개1(미니 재무상태표 1)

주식 −150만원 (자산의 감소)	=	은행차입금 −150만원 (부채의 감소)

위와 같은 분개는 자산(주식)이 감소하면서 부채(은행차입금)가 감소한 거래를 정리한 것으로서 재무상태표 등식을 충족한다. 그런데 이와 관련해서는 1월 5일의 거래에 대한 분개 시에도 이야기한 바와 같이 회계에서 분개 시에는 특정 계정의 금액 감소를 나타내는 변동을 음수로 표시하지 않고 반대편으로 이항하여 양수로 표시하게 된다. 이러한 특성을 반영하여 1월 10일의 거래로 인한 자산의 감소와 부채의 감소를 분개(미니 재무상태표)로 나타내면 다음과 같다.

표 2.11 1월 10일의 분개2(미니 재무상태표 2)

은행차입금 150만원 (부채의 감소)	=	주식 150만원 (자산의 감소)

1월 10일의 거래로 인한 변동을 나타내는 분개인 〈표 2.11〉을 1월 5일자 재무상태표인 〈표 2.9〉와 합쳐 보자. 분개에서 차변의 항목인 은행차입금(부채)은 부채 항목이 차변에 왔으므로 기존 재무상태표의 대변의 부채 항목인 은행차입금이 감소하였다는 것을 나타내므로, 대변의 은행차입금 금액을 150만원만큼 감소시키게 된다. 그리고 분개에서 대변 항목인 주식(자산)은 자산 항목이 대변

에 왔으므로 기존 재무상태표의 차변의 자산 항목인 주식이 감소하였다는 것을 나타내므로, 차변의 주식 금액을 150만원만큼 감소시키게 된다. 그 결과 1월 10일의 거래가 반영된 재무상태표는 다음의 〈표 2.12〉와 같다.[20)]

표 2.12 1월 10일의 재무상태표

재무상태표			
(주)세연컴퍼니			20×1. 1. 10.
자 산		부 채	
현 금	800만원	은행차입금	1,050만원
주 식	250만원	자 본	
임차보증금	300만원	설립자본	1,000만원
자동차	700만원		
자산 합계	2,050만원	부채와 자본 합계	2,050만원

> 1월 15일 (주)세연컴퍼니는 사업을 시작하고 처음으로 회사의 설립자인 동시에 대표인 김세연 씨가 (주)성실산업에 목적사업인 컨설팅을 제공하고 현금 450만원을 벌어왔다.

1월 15일의 거래를 살펴보면 먼저 기업의 자산(현금)이 450만원 증가한 것을 알 수 있고, 김세연 씨가 벌어온 450만원은 주인의 몫(자본)을 증가시킨 것도 알 수 있다. 여기에서 김세연 씨가 컨설팅을 하고 현금을 벌어들여서 주인의 몫(자본)이 450만원 증가한 것은 기업의 주인(김세연 씨)이 기업을 위해 출자해서 주인의 몫(자본)이 증가하는 것과는 특성이 다르므로, 자본에 속하지만 출자자본과 구분하여 '벌어서 늘어난 몫'이라고 표시하는 것은 앞서 언급한 바와 같다.

1월 15일의 거래로 인한 자산의 증가와 자본의 증가를 분개(미니 재무상태표)로 나타내면 다음과 같다.

---

20) 〈표 2.12〉의 재무상태표는 앞서 살펴본 [그림 2.5]의 재무상태와 동일한 의미를 나타내고 있다.

표 2.13 1월 15일의 분개(미니 재무상태표)

현금 450만원 (자산의 증가)	=	벌어서 늘어난 몫 450만원 (자본의 증가)

1월 15일의 거래로 인한 변동을 나타내는 분개인 〈표 2.13〉을 1월 10일자 재무상태표인 〈표 2.12〉와 합쳐 보자. 분개에서 차변의 항목인 현금(자산)은 자산 항목이 차변에 왔으므로 기존 재무상태표의 차변의 자산 항목인 현금이 증가하였다는 것을 나타내므로, 차변의 현금 금액을 450만원만큼 증가시키게 된다. 그리고 분개에서 대변 항목인 벌어서 늘어난 몫(자본)은 자본 항목이 대변에 왔으므로 자본이 증가하였다는 것을 나타낸다. 벌어서 늘어난 몫(자본)은 1월 10일자 재무상태표에는 존재하지 않는 계정이므로 재무상태표의 대변에 자본 항목인 벌어서 늘어난 몫 항목을 새로 만들고, 벌어서 늘어난 몫이 증가하였다는 것을 나타내기 위하여 해당 항목의 금액을 450만원만큼 증가시키게 된다. 그 결과 1월 15일의 거래가 반영된 재무상태표는 다음의 〈표 2.14〉와 같다.[21]

표 2.14 1월 15일의 재무상태표

재무상태표			
(주)세연컴퍼니			20×1. 1. 15.
자 산		부 채	
현 금	1,250만원	은행차입금	1,050만원
주 식	250만원	자 본	
임차보증금	300만원	설립자본	1,000만원
자동차	700만원	벌어서 늘어난 몫	450만원
자산 합계	2,500만원	부채와 자본 합계	2,500만원

21) 〈표 2.14〉의 재무상태표는 앞서 살펴본 [그림 2.6]의 재무상태와 동일한 의미를 나타내고 있다.

> 1월 25일 김세연 씨가 회사설립과 동시에 고용한 아르바이트생 한근면 씨에게 170만원의 급여를 현금으로 지급하였다.

1월 25일의 거래를 살펴보면 먼저 기업의 자산(현금)이 170만원 감소한 것을 알 수 있고 한근면 씨에게 170만원을 지급함에 따라 자본이 감소한다는 것도 알 수 있다. 여기에서 한근면 씨에게 급여를 지급함에 따라 현금(자산)이 감소하여 주인의 몫(자본)이 170만원 감소한 것은 기업의 주인(김세연 씨)이 기업을 위해 출자한 몫을 회수함에 따라 주인의 몫(자본)이 감소하는 것과는 특성이 다르므로, 자본에 속하지만 출자자본과 구분하여 '벌어서 늘어난 몫'이 감소하는 것으로 표시하는 것은 앞서 살펴본 바와 같다.

1월 25일의 거래로 인한 자산, 부채 및 자본의 변동을 재무상태표 등식(자산=부채+자본)을 떠올리면서 분개(미니 재무상태표) 시에 다음과 같이 나타내는 것을 생각해 볼 수 있을 것이다.

표 2.15 1월 25일의 분개1(미니 재무상태표 1)

현금 −170만원 (자산의 감소)	=	벌어서 늘어난 몫 −170만원 (자본의 감소)

위와 같은 분개는 자산(주식)이 감소하면서 자본(벌어서 늘어난 몫)이 감소한 거래를 정리한 것으로서 재무상태표 등식을 충족한다. 그런데 이와 관련해서는 1월 5일의 거래와 1월 10일의 거래에 대한 분개 시에도 이야기한 바와 같이 회계에서 분개 시에는 특정 계정의 금액 감소를 나타내는 변화를 음수로 표시하지 않고 반대편으로 이항하여 양수로 표시하게 된다. 이러한 특성을 반영하여 1월 25일의 거래로 인한 자산의 감소와 자본의 감소를 분개(미니 재무상태표)로 나타내면 다음과 같다.

표 2.16 1월 25일의 분개1(미니 재무상태표 2)

벌어서 늘어난 몫 170만원 (자본의 감소)	=	현금 170만원 (자산의 감소)

1월 25일의 거래로 인한 변동을 나타내는 분개인 〈표 2.16〉을 1월 15일자 재무상태표인 〈표 2.14〉와 합쳐 보자. 분개에서 차변의 항목인 벌어서 늘어난 몫(자본)은 자본 항목이 차변에 왔으므로 기존 재무상태표의 대변의 자본 항목인 벌어서 늘어난 몫이 감소하였다는 것을 나타내므로, 대변의 벌어서 늘어난 몫 금액을 170만원만큼 감소시키게 된다. 그리고 분개에서 대변의 항목인 현금(자산)은 자산 항목이 대변에 왔으므로 기존 재무상태표의 차변의 자산 항목인 현금이 감소하였다는 것을 나타내므로, 차변의 현금 금액을 170만원만큼 감소시키게 된다. 그 결과 1월 25일의 거래가 반영된 재무상태표는 다음의 〈표 2.17〉과 같다.[22)]

표 2.17 1월 25일의 재무상태표

재무상태표			
(주)세연컴퍼니			20×1. 1. 25.
자 산		부 채	
현 금	1,080만원	은행차입금	1,050만원
주 식	250만원	자 본	
임차보증금	300만원	설립자본	1,000만원
자동차	700만원	벌어서 늘어난 몫	280만원
자산 합계	2,330만원	부채와 자본 합계	2,330만원

> 1월 30일 보유하고 있던 (주)현대건설 주식 250만원어치를 매도하였는데,
> 보유 기간 중 가격이 상승하여 현금 280만원에 매도하였다.

1월 30일의 거래를 통해서 자산((주)현대건설 주식)이 250만원 감소하였고 또 다른 자산(현금)이 280만원 증가한 것을 알 수 있다. 그리고, (주)세연컴퍼니는 컨설팅을 주된 영업으로 하는 기업으로서 주식투자가 주된 영업활동은 아니지

22) 〈표 2.17〉의 재무상태표는 앞서 살펴본 [그림 2.7]의 재무상태와 동일한 의미를 나타내고 있다.

만, 주식의 매각을 통해서 주인의 몫(자본)이 증가한 것도 알 수 있다. 다시 말해서, 자산((주)현대건설 주식)이 250만원 감소하면서 또 다른 자산(현금)이 280만원 증가하고 차액인 30만원만큼 주인의 몫인 자본(벌어서 늘어난 몫)이 30만원 증가함으로써 재무상태표 등식이 성립하는 것이다.

1월 30일의 거래로 인한 자산의 증가와 감소, 그리고 자본의 증가를 분개(미니 재무상태표)로 나타내면 다음과 같다.

표 2.18 1월 30일의 분개(미니 재무상태표)

차변		대변
현금 280만원 (자산의 증가)	=	주식 250만원 (자산의 감소) 벌어서 늘어난 몫 30만원 (자본의 증가)

1월 30일의 거래로 인한 변동을 나타내는 분개인 〈표 2.18〉을 1월 25일자 재무상태표인 〈표 2.17〉과 합쳐 보자. 분개에서 차변의 항목인 현금(자산)은 자산 항목이 차변에 왔으므로 기존 재무상태표의 차변의 자산 항목인 현금이 증가하였다는 것을 나타내므로, 차변의 현금 금액을 280만원만큼 증가시키게 된다. 그리고 분개에서 대변 항목 가운데 주식(자산)은 자산 항목이 대변에 왔으므로 기존 재무상태표의 차변의 자산 항목인 주식이 감소하였다는 것을 나타내므로, 차변의 주식 금액을 250만원만큼 감소시키게 된다. 그리고 분개에서 대변 항목 가운데 벌어서 늘어난 몫(자본)은 자본 항목이 대변에 왔으므로 기존 재무상태표의 대변의 자본 항목인 벌어서 늘어난 몫이 증가하였다는 것을 나타내므로, 대변의 벌어서 늘어난 몫 금액을 30만원만큼 증가시키게 된다. 그 결과 1월 30일의 거래가 반영된 재무상태표는 다음의 〈표 2.19〉와 같다.[23)]

(주)세연컴퍼니의 1월 30일의 재무상태를 나타내는 [그림 2.8](〈표 2.19〉)과 동일한 기업의 1월 1일의 재무상태를 나타내는 [그림 2.9](〈표 2.1〉)를 비교해 보면 몇 가지 변화를 살펴볼 수 있다. (주)세연컴퍼니는 1월 초에 비해서 1월 말에

---

23) 〈표 2.19〉의 재무상태표는 앞서 살펴본 [그림 2.8]의 재무상태와 동일한 의미를 나타내고 있다.

표 2.19 1월 30일의 재무상태표

재무상태표			
(주)세연컴퍼니			20×1. 1. 30.
자 산		부 채	
현 금	1,360만원	은행차입금	1,050만원
주 식	0만원	자 본	
임차보증금	300만원	설립자본	1,000만원
자동차	700만원	벌어서 늘어난 몫	310만원
자산 합계	2,360만원	부채와 자본 합계	2,360만원

자산이 660만원만큼 증가하였는데, 그 과정에서 현금이 증가하고, 자동차가 새롭게 생겼으며, 주식은 감소하였다. 부채인 은행차입금은 월초에 비하여 350만원만큼 증가하였고, 주주의 몫은 벌어서 늘어난 몫의 증가로 인해 310만원만큼 증가하였다. 이와 같이 재무상태표는 특정 시점을 기준으로 하여 기업의 재무상태에 대한 정보를 나타내며, 복수 시점 간 재무상태의 변화에 대한 정보도 알 수 있게 해준다.

3.3 재무상태표의 구조와 내용

당신이 특정 시점의 기업의 재무상태에 대한 정보를 나타내는 재무상태표를 만드는 사람이든지 아니면 타인이 만든 재무상태표를 본인의 의사결정에 이용하려는 사람이든지 간에 상관없이 재무상태표가 어떠한 구조를 가지고 있는지 알고 있다면 본인의 업무에 도움이 될 것이다.

우리는 재무상태표가 자산, 부채와 자본으로 구성되어 있다는 것을 알게 되었고, 상호 간에 자산은 부채와 자본의 합과 같다는 재무상태표 등식도 이미 살펴보았다. 그리고 (주)세연컴퍼니라는 기업의 간단한 예를 가지고 거래 발생에 따라 각 시기의 재무상태표도 작성하여 보았다.

다음에서는 앞서 살펴본 내용에 덧붙여서 재무상태표의 구조와 내용에 대하여 좀 더 세부적으로 알아보도록 한다.

실제 기업의 경우에는 우리 책에서 다루어 본 (주)세연컴퍼니보다 더 복잡하고 많은 회계 계정들이 나올 것 같은데, 재무상태표에 표시되는 자산, 부채와 자본의 수많은 계정들을 어떤 순서로 표시를 해야 한다고 생각하는가? 우리는 자산은 차변에, 부채와 자본은 대변에 표시한다고 배웠는데, 예로서 차변에 자산들을 다 모아 놓은 후에는 어떤 순서로 표시를 할지 결정을 해야 한다. '가나다' 순서로 자산들을 정렬해서 표시하면 될까? 금액이 크거나 작은 순서대로 배열하면 되나? 세부적인 것들 하나하나 다 표시해야 하나? 아니면 비슷한 것들은 묶어서 표시를 해도 되나? 아직 배운 것이 많지 않으니 여러 가지 궁금증이 생길 수 있다. 이와 관련해서 회계전문가들은 재무상태표의 여러 계정들을 크게 다음과 같은 형식으로 표시하기로 하였다.[24)]

표 2.20 재무상태표_유동성에 따른 구분

재무상태표	
자 산	부 채
유동자산	유동부채
당좌자산	비유동부채
재고자산	자 본
비유동자산	자본금
유형자산	자본잉여금
무형자산	자본조정
투자자산	이익잉여금
기타의 비유동자산	기타포괄손익누계액
자산 총계	부채와 자본 총계

우선 자산부터 살펴보자. 우리는 자산이 '미래 경제적 효용을 얻기 위해 기

24) 본서에서 제시하는 재무상태표 표시방법은 교육목적상 정리된 것으로, 다른 교재나 실무에서 실제 제시되는 재무상태표의 형식과 상이할 수 있다.

업이 보유하고 있는 재산'이라는 것을 알고 있다. 그러면 당신에게 한 가지 질문을 하겠다. 각각의 개별 자산들이 도대체 언제 경제적 효용을 기업에 가지고 오게 되는가? 여기에서 우리는 유동성이라는 특성을 만나게 된다. 유동성(liquidity)이란 자산을 기준으로 하여 보면 해당 자산이 얼마나 빨리 현금화되는가? 혹은 해당 자산이 얼마나 신속하게 기업에 경제적 효용을 가지고 오는가를 의미한다. 유동성이 큰 자산이라는 것은 해당 자산이 단기간에 현금화된다는 의미이고, 유동성이 작은 자산이라는 것은 해당 자산이 단기간에 현금화되지 않고 원래 형태로 장기간 지속되는 등 장기간에 걸쳐 현금화되는 자산이라는 의미이다.

다시 〈표 2.20〉으로 돌아와서 보면 전체 자산을 유동성이 높은 유동자산과 그렇지 않은 비유동자산으로 구분한 후에, 유동자산은 당좌자산과 재고자산으로 구분하고, 비유동자산은 유형자산, 무형자산, 투자자산, 그리고 기타의 비유동자산으로 구분한 것을 볼 수 있다. 같은 논리로 부채는 부채 입장에서 유동성이 높은, 즉 단기간 내에 상환해야 하는 유동부채와 단기간에 상환되지 않고 장기간 남아있게 되는 비유동부채로 구분한 것을 볼 수 있다. 우리가 회계를 심도 깊게 알아가게 되면 이와 같은 구분보다 훨씬 더 세부적인 분류가 이루어질 수도 있지만 우리가 지금 재무상태표라는 재무제표가 주는 정보의 의미를 생각할 때에는, '아, 자산이랑 부채를 각각 유동성에 따라 구분하여 볼 수 있도록 표시하는구나' 정도의 이해만으로도 충분하다고 생각한다.

자본의 경우에는 자산이나 부채와는 달리 유동성 측면의 순서나 수준에 따라 구분하지는 않는다. 우리가 자본과 관련하여 지금까지 본 것은 설립자본과 벌어서 늘어난 몫이었는데, 자본금, 자본잉여금, 자본조정, 이익잉여금과 기타포괄누계액과 같은 다양한 계정들이 새로 등장해서 복잡해 보일 수 있다. 일단 지금은 자본이 크게 자본금과 이익잉여금의 특성으로 나누어진다는 정도로만 생각해 보자.[25] 다시 이야기하겠지만 자본금(capital stock)이란 기업이 발행한 주

25) 자본잉여금, 자본조정, 그리고 기타포괄손익누계액은 이어지는 내용에서 간략히 소개하도록 하겠다.

식수에 주당 액면금액을 곱한 금액, 다시 말해서 액면총액을 의미한다. 그리고 이익잉여금(retained earnings)이란 기업이 영업을 통해서 거두어들인 성과인 당기순이익 가운데 기업의 외부로 배당이 이루어지지 않고 기업의 내부에 유보되어 있는 누적금액을 말한다. 우리가 다루었던 설립자본은 자본금의 범주에 해당하고 벌어서 늘어난 몫은 이익잉여금의 특성을 가지고 있다.

이하의 내용에서는 지금까지 간략하게 이야기한 자산, 부채 그리고 자본의 구분과 각각의 내용에 대해서 조금 더 상세하게 이야기해 본다. 구체 내용의 설명 시에 예시로 소개되는 계정들의 세부적 의미들은 당장은 어려울 수 있으므로 너무 부담을 가지고 완벽히 이해하거나 암기하려고 하지 말고, 그저 지금 우리가 재무상태표에서 자산, 부채 그리고 자본의 표시에 있어서 하게 되는 구분의 의미를 이해하는 데에 집중하는 것이 좋을 것으로 생각한다.

1. 유동자산

유동자산(current assets)은 자산 가운데 측정일이 속하는 보고기간 말 시점으로부터 1년 이내의 시점, 즉 상대적으로 단기간 내에 현금화될 가능성, 다시 말해서 단기간 내에 경제적 효용을 창출할 가능성이 높은 자산을 의미하며, 크게 당좌자산과 재고자산으로 분류된다.[26]

당좌자산(quick assets)은 유동자산 중에서도 현금화되는 속도가 상대적으로 빠른 자산들을 의미한다. 당좌자산의 예로는 현금 자체, 단기금융상품(예금 등), 유가증권(주식이나 회사채 등을 구입하여 1년 이내에 매도 예정인 경우 등), 단기대여금(타인에게 대여한 돈으로서 상대방이 1년 이내에 갚는 조건), 매출채권(영업활동과 관련하여 재고자산을 외상으로 판매하거나 용역서비스를 외상으로 제공한 후 아직 돈을

---

26) 보고기준일이란 당해 회계연도의 최종일을 의미한다. 예로서, 20×1년도에 A라는 기업의 회계기간이 20×1년 1월 1일부터 20×1년 12월 31일이라면 A기업의 20×1년도 보고기준일은 20×1년 12월 31일이 된다. A기업이 20×1년 3월 15일에 어떤 자산을 살펴보았는데 해당 자산이 20×2년 9월 31일에 현금화될 것으로 예상된다면 그 자산은 유동자산일까 아니면 비유동자산일까? 보고기준일이 20×1년 12월 31일인 것을 감안해서 생각해 볼 때 해당 자산은 유동자산으로 구분된다.

받지 못한 경우 등) 등을 예로 들 수 있다.

재고자산(inventory)은 물건을 제조해서 판매하는 제조기업이나, 완성품을 구매한 후 판매하는 상거래기업이 판매를 목적으로 보유하고 있는 자산을 의미한다. 일반적으로 상거래기업의 재고자산을 상품으로, 제조기업이 판매를 목적으로 보유하고 있는 재고자산(완성품)을 제품이라고 부른다. 제조기업의 제조과정에 투입되기 이전의 단계인 원재료와 제품 제조과정 중에 있으나 아직 미완성 상태인 재공품도 재고자산에 포함된다.[27)]

2. 비유동자산

비유동자산(non-current assets)은 자산으로서 측정일이 속하는 보고기간 말 시점으로부터 1년 이상 지속되면서, 장기적으로 경제적 효용을 가지고 오는 자산을 의미하는데, 크게 유형자산(property, plant and equipment), 무형자산(intangible assets), 투자자산(investment assets), 기타의 비유동자산 등으로 분류된다. 유형자산과 무형자산은 공통적으로 기업의 영업활동에 사용할 목적으로 보유하고 있는 자산이며, 유형자산은 형체가 있는 반면 무형자산은 형체가 없다는 차이점이 있다. 유형자산의 예로는 건물, 토지, 기계장치, 차량운반구(자동차) 등을 들 수 있으며, 무형자산의 예로는 특허권, 상표권, 소프트웨어, 개발비, 영업권 등을 들 수 있다. 투자자산은 다른 기업의 의사결정에 중대한 영향을 미칠 목적, 또는 장기적으로 시세 차익 등 투자수익을 얻을 목적으로 보유하고 있는 자산을 의미하며 대표적인 투자자산으로는 유가증권과 투자부동산 등이 있다.[28)]

---

27) 빵을 만드는 공장에서 빵을 제조하기 이전 단계에서 보유하고 있는 밀가루는 원재료로서 재고자산이고, 빵을 만들기 위한 제조 중에 있는 반죽은 재공품으로서 재고자산이고, 제조과정을 마치고 완성된 빵은 제품으로서 재고자산이 된다. 어떤 가게에서 빵 만드는 공장에 가서 빵을 사와서 팔기 위해 보유하고 있다면 그 빵은 상품으로서 재고자산이 된다.

28) 건물을 장기적으로 시세 차익 등 수익을 얻을 목적으로 보유하고 있다면 투자자산에 속하게 되는 것이고, 건물을 사옥이나 매장 등 영업활동에 활용할 목적으로 보유하고 있다면 유형자산에 속하게 되는 것이다. 만약 당신이 건물을 판매하는 것을 영업활동으로 하고 있다면, 당신이 판매를 목적으로 보유하고 있는 건물은 어떤 자산에 속하게 되겠는가?

3. 유동부채

유동부채(current liabilities)는 부채로서 만기가 측정일이 속하는 보고기간 말 시점으로부터 1년 이내에 도래하는 채무를 의미한다. 유동부채의 예로서는 매입채무(주된 영업활동과 관련하여 재고자산을 외상으로 매입하거나 용역서비스를 제공받은 후 아직 돈을 지급하지 못한 경우 등)와 금융기관 등에서 빌린 차입금 가운데 보고기간 말로부터 1년 이내에 상환하여야 하는 경우 등을 들 수 있다.

4. 비유동부채

비유동부채(non-current liabilities)는 부채로서 만기가 측정일이 속하는 보고기간 말 시점으로부터 1년 이후에 도래하는 채무를 의미한다. 비유동부채의 예로서는 매입채무(물건을 외상으로 매입한 후 아직 돈을 지급하지 못한 경우 등)로서 보고기간 말로부터 1년 이후에 상환하여야 하는 장기성매입채무와 금융기관 등에서 빌린 차입금 가운데 보고기간 말로부터 1년 이후에 상환하여야 하는 장기차입금 등을 들 수 있다.

5. 자 본

자본금(capital stock)은 주식 1주당 액면금액에 발행주식수를 곱하여 나온 금액을 의미한다. 자본잉여금은 자본과 관련하여 주주와의 거래에서 발생한 잉여금을 말하는데, 대표적인 예로는 주식을 액면금액보다 높은 가격에 발행할 때 발생하는 주식발행초과금이 있다. 자본금과 자본잉여금은 주주(주인)가 기업에 출자한 금액으로서 납입자본에 해당한다.

이익잉여금(retained earnings)은 주주의 투자나 주주에 대한 배당과 같은 주주와의 거래를 제외하고, 기업의 영업활동 중 발생한 수익이 비용을 초과하면 나타나는 당기순이익, 즉 벌어서 늘어난 몫의 증가분 가운데 배당 등으로 기업 밖으로 유출되지 않고 기업 내부에 유보되어 누적된 금액을 말한다.[29]

---

29) 수익과 비용의 의미는 제3장에서 좀 더 상세하게 살펴보도록 한다. 일단 여기에서는 이익잉

표 2.21 재무상태표_20×1년 1월 31일

기업 A의 재무상태표

재무상태표			
기업 A			20×1. 1. 31.
자 산		부 채	
현 금	340	은행차입금	100
건 물	30	자 본	
		설립자본	200
		벌어서 늘어난 몫	70
자산 합계	370	부채와 자본 합계	370

기업 B의 재무상태표

재무상태표			
기업 B			20×1. 1. 31.
자 산		부 채	
현 금	320	은행차입금	100
건 물	30	자 본	
		설립자본	200
		벌어서 늘어난 몫	50
자산 합계	350	부채와 자본 합계	350

자본조정과 기타포괄손익누계액의 의미는 아직은 구체적으로 다루지 않아도 된다. 우선은 주주와의 거래에 의한 자본의 변동을 나타내는 자본금과 자본잉여금을 우리가 앞서 다루어 본 납입자본의 시각에서 이해하고, 이익잉여금을 우리가 앞서 살펴보았던 벌어서 늘어난 몫의 시각에서 이해하는 정도면 충분하다고 생각한다.

당신에게 질문을 하도록 하겠다.

〈표 2.21〉은 20×0년 12월에 설립된 기업 A와 기업 B, 두 기업의 20×1년 1월 31일의 재무상태표를 보여주고 있다. 당신은 가용할 수 있는 정보를 이용하여 기업 A와 기업 B 가운데 한 기업에 투자할 예정이다. 〈표 2.21〉의 재무상태표 정보에 기초할 때 당신은 두 기업 가운데 어떤 기업을 더 선호하겠는가?

일단 부채나 자본 중 설립자본은 차이가 없고, '벌어서 늘어난 몫'의 금액으로 판단할 때 1월의 성과는 기업 A가 기업 B에 비해 20만큼 더 높다. 이와 함께 현금 계정의 금액도 기업 A가 기업 B보다 20만큼 큰 것으로 보인다. 여러 가지로 생각할 수 있겠는데 이런 생각도 가능할 것이다. "기업 A와 기업 B는 전반적인 규모가 유사한데 기업 A의 성과가 기업 B보다 양호하고 자산 규모도 더 크니

여금이 매 기간에 발생하는 '벌어서 늘어난 몫'(자본)의 변동(증가)분을 차곡차곡 계속 모아두는 자본 계정이라고 이해하면 된다.

표 2.22 재무상태표_20×1년 1월 1일

기업 A의 재무상태표

재무상태표			
기업 A			20×1. 1. 1.
자 산		부 채	
현 금	220	은행차입금	50
건 물	30	자 본	
		설립자본	200
		벌어서 늘어난 몫	0
자산 합계	250	부채와 자본 합계	250

기업 B의 재무상태표

재무상태표			
기업 B			20×1. 1. 1.
자 산		부 채	
현 금	370	은행차입금	200
건 물	30	자 본	
		설립자본	200
		벌어서 늘어난 몫	0
자산 합계	400	부채와 자본 합계	400

내가 활용할 수 있는 추가적인 정보가 없다면 기업 A에 투자하는 게 낫겠어!"

그런데, 만약 당신이 기업 A와 기업 B, 두 기업의 20×1년 1월 31일의 재무상태표뿐만 아니라 20×1년 1월 1일의 재무상태표 정보도 이용할 수 있다면 어떻겠는가? 〈표 2.22〉의 20×1년 1월 1일의 재무상태표 정보를 추가적으로 이용할 수 있다면 당신은 어떤 기업을 더 선호하겠는가?

〈표 2.22〉에서는 20×1년 1월 초 설립 당시에는 기업 A의 자산 및 부채 규모가 기업 B보다 상대적으로 작았던 것을 볼 수 있다. 〈표 2.22〉와 앞서 살펴본 〈표 2.21〉을 동시에 고려해 보면 기업 A는 추가적인 외부 자금의 차입으로 자산(현금) 규모와 부채 규모가 늘어났고, 기업 B는 동 기간 동안에 기존 차입금 중 일부를 상환하였음을 알 수 있다. 자, 이제 당신은 어떤 기업을 선호할 것인가? 이 역시 다양한 판단이 가능할 것이다. 1월 초에 기업 B보다 작은 기업이었던 기업 A가 1월 말에 기업 B와 비슷한 자산 규모를 가지게 된 원인 중 일부가 외부 자금의 차입이라는 것을 고려할 수도 있고, 외부 자금의 차입이 대규모 현금 투입이 요구되는 신규 투자 기회의 포착이라는 신호로 받아들일 수도 있다. 기업 B가 1월 중에 외부 자금을 상환한 것을 기업 재무 건전성의 개선이라는 측면에서 고려할 수도 있고, 기업 B가 보유 현금을 효과적으로 활용할 수 있는 투자 기회를 찾지 못하고 있다는 신호로 받아들일 수도 있다. 정답은 없다. 다만

한 가지는 알 수 있다. 의사결정을 앞두고 있는 당신이 재무상태표 안에서 무언가 의미 있는 정보를 찾아내려고 애쓰고 있다는 것! 당신이 앞서 살펴본 재무상태표 정보가 당신의 투자의사결정에 크든 작든 어떤 식으로라도 영향을 미쳤다면, 회계가 정보이용자들의 의사결정에 유용한 정보를 제공하며, 회계정보를 제공하는 대표적인 방법이 재무상태표를 포함하는 재무제표의 제공이라는 사실도 어느 정도 받아들일 수 있으리라 생각한다.

OX 문제

1. 자산은 정확하게 주인의 몫(자본)과 타인의 몫(부채)으로 나뉘어진다.

2. 회계의 주체(주인)는 자산 가운데 본인의 몫인 자본에 해당하는 부분만을 본인(주인)의 목적을 위해서 사용할 수 있다.

3. 대차평균의 원리란 간단히 말해서 자산이 부채와 자본의 합과 동일하다는 의미로서, 특별히 예외적인 경우 이외의 경우에 항상 성립하는 원리로서 앞으로 다룰 많은 회계 개념들의 근간이 된다.

4. '대차평균의 원리'와 '재무상태표 등식'은 같은 원리를 의미한다.

5. '재무상태표 등식'은 특정 시점의 기업의 재무상태표를 기준으로 할 때 자산이 부채와 자본의 합과 동일하다는 의미로서 개별 거래마다 재무상태표 등식 또는 대차평균의 원리가 성립하는 것은 아니다.

6. 기업의 주인 몫인 자본으로는 기업의 주인이 출자한 결과로 늘어나는 출자자본과 기업의 경영을 통해서 늘어나는 벌어서 늘어난 몫이 있다. '출자자본'과 '벌어서 늘어난 몫'은 모두 기업의 주인의 몫을 나타내는 자본에 해당하여, 두 항목을 자본 내에서 별도로 구분하지 않고 통합하여 표시한다.

7. 비유동자산이란 자산으로서 측정일 시점으로부터 1년 이상 지속되면서, 장기적으로 경제적 효용을 가지고 오는 자산을 의미한다.

연습문제

1. **서울에 사는 김세연 씨는 20×1년 1월 2일에 교육서비스 제공을 주된 영업활동으로 하는 (주)세연에듀를 설립하였다. 다음은 20×1년 1월 중 (주)세연에듀와 관련된 경제적 거래와 사건들을 정리한 것이다.**

1월 2일	김세연 씨는 본인이 가지고 있던 현금 3,000만원을 출자하여 (주)세연에듀를 설립하였다.
1월 3일	(주)LG화학의 주식을 1,000만원어치 매수하였다.
1월 4일	사무실로 사용하기 위한 건물을 500만원을 지불하고 구입하였다.
1월 4일	업무용으로 사용하기 위한 자동차를 700만원을 지불하고 구입하였다.
1월 5일	기업 운영자금을 추가 확보하기 위해서 은행으로부터 2,000만원을 차입하였다.
1월 10일	보유하고 있던 (주)LG화학의 주식 중 300만원어치를 매입한 가격 300만원에 그대로 매도하여 은행에서 차입한 금액 중 300만원을 상환하였다.
1월 15일	(주)세연에듀가 사업을 시작하고 처음으로 회사의 설립자인 동시에 대표인 김세연 씨가 (주)정직상회에 목적사업인 교육서비스를 제공하고 현금 250만원을 벌어왔다.
1월 20일	김세연 씨가 회사설립과 동시에 고용한 아르바이트생인 김성실 씨에게 120만원의 급여를 지급하였다.
1월 25일	보유하고 있던 (주)LG화학의 주식 중 500만원어치를 매도하였는데, 보유기간 중 가격이 상승하여 현금 580만원에 매도하였다.

(1) 거래가 발생한 날짜별로 거래의 결과, 재무상태가 어떻게 변동하는지 보이고, 재무상태표 등식이 성립하는지 확인하시오.

(2) 각 거래별로 미니 재무상태표(분개)를 자산, 부채 및 자본 계정을 이용하여 작성하시오.

(3) 1월 말(1월 31일) 기준 (주)세연에듀의 재무상태표를 제시하시오.

2. 서울에 사는 김세연 씨는 20×1년 1월 2일에 물류서비스 제공을 주된 영업활동으로 하는 (주)세연물류를 설립하였다. 다음은 20×1년 1월 중 (주)세연물류와 관련된 경제적 거래와 사건들을 정리한 것이다.

1월 2일	김세연 씨는 본인이 가지고 있던 현금 7,000만원을 출자하여 (주)세연물류를 설립하였다.
1월 3일	(주)삼성물산의 주식을 2,000만원어치 매수하였다.
1월 4일	사무실로 사용하기 위한 건물을 임차하고 800만원을 지불하였다.
1월 4일	업무용으로 사용하기 위한 트럭을 1,500만원을 지불하고 구입하였다.
1월 5일	기업 운영자금을 추가 확보하기 위해서 은행으로부터 3,000만원을 차입하였다.
1월 10일	보유하고 있던 (주)삼성물산의 주식 중 1,000만원어치를 1,300만원에 매도하여 은행에서 차입한 금액 중 1,300만원을 상환하였다.
1월 15일	(주)세연물류가 사업을 시작하고 처음으로 회사의 설립자인 동시에 대표인 김세연 씨가 (주)신뢰산전에 목적사업인 물류서비스를 제공하고 현금 1,250만원을 벌어왔다.
1월 20일	김세연 씨가 회사설립과 동시에 고용한 아르바이트생인 나신뢰 씨에게 320만원의 급여를 지급하였다.
1월 25일	보유하고 있던 (주)삼성물산의 주식 중 500만원어치를 매입한 가격 500만원에 그대로 매도하였다.

(1) 거래가 발생한 날짜별로 거래의 결과, 재무상태가 어떻게 변동하는지 보이고, 재무상태표 등식이 성립하는지 확인하시오.

(2) 각 거래별로 미니 재무상태표(분개)를 자산, 부채 및 자본 계정을 이용하여 작성하시오.

(3) 1월 말(1월 31일) 기준 (주)세연물류의 재무상태표를 제시하시오.

제 3 장

기업의 성적표, 손익계산서
(부제: 기업의 성과라는 정보)

제1절 수익과 비용의 이해

제2절 손익계산서를 만들어 보자!

제3절 손익계산서를 이해할 때 명심하여야 할 것들

당신은 어디에 있는가? 당신은 (주)세연컴퍼니의 1월 31일 기준 재무상태표를 보고 있다. 그리고 (주)세연컴퍼니의 1월 31일 기준 재무상태를 이해하였고, 1월 초 시점의 재무상태와 비교해서 자산, 부채, 그리고 자본에 변동이 있었다는 것도 알게 되었다. 그러고 나서 스스로에게 물어본다. 이제 (주)세연컴퍼니의 재무상태는 알겠는데 기업의 중요한 회계정보에는 재무상태 말고 영업성과도 있다던데 (주)세연컴퍼니의 영업성과는 어떻게 되는 거지? 벌어서 늘어난 몫이 영업성과인가? 그러면 재무상태표에서 벌어서 늘어난 몫이 310만원이라는데 이것만 알면 되는 거야?

제1절 수익과 비용의 이해

본서의 제2장에서 (주)세연컴퍼니의 1월의 모든 거래를 재무상태표를 이용하여 정리하는 것을 보고 나서, 회계에 대하여 어느 정도 지식이 있는 사람이라면 다음과 같은 질문을 할 수도 있을 것이다. "재무제표에는 재무상태표 말고 손익계산서도 있습니다. 그리고, 자산, 부채나 자본 말고 수익이랑 비용이란 것도 있다는데 그건 어디에 있는 거죠?"

손익계산서(income statement)는 일정 기간 동안의 기업의 성과를 나타내는 재무제표이다. 이와 관련하여 손익계산서라는 재무제표는 실제로 회계를 배우고 싶거나 회계정보를 이용하고 싶어하는 사람들이 걱정하는 만큼 복잡하거나 어려운 표는 아니다. 그런데 회계를 알아가는 과정에서 손익계산서의 개념에 대하여 제대로 이해를 하지 못하고 어려워하는 경우가 많이 있고, 때로는 그러한 어려움 때문에 정보로서의 회계를 알아가는 과정을 포기하거나 원치 않는 시행착오를 겪게 되는 경우도 종종 있다.

자, 이제부터 우리는 손익계산서라는 재무제표를 알아가 보도록 하겠다. 일단 우리가 이제까지 배워온 유일한 재무제표가 재무상태표이니 (주)세연컴퍼니

표 3.1　1월 31일의 재무상태표

재무상태표			
(주)세연컴퍼니			20×1. 1. 31.
자 산		부 채	
현 금	1,360만원	은행차입금	1,050만원
주 식	0만원	자 본	
임차보증금	300만원	설립자본	1,000만원
자동차	700만원	벌어서 늘어난 몫	310만원
자산 합계	2,360만원	부채와 자본 합계	2,360만원

의 1월 31일의 재무상태표로 다시 돌아가 보도록 하자.

당신이 만약 (주)세연컴퍼니의 대표이사인 김세연 씨라면, 또는 (주)세연컴퍼니에 관심이나 이해관계를 가지고 있는 사람이라면 (주)세연컴퍼니의 1월 31일 기준 재무상태표를 보면서 어떤 구체 정보에 가장 큰 관심을 가지겠는가? 새로 자동차가 생기니 좋아서 자동차에 관심이 갈 수도 있고, 부채는 앞으로 갚아야 할 중요한 의무이므로 은행차입금에 관심이 갈 수도 있다. 또 월초에 비해 늘어난 현금이나 줄어든 주식에 관심이 갈 수도 있다. 그런데 저자들이 기억하기로는 다수의 사람들이 이러한 경우에 가장 관심을 가지는 항목(계정)으로 '벌어서 늘어난 몫'을 선택하였다. 그 이유는 '벌어서 늘어난 몫'이라는 항목의 변동(증가 또는 감소)이 말 그대로 벌어서 얼마나 늘어났는가, 즉 해당 기간 동안의 기업의 성과를 의미하기 때문이다. 기업의 목표가 '경제적 이윤 추구의 극대화'인 것을 고려한다면, 기업 내부나 외부의 이해관계자들이 기업의 재무상태표로부터 기업의 성과를 나타내고 있는 항목에 상대적으로 큰 관심을 가지게 되는 것은 어쩌면 당연한 반응이라고 할 수 있다.

이제 (주)세연컴퍼니의 재무상태표에 나타나 있는 벌어서 늘어난 몫인 310만원에 주목해 보자. 우리는 (주)세연컴퍼니의 재무상태표를 보면서 20×1년 1월 한 달 동안 310만원만큼 성과를 거두었다는 정보를 알 수 있다.[1)] (주)세연컴퍼니에서 20×1년 1월 중에 두 번 벌어서 늘어난 몫이 늘어나고, 한 번 벌어서 늘어난 몫이 줄어들어서 결과적으로 벌어서 늘어난 몫이 1월 초의 0원으로부터 1월 말의 310만원으로 310만원만큼 증가한 바로 그 성과이다. 당신은 재무상태표에서 제공하는 정보로부터 (주)세연컴퍼니의 성과를 확인하면서 이렇게 생각할지도 모르겠다. "재무상태표에서도 이렇게 성과를 확인할 수 있는데 굳이 복잡하게 다른 재무제표를 또 만들어서 보아야 하나?"

그런데, 앞서 살펴본 바와 같이 재무상태표로부터 얻을 수 있는 성과정보와 관련해서, 기업의 회계정보를 이용하는 이해관계자들, 그 가운데 특히 기업의 경영자들은 '벌어서 늘어난 몫'의 증가와 감소에 관심을 가지고 '벌어서 늘어난 몫'의 증가와 감소를 좀 더 세부적인 정보로 구분하고자 하는 욕구를 가지게 되었다. 경영자는 기업의 경영에 있어 이윤 극대화 등 기업의 성과에 관심을 가지며 이와 연관된 목표를 가지는 경우가 많다. 왜냐하면 기업의 자원에 대한 경영자의 수탁책임을 평가할 때에 기업의 성과가 관련되는 경우가 대부분이기 때문이다.[2] 이에 따라 회계전문가들은 일정 기간 동안의 '벌어서 늘어난 몫'의 증가와 감소, 다시 말해서 기업의 성과와 관련된 내용을 좀 더 세분화해서 구별하여 표시하도록 하였다.

가장 먼저, '벌어서 늘어난 몫'이 증가하는 것을 '수익'이라고 표시하고, '벌어서 늘어난 몫'이 감소하는 것을 '비용'이라고 표시하게 되었다. 이에 따라 (주)세연컴퍼니의 '벌어서 늘어난 몫' 항목의 변동을 다시 표시하면 다음과 같다.

---

1) (주)세연컴퍼니의 20×1년 1월 초 시점의 재무상태표에 '벌어서 늘어난 몫'(자본)이 없었던 것을 생각하면 20×1년 1월 한 달 동안 310만원만큼 '벌어서 늘어난 몫'(자본)이 증가하였다는 것을 알 수 있다.

2) 기업의 주인은 주주이며, 주주들은 기업의 경영을 경영자에게 맡기게 된다. 기업의 주인인 주주들을 대신해서 경영자는 기업의 주인인 주주들의 목표를 달성하기 위해서 노력하게 되는데 이와 같이 주주로부터 경영권을 위임받은 경영자의 책임을 수탁책임이라고 한다. 당신은 기업의 주인인 주주들이 생각하는 기업의 주된 목표가 무엇이라고 생각하는가? 경영자는 주주들의 주된 목표가 잘 달성되고 있는가를 어떻게 경영을 위탁한 주주들에게 보여줄 수 있겠는가?

표 3.2 수익과 비용_벌어서 늘어난 몫의 변동(증감)을 표시

비 용 170만원 (벌어서 늘어난 몫의 감소 의미)	수 익 480만원 (벌어서 늘어난 몫의 증가 의미)

(주)세연컴퍼니에서 20×1년 1월 중에 두 번에 걸쳐 벌어서 늘어난 몫이 늘어난 480만원을 수익으로 표시하고, 한 번 벌어서 늘어난 몫이 줄어든 170만원을 비용으로 표시하였다. 그러면 결과적으로 수익과 비용의 차이로부터 우리는 기업의 늘어난 몫, 다시 말해서 기업의 성과가 310만원이라는 정보를 알 수 있게 된다. (주)세연컴퍼니의 벌어서 늘어난 몫이 480만원만큼 증가하고, 같은 기간 동안 170만원만큼 감소하였으니 결과적으로는 310만원이 증가한 것이다.

그러나 이와 같이 기업의 성과를 벌어서 늘어난 몫의 증가와 감소에 맞추어 크게 수익과 비용으로 구분하여 표시하는 것만으로는 경영자와 기타 회계정보 이용자들에게 해당 기업의 성과에 대하여 충분한 정보를 제공할 수 없는 것으로 판단하게 되었다. 이에 따라 벌어서 늘어난 몫의 증감을 의미하는 수익과 비용 정보를 좀 더 세분화시키게 되었다. 구체적으로 말해서, 수익과 비용을 각각 기업의 영업과 관련된 수익과 관련이 없는 수익, 그리고 기업의 영업과 관련된 비용과 관련이 없는 비용으로 구분한 것이다. 이와 관련하여 기업의 영업이 의미하는 바는 해당 기업의 주된 목적사업을 의미한다. (주)세연컴퍼니의 경우를 보면 (주)세연컴퍼니는 컨설팅 용역을 제공하는 것을 주된 목적사업으로 하고 있다. (주)세연컴퍼니의 목적사업을 감안하여 생각해 본다면 1월 15일에 벌어들인 컨설팅 용역 대가 450만원은 영업으로부터 벌어들인 수익이 되지만, 1월 30일에 주식을 매각하면서 벌어들인 30만원은 영업으로부터 벌어들인 수익으로 볼 수 없을 것이다.[3] 그리고 아르바이트생인 나신뢰 씨에게 1월 25일에 지급한 급여 170만원은 컨설팅사업을 영위하면서 수익을 얻는 과정에 직접적으로 관련된 '벌어서 늘어난 몫'의 감소이므로 영업과정에서 발생한 비용이라고

---

3) 1월 30일에 주식을 매각하면서 벌어들인 30만원을 영업으로부터 벌어들인 수익으로 본다면 (주)세연컴퍼니는 주식 매매를 주된 목적사업으로 하는 기업이 되는 것이다.

볼 수 있다.[4] 이러한 내용을 정리하여 '벌어서 늘어난 몫'에 대하여 다시 정리하면 다음과 같다.

표 3.3 수익과 비용_영업과 비영업

비용('벌어서 늘어난 몫'의 감소)		수익('벌어서 늘어난 몫'의 증가)	
영업비용(주된 목적사업과 관련 ○)	170만원	영업수익(주된 목적사업과 관련 ○)	450만원
비영업비용(주된 목적사업과 관련 ×)	0	비영업수익(주된 목적사업과 관련 ×)	30만원

만약에 (주)세연컴퍼니가 컨설팅회사가 아니라 주식을 매매하여 수익을 창출하는 것을 주된 목적사업으로 하는 기업이었다면, 〈표 3.3〉의 결과와는 달리 영업수익이 30만원이 되고 비영업수익이 450만원이 되었을 것이다.[5] 이러한 결과는 기업의 영업수익과 비영업수익의 구분이 기업의 주된 목적사업에 달려 있다는 것을 의미한다. 수익과 비용을 주요 목적사업과의 관련 여부에 따라 구분함에 따라 〈표 3.3〉은 〈표 3.2〉보다 더 많은 정보를 제공하게 된다. (주)세연컴퍼니는 1개월 동안 주요 목적사업에서 280만원(450만원−170만원)을 벌었고, 목적사업 이외의 활동으로부터 30만원을 벌어들였다.

여기서 당신에게 물어보겠다. 우리가 지금까지 알게 된 정보를 이용해서 판단할 때 (주)세연컴퍼니가 2월에는 어느 정도의 성과를 거둘 것으로 예상하는가? 우리는 (주)세연컴퍼니가 1개월 동안 310만원만큼의 성과가 있었다는 것을 알고 있으며, 그 가운데 주요 목적사업과 관련된 성과가 280만원, 그 이외의 성과가 30만원인 것도 알고 있다. 아마 당신의 생각은 310만원과 280만원 중 하나일 것 같은데, 둘 중 하나를 고르자면 대체적으로 받아들여지는 합리적인 금액은 280만원이다. 그 이유는 주요 목적사업의 경우에는 (주)세연컴퍼니가 운영되

---

4) (주)세연컴퍼니에서 나신뢰 씨를 왜 채용하였으며, 나신뢰 씨가 (주)세연컴퍼니에서 어떠한 직무를 주로 할 것인지에 대해 생각해 보기 바란다.

5) 비용과 관련해서는 만약에 (주)세연컴퍼니가 주식을 매매하여 수익을 창출하는 것을 주된 목적사업으로 하는 기업이었다면 나신뢰 씨가 주로 어떠한 업무를 담당하였을지 생각해 보고, 나신뢰 씨에게 지급된 급여가 주요 목적사업과 관련되었을지 여부를 판단해 보기 바란다.

는 동안 지속적으로 이루어지겠지만, 주요 목적사업 이외의 활동들은 이후 회계기간에 지속적으로 반복될 가능성이 상대적으로 낮기 때문이다.

여기까지 생각해 보면, 우리는 재무상태표로부터 (주)세연컴퍼니의 1개월 동안의 성과가 310만원이라는 사실을 알았고, 벌어서 늘어난 몫을 증가와 감소에 따라 수익과 비용으로 구분하면서 1월의 성과 310만원이 480만원의 벌어서 늘어난 몫의 증가와 170만원의 벌어서 늘어난 몫의 감소에 기인하였다는 정보도 알게 되었다. 그리고 수익과 비용을 주요 목적사업 관련 여부에 따라 세분화하면서 1월의 성과 310만원 가운데 영업과 관련이 있어 지속될 가능성이 높은 성과가 280만원이며, 영업과 직접적인 관련성이 낮아 지속될 가능성이 낮은 성과가 30만원이라는 정보도 알게 되었다.

실제 회계에서 성과와 관련된 정보를 만들어 낼 때에는 위에서 설명한 영업비용, 다시 말해서 주된 목적사업과 관련된 비용을 크게 '매출원가'와 '판매비와 관리비(이하 판관비)'라는 두 가지 비용으로 구분하는 것이 일반적이다. 영업비용을 '매출원가'와 '판관비'라는 두 가지의 비용으로 구분하는 것은 기업의 세부 영업기능과 관련이 있다. 기업의 영업은 일반적으로 구매, 생산, 판매, 관리 등의 세부 영업기능으로 구분된다. 다시 말해서, 구입해서, 만들고, 팔고, 관리한다는 것이다. 이 가운데 구매와 생산 기능과 관련하여 발생한 비용을 매출원가(cost of goods sold)라고 하고, 판매와 관리 기능과 관련하여 지출된 비용을 판관비(selling, general, and administrative expenses)로 구분한다.

기업마다 업종이나, 해당 기업의 고유 특성에 따라 구매, 생산, 판매, 관리의 기능 존재 여부가 상이하기 때문에, 각 기업마다 영업비용의 구성이 달라질 수 있다. 물건을 생산하는 제조기업의 경우에는 구매, 생산, 판매, 관리 기능이 모두 존재하기 때문에 구매 및 생산 기능과 관련된 비용은 매출원가가 되고. 판매 및 관리 기능과 관련된 비용은 판관비가 된다. 반면, 완성품(물건)을 구매하여 판매하는 상거래기업의 경우에는 생산 기능이 존재하지 않기 때문에 구매 기능과 관련된 비용이 매출원가가 되고. 판매 및 관리 기능과 관련된 비용은 판관비가 된다. 그리고 물건(재화)을 판매하지 않는 서비스기업의 경우에는 구매와 생산 기능이 존재하지 않으므로 매출원가가 나타나지 않고, 판관비가 전체 영업비용을 구성하게 된다. 우리가 다루어 본 (주)세연컴퍼니의 경우에는 물건을 판매하는 것이 아니라 컨설팅 서비스를 제공하기 때문에 매출원가는 발생하지 않고 1월에 발생한 급여 170만원은 판관비가 되며, 이 판관비가 영업비용 전체를 구성하게 된다.

제2절 손익계산서를 만들어 보자!

손익계산서를 만들어 보자고 하면 당신은 “어, 아직 손익계산서 만드는 법을 배우지 않았는데요?”라고 반문할 수도 있다. 하지만 복잡하게 생각하거나 걱정할 필요 없이 일단 앞서 우리가 ‘벌어서 늘어난 몫’의 변동(증감)의 의미를 자세히 세분하여 보았던 것을 기억해 보자. ‘벌어서 늘어난 몫’의 변동(증감)의 의미를 자세히 세분하는 것이 손익계산서를 이해하고 작성하는 데 있어서 출발점이다!

기억을 되살려 보면, (주)세연컴퍼니의 벌어서 늘어난 몫을 증가와 감소의 특성에 따라 수익과 비용으로 구분하고, 수익과 비용을 다시 영업활동과의 관련성에 따라 수익은 영업수익과 영업외수익, 비용은 영업비용과 영업외비용으로 나누었던 것이 생각날 것이다. 그러고 나서 (주)세연컴퍼니가 다음 달에 얼마나 성과를 낼지에 대해서는 주요 목적사업과 관련된 영업수익과 영업비용을 이용해서 280만원으로 예상했던 것도 떠올릴 수 있을 것이다.[6]

당신이 이 정도만 이해할 수 있다면 손익계산서를 만들기 위한 기초적인 준비는 이미 된 것이다. 여기에 손익계산서를 만들기 위한 몇 가지 내용을 더 살펴보도록 하자. 먼저, 회계에서는 영업수익이라는 용어를 일반적으로 ‘매출액’이라는 계정으로 표시한다. 따라서 손익계산서에서 매출액이라는 계정이 나오

---

6) 생각이 잘 나지 않아도 속상해할 필요가 없다. 앞에서 다루었던 내용들을 다시 한번 읽어보고 나서 다시 생각해 보자. 파이팅!

면 이것은 영업수익, 즉 영업과 관련하여 벌어서 늘어난 몫이 증가한 것을 의미한다. 다음으로 우리는 비용, 즉 벌어서 늘어난 몫의 감소를 영업비용과 영업외비용으로 구분하였는데, 실제로는 영업비용 및 영업외비용과 구분되는 다른 특성의 비용이 하나 더 존재하는데 법인세비용이 그것이다. 기업을 포함하는 모든 경제적 실체는 소득에 대하여 세금을 내게 되는데 경제적 실체가 개인일 때는 소득세, 법인일 때는 법인세를 내게 된다. 법인이 납부하는 법인세는 소득이 영업활동에 기초하는지 여부와 상관없이 모든 이익에 대하여 부과되고, 기업의 규모나 국적에 따라서도 달라지는 특성을 가지므로, 영업비용 및 영업외비용과는 별도로 법인세비용이라는 항목으로 구분하여 표시하게 되었다.

손익계산서가 벌어서 늘어난 몫, 즉 성과의 변동(증가 또는 감소)을 세부적으로 표시하는 것이라고 하였으니 일단 할 수 있는 대로 (주)세연컴퍼니의 1월의 손익계산서를 만들어 보자. 손익계산서가 벌어서 늘어난 몫의 변동 내용을 세부적으로 표시하는 것으로 생각해 보면 다음과 같이 정리해 볼 수 있을 것이다.

다음의 〈표 3.4〉를 보면, 일단 수익(profit)은 벌어서 늘어난 몫의 증가를 의미하는데, 벌어서 늘어난 몫이 증가할 때 대변에 적어준 것과 같이, 수익 관련 항목(계정)들은 대변에 적어주는데, 우리가 영업수익을 매출액이라고 표시하기로 했으니 매출액으로 450만원을 기록하였다. 그리고 영업외수익으로 주식 매각과 관련해서 발생한 30만원을 기록하면, 20×1년 1월 중 벌어서 늘어난 몫의 증가를 수익으로 정리한 것이 되었다.

표 3.4 손익계산서 1

손익계산서			
(주)세연컴퍼니			20×1. 1. 1.~20×1. 1. 31.
비용(벌어서 늘어난 몫의 감소)		수익(벌어서 늘어난 몫의 증가)	
영업비용	170만원	매출액(영업수익)	450만원
매출원가	0		
판매비와 관리비	170만원	영업외수익	30만원
영업외비용	0		
법인세비용	0		

다음으로 비용(cost)은 벌어서 늘어난 몫의 감소를 의미하는데, 벌어서 늘어난 몫이 감소할 때 차변에 적어준 것과 같이, 비용 관련 항목(계정)들은 차변에 적어주는데, 우리가 영업비용을 매출원가, 그리고 판매비와 관리비 항목으로 구분하기로 하였으니 두 가지 영업비용 항목을 적어주었다. (주)세연컴퍼니가 서비스기업이므로 매출원가는 발생하지 않고, 급여 지급액 170만원을 판매비와 관리비로 기록하면 해당 금액이 곧 (주)세연컴퍼니의 영업비용 금액이 되는 것이다.[7] 그리고 벌어서 늘어난 몫의 감소에는 영업비용 이외에 영업외비용과 법인세비용이 있는데, 영업외비용은 발생하지 않았고, 영업비용 및 영업외비용과 구분되는 별도의 비용인 법인세비용과 관련해서도 아직 납부할 법인세가 발생하지 않았다.

지금까지 살펴본 바와 같이 '벌어서 늘어난 몫'의 변동(증가 또는 감소)을 자세히 세분화하여 보는 표가 '손익계산서'이다. 당신이 지금까지 살아오면서 손익계산서가 무엇이고, 어떻게 만들고, 어떻게 이해하여야 하나 생각하던 것을 떠올려 보면 손익계산서라는 것이 예전에 생각하던 것보다는 훨씬 단순한 내용이라는 것을 깨닫게 될 것이다. 그런데, 우리가 앞에서 (주)세연컴퍼니의 2월의 예상되는 성과를 1월에 나타난 벌어서 늘어난 몫의 당기 순증가액인 310만원이 아닌, 영업과 관련된 수익과 비용, 즉 영업수익과 영업비용으로부터 구한 280만원이라고 예상했던 것을 생각해 보면, 위의 〈표 3.4〉에서는 이러한 내용과 정보가 한 눈에 잘 보이지 않을 수도 있다. 이와 관련하여 손익계산서를 〈표 3.4〉와 같이 자본의 감소와 관련해서 비용을 차변으로, 그리고 자본의 증가와 관련해서 수익을 대변으로 구분하여 작성하기도 하지만 대부분의 경우에는 다음의 〈표 3.5〉와 같은 형식으로 작성하는 것이 일반적이다.

〈표 3.5〉의 양식은 〈표 3.4〉의 좌변과 우변을 구분한 양식을 변형하여 나타낸 것으로서 각 구간별 부분 계를 산출하여 제시함으로써 다양한 정보를 제공한다.[8] 먼저 매출액(영업수익)에서 매출원가(영업비용)를 차감한 값을 매출총

7) 영업비용은 매출원가, 그리고 판매비와 관리비로 구분하는데, 서비스기업의 경우에는 매출원가가 발생하지 않기 때문에 판매비와 관리비 금액이 곧 영업비용 금액이 된다.

8) 본서에서는 이하 내용에서 손익계산서를 〈표 3.5〉와 같은 형식으로 작성하도록 한다.

표 3.5 손익계산서 2

손익계산서

(주)세연컴퍼니	20×1.1.1~20×1.1.31
매출액(영업수익)	450만원
(−) 매출원가	0원
매출총이익	450만원
(−) 판매비와 관리비	170만원
영업이익	280만원
(+) 영업외수익	30만원
(−) 영업외비용	0원
법인세비용차감전순이익	310만원
(−) 법인세비용	0원
당기순이익	310만원

이익(gross profit)이라고 하는데, 이는 물건을 판매하는 경우에 판매하여 수령한 대가에서 물건의 구입 또는 물건의 생산 관련 비용을 차감한 금액을 의미한다. 매출총이익에서 판매비와 관리비(영업비용)(selling, general, and administrative expenses)를 차감한 값을 영업이익(operating profit)이라고 하는데, 이는 기업의 영업활동으로부터 나타난 성과를 의미한다. 영업이익으로부터 영업외수익과 영업외비용을 가감하면 법인세를 차감하기 전 단계의 성과인 법인세차감전순이익이 나온다. 법인세차감전순이익으로부터 법인세비용을 차감하면 당기순이익(net income)이 나오게 되는데, 이 금액이 당 회계기간 중에 발생한 '벌어서 늘어난 몫'의 최종 증가금액(변동분), 즉 당기의 최종적인 성과가 되는 것이다.

다시 한번 말하지만, 손익계산서의 출발은 일정 기간 동안의 '벌어서 늘어난 몫'의 변동(증가 또는 감소), 즉 일정 기간 동안의 성과에 대한 내용을 자세히 세분화하는 것이었음을 잊지 말고 기억하기를 부탁한다. 이러한 관점에서 우리가 〈표 3.5〉의 손익계산서 최종 하단에서 보게 되는 '당기순이익'은 당 회계기간 중에 발생한 '벌어서 늘어난 몫'의 순증가분(증가−감소)을 의미하게 되는 것이다.[9] 당신이 여기까지 나온 내용들을 이해할 수 있었다면 회계라는 것을 알아가는 과정에 있어서 이제 큰 산 하나를 넘었다고 생각해도 된다.

제3절 손익계산서를 이해할 때 명심하여야 할 것들

우리가 앞서 살펴본 1월 31일의 (주)세연컴퍼니 재무상태표인 〈표 3.6〉을 다시 한번 살펴보자.

우리는 앞서 살펴본 내용에서 손익계산서가 회계기간 중에 발생한 '벌어서 늘어난 몫'의 변동, 즉 증가와 감소를 자세히 세분하여 보여주는 표라고 하였고, 실제로 (주)세연컴퍼니에서 20×1년 1월 동안의 경영 결과로 나타난 성과, 즉 '벌어서 늘어난 몫'의 변동(증가 또는 감소)인 310만원의 의미를 세분하여 손익계산서라는 표로 만들어 보기도 하였다. 그런데, 주주 몫의 증가나 감소를 나타낼 때에 재무상태표에서 '벌어서 늘어난 몫'이라는 계정으로 회계처리하여 최종

표 3.6 1월 31일의 재무상태표

재무상태표 (주)세연컴퍼니			20×1. 1. 31.
자 산		부 채	
현 금	1,360만원	은행차입금	1,050만원
주 식	0만원	자 본	
임차보증금	300만원	설립자본	1,000만원
자동차	700만원	벌어서 늘어난 몫	310만원
자산 합계	2,360만원	부채와 자본 합계	2,360만원

9) 만약 당신이 손익계산서의 최종 하단에서 '당기순손실'(음수)을 보게 된다면, 이는 당 회계기간 중에 발생한 '벌어서 늘어난 몫'의 순감소분(감소−증가, 감소가 증가보다 큰 경우)을 의미하는 것이다.

성과((주)세연컴퍼니의 경우에는 310만원)를 산출한 후에, 회계기간의 말에 '벌어서 늘어난 몫'의 증가((주)세연컴퍼니의 경우에는 480만원)와 감소((주)세연컴퍼니의 경우에는 170만원)의 내용을 추가적으로 다시 파악하여 손익계산서에서 이를 영업수익, 영업외수익, 영업비용(매출원가, 판관비), 영업외비용, 그리고 법인세비용으로 구분하는 것은 번거로울 뿐만 아니라 많은 시간과 노력이 소요된다. 재무상태표 등식(자산=부채+자본)을 지키면서 당기의 성과인 '벌어서 늘어난 몫'의 순증액(순증가 금액)도 구해야 하고, '벌어서 늘어난 몫'의 변동(증가 또는 감소)이 가지는 세부적인 의미도 찾아내야 하는데 이 과정을 모두 거치면서 많은 시간과 노력이 필요했던 것이다. 이에 대해서, 최초 분개를 할 때에 '벌어서 늘어난 몫'의 변동(증가 또는 감소)을 수익과 비용에 해당하는 세부 항목으로 각각 구분하여 '벌어서 늘어난 몫'(자본) 계정을 분개하던 자리에 수익과 비용 항목을 기록하고, 이렇게 기록된 수익과 비용 항목을 재무상태표가 아닌 손익계산서에서 먼저 정리한 후에, 당기에 '벌어서 늘어난 몫'이 증가한 최종 순증가 금액(증가금액-감소금액)을 의미하는 당기순이익 금액을 다시 재무상태표의 '벌어서 늘어난 몫' 계정으로 가져오는 참신한 방법을 개발하게 된다. 이 방법은 기존의 방법처럼 "'벌어서 늘어난 몫'의 증가와 감소를 모두 '벌어서 늘어난 몫' 계정으로 분개 → 재무상태표 상 '벌어서 늘어난 몫'의 최종 순증가 금액 산출 → 산출된 '벌어서 늘어난 몫'의 순증가 금액을 수익과 비용으로 세분하여 손익계산서 작성"이라는 순서가 아니라 "'벌어서 늘어난 몫'의 증감을 세분화된 수익과 비용 계정으로 분개 → 손익계산서 작성 → 손익계산서 상 당기순이익 금액을 이용해서 재무상태표 상 '벌어서 늘어난 몫'의 최종 순증가 금액 산출"의 순서로 작성한다는 의미이다. 결과는 동일하지만 재무상태표에 나타나는 '벌어서 늘어난 몫'의 변동(증감)에 대한 세부 내용들을 회계기간 말 손익계산서 작성 과정에서 개별적으로 다시 파악하는 수고를 하지 않아도 된다는 점에서 참신한 방법이라고 할 수 있다.[10]

---

10) 새로운 방법이 참신한 것은 분명하지만, 독자들이 이 방법을 이해하고 실제 회계에 적용하는 과정에서 의도하지 않았던 의구심이 생기거나 혼란에 빠질 여지도 있다. 다음 절에서 이

앞서 실시하였던 (주)세연컴퍼니의 1월 중 거래에 대한 분개(미니 재무상태표)를 새로운 방법에 따라 실시하면 다음과 같다.

1월 2일의 분개(미니 재무상태표)

차변		=	대변	
현 금	500만원 (자산의 증가)	=	은행차입금	500만원 (부채의 증가)

1월 5일의 분개(미니 재무상태표)

차변		=	대변	
자동차	700만원 (자산의 증가)	=	현 금	700만원 (자산의 감소)

1월 10일의 분개(미니 재무상태표)

차변		=	대변	
은행차입금	150만원 (부채의 감소)	=	주 식	150만원 (자산의 감소)

1월 15일의 분개(미니 재무상태표)

차변		=	대변	
현 금	450만원 (자산의 증가)	=	매출액(영업수익)	450만원 (벌어서 늘어난 몫의 증가)

1월 25일의 분개(미니 재무상태표)

차변		=	대변	
판매비와 관리비(영업비용)	170만원 (벌어서 늘어난 몫의 감소)	=	현 금	170만원 (자산의 감소)

1월 30일의 분개(미니 재무상태표)

차변		=	대변	
현 금	280만원 (자산의 증가)	=	주 식	250만원 (자산의 감소)
			영업외수익	30만원 (벌어서 늘어난 몫의 증가)

우리가 원래 '벌어서 늘어난 몫'이라는 계정으로 분개하였던 부분마다, 그 부분별 세부 항목에 따라, 매출액, 판매비와 관리비, 영업외수익이라는 수익과 비용 항목을 기록하였고, 이를 파란색으로 표시하였다. 이후, 회계기간이 종료된 시점

러한 내용에 대하여 다시 언급하도록 한다.

표 3.7 '벌어서 늘어난 몫'의 증감에 해당하는 손익 항목을 이용하여 재무상태표보다 먼저 작성한 손익계산서

손익계산서

(주)세연컴퍼니	20×1.1.1~20×1.1.31
매출액(영업수익)←벌어서 늘어난 몫 증가	450만원
(−) 매출원가	0원
매출총이익	450만원
(−) 판매비와 관리비←벌어서 늘어난 몫 감소	170만원
영업이익	280만원
(+) 영업외수익←벌어서 늘어난 몫 증가	30만원
(−) 영업외비용	0원
법인세비용차감전순이익	310만원
(−) 법인세비용	0원
당기순이익	310만원

에, '벌어서 늘어난 몫'의 증감에 해당하는 항목들(파란색)을 재무상태표의 '벌어서 늘어난 몫' 계정에 반영하기 이전에 먼저 손익계산서에서 정리할 수 있다.

앞에서도 이야기했던 것과 마찬가지로 손익계산서를 먼저 작성한 후에, 손익계산서의 최종 결과인 당기순이익 310만원만큼을 재무상태표의 '벌어서 늘어난 몫' 계정으로 옮기게 되는 것이다.

새로운 방법으로 분개를 하였을 때에 1월 31일의 재무상태표에서 다른 계정들은 모두 1월 중 분개의 내용으로부터 설명될 수 있다. 반면 벌어서 늘어난 몫은 위에서 설명한 바와 같이 1월 중 분개의 결과가 아니라 1월 중 수익과 비용 항목의 분개 후 이를 이용하여 작성된 손익계산서의 최종 금액인 당기순이익 금액이 옮겨오게 되는 것이다.[11)]

11) 손익계산서의 최종 금액인 당기순이익 금액이 재무상태표의 벌어서 늘어난 몫 계정으로 어떻게 옮겨지게 되는가는 다음 장에서 실제로 회계처리를 실시하고 회계순환과정을 거치면서 살펴보도록 한다. 여기서는 '벌어서 늘어난 몫의 변동(증가와 감소)를 세분화하여 수익과 비용으로 분개한 후에, 손익계산서에서 최종 금액인 당기순이익 금액을 구하면 그 금액이 당연히 벌어서 늘어난 몫의 최종 순증가 금액(증가금액−감소금액)이 되는 것이지' 정도

표 3.8 1월 31일의 재무상태표

재무상태표			
(주)세연컴퍼니			20×1. 1. 31.
자 산		부 채	
현 금	1,360만원	은행차입금	1,050만원
주 식	0만원	자 본	
임차보증금	300만원	설립자본	1,000만원
자동차	700만원	벌어서 늘어난 몫	310만원
		(↑ 손익계산서의 당기순이익 금액)	
자산 합계	2,360만원	부채와 자본 합계	2,360만원

어떠한 방법을 사용하든 간에 20×1년 1월 말에 재무상태표에서 나타나는 '벌어서 늘어난 몫'의 잔액은 대변 310만원으로 동일하다. 그 이유는 회계처리 과정에서 순서가 일부 변하였을 뿐 그 안의 내용은 동일하기 때문이다.

하지만, 벌어서 늘어난 몫의 증가와 감소를 수익과 비용으로 분개하여 표시하면서 의도하지 않았던 오해와 혼란이 발생할 수 있다. 분개 시에 손익계산서를 만드는 항목인 수익과 비용이 등장하면서, 재무상태표를 구성하는 자산, 부채, 자본 항목과 손익계산서를 구성하는 수익, 비용 항목이 마치 상호 독립적으로 별도로 존재하는 것처럼 이해될 수 있는 것이다. 수익과 비용 항목을 자산, 부채, 자본 항목과 별도로 생각하게 되면, (주)세연컴퍼니의 경우에 1월 15일, 25일, 그리고 30일의 분개와 그 분개의 결과가 반영되는 재무상태표에서 재무상태표 등식이 성립하지 않는 것처럼 착각을 하게 된다.

이미 여러 번 언급하고 살펴보았듯이 모든 분개는 재무상태표에 영향을 미치며, 동시에 재무상태표 등식을 충족한다. 단지, 그 가운데 '벌어서 늘어난 몫'의 당기 증감, 즉 당기의 성과에 해당하는 부분만을 구별하여 모아서 별도로 상세한 손익계산서를 만드는 과정이 있을 뿐이다.[12)]

로 이해하면 충분하다.

12) 만약 회계정보이용자들이 기업의 성과에 대하여 최종적인 결과, 즉 '벌어서 늘어난 몫'의 해

다음의 예시를 통해서 기업의 성과 정보를 어떻게 활용할 수 있는가에 대하여 생각해 보자.

〈예시 3.1〉

다음은 주된 영업분야와 재무상태가 유사한 (주)성실상사와 (주)근면물산의 20×1년 손익계산서 자료이다. 손익계산서 정보를 활용하여 두 기업 가운데 한 기업에 투자를 할 예정이다. 당신은 어떤 기업에 투자하겠는가?

〈표 3.9〉 손익계산서와 의사결정 1

손익계산서 (주)성실상사 20×1.1.1.~20×1.12.31.		손익계산서 (주)근면물산 20×1.1.1.~20×1.12.31.	
매출액(영업수익)	10,000	매출액(영업수익)	10,000
(-) 매출원가	4,000	(-) 매출원가	5,000
매출총이익	6,000	매출총이익	5,000
(-) 판매비와 관리비	3,500	(-) 판매비와 관리비	1,200
영업이익	2,500	영업이익	3,800
(+) 영업외수익	5,000	(+) 영업외수익	0
(-) 영업외비용	0	(-) 영업외비용	1,100
법인세비용차감전순이익	7,500	법인세비용차감전순이익	2,700
(-) 법인세비용	0	(-) 법인세비용	0
당기순이익	7,500	당기순이익	2,700

일단, 두 기업의 매출액(영업수익)이 동일한 상황에서 (주)근면물산의 매출원가와 판매비와 관리비가 상대적으로 더 낮은 금액을 나타내고, 이에 따라 영업이익이 (주)성실상사보다 1,300원 더 높은 것을 볼 수 있다. 이러한 점은 영업활

당 기간의 순증가 또는 순감소 금액만을 필요로 하고 해당 증감분의 상세 내용에 대하여 관심을 가지지 않는다면 상세한 손익계산서가 필요하지 않을 수도 있다. 그 이유는 특정 회계기간 초의 재무상태표와 회계기간 말의 재무상태표의 '벌어서 늘어난 몫'의 금액을 상호 비교하는 것만으로도 '벌어서 늘어난 몫'의 당기 증가 또는 감소 금액을 확인할 수 있기 때문이다.

동에서의 성과 측면에서 보면 장기적으로 (주)근면물산이 (주)성실상사보다 더 지속적인 경제적 효용을 가져올 것으로 예상할 수 있을 것이다. 이와 함께 (주)성실상사는 20×1년에 5,000원의 영업외수익, (주)근면물산은 20×1년에 1,100원의 영업외비용이 발생함에 따라 최종적인 당기순이익은 (주)성실상사가 (주)근면물산보다 더 높은 것으로 나타났다. 당신의 최종적인 의사결정이 다양하게 나타날 수 있을 텐데, 의사결정과정에서 아마 다음과 같은 생각을 한 번 정도는 할 수도 있을 것이다. "(주)성실상사가 당기순이익이 높아서 좋기는 한데, 올해 영업하고 그만할 것 아니니까 장기적으로 보아야 해. 그런 면이라면 당연히 장기적 측면에서 영업이익이 높은 (주)근면물산에 투자를 해야 할 것 같아!"

일견 일리가 있는 생각이다.

또 다음과 같은 생각을 할 수도 있을 것이다. "(주)성실상사가 매출원가, 그리고 매출총이익 측면에서는 (주)근면물산보다 더 성과가 좋은데, 판매비와 관리비가 상대적으로 더 높네. 두 기업이 주된 영업분야도 유사하다는데 두 기업 사이에 판매비와 관리비가 이렇게 차이가 나는 이유가 무엇이지? 앞으로 (주)성실상사의 판매비와 관리비가 절감될 수 있다면 장기적으로는 (주)성실상사의 성과가 더 나아질 수 있을 것 같기도 하고."

당신은 손익계산서를 이용하여 여러 가지 시각에서 두 기업의 성과를 비교해 볼 수 있고 이에 따라 최종적인 의사결정을 하게 될 것이다.

자, 이제 당신이 앞서 살펴본 20×1년도의 손익계산서와 함께 전년도인 20×0년도의 손익계산서(〈표 3.10〉)도 의사결정에 이용할 수 있게 된다면 어떤 의사결정을 내릴 것인가?

당신은 다음과 같은 생각을 할 수도 있을 것이다. "역시 내 생각이 맞았어. 20×1년도 정보에서 (주)성실상사가 좋게 보였던 것은 높은 영업외수익 덕분에 당기순이익이 높게 나왔던 것 때문이었는데, 영업외수익 효과가 없어지니까 (주)근면물산이 성과가 좋은 기업이라는 걸 당장 알겠네. 역시 재무상태도 그렇고 성과도 그렇고 장기적으로 보아야 한다니까. 당기순이익도 중요하지만 기업의 영업활동의 결과인 영업이익을 의사결정에 더 적극적으로 활용해야겠어. 어,

표 3.10 손익계산서와 의사결정 2

손익계산서

(주)성실상사	20×0.1.1～20×0.12.31
매출액(영업수익)	9,500
(−) 매출원가	3,900
매출총이익	5,600
(−) 판매비와 관리비	3,500
영업이익	2,100
(+) 영업외수익	0
(−) 영업외비용	0
법인세비용차감전순이익	2,100
(−) 법인세비용	0
당기순이익	2,100

손익계산서

(주)근면물산	20×0.1.1～20×0.12.31
매출액(영업수익)	14,000
(−) 매출원가	7,000
매출총이익	7,000
(−) 판매비와 관리비	1,100
영업이익	5,900
(+) 영업외수익	1,200
(−) 영업외비용	0
법인세비용차감전순이익	7,100
(−) 법인세비용	0
당기순이익	7,100

그런데 (주)근면물산의 매출액이랑 영업이익이 20×0년보다 20×1년에 왜 이렇게 크게 감소한 거지?"

쉬운 의사결정은 많지 않으며 누구나 받아들일 수 있는 정답이 없는 경우도 종종 있다. 다만 이전에도 이야기한 바와 같이 한 가지는 알 수 있다. 의사결정을 앞두고 있는 당신이 손익계산서 안에서 무언가 의미 있는 정보를 찾아내려고 애쓰고 있다는 것! 당신이 앞서 살펴본 손익계산서의 정보가 당신의 투자의사결정에 크든 작든 어떤 식으로라도 영향을 미쳤다면, 회계가 정보이용자들의 의사결정에 유용한 정보를 제공하며, 회계정보를 제공하는 대표적인 방법이 손익계산서를 포함하는 재무제표의 제공이라는 사실도 어느 정도 받아들일 수 있으리라 생각한다.

OX 문제

1. '벌어서 늘어난 몫'이 증가하는 것을 수익이라고 표시하고, '벌어서 늘어난 몫'이 감소하는 것을 비용이라고 표시한다.

2. 기업의 성과를 '벌어서 늘어난 몫'의 증가와 감소를 각각 수익과 비용으로 표시하는 것으로 경영자와 기타 회계정보이용자들에게 해당 기업의 성과에 대하여 충분한 정보를 제공할 수 있는 것으로 판단된다. 따라서 수익과 비용은 더 이상 세부적으로 구분할 필요가 없다.

3. 회계에서 성과와 관련된 정보를 만들어 낼 때에는 기업의 주된 목적사업과 관련된 비용을 크게 '매출원가'와 '판매비와 관리비'라는 두 가지 비용으로 구분하는 것이 일반적이다.

4. 기업의 영업은 일반적으로 구매, 관리, 생산, 판매 등의 세부 영업기능으로 구분되는데, 이 가운데 구매와 관리 기능과 관련하여 발생한 비용을 '매출원가'라고 하고, 생산과 판매 기능과 관련하여 지출된 비용을 '판관비'로 구분한다.

5. 상거래기업의 경우에는 구매와 생산 기능과 관련하여 발생한 비용은 '매출원가'가 되고, 판매와 관리 기능과 관련하여 지출된 비용은 '판관비'가 된다.

6. 서비스기업의 경우에는 매출원가가 나타나지 않는다.

7. 영업이익은 기업의 영업활동으로부터 나타난 성과를 의미한다. 영업이익으로부터 영업외수익과 영업외비용을 가감하면 당기의 최종적인 성과인 당기순이익이 나오게 된다.

연습문제

1. **서울에 사는 김세연 씨는 20×1년 1월 2일에 교육서비스 제공을 주된 영업활동으로 하는 (주)세연에듀를 설립하였다. 다음은 20×1년 1월 중 (주)세연에듀와 관련된 경제적 거래와 사건들을 정리한 것이다.**

1월 2일	김세연 씨는 본인이 가지고 있던 현금 3,000만원을 출자하여 (주)세연에듀를 설립하였다.
1월 3일	(주)LG화학의 주식을 1,000만원어치 매수하였다.
1월 4일	사무실로 사용하기 위한 건물을 500만원을 지불하고 구입하였다.
1월 4일	업무용으로 사용하기 위한 자동차를 700만원을 지불하고 구입하였다.
1월 5일	기업 운영자금을 추가 확보하기 위해서 은행으로부터 2,000만원을 차입하였다.
1월 10일	보유하고 있던 (주)LG화학의 주식 중 300만원어치를 매입한 가격 300만원에 그대로 매도하여 은행에서 차입한 금액 중 300만원을 상환하였다.
1월 15일	(주)세연에듀는 사업을 시작하고 처음으로 회사의 설립자인 동시에 대표인 김세연 씨가 (주)정직상회에 목적사업인 교육서비스를 제공하고 현금 250만원을 벌어왔다.
1월 20일	김세연 씨가 회사설립과 동시에 고용한 아르바이트생인 김성실 씨에게 120만원의 급여를 지급하였다.
1월 25일	보유하고 있던 (주)LG화학의 주식 중 500만원어치를 매도하였는데, 보유기간 중 가격이 상승하여 현금 580만원에 매도하였다.

(1) 각 거래별로 미니 재무상태표(분개)를 작성하시오. 단 '벌어서 늘어난 몫' 계정의 증가와 감소를 수익과 비용 계정을 이용하여 작성하시오.

(2) 1월 기준 (주)세연에듀의 손익계산서를 제시하시오.

2. 서울에 사는 김세연 씨는 20×1년 1월 2일에 물류서비스 제공을 주된 영업활동으로 하는 (주)세연물류를 설립하였다. 다음은 20×1년 1월 중 (주)세연물류와 관련된 경제적 거래와 사건들을 정리한 것이다.

1월 2일	김세연 씨는 본인이 가지고 있던 현금 7,000만원을 출자하여 (주)세연물류를 설립하였다.
1월 3일	(주)삼성물산의 주식을 2,000만원어치 매수하였다.
1월 4일	사무실로 사용하기 위한 건물을 임차하고 800만원을 지불하였다.
1월 4일	업무용으로 사용하기 위한 트럭을 1,500만원을 지불하고 구입하였다.
1월 5일	기업 운영자금을 추가 확보하기 위해서 은행으로부터 3,000만원을 차입하였다.
1월 10일	보유하고 있던 (주)삼성물산의 주식 중 1,000만원어치를 1,300만원에 매도하여 은행에서 차입한 금액 중 1,300만원을 상환하였다.
1월 15일	(주)세연물류는 사업을 시작하고 처음으로 회사의 설립자인 동시에 대표인 김세연 씨가 (주)신뢰산전에 목적사업인 물류서비스를 제공하고 현금 1,250만원을 벌어왔다.
1월 20일	김세연 씨가 회사설립과 동시에 고용한 아르바이트생인 나신뢰 씨에게 320만원의 급여를 지급하였다.
1월 25일	보유하고 있던 (주)삼성물산의 주식 중 500만원어치를 매입한 가격 500만원에 그대로 매도하였다.

(1) 각 거래별로 미니 재무상태표(분개)를 작성하시오. 단 '벌어서 늘어난 몫' 계정의 증가와 감소를 수익과 비용 계정을 이용하여 작성하시오.

(2) 1월 기준 (주)세연물류의 손익계산서를 제시하시오.

제 4 장

돌고 도는 회계
(부제: 회계순환과정)

제1절 회계순환과정의 개념
제2절 분 개
제3절 전 기
제4절 시산표 작성
제5절 마 감
보 론 회계정보의 세부 흐름

이 책을 읽고 있는 독자들은 아마도 회계에 관심을 가지고 있을 것이며, 회계를 이해하고 싶고 혹은 회계정보를 의사결정에 활용할 수 있다면 활용하고 싶은 사람일 수도 있다. 그런데, 회계를 이해하고 싶고 회계정보를 이용하고 싶은 사람들이 대부분의 경우에 만나게 되는 회계의 모습은 다름아닌 재무제표이다. 그렇기 때문에 회계를 이해하고 싶고, 회계정보를 이용하고 싶다는 말은 달리 말하면 재무제표를 이해하고 싶고, 재무제표 정보를 이용할 수 있으면 좋겠다는 말과 동일한 의미가 되는 경우가 대부분이다.

이제까지 당신은 기업의 거래나 사건에 따라 재무상태표나 손익계산서와 같은 회계정보가 만들어지는 가장 기초적인 원리를 재무상태표 등식을 지켜가면서 살펴보았다. 그리고 '벌어서 늘어난 몫'의 변동(증가 또는 감소), 즉 기업의 당기 성과가 재무상태표와 손익계산서 모두에 관련이 있음도 알게 되었다. 당신은 이제까지 배워온 것들이 이론이 아니라 실제 회계에서 어떻게 구현되고 있는가에 대한 여러 가지 의문이 있을 수도 있고, 당신이 이와 같은 회계정보들을 얼마나 이해할 수 있을지, 스스로 회계정보를 만들어 낼 수 있을지도 궁금할 것이다. 도대체 회계정보는 실제로 어떻게 만들어지는 걸까?

본 장에서는 이미 2장과 3장에서 다루어 본 (주)세연컴퍼니의 20×1년 1월의 거래 내역을 가지고 다시 한번 회계정보를 만들어 보고자 한다. 차이점이 있다면, 2장과 3장에서는 기업에서 발생하는 거래를 회계정보로 만드는 기본적인 원리를 재무상태표 등식을 기초로 하여 이해하고, 기업의 성과가 손익계산서에서 어떻게 나타나는가에 대하여 살펴보았다면, 본 장에서는 일정한 기간 동안을 대상으로 해서 회계정보가 실제로 어떻게 만들어지는지 그 과정을 살펴봄으로써 우리들이 만들고 사용하게 되는 재무제표 정보, 나아가 회계정보에 대한 이해를 다시 한번 해 보고자 한다.

제1절 회계순환과정의 개념

학생들은 한 학기가 시작되고, 지나고, 마치고 방학 기간을 보내고 나면, 또 새 학기를 맞이한다. 직장에서는 시무식으로 한 해를 시작하고 한 해를 보내면서 종무식을 한 후에 또 새로운 한 해를 맞이한다. 한 해 동안 봄, 여름, 가을이 지나고 겨울이 찾아오면 우리는 이 겨울이 끝나고 나면 봄이 또 오고, 여름도 올 거라고 생각한다. 사실 우리들은 이제껏 1년 단위로 한 해, 한 해가 서로 똑같지는 않지만, 봄, 여름, 가을, 겨울이 차례대로 오고 또 오듯이 해마다 반복되는 일들이 있었다는 것을 기억하고 있다.

일상생활과 마찬가지로 회계에서도 동일한, 혹은 유사한 진행이 이루어지는 기간이 있다. 그 기간을 1년으로 하면 회계연도가 되고, 3개월 단위로 하면 분기도 될 수 있으며, 한 달 단위로 기간을 결정할 수도 있다.

1년 단위로 봄, 여름, 가을과 겨울이 순환하는 것처럼, 회계에서도 일정 기간 동안 이루어지는 회계처리과정이 매 기간마다 동일하게 진행되는 경우가 대부분이다. 회계에서는 이렇게 매 기간에 걸쳐 동일하게 반복되는 회계처리과정을 회계순환과정(accounting cycle)이라고 한다.

우리는 이 장에서 (주)세연컴퍼니의 사례를 이용하여 회계순환과정을 살펴보고, 이를 통해서 회계정보가 어떻게 산출되는지를 이해해 보고자 한다.

회계순환과정은 다양한 내용과 단계로 정리될 수 있는데 본 장에서는 다음과 같은 단계로 이야기해 보고자 한다.[1)]

> 기초 재무상태표 → 분개 → 전기 → 시산표 작성 → 재무제표 작성 → 마감 →
> 기말 재무상태표(다음 기 기초 재무상태표)

---

1) 실제로는 여기서 소개되지 않은 단계가 더 있으며 대표적인 것으로는 시산표 작성과 재무제표 작성 사이의 결산수정분개(adjusting entries)가 있다. 해당 사항에 대해서는 이후 관련 내용이 나오는 시점에서 소개하고 살펴보도록 한다.

무언가 복잡한 과정이 진행될 것 같은가? 그럴 수도 있겠지만 제4장에서 다루는 거래는 우리가 제2장과 제3장에서 살펴본 내용과 동일하다. 제2장과 제3장에서 기본적인 회계정보의 의미와 작성방법을 재무상태표 등식의 시각을 기초로 해서 살펴보았다면 본 장에서는 실제 회계처리방식을 이용하여 살펴본다는 차이가 있을 뿐이다. 아마도 본 장의 내용이 이 책에서 가장 난해한 부분 중 하나가 될 수도 있을 것 같은데 퍼즐을 한 조각, 또 한 조각 맞추어 가다 보면 큰 그림을 만나게 되는 것처럼, 회계순환과정의 한 단계, 한 단계를 거쳐가다 보면 회계정보의 흐름에 대해서 조금 더 깊은 이해를 할 수 있게 될 것으로 기대한다.

이하의 내용에서는 회계순환과정의 구체 내용을 단계별로 차례대로 살펴보도록 한다.

제2절 분 개

분개(journalizing)란 기업에서 발생한 거래나 사건, 즉 기업의 자산, 부채나 자본의 변동을 가져오는 거래나 사건을 발생한 날짜의 순서에 따라 분개장(journal)에 기록하는 것을 의미한다. 분개 시에는 기업의 자산, 부채나 자본이 거래나 사건으로 인하여 새롭게 변동되는 금액만큼 기록하게 되는데, 분개가 이루어지는 분개장을 이용해서 우리는 특정 일자에 일어난 거래나 사건의 내용을 확인할 수 있다.

우리는 2장과 3장에서 이미 분개의 원리를 설명한 바 있는데, 실제 회계정보를 만들 때에는 제3장에서 다루어 본 방식과 같이 당기의 성과인 '벌어서 늘어난 몫'의 증가와 감소를 수익과 비용 계정을 이용하여 분개를 실시한다.

다음의 〈표 4.1〉은 (주)세연컴퍼니가 20×1년 1월 한 달 동안 발생한 거래나 사건에 대하여 일자별로 분개장에 분개한 내용을 보여주고 있다.

분개를 실시하고 나면 분개장을 통해서 거래를 일자순으로 확인할 수 있다

표 4.1 (주)세연컴퍼니의 20×1년 1월의 분개장

〈분개장〉

	차변	대변
1월 2일	(차) 현금 500만원 (자산의 증가)	(대) 은행차입금 500만원 (부채의 증가)
1월 5일	(차) 자동차 700만원 (자산의 증가)	(대) 현금 700만원 (자산의 감소)
1월 10일	(차) 은행차입금 150만원 (부채의 감소)	(대) 주식 150만원 (자산의 감소)
1월 15일	(차) 현금 450만원 (자산의 증가)	(대) 매출액(영업수익) 450만원 (벌어서 늘어난 몫의 증가)
1월 25일	(차) 판매비와 관리비(영업비용) 170만원 (벌어서 늘어난 몫의 감소)	(대) 현금 170만원 (자산의 감소)
1월 30일	(차) 현금 280만원 (자산의 증가)	(대) 주식 250만원 (자산의 감소) 영업외수익 30만원 (벌어서 늘어난 몫의 증가)

는 장점이 있다. 그러나 분개장은 특정 계정과목의 잔액을 확인하기가 쉽지 않다는 단점이 있다.

예를 들어 보자. 당신이 (주)세연컴퍼니의 회계담당자라고 해 보자. 만약 당신이 1월 3일에 "지금 회사에 현금이 얼마나 있나요"라는 질문을 받는다면 어떻게 대답하겠는가?[2] 먼저 〈표 4.2〉에서 기초 시점의 재무상태표를 보면 1월이 시작되는 시점에 (주)세연컴퍼니는 이미 1,000만원의 현금이 있는 것을 확인할 수 있다. 그리고 분개장을 보면 1월 2일의 분개를 통해서 은행에서 500만원을 차입하면서 현금 500만원이 증가한 것을 알 수 있다. 따라서 1월 3일에 위와 같은 질문을 받는다면 기초 재무상태표와 1월 3일 시점에 분개장에 나타난 현금 관련 분개 내용을 확인하고 "1,500만원이 있습니다"라고 대답할 것이다. 아주 잘했다. 기초 재무상태표와 분개장을 이용하여 1월 3일 시점의 현금 보유액을 금고를 열어서 돈을 다 세어보지 않고도 알아낸 것이다.

2) 말했듯이 당신은 (주)세연컴퍼니의 회계담당자로서 회계 업무와 회계정보들을 담당하고 있다. 현금이 얼마 있는가 확인하는 방법 가운데 금고를 열어서 현금이 얼마 있나 세어보는 방법은 사용하지 않기로 하자.

만약 당신이 1월 27일에 "지금 회사에 현금이 얼마나 있나요"라는 질문을 받는다면 어떻게 대답하겠는가? 먼저 기초 시점의 재무상태표를 보면 1월이 시작되는 시점에 (주)세연컴퍼니는 이미 1,000만원의 현금이 있는 것을 확인할 수 있다. 그리고 분개장을 보면 1월 2일과 1월 15일의 분개를 통해서 각각 현금 500만원과 450만원이 증가한 것을 알 수 있고 1월 5일과 1월 25일의 분개를 통해서 각각 현금 700만원과 170만원이 감소한 것을 알 수 있다.[3] 따라서 1월 27일에 위와 같은 질문을 받는다면 기초 재무상태표와 이후 시점에 분개장에 나타난 현금 관련 분개 내용들을 확인하고 "1,080만원(1,000만원+500만원−700만원+450만원−170만원)이 있습니다"라고 대답할 것이다. 아주 잘했다. 기초 재무상태표와 1월의 분개장의 정보를 이용하여 1월 27일 시점의 현금 보유액을 금고를 열어서 돈을 다 세어보지 않고도 알아낸 것이다.

이와 같이 회계에 뛰어난 감각이 있는 당신이 20×1년 2월 초에 (주)세연컴퍼니보다 규모가 상대적으로 더 큰 다른 기업의 회계부서로 스카우트되었다. 만약 당신이 2월 20일에 "지금 회사에 현금이 얼마나 있나요"라는 질문을 받는다면 어떻게 대답하겠는가? 새로 입사한 기업의 2월 초 시점의 기초 재무상태표와 2월의 분개장을 찾아보겠는가? 참고로 당신이 새로 일하게 된 기업은 규모가 커서 하루 평균 100건 정도의 현금 거래가 발생한다.

제3절 전 기

앞서 말한 대로 분개를 실시하고 분개장을 이용하면 거래를 일자순으로 확인할 수 있다는 장점이 있지만, 동시에 분개장만으로는 특정 계정과목의 잔액을 원하는 시점에 바로 확인하기가 쉽지 않다는 단점이 있다. 이에 따라 회계에서는 개별 계정 정보의 확인을 용이하게 하기 위해서, 분개장 상의 모든 분개

---

3) 1월 10일의 거래에서는 현금의 변동이 나타나지 않는다.

를 총계정원장이라는 계정별 장부에 옮겨서 기록하도록 하고 있는데 이를 전기(posting)라고 한다. 총계정원장에 대하여 이야기하면, 개별 계정별로 각각 해당 계정과목이 나오는 분개의 내용만을 별도로 기록하도록 하는 장부가 있는데 이를 계정별 원장이라고 한다. 이에 따라, 현금 계정과목이 나오는 분개의 내용만을 별도로 기록하는 장부는 현금 원장이 될 것이고, 은행차입금 계정과목이 나오는 기록만을 별도로 기록하는 장부는 은행차입금 원장이 될 것이다. 이에 따라, 분개를 통해서 단 한번이라도 기록되는 계정들은 모두 해당 계정의 원장이 존재하며, 해당 원장에 해당 계정과 관련된 분개의 내용들을 기록하게 된다. 총계정원장은 이와 같은 각 계정의 원장들을 모두 모아 놓은 장부라고 생각하면 된다. (주)세연컴퍼니의 1월 중 분개에 따른 전기를 구체적으로 살펴보기에 앞서서 일단 1월 1일 시점의 재무상태부터 정리해 보도록 하자. 다음 〈표 4.2〉는 20×1년 1월 1일의 (주)세연컴퍼니 재무상태표이다.

20×1년 1월의 분개가 아직 이루어지기 전인 1월 1일에 총계정원장을 펼쳐보면 어떤 내용이 있을까? 아마 다음 〈표 4.3〉과 같은 내용이 담겨 있을 것이다.

〈표 4.3〉을 자세히 살펴보면 재무상태표에 있는 계정들의 이름과 금액이 각각 하나씩 독립적인 원장에 기록되어 있음을 알 수 있다. 그리고 재무상태표에서 차변 잔액인 계정은 총계정원장에서도 차변에 잔액이 기록되어 있고, 재무상태표에서 대변 잔액인 계정은 총계정원장에서도 대변에 잔액이 기록되어 있음을 알 수 있다. 그리고 1월 1일의 각 계정 금액 앞에 전기이월이라는 설명이 달

표 4.2 1월 1일의 재무상태표

재무상태표			
(주)세연컴퍼니			20×1. 1. 1.
자 산		부 채	
현 금	1,000만원	은행차입금	700만원
주 식	400만원	자 본	
임차보증금	300만원	설립자본	1,000만원
자산 합계	1,700만원	부채와 자본 합계	1,700만원

표 4.3　총계정원장_20×1.1.1.

자 산

현 금	
1/1 전기이월　1,000만원	
잔액　1,000만원	

주 식	
1/1 전기이월　400만원	
잔액　400만원	

임차보증금	
1/1 전기이월　300만원	
잔액　300만원	

부 채

은행차입금	
	1/1 전기이월　700만원
	잔액　700만원

자 본

설립자본	
	1/1 전기이월　1,000만원
	잔액　1,000만원

려 있는데 이는 해당 금액이 전기로부터 넘어왔다(이월되었다)는 설명이다. 예로서 20×0년 12월 31일에 당신의 지갑 안에 5만원이 들어있었다고 해 보자. 그 가운데 3만원은 당신의 몫이며, 2만원은 타인으로부터 빌려온 타인의 몫이라고 가정해 보자. 하루가 지나서 20×1년 1월 1일이 되었고, 누군가 당신의 지갑에 담긴 사연, 즉 재무상태를 묻는다면, 당신은 이렇게 대답할 수 있을 것이다. "저의 지갑 안에는 제가 사용할 수 있는 5만원이 담겨 있는데 이 5만원은 지난 달로부터 넘어온 돈입니다. 그리고, 그 5만원 중 제 돈이 3만원이고, 친구에게 빌린 돈이 2만원인데 이러한 상황도 지난 달 말과 동일합니다." 당신 지갑 안의 상태가 12월 31일에서 다음 연도 1월 1일로 넘어오면서 갑자기 바뀔 일이 없듯이, 기업의 자산과 부채, 그리고 자본도 회계기간이 바뀌는 시점, 즉 한 회계기간이 끝나고 다음 회계기간이 시작되는 시점에 갑자기 변동이 일어나지는 않는다.[4] 그래서 이와 같이 자산, 부채와 자본 계정이 전기로부터 이번 기로 넘어올

4) 12월 31일 밤에 자기 전에 100원을 책상 위에 놓아두고 다음해 1월 1일에 일어나서 무슨 일이 일어났나 확인해 보면, 어제 밤 잠자리에 들기 전에 책상 위에 두었던 100원이 새해가 밝아도 변함없이 그대로 책상 위에 있는 것을 확인할 수 있을 것이다. 자산, 부채, 자본은 회계기간이 바뀐다는 이유만으로 금액에 변동이 일어나지는 않는다.

때, 총계정원장에는 전기이월(전기로부터 넘어왔다는 뜻)이라는 설명을 적어 준다.

자, 이제 20×1년 1월의 분개에 따른 전기에 대해서 살펴보도록 하자. 먼저, 1월 2일의 분개 실시 시에 이에 따른 전기를 살펴보면 다음 [그림 4.1]과 같다.

[그림 4.1]에서 볼 수 있는 것처럼, 1월 2일에 거래에 따른 분개를 실시하게 되면, 분개로 인해 금액의 변동이 발생하게 되는 계정의 원장에 해당 분개의 내용을 옮겨 적게 되는데 이를 전기라고 한다. 전기 시에는 각 계정별로 분개가 차변에서 발생하면 총계정원장에도 해당 계정의 원장 차변에 분개 시에 나타난 금액을 적어주고, 분개가 대변에서 발생하면 총계정원장에도 해당 계정의 원장 대변에 분개 시에 나타난 금액을 적어주게 된다. 전기 시에는 기초 시점부터 총계정원장에 현금 원장과 은행차입금 원장이 있었으므로 해당 원장을 그대로 이용하면 된다. 그리고, 원장에 옮겨 적을 때에는 분개가 일어난 날짜와 거래에 대

그림 4.1 분개와 전기_20×1.1.2.

1월 2일 (차) 현 금 500만원 (대) 은행차입금 500만원

〈총계정원장〉

자 산

현 금	
1/1 전기이월 1,000만원 1/2 은행차입 500만원	
잔액 1,500만원	

주 식	
1/1 전기이월 400만원	
잔액 400만원	

임차보증금	
1/1 전기이월 300만원	
잔액 300만원	

부 채

은행차입금	
	1/1 전기이월 700만원 1/2 은행차입 500만원
	잔액 1,200만원

자 본

설립자본	
	1/1 전기이월 1,000만원
	잔액 1,000만원

한 간략한 설명을 같이 기록하게 된다. 1월 2일의 분개 및 전기의 결과 총계정원장에서 현금 계정과 은행차입금 계정의 잔액이 각각 500만원씩 증가해서 현금 계정의 잔액은 1월 2일 현재 1,500만원, 은행차입금 계정의 잔액은 1월 2일 현재 1,200만원으로 변동한 것을 알 수 있다.

같은 원리로 1월 5일의 분개 실시 시에 이에 따른 전기를 살펴보면 다음 [그림 4.2]와 같다.

1월 5일에 자동차를 구입하면서 현금을 지급한 결과, 자동차(자산) 계정이

그림 4.2 분개와 전기_20×1.1.5.

	차변		대변	
1월 2일	(차) 현 금	500만원	(대) 은행차입금	500만원
1월 5일	(차) 자동차	700만원	(대) 현 금	700만원

〈총계정원장〉

자 산

현 금			
1/1 전기이월	1,000만원	1/5 차량구입	700만원
1/2 은행차입	500만원		
잔액	800만원		

주 식			
1/1 전기이월	400만원		
잔액	400만원		

임차보증금			
1/1 전기이월	300만원		
잔액	300만원		

자동차			
1/5 차량구입	700만원		
잔액	700만원		

부 채

은행차입금			
		1/1 전기이월	700만원
		1/2 은행차입	500만원
		잔액	1,200만원

자 본

설립자본			
		1/1 전기이월	1,000만원
		잔액	1,000만원

700만원만큼 증가하고, 현금(자산) 계정이 700만원만큼 감소하는 분개를 실시하였다. 1월 5일의 전기 시에 기존에 자동차 원장이 존재하지 않았다. 이러한 경우에는 자동차 계정을 위한 원장을 신규로 만들어 분개의 내용을 전기하게 된다. 1월 5일의 분개 및 전기의 결과 총계정원장에서 자동차 계정의 잔액은 700만원이 증가하고 현금 계정의 잔액은 700만원이 감소해서 자동차 계정의 잔액은 1월 5일 현재 700만원, 현금 계정의 잔액은 1월 5일 현재 800만원으로 변동한 것을 알 수 있다.

이와 같은 원리에 따라 (주)세연컴퍼니가 20×1년 1월 한 달 동안 분개와 전기를 실시한 결과인 20×1년 1월 31일의 분개장과 총계정원장은 다음 〈표 4.4〉와 같다.

〈표 4.4〉에서 분개와 이에 따른 전기의 연결은 앞서 살펴본 화살표 대신 번호로 표기하였다.[5] 분개장에서는 일자별 거래 관련 정보가 기록된 것을 볼 수 있으며, 총계정원장에서는 각 계정별 원장에서 개별 계정의 변동 상황 및 잔액에 대한 정보가 기록된 것을 볼 수 있다. 〈표 4.4〉에서 현금 계정의 원장을 예로 들어 보면 현금의 증가와 감소로 인한 변동 사항이 발생하여 분개가 실시되면 동시에 현금 계정 원장에 기록되므로, 언제든지 현금 계정의 원장을 통해서 해당 시점의 현금 계정의 잔액을 확인할 수 있게 된다.

일정 회계기간 동안 기업에서 발생한 거래와 사건에 대하여 분개와 전기를 실시하고 나면, 해당 회계기간 중 해야 할 일이 끝나게 된다. 회계기간 동안 어느 시점이든지 해당 시점까지의 일자별 거래 내역을 분개장을 통해서 확인할 수 있으며, 개별 계정과목들에 대한 정보들을 실시간으로 총계정원장을 이용해서 확인할 수 있다.

이제 (주)세연컴퍼니가 20×1년 1월 동안의 업무를 마치고 1월에 해당하는 회계정보를 정리하고 새롭게 2월을 시작하기 위해서 1월을 마치는 시점에 시산표 작성, 마감과 재무제표 작성이라는 몇 가지 단계들이 더 이루어지게 된다.

---

5) 분개장과 총계정원장에서 동일한 번호를 찾아서 내용을 확인할 수 있다.

표 4.4 분개장과 총계정원장_20×1.1.31.

	차변	금액	대변	금액
① 1월 2일	(차) 현 금	500만원	(대) 은행차입금	500만원
② 1월 5일	(차) 자동차	700만원	(대) 현 금	700만원
③ 1월 10일	(차) 은행차입금	150만원	(대) 주 식	150만원
④ 1월 15일	(차) 현 금	450만원	(대) 매출액	450만원
⑤ 1월 25일	(차) 판매비와 관리비	170만원	(대) 현 금	170만원
⑥ 1월 30일	(차) 현 금	280만원	(대) 주 식	250만원
			영업외수익	30만원

〈총계정원장〉

자 산

현 금	
1/1 전기이월1,000만원	② 1/5 차량구입 700만원
① 1/2 은행차입 500만원	⑤ 1/25 급여지급 170만원
④ 1/15 용역수익 450만원	
⑥ 1/30 주식매각 280만원	
잔액 1,360만원	

주 식	
1/1 전기이월 400만원	③ 1/10 주식매각 150만원
	⑥ 1/30 주식매각 250만원
잔액 0만원	

임차보증금	
1/1 전기이월 300만원	
잔액 300만원	

자동차	
② 1/5 차량구입 700만원	
잔액 700만원	

비용('벌어서 늘어난 몫"의 감소)

판매비와 관리비	
⑤ 1/25 급여지급 170만원	
잔액 170만원	

부 채

은행차입금	
③ 1/10 주식매각 150만원	1/1 전기이월 700만원
	① 1/2 은행차입 500만원
	잔액 1,050만원

자 본

설립자본	
	1/1 전기이월 1,000만원
	잔액 1,000만원

수익('벌어서 늘어난 몫"의 증가)

매출액	
	④ 1/15 용역수익 450만원
	잔액 450만원

영업외수익	
	⑥ 1/30 주식매각 30만원
	잔액 30만원

제4절 시산표 작성

시산표(trial balance)는 시험삼아 작성해 보는 표라는 의미로서, 회계기간을 마치는 시점에 총계정원장의 각 계정 잔액을 총계정원장 상 차변 잔액일 경우에는 시산표의 차변으로, 총계정원장 상 대변 잔액일 경우에는 시산표의 대변으로 옮겨 적고 양변의 합계금액을 비교하게 된다.

다음 〈표 4.5〉는 20×1년 1월 말 시점의 (주)세연컴퍼니의 시산표를 보여주고 있다.

〈표 4.5〉는 〈표 4.4〉의 총계정원장에서 각 계정별 잔액을 다시 시산표에 옮겨 적고, 양변의 합계를 구한 것이다. 당신에게 한 가지 질문을 하겠다. 시산표의 차변과 대변의 합계금액은 동일하여야 할까? 정답은 '분개'와 '전기'가 올바르게 되었다면 '그렇다'이다. 그 이유를 생각해 보자. 우리는 분개 시에 재무상태

표 4.5 시산표

시산표

20×1년 1월 31일

(주)세연컴퍼니 (단위: 만원)

계정과목	차 변	대 변
현 금	1,360	
주 식	0	
임차보증금	300	
자동차	700	
은행차입금		1,050
설립자본		1,000
매출액('벌어서 늘어난 몫'의 증가)		450
영업외수익('벌어서 늘어난 몫'의 증가)		30
판매비와 관리비('벌어서 늘어난 몫'의 감소)	170	
합 계	2,530	2,530

표 등식에 근거해서 항상 차변과 대변에 동일한 금액이 나타났던 것을 기억할 것이다. 분개 시에 나타난 금액을 총계정원장에서 같은 계정의 원장에 옮겨 적는 전기 과정에서 분개에서 차변이었으면 차변으로, 분개에서 대변이었으면 대변으로 옮겨 적었다. 그리고 이제 다시 총계정원장의 차변 잔액은 시산표의 차변으로, 대변 잔액은 시산표의 대변으로 옮겨 적었기 때문에 분개와 전기 시에 오류가 없었다면, 일단 시산표의 차변과 대변의 합계금액은 동일할 것으로 예상되는 것이다.[6)]

〈표 4.5〉는 (주)세연컴퍼니의 1월 말 시점에서 작성한 시산표로서 차변과 대변의 합계금액이 동일한 것을 확인할 수 있다.

이제 우리는 시산표에서 좀 더 다양한 의미를 찾아보고자 한다.

[그림 4.3]을 유심히 살펴보면 시산표의 구성 내용이 우리가 이미 작성하였던 〈표 3.8〉 (주)세연컴퍼니 1월 31일의 재무상태표 내용과 흡사하다는 것을 알 수 있다.

재무상태표와 시산표에서 각각 자산은 차변에서, 부채는 대변에서 동일한 계정과목과 금액을 나타내고 있다. 그리고 우리가 '벌어서 늘어난 몫'(자본)의 변동(증가 또는 감소)을 세부적으로 살펴보기 위해서 세분화했던 수익과 비용 계정들, 즉 매출액, 영업외수익, 판매비의 관리비는 근본적으로는 주인의 몫인 '벌어서 늘어난 몫'(자본)의 증감을 의미한다. 따라서 해당 계정들은 '벌어서 늘어난 몫'이 대변에서 310만원(450만원+30만원－170만원)만큼 증가한 것을 알려주며, 이를 간단히 '벌어서 증가한 몫'(자본)의 대변 잔액 310만원으로 생각해 보면, 자본 역시 재무상태표와 시산표에서 같은 의미를 보여준다고 할 수 있다. 우리는 회계를 아직 잘 모르고 재무상태표가 어렵고 거창한 재무제표라고 생각할 수도 있다. 그렇지만, 분개와 전기에 대한 기본적인 이해만 있다면, 시산표를 작성했다는 사실은 재무상태표 측면에서 보고자 하는 핵심적인 회계정보의 내용

---

6) 이와 관련해서 시산표의 차변과 대변의 합계금액이 동일하다는 것이 분개와 전기가 완벽하게 이루어졌다는 것을 의미하는 것은 아니다. 예로서, 전기 시에 분개 내용 가운데 하나를 통째로 누락하거나, 분개 또는 전기 과정에서 차변과 대변에 동일 금액의 오류가 발생하는 경우에는 실제로 오류가 있음에도 시산표의 양변의 금액이 동일할 수 있다.

그림 4.3 시산표에서 찾아볼 수 있는 의미 1

시산표

20×1년 1월 31일

(주)세연컴퍼니 (단위: 만원)

계정과목	차 변	대 변
현 금 (자산)	1,360	
주 식 (자산)	0	
임차보증금 (자산)	300	
자동차 (자산)	700	
은행차입금 — 부채		1,050
설립자본 (자본)		1,000
매출액('벌어서 늘어난 몫'의 증가) (자본)		450
영업외수익('벌어서 늘어난 몫'의 증가) (자본)		30
판매비와 관리비('벌어서 늘어난 몫'의 감소) (자본)	170	
합 계	2,530	2,530

을 이미 만들어 냈다는 것과 다름이 없다.

그런데, [그림 4.3]과 관련해서 우리는 이미 '벌어서 늘어난 몫'(자본)의 증감, 즉 당기의 성과를 세부적으로 보기 위해 '벌어서 늘어난 몫'의 증감을 세부적으로 수익과 비용으로 나누어서 손익계산서로 해당 내용을 정리한 바 있다. 즉 [그림 4.3]에서 '벌어서 늘어난 몫'의 증감을 세부적으로 나타내는 수익과 비용이 근본적으로는 '벌어서 늘어난 몫'(자본)을 의미한다고 하였지만, 실제 회계정보를 만들어 냄에 있어서는 〈표 3.4〉나 〈표 3.5〉에서 볼 수 있는 것처럼 해당 계정의 정보가 재무상태표(자산 = 부채 + 자본)가 아닌 손익계산서(수익 − 비용 = 이익)로 가서 당기 성과를 보여주게 되는 것이다.

이에 따라 [그림 4.4]에서 보여지는 것처럼, 시산표의 계정들을 재무상태표에 나타나는 계정인 자산, 부채, 자본과 손익계산서에 나타나는 계정인 수익과 비용으로 양분하고 싶은 마음이 생길 수 있다. 그런데, 이러한 생각에 깊이 빠질 경우에 큰 혼란이 생길 수 있다. 왜냐하면 [그림 4.4]의 시산표에서 수익

그림 4.4 시산표에서 찾아볼 수 있는 의미 2

시산표

20×1년 1월 31일

(주)세연컴퍼니 → 재무상태표 정보(자산, 부채, 자본) (단위: 만원)

계정과목		차 변	대 변
현 금	자산	1,360	
주 식	자산	0	
임차보증금	자산	300	
자동차	자산	700	
은행차입금	부채		1,050
설립자본	자본		1,000
매출액('벌어서 늘어난 몫'의 증가)	수익		450
영업외수익('벌어서 늘어난 몫'의 증가)	수익		30
판매비와 관리비('벌어서 늘어난 몫'의 감소)	비용	170	
합 계		2,530	2,530

→ 손익계산서 정보(수익, 비용)

과 비용 계정들을 손익계산서 항목이라고 냉정하게 구분하게 되면 남아있는 자산, 부채와 자본 계정들을 가지고 만들어 내는 재무상태표에서 '재무상태표 등식(자산=부채+자본)'이 성립하지 않기 때문이다. 여러 번 이야기하지만 우리가 수익과 비용이라고 생각하는 것은 주주의 몫(자본)인 '벌어서 늘어난 몫'의 증감, 즉 기업의 성과를 세부적으로 보기 위해서 '벌어서 늘어난 몫'의 변동을 증가와 감소에 따라 수익과 비용이라는 다른 이름을 붙여 놓은 것일 뿐, 근본적으로 해당 내용, 즉 수익과 비용이 자본의 증감을 나타내고 있음을 절대로 잊어서는 안 된다.

그리고, [그림 4.4]에서 수익과 비용 항목에 속하는 계정들은 주주의 몫(자본)인 '벌어서 늘어난 몫'의 증감, 즉 기업의 성과를 세부적으로 보기 위한 계정으로서, 해당 계정으로부터 기업의 성과와 관련된 회계정보인 손익계산서를 만들어 낸다는 사실은 〈표 3.4〉나 〈표 3.5〉와 관련하여 이미 살펴본 바와 같다.[7] 즉,

---

7) [그림 4.4]에서 수익과 비용으로 구분되는 계정들의 내용을 보면, 〈표 3.4〉나 〈표 3.5〉에서 손

우리가 일정 회계기간 동안 기업의 거래와 사건에 대하여 분개와 전기를 실시하고, 시산표를 작성하였다면, 우리가 아직 어떻게 만드는지 익숙하지 않는 재무제표 정보들, 즉 재무상태표와 손익계산서 정보를 만들기 위한 준비를 이미 많이 한 셈이 되는 것이다.

이렇게 이야기하여도 당신에게는 여전히 풀리지 않은 의문이 있을 수도 있다. 다 맞는 말인데 '벌어서 늘어난 몫'(자본)의 변동(증가와 감소)을 자본 계정이 아닌 수익과 비용 계정으로 회계처리하면서 우리가 당연하게 받아들이는 '재무상태표 등식'이 유지되지 않는 것처럼 느껴지는 것이다. 다음의 〈표 4.6〉과 〈표 4.7〉을 같이 보면서 여러분들은 다음과 같은 혼란에 빠질 수도 있을 것 같다.

"'벌어서 늘어난 몫'(자본)의 증감을 자본 계정이 아닌 수익과 비용 계정으로 회계처리해서 〈표 4.6〉처럼 손익계산서에서 기업의 성과 정보를 나타내는 것은 좋은데, 그러려면 관련 거래의 영향이 수익이나 비용으로 구분(분개)되고, 같

표 4.6 손익계산서 2

손익계산서

(주)세연컴퍼니	20×1.1.1～20×1.1.31
매출액(영업수익)	450만원
(−) 매출원가	0원
매출총이익	450만원
(−) 판매비와 관리비	170만원
영업이익	280만원
(+) 영업외수익	30만원
(−) 영업외비용	0원
법인세비용차감전순이익	310만원
(−) 법인세비용	0원
당기순이익	310만원

익계산서를 통해 당기의 성과 관련 정보를 만들어 내기 위한 정보가 모두 포함되어 있음을 볼 수 있다.

표 4.7 '벌어서 늘어난 몫'(자본)의 증감을 수익과 비용 계정으로 표시할 때 1월 31일의 재무상태표

재무상태표			
(주)세연컴퍼니			20×1. 1. 31.
자 산		부 채	
현 금	1,360만원	은행차입금	1,050만원
주 식	0만원	자 본	
임차보증금	300만원	설립자본	1,000만원
자동차	700만원	벌어서 늘어난 몫	0만원
		(손익계산서의 당기순이익 금액)	
자산 합계	2,360만원	부채와 자본 합계	2,050만원

은 효과가 재무상태표(〈표 4.7〉)에서 '벌어서 늘어난 몫'(자본)에 중복해서 또 반영(분개)될 수는 없으니까, 〈표 4.7〉처럼 '벌어서 늘어난 몫'(자본) 계정은 0이 되고, 그러면 '재무상태표 등식'이 성립되지 않는 것 아니야? 들으면 다 맞는 말 같긴 한데 왜 이렇게 복잡한 거지?"

충분히 가질 수 있는 의문이고, 회계순환과정과 관련해서 당신의 수없이 많은 회계 선배들이 이미 가졌던 의문이기도 하다.

당신이 가질 수 있는 의문에 대해서는 회계순환과정의 다음 단계인 마감 단계에서 다시 한번 생각해 보도록 하겠다. 그때까지 일단 '벌어서 늘어난 몫'(자본)의 증감이 자본이 아닌 수익과 비용 계정으로 구분이 되어있는 것 같고, 그래서 '벌어서 늘어난 몫'(자본)의 변동이 자본으로서 반영되지 않은 재무상태표에서 재무상태표 등식이 성립되지 않는 것 같은 생각에 마음이 불편하더라도 잠깐만 참아 주기를 부탁한다.

제5절 마 감

마감(closing)이란 한 회계기간을 마치고 다음 회계기간으로 넘어가는 시점에 이번 기간을 잘 마치고 다음 회계기간이 잘 시작될 수 있도록 총계정원장의 각 계정들의 정보를 정리하는 것을 의미한다.

마감은 자산, 부채 및 자본 계정(영구계정)에 대한 마감과 수익 및 비용 계정(임시계정)에 대한 마감으로 구분되며 차례대로 살펴보도록 하겠다.

먼저, 자산, 부채 및 자본 계정에 대한 마감과 관련해서 우리는 자산, 부채 및 자본 계정을 영구계정(permanent accounts)이라고 부른다. 구체적으로 살펴보기 전에 문제를 하나 내도록 하겠다. 지금은 20×1년 1월 31일 밤이고 당신의 지갑 안에는 3만원이 들어 있다. 자고 일어나 20×1년 2월 1일 아침이 되면 당신의 지갑 안에는 얼마가 있겠는가? 문제를 하나 더 내자면, 지금은 20×1년 1월 31일 밤이고 당신은 친구에게 1만원을 빌린 상태이다. 자고 일어나 20×1년 2월 1일 아침이 되었을 때 당신이 친구에게 갚을 돈은 얼마인가? 여러분이 두 가지 문제에 대해서 각각 3만원과 1만원이라고 생각했기를 바란다. 하루 자고 일어난 후에, 다시 말해 하루가 지났다는 사실만으로 갑자기 지갑 안의 금액이 달라지거나 친구에게 갚을 금액이 줄어들거나 하지는 않을 것이다.

기업도 마찬가지이다. 기업이 가지고 있는 자산이나 부채가 단지 한 회계기간을 마치고 다음 회계기간으로 넘어간다는 이유만으로 금액이 바뀔 이유가 없는 것이다. 이렇게 회계기간이 바뀌면서 금액이 변하지 않는 계정들(자산, 부채와 자본 계정)을 영구계정이라고 부른다.[8)]

---

8) 여러분 중에 회계기간이 바뀌는 가운데 이자 등이 발생해서 금액이 변동할 수도 있지 않을까 하는 생각을 가질 수도 있을 것 같다. 우리가 보고 있는 (주)세연컴퍼니를 예로 들면 회계기간이 20×1년 1월에서 2월로 바뀐다는 것은 20×1년 1월 31일 오후 11시 59분 59초에서 2월 1일로 초침이 넘어가는 그 짧은 순간을 의미하므로 기간 경과(이자 발생) 등에 따른 금액 변동에 대한 생각은 심각하게 하지 않아도 될 것이다.

[그림 4.5]는 총계정원장의 계정들 가운데 자산, 부채 그리고 자본 계정, 즉 영구계정들을 모아놓은 것이다. '벌어서 늘어난 몫' 계정은 해당 계정의 증감을 수익 계정과 비용 계정으로 표시하였으므로 현재 포함되어 있지 않다.

앞서 말한 바와 같이 영구계정은 한 회계기간을 마치고 다음 회계기간으로 넘어간다는 이유만으로 금액이 바뀌지 않는다. 이러한 이유로 한 회계기간을 마칠 시에 마감을 위한 새로운 분개가 필요하지 않고, 끝나는 회계기간 말의 해당 계정의 원장 잔액을 그대로 다음 회계기간의 잔액으로 표시하면 된다. 구체적으로 영구계정의 마감방법을 현금 계정을 예로 들어 살펴보면, 20×1년 1월 말 현재, 현금 계정은 차변에 잔액 1,360만원이 있다. 먼저, 잔액이 있는 차변의 반대편인 대변에 동일한 금액을 기재한 후 차기이월, 즉 다음 기로 이월한다는 표시를 한다. 이로서 1월의 현금 계정의 원장은 마감이 된 것이다. 그리고, 다음 회계기간인 2월 1일 시점의 현금 계정의 원장에는 1월 말과 동일하게 차변 잔액 1,360만원을 표시하고 전기이월, 즉 전기로부터 이월되어 왔다는 표시를 하게 된다.[9] 이미 살펴본 현금 계정을 포함해서 총계정원장의 모든 자산, 부채 및 자본 계정들은 같은 원리로 마감을 하게 된다.

다음으로, 수익 계정과 비용 계정에 대한 마감과 관련해서 우리는 수익 계정과 비용 계정을 임시계정(temporary accounts)이라고 부른다. 구체적인 마감과정을 살펴보기에 앞서서 먼저 수익 계정과 비용 계정에 대해서 지금까지 우리가 알고 있는 내용들을 정리해 보도록 하자.

1. 원래 기업의 거래나 사건에 대한 정보는 수익 계정이나 비용 계정 없이도 자산, 부채, 그리고 자본 계정만 가지고 만드는 재무상태표에서 다 설명이 되며, 그러한 과정에서 재무상태표 등식은 항상 성립한다.[10]

---

9) 20×1년 1월 말에 영구계정들의 마감에 대한 내용을 살펴보면서 여러분들이 〈표 4.3〉의 20×1년 1월 1일 (주)세연컴퍼니의 총계정원장에서 왜 20×0년 12월 31일에서 20×1년 1월 1일로 넘어오면서 총계정원장의 계정 금액(잔액)에 대한 설명이 전기이월로 되어있는지 좀 더 편하게 이해할 수 있을 것으로 기대한다.

10) 그래서 제2장의 제목에서도 볼 수 있듯이 재무상태표는 다른 재무제표들과는 격이 다른 재

그림 4.5 자산, 부채 및 자본 계정(영구계정)의 마감

자 산

현 금	
1/1 전기이월 1,000만원	② 1/5 차량구입 700만원
① 1/2 은행차입 500만원	⑤ 1/25 급여지급 170만원
④ 1/15 용역수익 450만원	
⑥ 1/30 주식매각 280만원	
잔액 1,360만원	1/31 차기이월 1,360만원

↓

현 금	
2/1 전기이월 1,360만원	
잔액 1,360만원	

주 식	
1/1 전기이월 400만원	③ 1/10 주식매각 150만원
	⑥ 1/30 주식매각 250만원
잔액 0만원	1/31 차기이월 0만원

자동차	
② 1/5 차량구입 700만원	
잔액 700만원	1/31 차기이월 700만원

↓

자동차	
2/1 전기이월 700만원	
잔액 700만원	

임차보증금	
1/1 전기이월 300만원	
잔액 300만원	1/31 차기이월 300만원

↓

임차보증금	
2/1 전기이월 300만원	
잔액 300만원	

부 채

은행차입금	
③ 1/10 주식매각 150만원	1/1 전기이월 700만원
	① 1/2 은행차입 500만원
1/31 차기이월 1,050만원	잔액 1,050만원

↓

은행차입금	
	2/1 전기이월 1,050만원
	잔액 1,050만원

자 본

설립자본	
	1/1 전기이월 1,000만원
1/31 차기이월 1,000만원	잔액 1,000만원

↓

설립자본	
	2/1 전기이월 1,000만원
	잔액 1,000만원

2. 기업의 회계정보를 의사결정에 이용하려고 하는 사람들은 기업의 수많은 자산, 부채, 그리고 자본 계정 가운데, 자본 계정 중 '벌어서 늘어난 몫'(자본), 즉 벌어서 늘어난(변동한) 주주의 몫에 큰 관심을 가지게 되었는데 그 이유는 이 정보가 기업의 성과를 보여주기 때문이다.
3. '벌어서 늘어난 몫'이라는 계정을 이용해서 회계처리를 하다 보니, 성과를 세부적으로 살펴보려면 '벌어서 늘어난 몫' 계정의 변동, 즉 '벌어서 늘어난 몫'이 증가하거나 감소한 내용이 무엇인지 다시 알아보아야 하는데 이 과정은 기본적인 회계처리과정과는 별도로 해야 하는 번거로운 작업이었다. 그래서, '벌어서 늘어난 몫'의 증가와 감소에 대한 세부적인 내용을 기본적인 회계처리 실시만으로 자동적으로 알아낼 수 있게 하기 위해서 '벌어서 늘어난 몫'의 증가는 수익 계정으로, '벌어서 늘어난 몫'의 감소는 비용 계정으로 표시하게 되었다.
4. 수익 계정과 비용 계정을 이용해서, 우리는 손익계산서를 만들 수 있게 되었고, 손익계산서를 이용하여 '벌어서 늘어난 몫'의 증감, 즉 기업의 성과에 대한 세부적인 내용을 알 수 있게 되었다.
5. 그래도 수익과 비용은 근본적으로는 '벌어서 늘어난 몫'의 증감, 즉 자본의 증감을 의미한다. 그러니까 수익과 비용이 가지고 오는 효과는 근본적으로 자본이 들어가는 재무상태표에 반영이 되어야 할 것 같은데…….

대략 이런 내용이고 어찌 되었든, 이 책을 보고 있는 여러분들은 '벌어서 늘어난 몫'(자본)의 증가와 감소를 수익과 비용으로 표시하기로 하였고, 그렇게 수익과 비용 계정이 만들어져서, 분개도 하고 총계정원장에 전기도 하고, 수익과 비용 계정들을 이용해서 손익계산서를 통해 당기의 성과인 영업이익이나 당기순이익 정보도 구할 수 있게 되었다. 그런데, '벌어서 늘어난 몫'(자본)의 증가와 감소를 나타내는 수익과 비용 계정의 금액은 정확히는 [그림 4.6]의 상단에 있는 마감 전 총계정원장과 같이 아직 총계정원장의 수익과 비용 계정에 머물러

무제표인 것이다.

그림 4.6 수익 및 비용 계정(임시계정)의 마감

〈마감 전 총계정원장〉

비용('벌어서 늘어난 몫'의 감소)

판매비와 관리비	
⑤ 1/25 급여지급 170만원	
잔액 170만원	

수익('벌어서 늘어난 몫'의 증가)

매출액	
	④ 1/15 용역수익 450만원
	잔액 450만원

영업외수익	
	⑥ 1/30 주식매각 30만원
	잔액 30만원

〈마감 후 총계정원장〉

비용('벌어서 늘어난 몫'의 감소)

판매비와 관리비	
⑤ 1/25 급여지급 170만원	⑨ 1/31 집합손익 170만원
잔액 0만원	

집합손익	
⑨1/31 판매비와 관리비 170만원	⑦ 1/31 매출액 450만원 ⑧ 1/31 영업외수익 30만원
	잔액 310만원

수익('벌어서 늘어난 몫'의 증가)

매출액	
⑦ 1/31 집합손익 450만원	④ 1/15 용역수익 450만원
	잔액 0만원

영업외수익	
⑧ 1/31 집합손익 30만원	⑥ 1/30 주식매각 30만원
	잔액 0만원

있다.[11] 질문을 하나 하겠다. 1월 말 현재 총계정원장의 수익 계정인 매출액 계정과 영업외수익 계정의 잔액은 각각 450만원과 30만원이고, 비용 계정인 판매관리비 계정의 잔액은 170만원이다. 당신은 (주)세연컴퍼니의 수익과 비용에 해당하는 계정들의 2월 1일 원장에서 잔액이 얼마가 있는 게 맞다고 생각하는가?

---

11) '벌어서 늘어난 몫'(자본) 계정이 아닌 수익 계정과 비용 계정에 분개를 하였으니 총계정원장에 전기를 실시할 때에도 수익 계정과 비용 계정에 (전기)하는 것이 당연하다.

자산, 부채, 그리고 자본 계정들처럼 수익과 비용 계정도 회계기간 말의 금액을 그대로 다음 회계기간으로 가지고 가야 할까?

수익과 비용의 근원적 의미에 대해서 다시 한번 생각해 보자. 수익은 일정 기간 동안 '벌어서 늘어난 몫'의 증가를, 비용은 동일한 기간 동안 '벌어서 늘어난 몫'의 감소를 나타내기 위해서 사용한다. 그래서 우리는 실제로 20×1년 1월 한 달 동안 수익 계정과 비용 계정을 통해서 '벌어서 늘어난 몫'이 480만원 증가하고, 동 기간에 170만원이 감소해서 1월 한 달 동안 '벌어서 늘어난 몫'의 변동, 즉 기업의 성과가 310만원 발생한 것을 알게 되었다. 그리고 이제 1월이 다 지났고 2월이 되려고 한다.

손익계산서에서 1월의 성과를 알게 되면, 수익과 비용 계정으로부터 우리가 찾아내고자 하는 정보, 다시 말해서 1월 동안 '벌어서 늘어난 몫'의 변동, 즉 성과에 대한 정보는 다 찾은 셈이다. 그리고, 2월이 되면 1월의 성과에 대한 정보를 찾고자 필요했던 1월의 수익과 비용 관련 정보는 더 이상 필요가 없어지게 된다. 2월에는 다시 2월의 성과, 즉 2월 동안 발생하는 '벌어서 늘어난 몫'의 증가와 감소에 대한 정보가 필요한 것이다.

따라서 한 회계기간을 마치고, 다음 회계기간으로 넘어가는 시점에 수익과 비용 계정의 경우에는 해당 기간에 발생하여 개별 계정의 원장에 존재하는 금액이 0으로 바뀌게 되는데, 이와 같이 회계기간의 종료 시에 마감을 통해서 계정의 잔액이 0으로 바뀌게 되는 계정, 즉 수익과 비용 계정을 임시계정이라고 부른다. 복잡하게 느껴질지도 모르겠으나 사실 당연한 이야기이다. 이해를 위해 만약 (주)세연컴퍼니의 예에서 수익 계정인 매출액 계정의 1월 말 잔액인 450만원을 차기이월로 처리해서, 2월 1일의 총계정원장에서 매출액 계정의 잔액이 450만원으로 보인다고 가정하고 (주)세연컴퍼니의 총계정원장을 보고 있는 다음 두 명 사이의 대화를 들어 보자.

"2월 1일 매출액 계정 잔액이 450만원이 있네?"
"응, 그거 1월 15일에 용역수익 제공하고 생긴 거야."
"알려줘서 고마워. 2월 손익계산서 만들 때 잊지 않고 잘 반영되어야 할 텐데."

무엇인가 좀 이상하지 않는가? 450만원은 1월의 손익계산서에서 1월의 성과에 이미 반영된 정보이다. 그런데 이 금액이 2월로 이월된다면, 2월에 새롭게 발생하는 수익에 더해져서 2월의 성과 계산에 다시 반영되고, 이런 식이라면 3월에도, 4월에도 계속 차기로 이월되면서 매 기간의 성과에 중복해서 영향을 미치게 될 것이다. 이러한 이유로 수익과 비용 계정은 한 회계기간(1월)이 종료되는 시점에 해당 계정의 원장 금액을 0으로 되돌려 놓고, 다음 회계기간(2월)에는 다시 동 기간(2월)에 새롭게 발생한 수익과 비용 금액을 이용해서 동 기간(2월)의 성과를 찾게 되는 것이다.

이제 다시 (주)세연컴퍼니의 1월 말로 돌아와서 수익과 비용 계정을 마감하도록 하자. 당기의 잔액을 그대로 다음 기로 이월하기 때문에 별도의 분개가 필요하지 않았던 영구계정(자산, 부채, 자본)과는 달리 임시계정(수익과 비용)은 별도의 분개를 실시하여 마감 시에 원장의 잔액을 0으로 되돌려 놓아야 하는데 이를 마감분개(closing entries)라고 한다.

(주)세연컴퍼니의 1월 말 수익과 비용 계정에 대한 마감 분개는 다음과 같다.

⑦ 1월 31일	(차) 매출액	450만원	(대) 집합손익	450만원
⑧ 1월 31일	(차) 영업외수익	30만원	(대) 집합손익	30만원
⑨ 1월 31일	(차) 집합손익	170만원	(대) 판매비와 관리비	170만원

마감분개의 원리는 수익 계정의 경우에는 마감 전 시점에 대변에 잔액이 존재하므로, 반대편인 차변에서 수익 계정에 대하여 동일한 금액을 분개해 주면 수익 계정의 잔액이 0이 된다. 이때, 대변에는 집합손익이라는 또 다른 임시계정을 가져오는데, 집합손익이라는 계정의 유일한 존재 이유는 수익 계정과 비용 계정의 기말 잔액을 0으로 되돌리는 역할이라고 생각하면 된다. 그리고 비용 계정의 경우에는 마감 전 시점에 차변에 잔액이 존재하므로, 반대편인 대변에서 비용 계정에 대하여 동일한 금액을 분개해 주면 비용 계정의 잔액이 0이 된다. 이때, 차변에는 집합손익이라는 계정을 사용하여 분개를 실시한다.

[그림 4.6]의 하단에 있는 마감 후 총계정원장에서는 상기 마감분개 실시 후 전기를 통해 수익과 비용 계정의 잔액이 0으로 돌아온 것을 알 수 있으며, 이 과

표 4.8 손익계산서 1

손익계산서			
(주)세연컴퍼니			20×1. 1. 1.~20×1. 1. 31.
비용(벌어서 늘어난 몫의 감소)		수익(벌어서 늘어난 몫의 증가)	
영업비용	170만원	매출액(영업수익)	450만원
매출원가	0		
판매비와 관리비	170만원	영업외수익	30만원
영업외비용	0		
법인세비용	0		

정에서 또다른 임시계정인 집합손익 계정의 원장이 새로 생긴 것을 알 수 있다.

그런데 이 집합손익 계정을 유심히 살펴보면 우리는 이 내용이 이미 친숙한 것처럼 느껴진다. 잠깐, 우리가 앞서 살펴보았던 (주)세연컴퍼니의 20×1년 1월의 손익계산서 내용을 〈표 4.8〉에서 다시 한번 살펴보자.[12)]

왠지 잠시 전에 보았던 집합손익 원장의 내용과 같은 내용을 담고 있다는 생각이 들지 않는가? 곰곰히 따져 보면 당연한 것이 손익계산서는 수익과 비용 계정을 모아 놓은 것이고, 집합손익 계정은 수익과 비용 계정의 잔액을 0으로 만들기 위해 원래 수익과 비용 계정이 가지고 있던 금액을 대신 받아 놓은 상태이므로 두 정보의 내용이 가지는 의미는 당연히 같은 것이다.

여하튼 다시 마감분개로 돌아와서 임시계정들의 원장 잔액을 모두 0으로 만들었으니, 집합손익이라는 계정을 가지고 해야 할 일은 다 한 셈이며 1월을 마치고 2월로 넘어가는 시점에 총계정원장에서 집합손익 계정의 잔액은 더 이상 의미가 없다. 그렇다면 한 회계기간을 마치면서 이 집합손익 계정은 또 어떻게 마감을 해야 하는가?

이제 우리는 집합손익 계정의 마감을 통해서 그동안 해결하지 못한 것처럼 느껴졌던 재무상태표에서의 '벌어서 늘어난 몫'의 빈자리를 채우려고 한다. 집합손익 계정은 대변에 310만원의 잔액을 가지고 있는 상태이며, 잔액을 0으로

---

12) 〈표 4.8〉은 제3장의 〈표 3.4〉와 동일한 내용이다.

그림 4.7 집합손익 계정(임시계정)과 벌어서 늘어난 몫 계정(영구계정)의 마감

임시계정

집합손익	
⑨ 1/31 판매비와 관리비170만원	⑦ 1/31 매출액 450만원
⑩ 1/31 벌어서늘어난몫 310만원	⑧ 1/31 영업외수익 30만원
	잔액 0만원

자 본

벌어서 늘어난 몫(자본)	
	⑩ 집합손익 310만원
1/31 차기이월 310만원	잔액 310만원

↓

벌어서 늘어난 몫	
	2/1 전기이월 310만원
	잔액 310만원

옮기기 위해서 다음과 같은 마감분개를 실시한다.

⑩ 1월 31일 (차) 집합손익 310만원 (대) 벌어서늘어난몫(자본) 310만원

[그림 4.7]은 상기 마감분개가 반영된 뒤의 총계정원장 상의 집합손익 계정과 벌어서 늘어난 몫 계정의 원장을 보여주고 있다. 마감분개의 내용을 전기한 후 집합손익 계정의 잔액은 0으로 바뀌게 된다. 벌어서 늘어난 몫 계정은 새롭게 등장하면서 원장을 만들고 대변에 310만원을 기록한 후, 해당 계정이 자본 계정(영구계정)이므로 마감(차기이월)을 통해 다음 회계기간으로 넘어가게 된다.[13]

우리는 수익과 비용이 근본적으로 '벌어서 늘어난 몫'(자본)의 증감에 대한 것임을 알고 있다. '벌어서 늘어난 몫'(자본)의 증가나 감소에 대하여 우리는 자본 대신에 수익과 비용을 사용하여 회계처리를 실시하고, 당기의 '벌어서 늘어난 몫'의 증가와 감소, 다시 말해 당기의 성과에 대하여 자세한 정보를 얻었지만, 수익과 비용은 근본적으로 '벌어서 늘어난 몫'(자본)의 증감에 대한 것이다. 이제 수익과 비용 계정을 마감하면서 당기순이익(당기의 성과) 금액은 집합손익

13) 우리는 교육목적상 기업에서 벌어서 늘어난 몫, 즉 기업의 성과를 '벌어서 늘어난 몫'이라는 자본 계정을 이용하여 살펴보았다. 실제 회계에서는 '벌어서 늘어난 몫'(자본)이라는 계정 대신에 '이익잉여금'(자본)이라는 계정을 사용하는데 이는 기업의 성과를 통해 늘어난 주주의 몫을 표시한다고 생각하면 된다.

계정으로 옮겨졌고, 다시 집합손익 계정으로부터 자본 계정인 '벌어서 늘어난 몫' 계정으로 옮겨지면서 우리는 처음에 생각하였던 완전한 재무상태표의 모습을 갖추게 되는 것이다.

이렇게 이야기하면 당신은 이런 생각을 할 수도 있을 것이다.

"맞는 말인데, 회계기간 중에는 벌어서 늘어난 몫(자본) 계정을 사용하지 않고 수익과 비용 계정을 사용해서 분개나 전기와 같은 회계처리를 하다가 기말에 마감을 통해서 비로소 벌어서 늘어난 몫(자본) 계정으로 효과가 넘어가서 그제야 재무상태표 등식이 성립한다면, 회계기간 중에는 재무상태표는 늘 미완성 상태이고 재무상태표 등식도 성립하지 않는 것 아닌가?"

유익한 의문이다. 이렇게 한번 생각해 보자. 우리는 지금 한 회계기간 단위를 한 달로 생각하고 있다. 그런데 회계기간이란 1년 단위도 될 수 있고, 한 달 단위도 될 수 있으며, 원한다면 하루 단위의 회계순환과정도 생각할 수 있다. 즉, 우리가 수익과 비용, 그리고 성과(벌어서 늘어난 몫)의 관계에 대하여 올바르게 이해하고 있다면, 벌어서 늘어난 몫(자본) 계정의 변동에 기인한 성과에 대한 상세한 정보를 얻기 위해서 수익과 비용 계정을 사용하여 손익계산서를 작성하는 것과, 그 가운데 재무상태표 상의 재무상태표 등식이 늘 성립한다는 것도 이해할 수 있을 것이다.[14)]

일정한 회계기간 동안 '벌어서 늘어난 몫'(자본)의 증감, 즉 해당 기간의 성과에 대해 수익과 비용 계정을 사용해서 회계처리를 하고 총계정원장의 개별 계정의 잔액을 이용해서 기말에 시산표를 만든 시점으로부터 다시 한번 우리 이야기를 정리해 보자.

[그림 4.8]에서는 우리가 이미 살펴본 시산표, 손익계산서와 재무상태표 상의

---

14) 우리는 기업에서 벌어서 늘어난 몫이 생길 때 이것이 주주의 몫(자본)이라고 생각하며, 기업이 벌어서 늘어나는 것은 기업의 성과라고 생각한다. 기업의 성과를 세부적으로 보기 위해서 벌어서 늘어난 몫이 증가하거나 감소하는 것을 수익과 비용 계정으로 분개하고, 성과 정보(손익계산서 정보)를 얻은 후에는, 수익과 비용 계정에 담겨 있었던 효과가 마감분개를 통해서 집합손익 계정으로 옮겨지게 되고, 다시 벌어서 늘어난 몫(자본) 계정으로 옮겨지게 되는 것이다.

그림 4.8 회계정보의 흐름

재무상태표 정보
(자산, 부채, 자본)

〈표 4.5〉 시산표

시산표

20×1년 1월 31일

(주)세연컴퍼니 (단위: 만원)

계정과목	차변	대변
현 금	1,360	
주 식	0	
임차보증금	300	
자동차	700	
은행차입금		1,050
설립자본		1,000
매출액 ('벌어서 늘어난 몫(자본)'의 증가)		450
영업외수익 ('벌어서 늘어난 몫(자본)'의 증가)		30
판매비와 관리비 ('벌어서 늘어난 몫(자본)'의 감소)	170	
합 계	2,530	2,530

손익계산서 정보(원래 "벌어서 늘어난 몫(자본)"의 증가와 감소를 나타내는 수익과 비용)

〈표 3.6〉 1월 31일의 재무상태표

재무상태표

(주)세연컴퍼니 20×1. 1. 31.

자 산		부 채	
현 금	1,360만원	은행차입금	1,050만원
주 식	0만원	자 본	
임차보증금	300만원	설립자본	1,000만원
자동차	700만원	벌어서 늘어난 몫	310만원
		(↑손익계산서의 당기순이익 금액)	
자산 합계	2,360만원	부채와 자본 합계	2,360만원

'벌어서 늘어난 몫'(자본)의 증감 정보(당기 성과)

〈표 3.5〉 손익계산서 2

손익계산서

(주)세연컴퍼니 20×1.1.1～20×1.1.31

매출액(영업수익)	450만원
(−) 매출원가	0원
매출총이익	450만원
(−) 판매비와 관리비	170만원
영업이익	280만원
(+) 영업외수익	30만원
(−) 영업외비용	0원
법인세비용차감전순이익	310만원
(−) 법인세비용	0원
당기순이익	310만원

회계정보의 흐름을 보여주고 있다. [그림 4.8]의 시산표에는 우리가 회계기간 중에 자산, 부채, 자본, 그리고 자본 가운데 '벌어서 늘어난 몫'의 증가와 감소, 즉 당기의 성과를 구하기 위해 도입한 수익과 비용 계정들이 모두 모여 있다. 이 가운데, 수익과 비용에 해당하는 계정들을 이용해서 손익계산서를 만들게 된다. 그런데, 근본적으로는 '벌어서 늘어난 몫'(자본)의 증감에 해당하는 수익과 비용 계정이 빠져나감에 따라 남아있는 자산, 부채, 자본 계정들을 이용해서 재무상태표를 구성하면, 당연하게도 차변과 대변의 합계가 달라지고, 재무상태표 등식이 성립하지 않게 된다. 이때, 수익과 비용 계정을 이용해서 당기의 성과(당기순이익) 정보를 찾아내고 나면, 회계기간을 마침에 따라 더 이상 필요가 없어진 수익과 비용 계정을 마감하면서 당기의 성과(당기순이익), 다시 말해서 당기에 발생한 '벌어서 늘어난 몫'의 변동(증가 또는 감소) 금액만큼을 자본 항목으로 포함시키는 것이다. 본 장의 보론에 나와 있는 [그림 4.9]에서는 이미 살펴본 [그림 4.8]에서 볼 수 있었던 회계정보의 흐름에 대하여 각 계정별로 상세하게 표시해 놓았다. 여러분 각자 회계순환과정을 살펴보면서 회계정보가 어떤 경로로 움직이며, 그 결과 어떤 성격의 정보를 어떤 형식의 재무제표로 보여주게 되는지 확인하는 것이 기업정보를 회계 측면에서 이해하는 데 도움이 될 것으로 생각한다.

우리는 지금까지 당기의 성과가 자본(주인의 몫)에 미치는 영향을 "벌어서 늘어난 몫"이라는 계정의 변동(증가 또는 감소)을 이용하여 살펴보았다. 그런데 "벌어서 늘어난 몫"이라는 계정은 우리가 교육목적상 직관적인 이해를 돕기 위하여 사용한 가상의 계정이며 실제 회계에서는 사용하지 않는다.

앞서 살펴본 마감분개에서 집합손익 계정을 마감하면서 다음과 같이 "벌어서 늘어난 몫" 계정을 사용하였던 것을 기억할 것이다.

⑩ 1월 31일 (차) 집합손익 310만원 (대) 벌어서늘어난몫(자본) 310만원

실제 회계에서는 "벌어서 늘어난 몫"이라는 계정 대신에 "이익잉여금"(자본)이라는 계정을 사용한다. 따라서 상기 마감분개는 실제 분개에서는 다음과 같이 이루어지게 된다.

⑩ 1월 31일 (차) 집합손익 310만원 (대) 이익잉여금(자본) 310만원

이에 따라 재무상태표에서도 "벌어서 늘어난 몫" 계정이 아닌 "이익잉여금" 계정이 나타나게 된다. 본 장의 연습문제를 포함해서 본서의 이하 내용에서는 이익잉여금 계정을 사용한다. 이익잉여금 계정의 특성을 이해함에 있어서 지금까지 살펴보았던 "벌어서 늘어난 몫" 계정의 의미를 상고(詳考)하고 응용할 수 있음은 물론이다.

앞서 살펴본 ㈜세연컴퍼니의 20×1년 1월의 손익계산서는 1월의 성과를 나타내는 당기순이익이 310만원임을 보여주고 있다. 이는 1월에 주주(주인)의 몫이 영업을 통해서 310만원만큼 증가하였다는 의미이며, 이를 통해서 310만원만큼 증가한 이익잉여금(자본) 금액이 2월로 이월된다. 따라서 20×1년 2월 1일에 ㈜세연컴퍼니의 재무상태표에서 이익잉여금(자본) 계정을 찾아보거나 총계정원장에서 이익잉여금(자본)의 원장을 찾아보면 해당 계정의 금액이 310만원임을 확인할 수 있게 된다.

만약 ㈜세연컴퍼니의 20×1년 2월의 성과를 나타내는 당기순이익이 500만원이라면 당신은 2월 말에 이익잉여금(자본) 금액이 어떠할 것이라고 생각하는가? 이는 2월에 주주(주인)의 몫이 영업을 통해서 500만원만큼 증가하였다는 의미이며, 이를 통해서 2월에 이익잉여금(자본) 금액이 500만원만큼 증가하게 된다는 것을 뜻한다. 이렇게 2월 한 달 동안 증가한 500만원은 기존 이익잉여금(자본) 금액인 310만원에 더해져서 총 810만원이 3월로 이월된다. 따라서 20×1년 3월 1일에 ㈜세연컴퍼니의 재무상태표에서 이익잉여금(자본) 계정을 찾아보거나 총계정원장에서 이익잉여금(자본)의 원장을 찾아보면 해당 계정의 금액이 810만원임을 확인할 수 있게 된다. 당신은 3월 초에 이익잉여금(자본) 계정의 잔액인 810만원을 보면서 '㈜세연컴퍼니가 2달(1월과 2월) 동안 영업을 통해서 810만원만큼 벌었구나(주인의 몫이 늘어났구나)'라고 생각할 수 있을 것이다. 이익잉여금은 주주에게 지급되는 배당의 원천이 된다. 벌어서 얼마나 주주(주인) 몫이 늘어났는가를 알아야 그 금액(상황)을 기초로 해서 주주(주인)에게 지급할 배당 금액을 정할 수 있으니 당연하다고 할 수 있을 것이다.

보론 회계정보의 세부 흐름

그림 4.9 회계정보의 세부 흐름

재무상태표 정보
(자산, 부채, 자본)

〈표 4.5〉 시산표

시산표

20×1년 1월 31일

(주)세연컴퍼니 (단위: 만원)

계정과목	차변	대변
현 금	1,360	
주 식	0	
임차보증금	300	
자동차	700	
은행차입금		1,050
설립자본		1,000
매출액 ('벌어서 늘어난 몫(자본)'의 증가)		450
영업외수익 ('벌어서 늘어난 몫(자본)'의 증가)		30
판매비와 관리비 ('벌어서 늘어난 몫(자본)'의 감소)	170	
합 계	2,530	2,530

〈표 3.6〉 1월 31일의 재무상태표

재무상태표			
(주)세연컴퍼니			20×1. 1. 31.
자 산		부 채	
현 금	1,360만원	은행차입금	1,050만원
주 식	0만원	자 본	
임차보증금	300만원	설립자본	1,000만원
자동차	700만원	벌어서 늘어난 몫	310만원
		(↑손익계산서의 당기순이익 금액)	
자산 합계	2,360만원	부채와 자본 합계	2,360만원

'벌어서 늘어난 몫'(자본)의 증감 정보(당기 성과)

〈표 3.5〉 손익계산서 2

손익계산서

(주)세연컴퍼니 20×1.1.1~20×1.1.31

매출액(영업수익)	450만원
(−) 매출원가	0원
매출총이익	450만원
(−) 판매비와 관리비	170만원
영업이익	280만원
(+) 영업외수익	30만원
(−) 영업외비용	0원
법인세비용차감전순이익	310만원
(−) 법인세비용	0원
당기순이익	310만원

손익계산서 정보(원래 "벌어서 늘어난 몫(자본)"의 증가와 감소를 나타내는 수익과 비용)

OX 문제

1. 회계에서 매 기간에 걸쳐 동일하게 반복되는 회계처리과정을 회계순환과정이라고 한다.

2. 분개란 기업에서 발생한 거래나 사건, 즉 기업의 자산, 부채나 자본의 변동을 가져오는 거래나 사건을 금액 크기의 순서에 따라 분개장에 기록하는 것을 의미한다.

3. 분개를 실시하고 분개장을 이용하면 거래를 일자순으로 확인할 수 있고, 동시에 분개장은 특정 계정과목의 잔액을 확인하기가 쉽다는 장점이 있다.

4. 전기란 분개장 상의 모든 분개를 총계정원장이라는 계정별 장부로 옮겨서 기록하는 것을 의미하는데, 전기를 실시함으로서 특정 계정과목의 잔액을 쉽게 확인할 수 있게 된다.

5. 시산표의 차변과 대변의 합계금액이 동일하다는 것은 분개와 전기가 오류없이 정확하게 이루어졌다는 것을 의미한다.

6. 자산, 부채 및 자본 계정은 영구계정에 해당하고, 수익과 비용 계정은 임시계정에 해당한다.

7. 임시계정은 한 회계기간을 마치고 다음 회계기간으로 넘어간다는 이유만으로 금액이 바뀌지 않는다.

연습문제

1. **서울에 사는 김세연 씨는 20×1년 1월 2일에 교육서비스 제공을 주된 영업활동으로 하는 (주)세연에듀를 설립하였다. 다음은 20×1년 1월 중 (주)세연에듀와 관련된 경제적 거래와 사건들을 정리한 것이다.**

1월 2일	김세연 씨는 본인이 가지고 있던 현금 3,000만원을 출자하여 (주)세연에듀를 설립하였다.
1월 3일	(주)LG화학의 주식을 1,000만원어치 매수하였다.
1월 4일	사무실로 사용하기 위한 건물을 500만원을 지불하고 구입하였다.
1월 4일	업무용으로 사용하기 위한 자동차를 700만원을 지불하고 구입하였다.
1월 5일	기업 운영자금을 추가 확보하기 위해서 은행으로부터 2,000만원을 차입하였다.
1월 10일	보유하고 있던 (주)LG화학의 주식 중 300만원어치를 매입한 가격 300만원에 그대로 매도하여 은행에서 차입한 금액 중 300만원을 상환하였다.
1월 15일	(주)세연에듀는 사업을 시작하고 처음으로 회사의 설립자인 동시에 대표인 김세연 씨가 (주)정직상회에 목적사업인 교육서비스를 제공하고 현금 250만원을 벌어왔다.
1월 20일	김세연 씨가 회사설립과 동시에 고용한 아르바이트생인 김성실 씨에게 120만원의 급여를 지급하였다.
1월 25일	보유하고 있던 (주)LG화학의 주식 중 500만원어치를 매도하였는데, 보유기간 중 가격이 상승하여 현금 580만원에 매도하였다.

(1) (주)세연에듀의 20×1년 1월 말 기중 분개 및 전기 완료 시점의 시산표를 작성하시오. 단 '벌어서 늘어난 몫' 계정의 증가와 감소를 수익과 비용 계정을 이용하여 작성하시오.

(2) (주)세연에듀의 20×1년 1월 말 마감분개를 실시하시오. 단, 마감분개 실시 시

에 '벌어서 늘어난 몫'(자본) 계정 대신 '이익잉여금'(자본) 계정을 사용하시오.

(3) 1월 기준 마감분개의 내용이 반영된 (주)세연에듀의 재무상태표와 손익계산서를 제시하시오. 단, 재무상태표 작성 시에 '벌어서 늘어난 몫'(자본) 계정 대신 '이익잉여금'(자본) 계정을 사용하시오.

2. 서울에 사는 김세연 씨는 20×1년 1월 2일에 물류서비스 제공을 주된 영업활동으로 하는 (주)세연물류를 설립하였다. 다음은 20×1년 1월 중 (주)세연물류와 관련된 경제적 거래와 사건들을 정리한 것이다.

1월 2일	김세연 씨는 본인이 가지고 있던 현금 7,000만원을 출자하여 (주)세연물류를 설립하였다.
1월 3일	(주)삼성물산의 주식을 2,000만원어치 매수하였다.
1월 4일	사무실로 사용하기 위한 건물을 임차하고 800만원을 지불하였다.
1월 4일	업무용으로 사용하기 위한 트럭을 1,500만원을 지불하고 구입하였다.
1월 5일	기업 운영자금을 추가 확보하기 위해서 은행으로부터 3,000만원을 차입하였다.
1월 10일	보유하고 있던 (주)삼성물산의 주식 중 1,000만원어치를 1,300만원에 매도하여 은행에서 차입한 금액 중 1,300만원을 상환하였다.
1월 15일	(주)세연물류는 사업을 시작하고 처음으로 회사의 설립자인 동시에 대표인 김세연 씨가 (주)신뢰산전에 목적사업인 물류서비스를 제공하고 현금 1,250만원을 벌어왔다.
1월 20일	김세연 씨가 회사설립과 동시에 고용한 아르바이트생인 나신뢰 씨에게 320만원의 급여를 지급하였다.
1월 25일	보유하고 있던 (주)삼성물산의 주식 중 500만원어치를 매입한 가격 500만원에 그대로 매도하였다.

(1) (주)세연물류의 20×1년 1월 말 기준 분개 및 전기 완료 시점의 시산표를 작성하시오. 단 '벌어서 늘어난 몫' 계정의 증가와 감소를 수익과 비용 계정을 이용하여 작성하시오.

(2) (주)세연물류의 20×1말 마감분개를 실시하시오. 단, 마감분개 실시 시에 '벌어

서 늘어난 몫'(자본) 계정 대신 '이익잉여금'(자본) 계정을 사용하시오.

(3) 1월 기준 마감분개의 내용이 반영된 (주)세연물류의 재무상태표와 손익계산서를 제시하시오. 단, 재무상태표 작성 시에 '벌어서 늘어난 몫'(자본) 계정 대신 '이익잉여금'(자본) 계정을 사용하시오.

제 2 부

회계정보를 이해하려면 이건 꼭 알자!

(부제: 회계정보의 이해와 활용을 위한 중요 개념)

제 5 장 바로 지금 분개를 하는 이유

제 6 장 내가 판매한 재고자산은 얼마짜리?

제 7 장 장부금액이 알려주는 것

제 8 장 있는데 보이지 않네

제 9 장 회계정보는 현재를 말한다

제10장 또 다른 금액

당신은 어디에 있는가?

이 책을 읽는 것이 당신이 회계를 배우고 익히는 길고 긴 여정의 서막일 수도 있다.

또는 이 책이 당장 혹은 가까운 장래에 회계를 이해하고 활용하고자 하는 당신에게 회계를 배워가는 과정의 종착점이 될 수도 있다.

제2부에서는 당신이 지금 어떤 상황에 있든 앞으로 당신이 회계정보를 이해하고 활용함에 있어 도움이 될 만한 내용들을 담고자 한다.

앞으로 회계 공부를 계속해 나갈 사람들은 제2부에서 정규 회계 공부를 해 나아감에 있어서 매우 중요한 개념들을 만나게 될 것이다. 본서에서 익힌 내용들은 향후 다양한 회계 주제들을 공부할 때 당신이 해당 내용을 더 심도 있게 이해할 수 있도록 도울 것이다.

앞으로 당장 실무 등에서 회계를 업무로 접하거나 여러 상황에서 회계정보를 접하고 이용하게 될 사람들에게는 제2부에서 익힌 개념들이 앞으로 회계를 이해하고 회계를 이용하여 의사결정함에 있어서 유용한 지식이 될 것이다.

제5장

바로 지금 분개를 하는 이유
(부제: 현금주의와 발생주의)

제1절 선급비용
제2절 선수수익
제3절 미지급비용
제4절 미수수익

본 장의 주요 내용인 현금주의와 발생주의에 대하여 구체적으로 살펴보기에 앞서서 당신에게 먼저 질문을 해 보려 한다. 다음 내용을 보고 (주)세연컴퍼니가 적시에 적절하게 회계정보를 만들었는지 여부를 ○나 ×로 답해주면 된다. 각 문제의 상황은 독립적이다.

질문 1. (주)세연컴퍼니는 20×1년 1월 2일에 사무실로 사용할 건물을 2개월간 임차하고, 같은 날에 2개월간의 임차 대가로 50만원을 지불하였다. (주)세연컴퍼니는 1월 2일에 임차와 관련된 비용(임차비용)으로 50만원을 회계처리하고, 2월에는 임차비용과 관련된 별도의 회계처리는 하지 않았다. ( )

질문 2. (주)세연컴퍼니는 20×1년 1월 2일에 보유하고 있던 건물을 2개월간 임대하고, 같은 날 2개월간의 임대 대가로 100만원을 수취하였다. (주)세연컴퍼니는 1월 2일에 임대와 관련된 수익(임대수익)으로 100만원을 회계처리하고, 2월에는 임대수익과 관련된 별도의 회계처리는 하지 않았다. ( )

질문 3. (주)세연컴퍼니는 20×1년 1월 2일에 은행에서 1년 만기로 400만원을 빌렸다. 연 이자율은 3%이고, 매월 초에 이자를 지급하며 첫 이자지급일은 2월 1일이다. (주)세연컴퍼니는 1월에는 이자 지급과 관련된 회계처리를 하지 않았고, 첫 이자지급일인 2월 1일에 은행에 이자로 1만원(400만원×3%/12개월)을 납부하면서 납부한 금액만큼 비용(이자비용)으로 회계처리하였다. ( )

질문 4. (주)세연컴퍼니는 20×1년 1월 2일에 거래처에 1년 만기로 200만원을 빌려주었다. 연 이자율은 3%이고, 매월 초에 이자를 받으며 첫 이자수취일은 2월 1일이다. (주)세연컴퍼니는 1월에는 이자 수취와 관련된 회계처리를 하지 않았고, 첫 이자수취일인 2월 1일에 거래처로부터 이자로 5천원(200만원×3%/12개월)을 수취하면서 수취한 금액만큼 수익(이자수익)으로 회계처리하였다. ( )

갑자기 머릿속이 복잡해지는가? 그럴 필요 없다. 그저 당신의 머릿속에 떠오르는 생각대로 답하면 된다.

당신의 판단은 모두 ○일 수도, 모두 ×일 수도, 일부는 ○이고 나머지 일부는 ×일 수도 있다. 여러분이 어떻게 생각을 하든 모두 의미가 있고 소중한 생각이다. 그런데, 이와 관련해서 회계의 시각에서 보면 어떻게 판단을 하게 될까? 정답부터 이야기하면 모두 ×이다.

여기서 회계정보를 이해하는 데 매우 중요한 '현금주의'와 '발생주의'라는 개념이 등장하게 된다.

먼저, 현금주의란 우리가 기업의 성과를 판단하기 위해 수익이나 비용을 인식하는 시점의 기준이 현금이라는 것이다.[1] 즉, 현금을 수취하는 시점에 수익이 발생하는 것이고 현금을 지급하는 시점에 비용이 발생한다는 것이다.

반면, 발생주의란 우리가 기업의 성과를 판단하기 위해 수익이나 비용을 인식할 때의 기준이 현금의 수취나 지급 여부와는 무관하게 해당 수익이나 비용의 인식과 관련된 거래나 사건이 발생하였는지 여부라는 것이다. 따라서 수익을 예로 들면, 이미 현금을 수취하였다 해도 수익의 인식과 관련된 거래나 사건이 아직 발생하지 않았다면 수익이 발생하지 않은 것이고, 아직 현금을 수취하지 않았다고 해도 수익의 인식과 관련된 거래나 사건이 이미 발생했다면 수익이 발생한 것으로 판단하는 것이다.

제1절 선급비용(prepaid expenses)

앞서 살펴본 질문 1을 예로 생각해 보자.

---

1) '벌어서 늘어난 몫'의 증가와 감소가 기업의 성과에 영향을 미치고, 이러한 '벌어서 늘어난 몫'의 증감, 즉 성과의 세부적인 내용을 보기 위해서 '벌어서 늘어난 몫'의 증가와 감소를 수익과 비용으로 표시한다는 이야기는 이전 장에서 여러 번 언급하였으므로 본 장부터는 더 이상 언급하지 않으려고 한다.

> 질문 1. (주)세연컴퍼니는 20×1년 1월 2일에 사무실로 사용할 건물을 2개월간 임차하고, 같은 날에 2개월간의 임차 대가로 50만원을 지불하였다. (주)세연컴퍼니는 1월 2일에 임차와 관련된 비용(임차비용)으로 50만원을 회계처리하고, 2월에는 임차비용과 관련된 별도의 회계처리는 하지 않았다. (　)

당신은 이렇게 생각할 수 있을 것이다. "1월 2일에 50만원을 현금으로 지불하였으니 '벌어서 늘어난 몫'인 주주의 몫이 실제로 50만원만큼 줄어들었잖아! 당연히 비용이지!" 이와 같이 판단하는 것이 전형적인 현금주의의 모습이다. 즉, 돈이 빠져나갔으니 비용이 생긴 것이다.

반면 당신은 이렇게 생각할 수도 있을 것이다. "1월 2일에 50만원을 주긴 했는데, 이걸 왜 준 걸까? 두 달 동안 건물을 빌린 대가로 주는 것이지. 그럼 두 달 빌리는 대가로 50만원을 주니까 한 달에 25만원씩 주고 빌리는 셈이잖아? 그럼 1월에 빌리는 대가로 25만원, 2월에 빌리는 대가로 25만원인 것 같은데 50만원을 다 1월에 비용으로 잡으면 좀 이상한 것 아닌가?" 이런 생각을 하는 것은 심히 발생주의에 근거한다고 볼 수 있다. 즉 현금의 지급 여부와는 관련없이 왜 비용을 인식해야 하는지, 비용의 인식과 관련된 거래나 사건이 발생하였는지를 생각하다가 1월의 상황에서는 2월 한 달 동안 건물을 빌리는 상황이 아직 발생하지 않았기 때문에 2월분 임차비용에 해당하는 비용 25만원만큼을 1월의 비용으로 잡기를 주저하는 것이다.[2)]

그러면 우리는 어떻게 회계정보를 만들어 내야 하는가? 거두절미하고 회계정보는 거의 대부분의 경우에 현금주의가 아닌 발생주의에 근거하는 정보이다.[3)]

---

2) 성과(벌어서 늘어난 몫(자본)의 감소)와 관련해서 2개월간의 비용이 50만원이라는 것은 알 수 있다. 그런데 이 금액은 어느 시점의 비용인가?

3) 회계정보가 근본적으로 발생주의에 근거하는 것은 주지의 사실이고 회계정보가 전달되는 재무제표들도 대부분 발생주의에 근거한 회계정보를 담고 있다. 이와 관련하여 회계정보를 나타낼 때 발생주의가 현금주의보다 더 유용하다는 것이 현금주의가 의미가 없다는 것을 의미하는 것은 아니다. 이에 따라 회계에서는 재무제표 가운데 현금흐름표라는 장부는 현금주의에 근거한 회계정보를 내용으로 담고 있다. 현금주의와 현금흐름표의 의미와 효용에 대한 이야기는 본서의 제11장에서 다시 이야기해 보도록 한다.

위에서 본 질문 1을 현금주의에 의해서 분개를 실시하면 다음과 같이 된다.

1월 2일	(차) 임차비용	50만원	(대) 현 금	50만원
2월		-회계처리 없음-		

현금이 나갔으니 비용인 것이다. 그런데 회계에서는 이와 같이 회계정보를 만들어 내는 경우에 회계정보 작성자의 의도와는 무관하게 다음과 같이 받아들여진다. "1월에는 사무실로 사용할 기업 건물을 임차하고 임차비용 50만원이 발생하였으며, 2월에는 기업 건물을 무상으로 임차하였다."

반면 우리가 발생주의에 의해서 분개를 실시하면 다음과 같이 된다.

1월 2일	(차) 임차비용	50만원	(대) 현 금	50만원
1월 말	(차) 선급임차비용	25만원	(대) 임차비용	25만원
2월 1일	(차) 임차비용	25만원	(대) 선급임차비용	25만원

1월 2일의 회계처리는 현금을 지급한 만큼 일단 현금으로 지급한 50만원 전액을 비용으로 처리하는 것이다. 그리고 1월 말에 하는 분개는 위에서 살펴본 바와 같이 아직 2월에 건물을 빌리는 일이 발생하지 않았기 때문에 비용으로 분개하였던 50만원 가운데, 2월분에 해당하는 임차비용 25만원을 대변에 분개하여 줄이는 것이다. 그럼 1월 말 분개에서 차변에 등장하는 선급임차비용은 무엇인가? 이것은 자산이다. 즉 1월 2일에 현금을 지출하면서 비용으로 잡았던 금액 가운데 아직 발생하지 않은 부분의 비용을 대변에서 줄이면서 차변에는 선급임차비용이라는 자산을 잡은 것이다.

여기에 자산이 등장하는 것은 어떻게 이해하면 될까? 한번 생각을 해 보자. 예로서 당신이 10일 동안 간식을 사면서 매일 1,000원씩 지출한다고 생각하면 매일 지출하는 간식비(비용)는 얼마인가? 아마 매일 1,000원씩이라고 생각하고 매일 다음과 같이 분개할 수도 있을 것이다.

1일 차~10일 차	(차) 간식비(비용)	1,000	(대) 현 금	1,000

그런데 만약 당신이 매일 1,000원씩 가게에 돈을 내는 것이 아니라, 첫날에

10,000원을 내고 1,000원짜리 간식쿠폰을 10장 구입했다고 생각해 보자.

일단 10,000원을 간식과 관련해서 지불하였으니 당신은 다음과 같이 분개를 할 것 같다.

1일 차	(차) 간식비(비용)	10,000	(대) 현 금	10,000

그리고 쿠폰 한 장을 내고 첫날 간식을 맛있게 먹고, 저녁이 되었는데 마음 속으로 다음과 같이 생각할 수도 있을 것이다.

"이게 뭐야? 내가 오늘 간식비로 10,000원이나 쓴 거야(오늘 비용이 10,000원이나 발생한 거야)? 그럴 리가 없지. 내가 오늘 간식을 1,000원어치 먹었잖아. 1,000원어치를 먹었으니 비용은 1,000원이지(발생주의에 눈을 뜨기 시작했음). 간식비(비용)가 10,000원인건 말도 안 돼. 비용으로 분개한 10,000원 중에서 1,000원만 남기고 9,000원은 취소하자!"

그래서 다음과 같이 1일 차 저녁에 먹지도 않은 간식비 9,000원을 대변에 분개해서 취소하는 분개를 하게 되는데…….

1일 차 저녁	(차)		(대) 간식비	9,000

다시 생각에 빠진다. "아, 대변에 간식비 9,000원을 적어서 이제 오늘 비용이 1,000원인 것으로 정리를 했는데, 차변에는 무엇을 써주지?"

복잡하게 생각하지 말고 1일 차에 일어난 상황을 생각해 보자. 10,000원을 주고 간식쿠폰 10장을 사고 사자마자 1장 써서 간식을 맛있게 먹고, 저녁에 보니 1,000원짜리 간식쿠폰 9장이 남아있는 것 아닌가? 즉 당신이 오늘 지출한 10,000원 가운데 간식비라는 비용으로 인한 지출이 1,000원이라면 나머지 9,000원은 간식쿠폰의 구입으로 인한 지출인 셈이다. 이 간식쿠폰의 정체는 무엇인가? 앞으로 이 쿠폰을 사용해서 간식을 먹을 수 있고(미래 경제적 효용을 가지고 올 수 있고), 심지어 매점에 가서 요청하면 현금으로 환불할 수도 있다. 즉, 이 간식쿠폰들은 당신이 미래에 사용하려고 가지고 있는, 다시 말해서 당신에게 미래에 경제적 효용을 가져다 줄 수 있는 자산인 것이다. 그럼 다시 1일 차 저녁의 분개를 완성하면 다음과 같다.

1일 차 저녁	(차) 간식쿠폰(자산)	9,000	(대) 간식비	9,000

이어지는 2일 차부터 10일 차까지 당신은 매일 간식쿠폰을 한 장씩 쓰면서 간식을 먹고, 매일 간식비로 1,000원씩 쓰고 있다고 생각할 것이다.

2일 차~10일 차	(차) 간식비	1,000	(대) 간식쿠폰(자산)	1,000

다시 우리의 질문 1의 1월 말 분개로 돌아오면, 일단 1월 2일에 50만원을 지출할 때의 분개는 다음과 같았다.

1월 2일	(차) 임차비용	50만원	(대) 현　금	50만원

1월 말의 분개는 1월 2일에 지급한 50만원 가운데 25만원은 1월에 인식할 비용이 아니라, 2월 한 달 당신이 사무실을 사용할 수 있는 쿠폰을 미리 구입하는 데 사용된 지출이므로, 다음과 같이 분개하는 것이다.

1월 말	(차) 선급임차비용 (자산, 2월 사무실 사용 쿠폰)	25만원	(대) 임차비용	25만원

이제 1월 말 분개 시에 차변에 오는 내용이 자산이라는 것은 이해가 될 것으로 생각된다. 그리고 회계에서는 사무실 사용 쿠폰이라는 계정을 사용하지는 않는다. 그 대신에 아직 발생하지 않은 미래의 (임차)비용을 미리 지급하였다는 의미로서 선급(임차)비용이라는 자산 계정을 사용하게 된다.

그리고 2월에는 2월 사무실 이용 쿠폰을 사용하여, 한 달 동안 타인의 사무실을 사용하는 일(비용 관련 사건)이 실제로 발생하게 되므로 이에 따라 2월분 비용인 25만원을 인식하는 것이다.

2월 1일[4]	(차) 임차비용	25만원	(대) 선급임차비용 (자산, 2월 사무실 사용 쿠폰)	25만원

4) 교재에 따라서는 2월 1일이 아닌 2월 중 다른 날짜(시점)에 분개하는 것으로 제시되는 경우도 있다.

제2절 선수수익(unearned revenues)

회계에서는 하나를 이해하고 나면 다른 것도 함께 이해가 되는 경우가 자주 있다. 위의 질문 1에서 했던 이야기를 잊기 전에 질문 2를 예로 하여 다시 한번 생각해 보자.

> 질문 2. (주)세연컴퍼니는 20×1년 1월 2일에 보유하고 있던 건물을 2개월간 임대하고, 같은 날 2개월간의 임대 대가로 100만원을 수취하였다. (주)세연컴퍼니는 1월 2일에 임대와 관련된 수익(임대수익)으로 100만원을 회계처리하고, 2월에는 임대수익과 관련된 별도의 회계처리는 하지 않았다. (   )

당신은 이렇게 생각할 수 있을 것이다. "1월 2일에 100만원을 현금으로 받았고 '벌어서 늘어난 몫'인 주주의 몫이 실제로 100만원만큼 늘어났잖아! 당연히 수익이지!" 이와 같이 판단하는 것이 전형적인 현금주의의 모습이다. 즉, 돈이 들어왔으니 수익이 생긴 것이다.

반면 당신은 이렇게 생각할 수도 있을 것이다. "1월 2일에 100만원을 받긴 받았는데, 이걸 왜 받은 걸까? 두 달 동안 건물을 빌려주는 대가로 받은 것이지. 그럼 두 달 빌려주는 대가로 100만원을 받으니 한 달에 50만원씩 받고 빌려주는 셈이잖아? 그럼 1월에 빌려주는 대가로 50만원, 2월에 빌려주는 대가로 50만원인 것 같은데 100만원을 다 1월에 수익으로 잡으면 좀 이상한 것 아닌가?" 이런 생각을 하는 것은 심히 발생주의에 근거한다고 볼 수 있다. 즉 현금의 수취 여부와는 관련없이 왜 수익을 인식해야 하는지, 수익의 인식과 관련된 거래나 사건이 발생하였는지를 생각하다가 1월의 상황에서는 2월 한 달 동안 건물을 빌려주는 상황이 아직 발생하지 않았기 때문에 2월분 임대수익에 해당하는 수익 50만원만큼을 1월의 수익으로 잡기를 주저하는 것이다.

앞에서도 언급하였지만 회계정보는 거의 대부분의 경우에 현금주의가 아닌 발생주의에 근거하는 정보이다.

위에서 본 질문 2를 현금주의에 의해서 분개를 실시하면 다음과 같이 된다.

1월 2일	(차) 현 금	100만원	(대) 임대수익	100만원
2월		−회계처리 없음−		

현금이 들어왔으니 수익인 것이다. 그런데 회계에서는 이와 같이 회계정보를 만들어 내는 경우에 회계정보 작성자의 의도와는 무관하게 다음과 같이 받아들여진다. "1월에는 기업 건물을 임대하고 임대수익 100만원이 생겼으며, 2월에는 기업 건물을 무상으로 임대하였다."

반면 우리가 발생주의에 의해서 분개를 실시하면 다음과 같이 된다.

1월 2일	(차) 현 금	100만원	(대) 임대수익	100만원
1월 말	(차) 임대수익	50만원	(대) 선수임대수익	50만원
2월 1일	(차) 선수임대수익	50만원	(대) 임대수익	50만원

1월 2일의 회계처리는 현금을 수취한 만큼 일단 수취한 현금 100만원 전액을 수익으로 처리하는 것이다. 그리고 1월 말에 하는 분개는 위에서 살펴본 바와 같이 아직 2월에 건물을 빌려주는 일이 발생하지 않았기 때문에 수익으로 분개하였던 100만원 가운데, 2월분에 해당하는 임대수익 50만원을 차변에 분개하여 줄이는 것이다. 그럼 1월 말 분개에서 대변에 등장하는 선수임대수익은 무엇인가? 이것은 부채이다. 즉 1월 2일에 현금을 수취하면서 수익으로 잡았던 금액 가운데 아직 발생하지 않은 부분의 수익을 차변에서 줄이면서 대변에는 선수임대수익이라는 부채를 잡은 것이다. 여기에 부채가 등장하는 것은 어떻게 이해하면 될까?

우리의 질문 2의 1월 말 분개로 돌아오면, 일단 1월 2일에 100만원을 수취할 때의 분개는 다음과 같았다.

1월 2일	(차) 현 금	100만원	(대) 임대수익	100만원

1월 말의 분개는 1월 2일에 수취한 100만원 가운데 50만원은 1월에 인식할 수익이 아니라, 2월 한 달 동안 당신의 건물을 사용할 수 있는 쿠폰을 타인에게 미리 판매하고 얻게 된 금액이므로, 다음과 같이 분개하는 것이다.

1월 말	(차) 임대수익	50만원	(대) 선수임대수익 (2월 건물 사용허락 쿠폰, 부채)	50만원

이제 1월 말 분개 시에 대변에 오는 내용이 부채라는 것은 이해가 될 것으로 생각된다.[5] 그리고 회계에서는 건물 사용허락 쿠폰이라는 계정을 사용하지는 않는다. 그 대신에 아직 발생하지 않은 미래의 (임대)수익을 미리 수취하였다는 의미로서 선수(임대)수익이라는 부채 계정을 사용하게 된다.

그리고 2월 1일에는 건물 임차인이 2월 건물 사용허락 쿠폰을 제시함에 따라, 한 달 동안 건물을 잘 빌려주게 되고, 2월에 타인에게 건물을 임대하는 일(수익 관련 사건)이 실제로 발생했으니 이에 따라 2월분 수익인 50만원을 인식하는 것이다.

2월 1일	(차) 선수임대수익 (2월 건물 사용허락 쿠폰, 부채)	50만원	(대) 임대수익	50만원

당신도 그렇게 느끼고 있겠지만, 앞서 살펴본 질문들에서는 현금주의와 발생주의가 실타래처럼 얽혀 있다고 생각하면 된다. 당신이 기업에서 맞이하게 되는 여러 가지 상황 속에서 보다 정확한 정보를 만들어 내기 위해서는 현금주의와 발생주의에 대한 명확한 이해가 선행되어야 할 것으로 생각된다.

현금주의와 발생주의 간의 관계에 있어서, 현금주의와 발생주의 간의 정보가 일치할 때에는 아무 문제가 없다. 현금을 받았는데 수익 관련 거래가 발생하였거나, 현금을 주지 않았는데 비용 관련 거래가 아직 발생하지 않은 경우 등이다. 그러나, 현금주의와 발생주의 간의 정보가 일치하지 않을 때에는 이미 살펴본 상기 질문 1과 질문 2에서와 같이 회계정보의 의미에 문제가 생길 가능성이 있고 이에 대한 수정이 필요하다. 현금주의와 발생주의 간의 정보가 일치하지 않는 경우는 크게 다음과 같이 구분해 볼 수 있다.

---

5) 우리는 질문 1의 내용에서 쿠폰을 구입한 사람의 입장에서 해당 쿠폰이 자산의 의미를 가진다는 것을 살펴본 바 있다. 그렇다면 반대로 쿠폰을 판매한 사람의 입장에서 해당 쿠폰의 의미는 무엇이겠는가?

〈비용〉

	당해 회계기간 중 현금 지급 여부	당해 회계기간 중 비용 관련 사건발생 여부	관련 질문	관련 회계 계정
CASE 1	○	×	질문 1	선급비용(자산)
CASE 2	×	○	질문 3	미지급비용(부채)

〈수익〉

	당해 회계기간 중 현금 수취 여부	당해 회계기간 중 수익 관련 사건발생 여부	관련 질문	관련 회계 계정
CASE 1	○	×	질문 2	선수수익(부채)
CASE 2	×	○	질문 4	미수수익(자산)

앞서 살펴본 질문 1과 질문 2가 특정 회계기간 중에 현금의 수취나 지급은 이미 이루어진 반면, 수익 또는 비용 관련 사건이 발생하지 않은 경우라면, 질문 3과 질문 4는 특정 회계기간 중에 수익 또는 비용 관련 사건이 이미 발생하였는데 현금의 수취나 지급이 아직 이루어지지 않은 경우라고 할 수 있다.

제3절 미지급비용(accrued expenses)

질문 3에 대하여 다시 한번 살펴보도록 하자.

> 질문 3. (주)세연컴퍼니는 20×1년 1월 2일에 은행에서 1년 만기로 400만원을 빌렸다. 연 이자율은 3%이고, 매월 초에 이자를 지급하며 첫 이자지급일은 2월 1일이다. (주)세연컴퍼니는 1월에는 이자 지급과 관련된 회계처리를 하지 않았고, 첫 이자지급일인 2월 1일에 은행에 이자로 1만원(400만원 × 3%/12개월)을 납부하면서 납부한 금액만큼 비용(이자비용)으로 회계처리하였다. (   )

(주)세연컴퍼니가 1월 2일에 은행에서 400만원을 빌렸는데, 이자를 매월 초에 지급하며 첫 이자지급일이 2월 1일이므로, 1월이 끝날 때까지 이자와 관련해서는 아무런 분개를 실시하지 않는다(은행에서도 1월 한 달 동안 돈을 빌리고 왜 1월에 이자를 내지 않느냐고 묻지 않는다). 그리고 당신은 정해진 2월 1일에 은행에 가서 한 달 치 이자(400만원×3%/12개월)를 지급하고 다음과 같이 회계처리를 한 것이다.

2월 1일	(차) 이자비용	10,000	(대) 현　금	10,000

당신에게 질문을 하겠다. 당신이 정해진 일자에 맞추어 은행에 납부한 현금 10,000원은 1월의 이자인가? 2월의 이자인가? 1월의 이자라고 하면 당신은 발생주의를 따라가는 것이고, 2월의 이자라고 하면 현금주의를 따라가는 것이다. 발생주의나 현금주의의 장단점을 논하기에 앞서서, 일단 있는 그대로의 상기 분개를 회계정보로서 해석하면, 당신은 2월 1일에 납부한 현금 10,000원은 당신이 은행으로부터 빌린 400만원에 대한 2월의 이자에 해당한다. 즉 당신은 1월 한 달 동안 은행으로부터 무이자로 400만원을 빌린다는 의미가 되는 것이다.

당신은 이렇게 질문할 수도 있다. “질문 1이나 질문 2에서는 그나마 1월 초에 현금을 받거나 준 사건이 있어서 사후에 조정을 한다고 하지만 질문 3은 이자비용과 관련해서 1월에 아무 일도 없었잖아요? 나는 그냥 은행에서 내라고 하는 때 맞추어 내고, 이에 따라 분개를 했을 뿐인데…….”

당신의 질문은 충분히 의미가 있다. 그런데 다시 말하지만 회계의 근간이 되는 발생주의는 현금을 이미 받았든, 아직 안 받았든, 이미 주었든, 아직 안 주었든, 다시 말해서 현금의 수취나 지급 여부를 수익과 비용의 인식 시에 따지지 않는다. 수익을 인식할 사건이 발생했을 때 수익 정보를 생성(인식)하며, 비용을 인식할 사건이 발생했을 때 비용 정보를 생성(인식)하게 된다. 따라서 당신이 1월이 끝나가면서 다음과 같은 생각을 하게 된다면 당신의 마음속에 이미 발생주의에 근거한 마인드가 생겨나고 있다고 생각하면 된다.

“1월 초에 은행에서 400만원을 빌려서, 한 달 동안 잘 사용하고 있는데 한 달이 지나도록 1월 중에 1월 사용에 대한 이자를 내라는 이야기가 없네. 다음 달 1일에 이자를 내라고 하니 시간 맞추어 은행에 가서 내긴 할 텐데……. 아직 이자를 안 냈으니 분개를 할 수도 없고, 1월은 그냥 넘어가고, 2월에 은행에 가서 한 달 이자분 돈 내고 그때 분개하면 되는 건가? 아닌가?"

(이자)비용을 인식할 사건은 발생했는데, 현금 지출이 없으니 혼란이 생기는 것이다. 회계에서는 이와 같은 경우에 발생주의에 근거해서 현금 지출이 없더라도 비용을 인식할 사건, 질문 3을 예로 들면 연 이자율 3%로 400만원을 한 달간 빌린 사건이 이미 발생했다면, 다음과 같이 사건이 발생한 시점인 1월에 이자를 아직 내지 않았다고 해도 1월에 비용을 인식하도록 하고 있다.

1월 말	(차) 이자비용	10,000	(대) 미지급이자(부채)	10,000

차변의 이자비용은 발생주의에 근거한 비용의 인식으로 이해될 수 있을 것이고, 대변의 미지급이자의 정체는 무엇인가? 이것은 부채이다. 원래 1월의 이자비용에 대하여 1월 말에 지급을 하기로 약속을 했더라면 1월 말 은행에 이자비용을 현금으로 납부하면서 하는 분개에서 대변에 현금이 등장했을 것이다. 그런데 실제 현금 지급은 2월에 이루어지지 않는가? 그래서 대변의 미지급이자의 의미는 1월의 이자비용 10,000원이 발생했는데, 이미 발생한 비용에 대하여 1월 말 시점에 지급이 이루어지지 않았고, 미래에 해당 금액을 지급해야 할 의무가 있다는 의미에서의 부채이다. 1월 말에 이와 같이 분개를 하고 나서 2월 1일에 은행에 10,000원을 납부할 때에는 다음과 같이 분개를 하게 된다.

2월 1일	(차) 미지급이자(부채)	10,000	(대) 현 금	10,000

2월 1일의 분개는 당신이 은행에 가서 10,000원을 납부한 시점에 하게 되는 분개인데, 이자비용이라는 계정은 등장하지 않는다. 당신은 이미 1월 말에 한 달간의 이자비용을 비용으로 인식하는 분개를 실시하였다. 2월 1일에 하는 회계 분개는 1월에 발생한 이자비용을 1월에 납부하지 않아서 생긴 미지급이자(부채)를 갚는다는 의미를 가지고 있으며, 2월 1일에 새롭게 이자비용을 다시 인식하는 정보는 만들지 않는다.

제4절 미수수익(accrued revenues)

회계에서는 하나를 이해하고 나면 다른 것도 함께 이해가 되는 경우가 자주 있다. 위의 질문 3에서 했던 이야기를 잊기 전에 질문 4를 예로 하여 다시 한번 생각해 보자.

> 질문 4. (주)세연컴퍼니는 20×1년 1월 2일에 거래처에 1년 만기로 200만원을 빌려주었다. 연 이자율은 3%이고, 매월 초에 이자를 받으며 첫 이자수취일은 2월 1일이다. (주)세연컴퍼니는 1월에는 이자 수취와 관련된 회계처리를 하지 않았고, 첫 이자수취일인 2월 1일에 거래처로부터 이자로 5천원(200만원×3%/12개월)을 수취하면서 수취한 금액만큼 수익(이자수익)으로 회계처리하였다. ( )

(주)세연컴퍼니가 1월 2일에 거래처에 200만원을 빌려주었는데, 이자를 매월 초에 수취하며 첫 이자수취일이 2월 1일이므로, 1월이 끝날 때까지 이자와 관련해서는 아무런 분개를 실시하지 않는다(거래처에서도 1월 한 달 동안 돈을 빌린 돈에 대해서 1월에 이자를 내겠다는 연락이 없다). 그리고 당신은 정해진 2월 1일에 거래처로부터 한 달 치 이자(200만원×3%/12개월)를 수취하고 다음과 같이 회계처리를 한 것이다.

2월 1일	(차) 현　금	5,000	(대) 이자수익	5,000

당신에게 질문을 하겠다. 당신이 정해진 일자에 맞추어 거래처로부터 수취한 현금 5,000원은 1월의 이자인가? 2월의 이자인가? 1월의 이자라고 하면 당신은 발생주의를 따라가는 것이고, 2월의 이자라고 하면 현금주의를 따라가는 것이다. 발생주의나 현금주의의 장단점을 논하기에 앞서서, 일단 있는 그대로의 상기 분개를 회계정보로서 해석하면, 당신은 2월 1일에 수취한 현금 5,000원은 당신이 거래처에 빌려준 200만원에 대한 2월의 이자에 해당한다. 즉 당신은 1월

한 달 동안 거래처에 무이자로 200만원을 빌려준 의미가 되는 것이다.

이에 대해서, 회계에서는 이와 같은 경우에 발생주의에 근거해서 현금 수취가 없더라도 수익을 인식할 사건, 질문 4를 예로 들면 연 이자율 3%로 200만원을 한 달간 빌려준 시간이 이미 발생했다면, 다음과 같이 사건이 발생한 시점인 1월에 이자를 아직 받지 않았다고 해도 1월에 수익을 인식하도록 하고 있다.

1월 말	(차) 미수이자(자산)	5,000	(대) 이자수익	5,000

대변의 이자수익은 발생주의에 근거한 수익의 인식으로 이해될 수 있을 것이고, 차변의 미수이자의 정체는 무엇인가? 이것은 자산이다. 원래 1월의 이자수익에 대하여 1월 말에 수취를 하기로 약속을 했더라면 차변에 현금이 등장했을 것이다. 그런데 실제 현금 수취는 2월에 이루어지지 않는가? 그래서 차변의 미수이자의 의미는 1월의 이자수익 5,000원이 발생했는데, 이미 발생한 수익에 대하여 1월 말 시점에 수취가 이루어지지 않았고, 미래에 해당 금액을 수취할 수 있는 권리가 있다는 의미에서의 자산이다. 1월 말에 이와 같이 분개를 하고 나서 2월 1일에 거래처로부터 5,000원을 수취할 때에는 다음과 같이 분개를 하게 된다.

2월 1일	(차) 현 금	5,000	(대) 미수이자(자산)	5,000

2월 1일의 분개는 당신이 거래처로부터 이자수익으로 5,000원을 수취한 시점에 하게 되는 분개인데, 이자수익이라는 계정은 등장하지 않는다. 당신은 이미 1월 말에 한 달간의 이자수익을 수익으로 인식하는 분개를 실시하였다. 2월 1일에 하는 회계 분개는 1월에 발생한 이자수익을 1월에 수취하지 않아서 생긴 미수이자(자산)를 현금으로 받는 의미를 가지고 있으며, 2월 1일에 새롭게 또다시 이자수익을 다시 인식하는 정보는 만들지 않는다.

상기 내용에서는 의도적으로 질문 1과 질문 2, 그리고 질문 3과 질문 4에 대한 설명을 유사하게 진행하였다. 당신은 회계정보가 매우 방대한 내용이라고 생각할 수 있으며, 실제로 회계정보가 많은 내용을 담고 있는 것은 사실이기도 하다. 그런데, 회계정보의 많은 부분들이 서로 연관되어 있으며, 동일 또는 유사한 논리가 적용되는 경우도 많이 있다. 그러므로 당신이 접하게 되는 회계정보 주제 하나하나가 그 자체의 의미만으로 존재하기보다는 다양한 회계정보들과 서로 관련이 있고, 다른 회계정보들에 응용될 수도 있다는 생각을 가지고, 주제 하나하나에 정성을 쏟기를 부탁한다.

실제로 회계기간 중에 이루어지는 회계처리(분개)는 현금주의에 따라 이루어지는 경우가 많다. 예로서 회계기간 중에 기업의 성과와 관련해서 현금을 수취하거나 지급하는 경우에는 해당 현금 수수 금액에 해당하는 분개가 이루어지는 반면, 회계기간 중에 현금의 수취나 지급이 이루어지지 않는 경우에는 회계기간 중에 현금 수수 관련된 분개를 포함해서 별도의 분개가 이루어지지 않는 경우도 있다. 따라서 기업은 회계기간 중에 회계처리(분개)가 현금주의에 따라 이루어진 경우에 기말 시점에 발생주의에 따른 회계정보가 나타날 수 있도록 회계 정보의 내용을 현금주의로부터 발생주의로 수정해 주는 작업을 실시하게 된다. 이러한 작업은 기말에 이루어지는 수정분개의 중요한 내용 중 하나이다.

더불어 본 장에서 다룬 현금주의와 발생주의 개념은 회계정보의 이해에 있어서 기본 중의 기본이 된다. 당신이 회계정보를 만들어 내거나, 해석하거나, 사용하는 등의 여러 회계 관련 분야에서 회계정보를 올바르게 이해하기 위해서 회계정보를 발생주의 관점에서 판단할 수 있는 역량을 갖출 수 있기를 바란다.

OX 문제

1. 발생주의란 기업의 성과를 판단하기 위해 수익이나 비용을 인식할 때에 현금의 수취나 지급 여부와 해당 수익이나 비용의 인식과 관련된 거래나 사건이 발생하였는지 여부를 동시에 고려하는 것을 의미한다.

2. 선급비용이란 아직 발생하지 않은 미래의 비용을 미리 지급했다는 의미로서 부채 계정을 사용하게 된다.

3. 선수수익이란 아직 발생하지 않은 미래의 수익을 미리 수취하였다는 의미로서 자산 계정을 사용하게 된다.

4. 미지급비용이란 발생주의에 따를 때 비용이 발생하였는데, 이미 발생한 비용에 대하여 현금 지급이 이루어지지 않았고, 미래에 해당 금액을 지급해야 할 의무가 있다는 의미에서의 부채이다.

5. 미수수익이란 발생주의에 따를 때 수익이 발생하였는데, 이미 발생한 수익에 대하여 현금 수취가 이루어지지 않았고, 미래에 해당 금액을 수취할 권리가 있다는 의미에서의 자산이다.

6. 현금주의란 수익을 예로 들면, 이미 수익의 인식과 관련된 거래나 사건이 발생하였다면 현금의 수취와 무관하게 수익을 인식하는 것을 의미한다.

연습문제

1. (주)세연에듀는 20×1년 7월 1일에 영업목적으로 사용할 사무실을 3개월간 임차하고 같은 날에 3개월간의 임차 대가로 150만원을 지불하였다. (주)세연에듀가 상기 내용과 관련하여 20×1년 7월 1일, 7월 31일, 8월 1일에 해야 할 분개를 각각 하시오.

2. (주)세연에듀는 20×1년 7월 1일에 보유하고 있던 토지를 3개월간 임대하고 같은 날에 3개월간의 임대 대가로 300만원을 수취하였다. (주)세연에듀가 상기 내용과 관련하여 20×1년 7월 1일, 7월 31일, 8월 1일에 해야 할 분개를 각각 하시오.

3. (주)세연에듀는 20×1년 7월 1일에 은행에서 1년 만기로 800만원을 빌렸다. 연 이자율은 3%이고, 매월 1일에 이자를 지급하며 첫 이자지급일은 8월 1일이다. (주)세연에듀가 상기 내용과 관련하여 20×1년 7월 1일, 7월 31일, 8월 1일에 해야 할 분개를 각각 하시오.

4. (주)세연에듀는 20×1년 7월 1일에 거래처에 1년 만기로 400만원을 빌려주었다. 연 이자율은 3%이고, 매월 1일에 이자를 받으며 첫 이자수취일은 8월 1일이다. (주)세연에듀가 상기 내용과 관련하여 20×1년 7월 1일, 7월 31일, 8월 1일에 해야 할 분개를 각각 하시오.

5. (주)세연물류는 20×1년 7월 1일에 영업목적으로 사용할 사무실을 9개월간 임차하고 같은 날에 9개월간의 임차 대가로 450만원을 지불하였다. (주)세연물류가 상기 내용과 관련하여 20×1년 7월 1일부터 9월 1일까지 해야 할 분개를 모두 하시오.

6. (주)세연물류는 20×1년 7월 1일에 보유하고 있던 토지를 9개월간 임대하고 같은 날에 9개월간의 임대 대가로 720만원을 수취하였다. (주)세연물류가 상기 내용과 관련하여 20×1년 7월 1일부터 9월 1일까지 해야 할 분개를 모두 하시오.

7. (주)세연물류는 20×1년 7월 1일에 은행에서 1년 만기로 1,200만원을 빌렸다. 연 이자율은 3%이고, 매월 1일에 이자를 지급하며 첫 이자지급일은 8월 1일이다.

(주)세연물류가 상기 내용과 관련하여 20×1년 7월 1일부터 9월 1일까지 해야 할 분개를 모두 하시오.

8. (주)세연물류는 20×1년 7월 1일에 거래처에 1년 만기로 800만원을 빌려주었다. 연 이자율은 3%이고, 매월 1일에 이자를 받으며 첫 이자수취일은 8월 1일이다. (주)세연물류가 상기 내용과 관련하여 20×1년 7월 1일부터 9월 1일까지 해야 할 분개를 모두 하시오.

제 6 장

내가 판매한 재고자산은 얼마짜리?

(부제: 재고자산의 분개 방식과 원가흐름의 가정)

제1절 재고자산의 개요
제2절 재고자산의 회계처리방법
제3절 원가흐름의 가정

당신은 어디에 있는가? 당신은 매장에서 방금 똑같이 생긴 재고자산 두 개 중에 한 개를 판매하였다. 재고자산 한 개는 그저께 1,000원을 주고 사 온 것이고, 나머지 하나는 어제 1,200원을 주고 사 온 것이다. 두 개가 똑같이 생기다 보니 당신은 판매한 재고자산이 1,000원짜리인지 1,200원짜리인지 구별할 수가 없었다. 당신이 판매한 재고자산의 원가는 얼마인가? 1,000원? 1.200원? 아니면 1,100원?

제1절 재고자산의 개요

재고자산(inventory)이란 기업이 정상적인 영업과정에서 판매를 통해 경제적 효용을 얻기 위해서 보유하고 있는 자산, 판매를 위해 생산 중에 있는 자산, 그리고 생산이나 용역을 제공할 시에 사용될 원재료나 소모품 등을 의미한다.

재고자산을 보유하는 기업은 크게 상거래기업과 제조기업으로 나누어 볼 수 있다.

상거래기업은 재고자산을 생산하지 않고 외부에서 완성품을 구매한 후 보유하다가 다시 판매를 하게 된다. 상품(merchandise)은 상거래기업이 통상적인 영업과정에서 판매를 위해 외부로부터 완성품을 구입한 후에 보유하고 있는 자산을 말한다.

제조기업의 경우에는 기업 내에서 재고자산을 직접 생산해서 판매하게 되는데, 제조기업의 재고자산은 생산과정에 따라서 다음과 같은 재고자산이 나타난다. 먼저 원재료(raw material)는 기업이 아직 생산공정에 투입하지 않은 원자재를 말하며, 재공품(work-in-process)은 실제 생산과정에 원재료가 투입된 후 아직 완성되지 않고 제조과정 중에 있는 상태를 의미한다. 제품(finished goods)은 기업의 생산과정을 거쳐 생산된 완성품을 의미한다.[1)]

우리가 재고자산이라고 할 때에는 위에서 언급하였던 것들뿐만 아니라 제조기업이 자체적으로 생산하여 보유 중인 부분품이나 중간제품들을 의미하는 반제품(semi-finished goods)과 기업이 생산 시에 사용하는 소모성 부품, 소모성 공구, 소모성 기구 등의 저장품(supplies)도 포함된다.

재고자산과 관련해서는 재고자산의 회계처리방법과 재고자산 원가흐름의 가정을 중심으로 살펴보도록 하겠다.

제2절 재고자산의 회계처리방법

이제 재고자산이 정상적인 영업과정에서 판매하여 경제적 효용을 얻기 위해서 보유하는 자산이라는 것을 알게 되었는데, 당신에게 질문을 하도록 하겠다.

> 질문 1. 당신에게 재고자산이 아닌 다른 어떤 자산이 하나 있었다. 이 자산의 장부금액은 2만원인데, 이 자산을 현금 3만원을 받고 판매하였다. 당신은 상기 거래에 대해서 다음과 같이 회계처리하는 것을 어떻게 생각하는가? ( )

(차) 현　금(자산)	3만원	(대) 어떤 자산	2만원
		자산 판매에 따른 이익	1만원

(이익은 '벌어서 늘어난 몫'의 증가 의미)

당신이 상기 회계처리에 대하여 ○라고 생각했다면 아마 다음과 같은 생각을 했을 수 있다. "내가 어떤 자산을 팔게 되니 이제 그 자산이 나한테서 없어지는 거잖아? 그러니까 자산을 감소시켜야 하고 회계에서 장부금액이 2만원이니 그만큼을 대변에서 줄이자. 현금은 자산인데, 없던 현금이 3만원 생겼으니 차변에 현금 3만원을 분개해야지. 그리고 내가 2만원짜리 자산을 팔고 3만원을 받았으니

1) 우리가 빵을 제조하고 판매하여 경제적 효용을 거두는 제조기업이라면, 실제 판매하는 재고자산인 빵(제품)뿐만 아니라, 빵을 만드는 데 사용되는 재료인 밀가루(원재료)와 제조공정 중에 있는 밀가루 반죽(재공품)도 재고자산으로 구분된다.

1만원만큼 내 몫이 늘어난 거잖아. 1만원은 '벌어서 늘어난 몫'의 증가이니까 수익이야!"

당신이 이렇게 생각해 보았다면 잘했다. 실제로 회계에서 이와 같이 정보를 만들어 낸다. 즉, 처분하는 자산의 장부금액(총계정원장 상 해당 계정의 원장 잔액) 만큼을 감소시키고, 받게 되는 처분대가만큼을 자산으로 인식하며, 양자의 차이 만큼을 자산처분이익(수익) 또는 자산처분손실(비용)로 나타내면 된다.[2] 그럼 당신에게 한 가지를 더 묻겠다.

> 질문 2. 당신에게 재고자산이 하나 있었다. 이 자산의 장부금액은 2만원인데, 이 재고자산을 현금 3만원을 받고 판매하였다. 당신은 상기 거래에 대해서 다음과 같이 회계처리하는 것을 어떻게 생각하는가? ( )

(차) 현 금(자산)	3만원	(대) 재고자산(자산)	2만원
		재고자산 판매에 따른 이익(수익)	1만원

이번에도 다음과 같은 생각을 하려고 하는가? "내가 재고자산을 팔게 되니 이제 그 재고자산이 나한테서 없어지는 거잖아? 그러니까 재고자산을 감소시켜야 하고 장부금액이 2만원이니 그만큼 대변에서 줄이자. 현금은 자산인데, 없던 현금이 3만원 생겼으니 차변에 현금 3만원을 분개해야지. 그리고 내가 2만원짜리 재고자산을 팔고 3만원을 받았으니 1만원만큼 내 몫이 늘어난 거잖아. 1만원은 '벌어서 늘어난 몫'의 증가이니까 수익이야!"

이렇게 결론을 내기 전에 다음 질문을 하나 더 보도록 하자.

> 다음은 의료용 장비를 취급하는 (주)세연메디컬의 20×1년 1월의 상품 매입과 매출 관련 내역이다.

---

2) 처분하는 자산의 장부금액을 구하려면 총계정원장 상 해당 계정의 원장 잔액뿐만 아니라 해당 자산과 관련이 있는 다른(차감) 계정들(예: 감가상각누계액, 손상차손누계액 등)이 있으면 이 계정들의 금액도 고려해야 한다. 아직 우리는 감가상각누계액이나 손상차손누계액을 모르니 여기서는 일단 판매 시에 해당 자산의 장부금액만큼을 감소시킨다고 이해하면 된다.

- 1월 1일 상품 500개를 개당 1,000원에 구입(이하 구입단가 동일)
- 1월 2일 상품 230개를 개당 1,200원씩 받고 판매(이하 판매단가 동일)
- 1월 3일 상품 1,350개 매입
- 1월 4일 상품 1,190개 매출

…

(주)세연메디컬은 1월 중에 총 25회 상품을 구입하였으며, 총 22회 상품을 판매하였다. 지면관계상 일부 내용은 생략하지만 당신은 해당 내용을 분개장과 총계정원장에서 확인할 수 있다고 가정한다.

…

- 1월 29일 상품 341개 매출
- 1월 30일 상품 2,500개 매출
- 1월 30일 상품 1,780개 매입

(주)세연메디컬의 1월 중 재고자산 매입 및 매출 관련 성과는 얼마인지 찾아서 설명하시오.

당신은 이렇게 생각할 수도 있다. "아 어떻게 하지? 왜 이렇게 거래를 많이 한 거야? 아 맞다. 재고자산이니까 영업활동과정에서 자주 사고파는 게 당연하겠지. 하여튼 배운 대로 구해 보자. 재고자산 팔려서 나한테서 빠져나간 것 개수 다 합쳐서 장부금액(취득원가) 곱해서 대변에 써 주고, 재고자산 팔린 것 개수에다가 판매단가 곱해서 차변에 써 주고, 두 금액의 차이 만큼이 이번 달 성과구나. 할만 하네!"

좋은 접근방법이다. 그런데 만약 (주)세연메디컬이 위에서와 같이 판매단가가 기간 내내 동일한 것이 아니라, 기간 중에 판매단가가 수시로 변한다면 어떻게 하겠는가? 예로서 실제 마트에서도 세일하는 상품은 세일을 하지 않을 때와 가격이 다르지 않는가? 이 경우에는 위에서와 같이 판매된 개수에 고정된 판매단가를 곱하는 식으로 판매대가를 구하는 것은 불가능해질 것이다.

이러한 간단한 이유 말고도 재고자산으로 인한 성과를 내기 위해 매우 많은 시간과 노력을 기울이게 될 변수들은 너무나 많다. 이러한 우려가 생기는 근본적인 이유는 재고자산이 정상적인 영업활동과정에서 판매를 목적으로 보유하고 있는 자산이므로 타 자산들과 비교 시에 매매 빈도가 상대적으로 빈번할 것이며 매매로 인한 성과 등과 관련한 정보를 확인하는 과정이 상대적으로 복잡하기 때문이다.

이러한 사정으로 인해 재고자산은 타 자산과는 차별적인 회계처리방법을 사용하게 되었다.[3] 위에서 이미 보았던 질문 2에 대한 회계처리방법을 중심으로 다시 살펴보면 다음과 같다.

> 질문 3. 당신에게 재고자산이 하나 있었다. 이 자산의 장부금액은 2만원인데, 이 재고자산을 현금 3만원을 받고 판매하였다. 상기 거래에 대한 당신의 회계처리방법은?

〈타 자산과 동일한 회계처리방법 적용 시〉

(차) 현　금(자산)	3만원	(대) 재고자산(자산)	2만원
		재고자산 판매에 따른 이익(수익)	1만원

우리는 앞서 타 자산과 동일한 방식의 회계처리방법을 생각해 본 바 있지만, 실제 재고자산의 회계처리방법은 다음과 같다.[4]

〈재고자산 회계처리방법 적용 시〉

(차) 현　금(자산)	3만원	(대) 매출액(수익)	3만원
매출원가(비용)	2만원	재고자산(자산)	2만원

재고자산의 회계처리방법은 먼저 재고자산의 판매 시에 판매대가로 현금 3만원을 받고 차변에 늘어난 현금 3만원을 분개할 때, 판매에 따른 대가 전체(3만원)를 매출액이라는 수익 계정으로 대변에서 인식한다. 그리고, 판매로 인해

---

3) 본서에서는 상거래기업의 재고자산 회계처리방법을 중심으로 다룬다.

4) 우리가 보고 있는 방법은 재고자산의 대표적인 회계처리방법 가운데 하나인 계속기록법이다. 재고자산 회계처리방법으로 계속기록법뿐만 아니라 실지재고조사법이라는 다른 방법도 있다.

감소하는 재고자산의 장부금액인 2만원을 대변에서 줄여 주면서 해당 금액(2만원)을 차변에서 매출원가라는 비용 계정으로 인식하게 된다. 이와 같은 형식으로 회계처리를 실시하게 되면 아무리 거래 건수가 많아지고 거래별 상황이 다양하고 복잡하다고 해도, 나에게서 빠져나가는 재고자산 금액은 모두 매출원가(비용) 계정으로 분개되고, 판매에 따른 대가는 모두 매출액(수익) 계정으로 분개되므로, 매출액 계정과 매출원가 계정, 그리고 두 계정 간의 금액 차이를 확인함으로써 재고자산과 관련된 성과를 용이하게 확인할 수 있다. 아래의 내용은 매출액(수익) 계정과 매출원가(비용) 계정을 이용해서, 재고자산 판매에 따른 성과 부분을 보여주는 손익계산서이다. 당신은 이 내용을 보면서 "이거 예전에 보았던 〈표 3.5〉의 맨 윗부분 아닌가?" 하고 생각할 수도 있을 것 같은데 바로 그 부분이다.

손익계산서

	매출액(수익)	3만원
(−)	매출원가(비용)	2만원
	매출총이익	1만원
	…	

당신은 손익계산서에서 이 부분을 보면서 매출액(수익)만큼 현금(자산)이 증가한 것도, 매출원가(비용)만큼 재고자산이 감소한 것도 파악할 수 있고, 그래서 장부금액 기준 2만원에 해당하는 재고자산을 3만원을 받고 판매해서 1만원의 이익을 거두었다는 정보도 파악할 수 있다. 이러한 의미, 즉 이러한 정보는 재고자산 관련 거래 횟수가 증가할 시에도 동일한 방식으로 산출해 낼 수 있다.

참고로 만약에 당신이 이 방법이 마음에 들지 않아서 다른 자산과 동일한 회계처리방법을 사용했다고 하면, 그 경우 손익계산서는 다음과 같이 나타날 것이다. 다른 자산과 동일한 회계처리방법을 사용할 경우에는 재고자산 판매에 따른 이익 계정 이외에 재고자산과 현금 계정은 모두 자산 계정이므로 손익계산서에서 나타날 이유가 없다.

손익계산서	
…	
재고자산 판매에 따른 이익(매출총이익)	1만원
…	

어떤 형식의 회계처리방법을 사용해도 거래 내용이 동일하므로, 당기에 최종적으로 1만원의 이익(성과)을 낸다는 정보는 동일하다. 그런데 이 경우에는 1만원의 이익(성과)을 거두었다는 정보는 가능하지만, 이 1만원이 어떻게 해서 나온 1만원인지에 대한 정보는 손익계산서 상에서는 확인을 할 수가 없으며, 성과에 대한 세부 정보의 확인을 위해서는 재무상태표나 총계정원장 등에서 관련 내용들을 다시 보아야만 한다.[5)]

다음에서는 재고자산의 거래를 외상으로 실시한 경우의 회계처리를 살펴보도록 하겠다.

〈예시 6.1〉

김세연 씨는 20×1년 1월 초에 단일 종류의 상품을 취급하는 (주)세연주얼리를 설립하였다. 다음은 (주)세연주얼리의 20×1년 1월 중의 거래 내역이다. 각 날짜별로 분개를 실시하시오.

- 1월 2일 상품 100개를 개당 1,000원을 주기로 하고 외상으로 구입하다.
- 1월 5일 상품 80개를 개당 1,500원을 받기로 하고 외상으로 판매하다.
- 1월 10일 1월 5일에 외상으로 판매한 상품 대금을 수취하다.
- 1월 17일 1월 2일에 외상으로 구입한 상품 대금을 지불하다.

---

5) 취득원가가 2만원인 재고자산을 3만원에 팔아도 1만원이 이익이고, 취득원가가 99만원인 재고자산을 100만원에 팔아도 1만원이 이익이다. 당신은 당기에 성과가 각각 1만원인 두 기업 가운데 한 기업에 투자를 하려 하고 있다. 한 기업은 취득원가가 2만원인 재고자산을 3만원에 팔고 있으며, 다른 기업은 취득원가가 99만원인 재고자산을 100만원에 팔고 있다. 당신에게 이 정보는 유용한가? 당신이 이 정보를 알고 있다면 어떤 기업에 투자를 하겠는가? 당신이 이 정보를 모른다면 동일하게 1만원의 성과를 내는 기업 중 어떻게 투자할 기업을 선정하겠는가?

현금 거래가 아닌 외상거래에 있어서 영업활동과 관련하여 미래에 현금을 수취할 권리가 발생한 경우에는 매출채권이라는 자산 계정을, 영업활동과 관련하여 미래에 현금을 지급할 의무가 발생한 경우에는 매입채무라는 부채 계정을 이용하여 회계처리를 하게 된다. 이러한 재고자산의 회계처리방식에 따라 분개를 실시하면 다음과 같다.

1월 2일	(차) 재고자산(자산)	100,000*	(대) 매입채무	100,000
1월 5일	(차) 매출채권	120,000	(대) 매출액(수익)	120,000**
	매출원가(비용)	80,000***	재고자산(자산)	80,000
1월 10일	(차) 현 금	120,000	(대) 매출채권	120,000
1월 17일	(차) 매입채무	100,000	(대) 현 금	100,000

* 100개 × 1,000원 = 100,000원

** 80개 × 1,500원 = 120,000원

*** 80개 × 1,000원 = 80,000원

상기 1월 5일의 분개를 통해서 (주)세연주얼리가 재고자산의 판매를 통해 40,000원 (120,000원(매출액) − 80,000원(매출원가))의 이익(성과)을 냈다는 정보를 알 수 있다.

제3절 원가흐름의 가정(cost flow assumption)

당신에게 질문을 하도록 하겠다. 당신은 현재 상거래기업인 (주)세연상사의 판매 1팀에서 재고자산 관리 및 판매업무를 담당하고 있다. 현재 당신에게 재고자산이 딱 1개가 있는데 이전 회계기간에 현금 1,000원을 지불하고 구입한 것이다.[6] 당신은 재고자산이 많이 팔릴 경우에 대비해서 동일한 재고자산을 하나 더 구입하게 되었는데, 판매처(제조기업)로부터 원자재값 인상으로 인해 제품의 가격이 1,200원으로 상승하였다는 이야기를 듣고, 1,200원을 지불하고 1개를 구

---

6) 재고자산 취득 시(이전 회계기간)에 다음과 같이 분개하였을 것이다.

(차) 재고자산	1,000	(대) 현 금	1,000

입하였다.[7] 말 그대로 동일한 재고자산이므로 2개를 나란히 두었더니 어떤 것이 이전에 1,000원에 구입하였던 것인지, 어떤 것이 이제 막 1,200원에 구입한 것인지 도무지 구별할 수가 없었다. 이때 손님이 와서 재고자산 1개를 판매 정가인 1,500원에 구입하겠다고 했는데, 당신은 두 개의 재고자산이 말 그대로 모양이고 내용이고 성능이고 다 동일하다 보니 어떤 것이 1,000원에 구입한 것인지, 어떤 것이 1,200원에 구입한 것인지 구별이 안 되는 상황이다. 이때 당신의 마음속에 이런 생각이 들 수 있다. "어떤 것이 1,000원인지, 어떤 것이 1,200원인지 모르겠지만 아무튼 두 개가 똑같은 것이니 무엇을 판매하든 사용하는 고객의 입장에서 차이가 없잖아? 손님 바쁘신 것 같으니 일단 드리고 생각하자!" 말 그대로 일단 손에 잡히는 재고자산 한 개를 손님께 드린 후에 당신은 재고자산 판매에 대한 회계처리를 하기 시작했다. "재고자산 회계처리방법은 다른 자산의 회계처리방법과는 다르다고 하던데 일단 판매할 때 받은 대가 부분부터 해 보자!"

(차) 현 금	1,500	(대) 매출액	1,500

다음으로 판매 시에 감소한 재고자산 부분을 매출원가로 인식하는 분개를 하려는데…….

(차) 매출원가		(대) 재고자산	

"아, 얼마를 써야 하나? 먼저 사 온 게 팔렸으면 1,000원이고 나중에 사 온 게 팔렸으면 1,200원인데……. 아, 어떤 게 팔린 거지? 구별 좀 잘해 둘 걸……."

회계처리로 인해 고민을 하고 있는 당신에게 판매 2팀에서 급한 업무지원 요청이 와서, 일단 업무지원부터 하기로 하였다. 판매 2팀의 상황은 다음과 같았다. 판매 2팀은 액체류인 상품을 취급하고 있는데 재고자산의 구입과 판매 단위는 통이며 현재 1,000원에 구입한 재고자산 1단위(통)가 있고, 오늘 오전에 동일한 재고자산 1단위(통)를 1,200원에 구입하게 되며, 오후에는 고객이 그 가

7) 재고자산 취득 시에 다음과 같이 분개하였을 것이다.

(차) 재고자산	1,200	(대) 현 금	1,200

운데 1단위(통)를 1,500원에 구입할 예정이라는 것이다. 당신은 이번에는 동일한 두 재고자산 가운데 어떤 재고자산이 판매되는지 반드시 구별해서, 그만큼 매출원가 정보를 제대로 만들어 내겠다는 굳은 결의를 하고 판매 2팀의 매장으로 향했는데……, 매장에 들어서면서 보니, 동료 직원이 오늘 오전에 구입한 재고자산(액체) 1통의 용기를 개봉해서 매장에 있는 더 커다란 통에 붓는 것이 아닌가?

상황이 이해가 잘 가지 않은 당신은 동료 직원에게 상황을 물어보았는데 동료 직원은 다음과 같이 친절하게 답을 해 주었다.

"여기 매장은 공간이 협소해서, 재고자산을 개별 판매용 통 단위로 별도 보관하기는 어렵거든요. 그래서 재고자산을 구입하면 큰 보관통에 모아두었다가 손님이 오시면 다시 판매용 통 단위로 담아서 판매를 해요. 보시기에 좀 번거로워 보여도 공간이 좁아서 당장은 이렇게 해야 될 것 같아요. 저희도 판매용 통들을 다 꺼내서 쭉 진열해 놓고 팔면 좋긴 하죠."

동료 직원이 타 업무 차 출발한 후에 당신은 매장에서 있다가 오후에 약속했던 손님이 와서 큰 보관용 통에서 한 통만큼의 재고자산(액체류)을 판매용 통으로 옮겨 담아 판매한 후 생각에 잠겼다.

"여기는 우리 팀보다 더 어렵네. 우리 팀은 들어오는 재고자산에 표시라도 할 수 있지. 여기서는 재고자산을 큰 통에 담아서 다 섞여버리니, 파는 게 1,000원짜리인지, 1,200원짜리인지 어떻게 구별을 하나? 혹시 잘 섞어서 1,100원짜리로 되나((1,000원+1,200원)/2)? 한 통 꺼낼 때 1,000원짜리 액체랑 1,200원짜리 액체가 정확하게 반반씩 섞여서 나온다고 누가 확인을 해 주나?"

편하게 생각해서 편하게 결정할 수도 있을 것 같은데, 무엇을 제대로 하려고 생각해 보면 한도 끝도 없는 것처럼 느껴질 수도 있다. 그런데, 사실 이 결정은 매출원가(비용)를 결정하고 당기의 성과를 결정하는 과정에서 제대로 해야 할 중요한 의사결정인 것이 맞긴 맞다. 그럼 도대체 어떻게 의사결정을 해야 하나?

일단 기업에서 재고자산과 관련된 업무가 어떻게 되는지를 살펴보자. 다음의 [그림 6.1]은 상거래기업의 재고자산 흐름을 보여주고 있다.

당신 생각에 완성품인 재고자산을 구입하여 판매하는 상거래기업의 경우에

그림 6.1 재고자산의 흐름_상거래기업

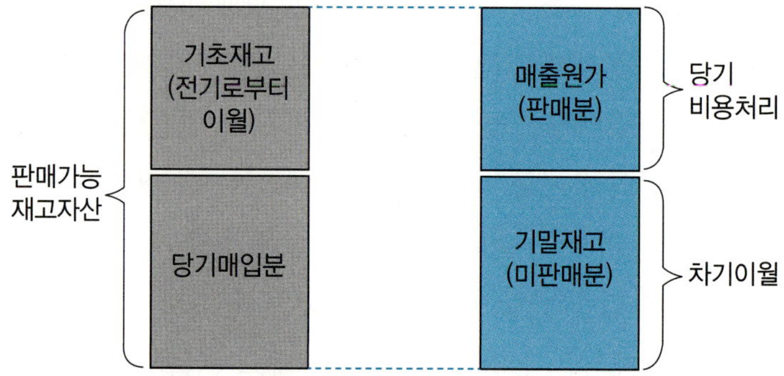

재고자산과 관련된 업무가 어떻게 진행될 것 같은가? "팔릴만한 것을 사서(구입) 손님 올 때까지 가지고 있다가(보관) 손님이 오면 파는가(판매)?"

이 정도만 생각할 수 있다면 재고자산의 기본적인 흐름을 이해하기에 충분하다.

먼저 [그림 6.1]의 왼쪽 부분을 보자. 이 부분은 기업이 한 회계기간 동안 얼마만큼의 재고자산을 판매할 수 있는가를 보여준다. 회계에서는 이 정보를 판매가능 재고자산이라고 부르는데 한 기간 동안 기업이 판매할 수 있는 재고자산의 최대치를 의미한다. 당신 생각에는 기업이 한 회계기간 동안 판매할 수 있는 재고자산이 어디서 생긴다고 생각하는가? 우선 이전 회계기간에 팔리지 않고 이번 회계기간으로 넘어온 재고자산을 이번 회계기간에 판매할 수 있을 것이다.[8] 이러한 재고자산을 기초재고라고 부른다. 그리고 이전 회계기간에서 넘어온 재고자산뿐만 아니라 이번 회계기간에 새로 구입한 재고자산도 이번 회계기간에 판매할 수 있을 것이다. 이러한 재고자산을 당기매입분이라고 부른다.

당신에게 질문을 하겠다. 지난 회계기간에서 안 팔려서 이번 회계기간으로 넘어온 재고자산이 3개 있고, 이번 회계기간에 새로 구입한 재고자산이 2개 있

8) 회계순환과정을 떠올려 보면 재고자산은 자산이니까 영구계정이고 이전 회계기간 기말까지 팔리지 않아서 재고자산 원장에 있는 금액은 차기이월을 통해 이번 회계기간으로 넘어왔음을 생각할 수 있다.

다. 이번 회계기간에 판매할 수 있는 재고자산의 최대 개수는 몇 개인가? 5개라고 생각하면 잘 생각한 것이다. 한번 더 해 보자. 지난 회계기간에서 안 팔려서 이번 회계기간으로 넘어온 재고자산이 2개 있고, 이번 회계기간에 새로 구입한 재고자산이 5개 있다. 이번 회계기간에 판매할 수 있는 재고자산의 최대 개수는 몇 개인가? 7개라고 생각하면 잘 생각한 것이다.

이번엔 다른 질문을 한번 해 보겠다. 당신은 이번 회계기간 중에 [그림 6.1]의 왼쪽에 있는 판매가능 재고자산의 개수가 아닌 금액을 알 수 있겠는가? 당신은 이렇게 생각할 수 있을 것이다. “이번 기에 구입한 재고자산(당기 매입)은 구입할 때 얼마 주었는지 분개나 영수증을 보면 알 수 있을 것 같고, 기초재고는……, 아! 지난 기에 안 팔리고 기말까지 남은 재고자산을 마감하면서 차기이월로 보낸 금액이 전기이월 항목으로 재고자산 원장에 있을 것 아냐? 그렇다면……, 알 수 있습니다!”

이와 같이 [그림 6.1]의 왼쪽, 즉 이번 기에 판매할 수 있는 재고자산의 최대치(판매가능 재고자산)의 금액을 확인하는 것이 가능하다. 그런데, 재고자산 관련 회계정보를 만드는 데 있어서 가장 핵심적이면서도 잘 따져 보아야 할 내용은 [그림 6.1]의 오른쪽에 있다.

다음의 상황을 한번 생각해 보자. 당신은 이번 회계기간 동안 열심히 업무를 했고, 기말 시점에 있다. [그림 6.1]의 왼쪽, 즉 이번 기에 판매할 수 있는 재고자산의 최대치(판매가능 재고자산)가 이번 회계기간을 지나면서 어떻게 되었을 것으로 생각하는가? 팔린 것은 팔렸고 안 팔린 것은 안 팔렸을 것 아닌가?

각각에 대해서 어떻게 회계정보를 만들어 낼지 당신에게 물어본다면 당신은 이렇게 생각할 수 있을 것이다. “음…… 팔린 것은…… 아! 재고자산 회계처리에서 재고자산 판매될 때, 받은 대가는 매출액으로 수익 인식하고 판매로 인해 감소되는 재고자산만큼은 매출원가라는 비용으로 처리하라고 했었지! 그래, 팔린 것은 매출원가로 비용이 되겠어. 그리고 기말까지 안 팔린 것은…… 그렇지, 이전 회계기간에 안 팔렸던 재고자산이 이번 회계기간으로 이월된 것처럼 이번 기에 안 팔리고 기말까지 남은 재고자산은 다시 다음 기로 차기이월이 되는 거야!”

이렇게 생각했다면 잘 생각한 것이고 더 설명할 것이 없다. 당신의 생각대로 판매가능 재고자산 가운데 팔린 부분(금액)은 매출원가라는 비용으로 처리되며, 팔리지 않은 부분은 여전히 재고자산(기말재고)으로서 차기로 이월되는 것이다.

이제 재고자산의 흐름을 다 알았으니, 앞서 살펴보았던 질문의 처음 부분으로 다시 돌아가 보도록 하겠다.

당신은 현재 상거래기업인 (주)세연상사의 판매 1팀에서 재고자산 관리 및 판매업무를 담당하고 있다. 현재 당신에게 재고자산이 딱 1개가 있는데 이전 회계기간에 현금 1,000원을 지불하고 구입한 것이다. 당신은 재고자산이 많이 팔릴 경우에 대비해서 동일한 재고자산을 하나 더 구입하게 되었는데, 판매처(제조기업)로부터 원자재값 인상으로 인해 제품의 가격이 1,200원으로 상승하였다는 이야기를 듣고, 1,200원을 지불하고 1개를 구입하였다. 말 그대로 동일한 재고자산이므로 2개를 나란히 두었더니 어떤 것이 이전에 1,000원에 구입하였던 것인지, 어떤 것이 이제 막 1,200원에 구입한 것인지 도무지 구별할 수가 없었다. 이때 손님이 와서 재고자산 1개를 판매 정가인 1,500원에 구입하겠다고 했는데, 당신은 두 개의 재고자산이 말 그대로 모양이고 내용이고 성능이고 다 동일하다 보니 어떤 것이 1,000원에 구입한 것인지, 어떤 것이 1,200원에 구입한 것인지 구별이 안 되는 상황이다. 이때 당신의 마음속에 이런 생각이 들 수 있다. "어떤 것이 1,000원인지, 어떤 것이 1,200원인지 모르겠지만 아무튼 두 개가 똑같은 것이니 무엇을 판매하든 사용하는 고객의 입장에서 차이가 없잖아? 손님 바쁘신 것 같으니 일단 드리고 생각하자!" 말 그대로 일단 손에 잡히는 재고자산 한 개를 손님께 드린 후에 당신은 재고자산 판매에 대한 회계처리를 하기 시작했다. "재고자산 회계처리방법은 다른 자산의 회계처리방법과는 다르다고 하던데 일단 판매할 때 받은 대가 부분부터 해 보자!"

(차) 현 금	1,500	(대) 매출액	1,500

다음으로 판매 시에 감소한 재고자산 부분을 매출원가로 인식하는 분개를 하려는데…….

그림 6.2 재고자산의 흐름_(주)세연상사

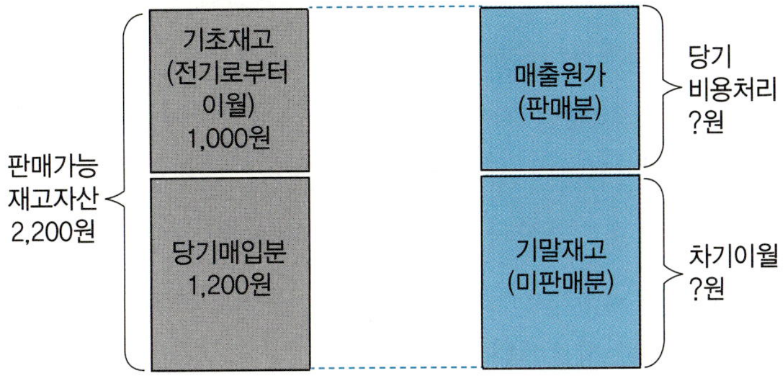

(차) 매출원가 (대) 재고자산

일단 재고자산의 흐름에 대한 내용을 따라 맞추어 보면 [그림 6.2]의 왼쪽은 알기가 어렵지 않다. 하나는 1,000원이고 다른 하나는 1,200원이니 합치면 판매가능 재고자산은 2,200원이 되는 것이다. 그런데, 이 판매가능 재고자산 2,200원을 [그림 6.2]의 오른쪽에서 매출원가와 차기이월되는 재고자산으로 어떻게 구분해 주어야 하는가? "매출원가(비용)가 1,000원이면, 기말재고(자산)가 1,200원이고, 매출원가(비용)가 1,200원이면 기말재고(자산)가 1,000원인데……, 어떻게 해 주어야 되지? 아, 판매할 때 구별을 좀 잘해 둘 걸……. 그런데 이거 200원 차이가 고민할 가치가 있을 만큼 중요한가? 내가 200원 때문에 이 고민을 계속 해야 해? 그냥 1,000원이랑 1,200원 중에 아무거나 매출원가로 적어 버려?" 고민을 할 수는 있겠지만 이런 식으로 정보를 만드는 것은 바람직하지 않고 해서도 안 된다.

다시 [그림 6.2]로 돌아가서 오른쪽의 매출원가를 좀 더 생각해 보자. 매출원가는 무엇인가? 매출원가는 비용 계정이고, 이는 이전에 우리는 비용이 '벌어서 늘어난 몫'의 감소, 즉 기업의 성과에 대한 정보를 만들어 내는 데 직접적으로 영향을 미친다.[9] 재고자산 판매로 얻게 되는 대가(매출액)가 1,500원으로서 일정

9) 〈표 3.5〉의 손익계산서를 마음속에 떠올려 보기 바란다.

하다고 하면 당신이 매출원가를 1,000원으로 하는 회계처리와 1,200원으로 하는 회계처리 간에 기업의 성과가 200원만큼 변동하게 된다. 200의 단위가 원이어서 두 회계처리 간의 성과 차이가 작게 보이는가? 금액 단위가 천원이면 성과 차이가 20만원 차이이고, 단위가 백만원이면 성과 차이가 2억원 차이이며, 단위가 십억원이면 성과 차이가 2천억원 차이가 된다.

이처럼 재고자산의 흐름에 있어 판매가능 재고자산을 매출원가(비용)와 기말재고(자산)로 구분하는 과정에서 생겨나는 정보는 기업의 성과에 큰 영향을 미치는 중요한 정보이다.

그러면 당신은 매출원가와 기말재고 간에 정확한 구분을 위해서, 이번에 판매된 이것(들)은 과거에 얼마 주고 사 온 것(들)이고, 이번에 안 팔린 저것(들)은 과거에 얼마 주고 사 온 것(들)인지 구별할 수 있도록 앞으로는 재고자산 관리를 더 철저히 해야 하겠다고 다짐할 수도 있겠지만…….

이런 식의 재고자산 관리는 일반적으로 불가능하다고 보는 게 맞다. 동일한 재고자산의 구입 가격이 수시로 변동한다면, 예로서 다 똑같은 과자가 다섯 개 있는데 두 개는 매입단가가 1,000원, 다른 두 개는 1,100원, 그리고 나머지 하나는 1,200원이면 당신은 어떻게 관리를 하겠는가? 진열대에서 과자를 집는 손님의 입장에서는 다 똑같은 과자일 뿐이고 당신이 관리목적에서 어떤 판매 순서를 계획했다고 해도 손님이 꼭 그 순서대로 구입을 해 줄지는 의문이다. 이런 식으로 음료수도 관리하고, 휴지도 관리하고, 빵이랑 아이스크림도 관리할 수 있겠지만 당신은 점점 더 바빠질 것이고 결국은 실제 재고자산(들)을 쫓아다니며 판매된 재고자산(들)의 구입단가에 해당하는 금액을 정확하게 매출원가로 구분하는 것이 현실적으로 불가능하다는 것을 깨닫게 될 것이다.[10)]

그럼 이제 어떻게 해야 하는가? 판매가능 재고자산으로부터 매출원가(비용)랑 기말재고(자산)를 구분하는 것이 기업의 성과 판단에 중요한 정보이니까 회계정보를 제대로 만들어야 하는데, 어떤 게 팔린 것이고 어떤 게 안 팔린 것인

---

10) 물론 가능할 수도 있겠지만, 그렇게 하기 위해서는 많은 시간과 비용이 추가적으로 소요될 것이다

지 구분하는 것은 너무 어렵고…….

너무 어렵다고 구분을 안 하게 되면 회계정보를 못 만들어 내게 되니 이건 큰 문제이다.[11] 회계에서는 이렇게 재고자산의 흐름에서 판매된 재고자산과 판매되지 않은 재고자산을 정확히 구분할 수 없는 상황에서 합리적으로 판매가능 재고자산으로부터 매출원가(비용)와 기말재고(자산)를 구분하기 위해서, 실제 재고자산의 실물흐름과 무관하게 특정한 방식으로 재고자산의 원가흐름을 가정하여 매출원가(비용)와 기말재고(자산)를 구분하기로 하였다.[12] 대표적인 재고자산의 원가흐름 가정방법으로는 선입선출법, 후입선출법, 그리고 평균법이 있다. 당신은 재고자산의 원가흐름 가정방법을 자유롭게 선택할 수 있는데, 일단 선택한 방법은 변경하지 않고 지속적으로 적용하게 된다.

먼저 선입선출법(First-In First-Out)은 먼저 입고된 재고자산의 순서대로 판매된다고 가정하는 것이다. [그림 6.3]에서 첫 번째 그림을 보면 2개의 판매가능 재고자산 가운데 이전 회계기간에 구입한 기초재고가 이번 회계기간에 구입한 당기매입 재고자산보다 먼저 구입한 재고자산이므로, 1개가 팔렸다면 먼저 구입한 기초재고가 팔린 것으로 가정하고 기초재고의 구입금액인 1,000원만큼을 매출원가로 비용 인식을 하며, 이번 기에 매입한 당기매입 재고자산의 구입금액인 1,200원만큼은 기말재고로 차기이월하는 방식으로 구분하는 것이다. 여기서 주의할 점은 선입선출법 적용 시에 먼저 구입한 재고자산이 먼저 판매된다고 가정하는 것이며, 먼저 구입한 (실물)재고자산을 먼저 판매하는 것과는 전혀 관계가 없다는 것이다. 이미 앞선 내용에서 우리는 판매되는 실물 재고자산을 물

11) 판매가능 재고자산을 매출원가(비용)와 기말재고(자산)로 구분하여 주지 않으면 두 계정의 금액이 확정되지 못하고, 이에 따라 손익계산서도, 재무상태표도 만들 수 없게 된다.

12) 재고자산의 원가흐름의 가정은 동일한 재고자산의 실물 흐름을 파악하기 어렵기 때문에 하게 되는 가정이다. 만약 재고자산이 2개가 있는데 하나는 흰색으로서 구입가격이 1,000원이고, 다른 하나는 검은색으로서 구입가격이 1,200원이라고 해 보자. 이 경우에는 흰색이 판매되면 매출원가가 1,000원이고, 검은색이 판매되면 매출원가는 1,200원이 된다. 이와 같이 개별 재고자산 간에 차이가 있어 구별이 가능한 경우에는 재고자산의 원가흐름의 가정을 적용하지 않고, 구별되는 해당 재고자산의 구입가격을 매출원가(비용) 또는 기말재고(자산)로 구분하게 되는데, 이러한 방법을 개별법이라고 한다.

그림 6.3 재고자산의 원가흐름 가정

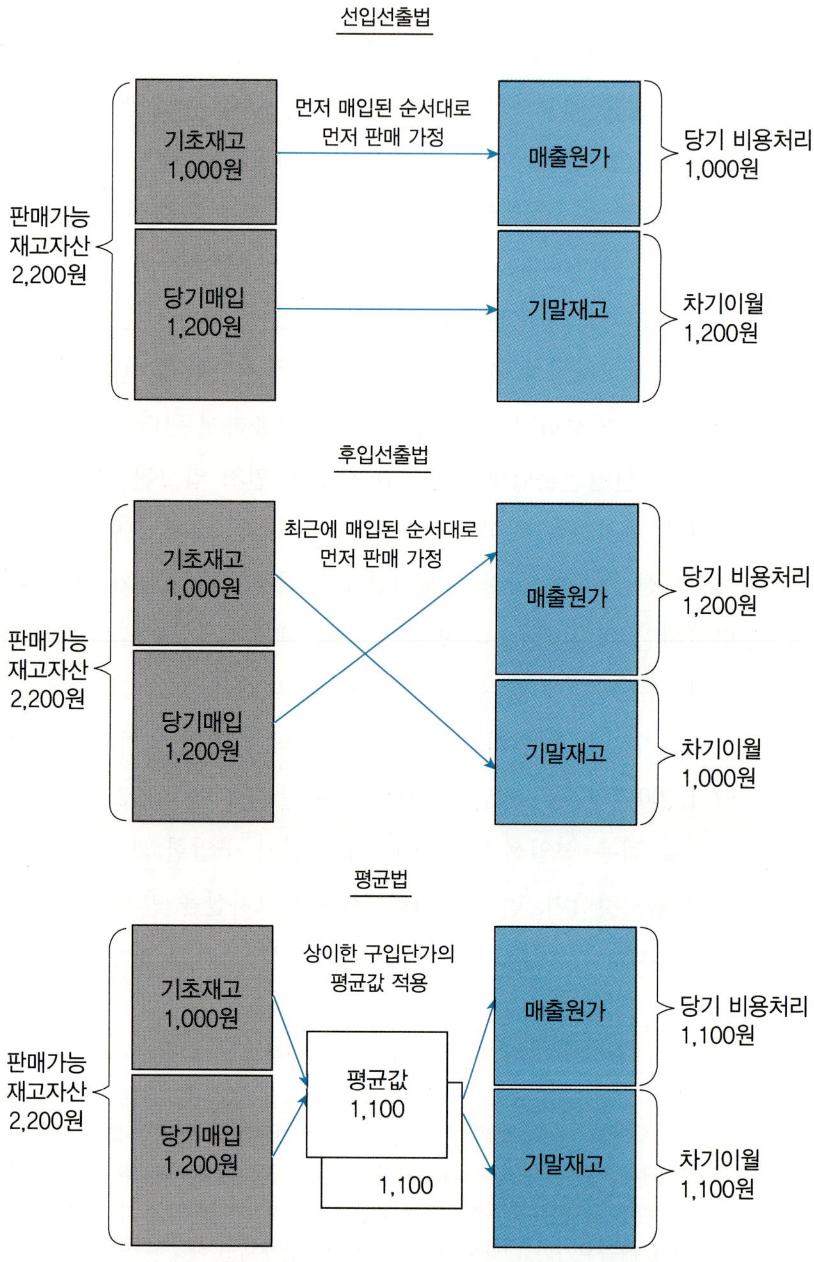

리적으로 확인(구분)하는 것이 불가능하다는 것을 여러 차례 살펴본 바 있다.

다음으로 후입선출법(Last-In First-Out)은 최근에 입고된 재고자산의 순서대로 판매된다고 가정하는 것이다. [그림 6.3]에서 두 번째 그림을 보면 2개의 판매가능 재고자산 가운데 이번 회계기간에 구입한 당기매입 재고자산이 이전 회계기간에 구입한 기초재고보다 최근에 구입한 재고자산이므로, 1개가 팔렸다면 최근에 구입한 당기매입 재고자산이 팔린 것으로 가정하고 당기매입 재고자산의 구입금액인 1,200원만큼을 매출원가로 비용 인식을 하며, 이전 회계기간에 구입한 기초재고의 구입금액인 1,000원만큼은 기말재고로 차기이월하는 방식으로 구분하는 것이다.

그리고 평균법은 입고되는 재고자산의 평균 구입가격을 계산한 후, 해당 평균 구입가격을 재고자산의 새로운 단가로 가정하여 적용하는 방법이다. [그림 6.3]에서 세 번째 그림을 보면서 평균법을 이해해 보도록 하자. 이번 회계기간의 기초 시점에는 1,000원에 구입한 재고자산이 1개 있었는데, 이번 기에 1개를 추가로 1,200원에 구입하였다면, 구입시점, 다시 말해 구입단가가 상이한 재고자산들이 만나는 시점에 평균을 계산하게 된다.[13] 1,000원과 1,200원의 평균은 1,100원((1,000원+1,200원)/2)이 되며 이제 1,000원에 구입했던 재고자산 1개와 1,200원에 구입했던 재고자산 1개 대신에 평균값인 1,100원짜리 재고자산이 2개 존재하는 것으로 가정하고, 1개가 팔렸다면 평균값인 1,100원짜리 재고자산이 팔린 것으로 가정하고 1,100원을 매출원가로 비용 인식을 하며, 기말재고 역시 평균값인 1,100원짜리 재고자산이 차기이월되는 방식으로 구분하는 것이다. 여기서 당신은 다음과 같이 생각할 수도 있을 것이다. "선입선출법이나 후입선출법은 그래도 1,000원이나 1,200원을 이런저런 순서로 따라가면 되는데, 평균법은 실제 있지도 않은 1,100원짜리를 만들어 내니 이해가 잘 안 가네. 어찌 되었든 둘 중 하나는 1,000원이고 나머지 하나는 1,200원인데 어디서 갑자기

---

13) 이와 같이 구입단가가 상이한 재고자산들이 만나는 시점마다 평균을 계산하는 방법을 이동평균법(moving average method)이라고 한다. 평균법에는 이동평균법 외에 회계기간 말에 한 번만 전체 판매가능 재고자산의 평균을 계산하는 총평균법(weighted average method)도 있다.

1,100원이 나오나?"

당신이 의아하게 생각하는 마음이 충분히 이해가 간다. 하지만 어찌 되었든 판매가능 재고자산을 매출원가(비용)와 기말재고(자산)로 꼭 구분을 해야 한다는 것은 당신도 이해할 것이다. 다시 이야기하지만, 재고자산의 원가흐름의 가정은 재고자산의 실물흐름을 파악하기 어려운 상황에서 판매가능 재고자산을 합리적으로 매출원가(비용)와 기말재고(자산)로 구분하기 위해 적용하는 가정이다. 재고자산의 원가흐름의 가정에 재고자산의 실물흐름을 대입시키려 하면 할수록 이 주제는 점점 어려운 주제가 된다.

그리고 (주)세연상사의 판매 2팀의 액체류 재고자산을 떠올려 보면, 하나(한 통)는 1,000원이고 나머지 하나(한 통)는 1,200원인데 두 통을 큰 통에 같이 담아 놓고 나서 생각해 보면 1,100원짜리 두 개(2통)가 생기는 것도 어쩌면 받아들일 수 있을 것도 같다.

당신에게 O×질문을 하면서 이 장을 마무리하고자 한다.

> 질문 4. 재고자산의 회계처리를 위해 판매가능 재고자산으로부터 매출원가(비용)와 기말재고(자산)를 구분하는 것은 매우 중요하다. 이러한 구분을 위해 재고자산의 원가흐름의 가정을 사용하게 되는데, 이 가운데 예로서 선입선출법을 적용할 경우에는 먼저 매입한 재고자산을 먼저 판매하게 된다( ).

다시 한번 명심하기 바란다. 재고자산의 원가흐름의 가정은 재고자산의 실물흐름과 관련이 없다.

OX 문제

1. 재고자산이란 기업이 정상적인 영업과정에서 판매를 통해 경제적 효용을 얻기 위해서 보유하고 있는 자산, 판매를 위해서 생산 중에 있는 자산, 그리고 생산이나 용역을 제공할 시에 사용될 원재료를 의미하며, 생산이나 용역을 제공할 시에 사용될 소모성 공구나 소모성 기구는 재고자산에 포함하지 않는다.

2. 재고자산의 매각 시 회계처리방법은 유형자산 등 타 자산의 매각 시 회계처리방법과 동일하다.

3. 재고자산의 매각 시에는 판매에 따른 대가 전체를 매출액이라는 수익 계정으로 인식하고, 판매로 인해 감소하는 재고자산의 장부금액을 매출원가라는 비용으로 인식하게 된다.

4. 선입선출법이란 재고자산의 판매 시에 먼저 입고된 재고자산의 순서대로 판매하는 재고자산 관리방법이다.

5. 평균법이란 입고되는 재고자산의 평균 구입가격을 계산한 후, 해당 평균 구입가격을 재고자산의 새로운 단가로 가정하여 적용하는 방법이다.

6. 재고자산의 원가흐름의 가정은 재고자산의 실물흐름을 파악하기 어려운 상황에서 판매가능 재고자산을 합리적으로 매출원가와 기말재고로 구분하기 위해 적용하는 가정이다.

7. 재고자산의 원가흐름의 가정은 재고자산의 실물흐름과 밀접한 관련이 있다.

8. 재공품이란 기업이 아직 생산공정에 투입하지 않은 원자재를 말하며, 제품은 기업의 생산과정을 거쳐 생산된 완성품을 의미한다.

연습문제

1. 다음은 20×1년 1월에 영업을 시작한 (주)세연상사의 1월의 재고자산 관련 정보이다. (주)세연상사는 단일 종류의 재고자산을 취급하는 상거래기업이다.

1월 3일　상품 1,000개를 개당 500원의 현금을 지불하고 구입하다.
1월 7일　상품 700개를 개당 800원의 현금을 수취하고 판매하다.
1월 17일　상품 2,000개를 개당 500원의 현금을 지불하고 구입하다.
1월 25일　상품 1,500개를 개당 800원의 현금을 수취하고 판매하다.

(1) 1월 재고자산과 관련된 분개를 실시하시오.
(2) 1월의 매출액, 매출원가, 매출총이익 금액을 각각 제시하시오.
(3) 1월 말 기말재고자산 금액을 제시하시오.

2. 다음은 20×1년 1월에 영업을 시작한 (주)세연주얼리의 1월의 재고자산 관련 정보이다. (주)세연주얼리는 단일 종류의 재고자산을 취급하는 상거래기업이다.

1월 3일　상품 500개를 개당 700원에 외상으로 구입하다.
1월 7일　상품 300개를 개당 1,000원에 외상으로 판매하다.
1월 17일　상품 1,000개를 개당 700원에 외상으로 구입하다.
1월 25일　상품 900개를 개당 1,000원에 외상으로 판매하다.
외상 판매대금은 2월 2일에, 외상 구입대금은 2월 3일에 정산하기로 한다.

(1) 1월 재고자산과 관련된 분개를 실시하시오.
(2) 1월의 매출액, 매출원가, 매출총이익 금액을 각각 제시하시오.
(3) 1월 말 기말재고자산 금액을 제시하시오.
(4) 상기 거래와 관련하여 2월 2일과 3일에 해야 할 분개를 실시하시오.

3. 다음은 20×1년 1월에 영업을 시작한 (주)세연메디컬의 1월의 재고자산 관련 정보이다. (주)세연메디컬은 단일 종류의 재고자산을 취급하는 상거래기업이다. 단, (주)세연메디컬은 재고자산의 원가흐름 가정으로 선입선출법을 사용한다.

1월 2일	상품 200개를 개당 400원의 현금을 지불하고 구입하다.
1월 3일	상품 800개를 개당 500원의 현금을 지불하고 구입하다.
1월 7일	상품 500개를 개당 800원의 현금을 수취하고 판매하다.
1월 17일	상품 1,500개를 개당 700원의 현금을 지불하고 구입하다.
1월 25일	상품 1,100개를 개당 800원의 현금을 수취하고 판매하다.

(1) 1월 재고자산과 관련된 분개를 실시하시오.
(2) 1월의 매출액, 매출원가, 매출총이익 금액을 각각 제시하시오.
(3) 1월 말 기말재고자산 금액을 제시하시오.

4. 다음은 20×1년 1월에 영업을 시작한 (주)세연메디컬의 1월의 재고자산 관련 정보이다. (주)세연메디컬은 단일 종류의 재고자산을 취급하는 상거래기업이다. 단, (주)세연메디컬은 재고자산의 원가흐름 가정으로 후입선출법을 사용한다.

1월 2일	상품 200개를 개당 400원의 현금을 지불하고 구입하다.
1월 3일	상품 800개를 개당 500원의 현금을 지불하고 구입하다.
1월 7일	상품 500개를 개당 800원의 현금을 수취하고 판매하다.
1월 17일	상품 1,500개를 개당 700원의 현금을 지불하고 구입하다.
1월 25일	상품 1,100개를 개당 800원의 현금을 수취하고 판매하다.

(1) 1월 재고자산과 관련된 분개를 실시하시오.
(2) 1월의 매출액, 매출원가, 매출총이익 금액을 각각 제시하시오.
(3) 1월 말 기말재고자산 금액을 제시하시오.

5. 다음은 20×1년 1월에 영업을 시작한 (주)세연메디컬의 1월의 재고자산 관련 정보이다. (주)세연메디컬은 단일 종류의 재고자산을 취급하는 상거래기업이다. 단, (주)세연메디컬은 재고자산의 원가흐름 가정으로 이동평균법을 사용한다.

1월 2일	상품 200개를 개당 400원의 현금을 지불하고 구입하다.
1월 3일	상품 800개를 개당 500원의 현금을 지불하고 구입하다.
1월 7일	상품 500개를 개당 800원의 현금을 수취하고 판매하다.
1월 17일	상품 1,500개를 개당 700원의 현금을 지불하고 구입하다.
1월 25일	상품 1,100개를 개당 800원의 현금을 수취하고 판매하다.

(1) 1월 재고자산과 관련된 분개를 실시하시오.
(2) 1월의 매출액, 매출원가, 매출총이익 금액을 각각 제시하시오.
(3) 1월 말 기말재고자산 금액을 제시하시오.

6. 다음은 20X1년 1월에 영업을 시작한 ㈜세연액체의 1월의 재고자산 관련 정보이다. ㈜세연액체는 단일 종류의 액체류 재고자산을 취급하는 상거래기업이다. ㈜세연액체의 액체 상태의 재고자산은 작은 통 단위로 거래되는데, 구입하는 경우에는 작은 통을 개봉하여 액체류 재고자산을 더 커다란 단일의 재고자산 보관 탱크에 옮겨 부어서 보관하다가 판매 시에는 보관 탱크로부터 액체류 재고자산을 작은 통 단위로 옮겨 담아서 판매한다. ㈜세연액체는 재고자산의 원가흐름 가정으로 선입선출법을 사용한다.

1월 2일	상품 200통을 통당 800원의 현금을 지불하고 구입해서 단일의 보관 탱크에 옮겨 부었다.
1월 3일	상품 800통을 통당 1,000원의 현금을 지불하고 구입해서 단일의 보관 탱크에 옮겨 부었더니 1월2일에 구입하였던 상품(액체)과 잘 섞였다.
1월 7일	상품 500통 분량의 액체를 단일의 보관 탱크로부터 작은 통 단위로 옮겨 담아서 통당 1,600원의 현금을 수취하고 판매하다.
1월 17일	상품 1,500통을 통당 1,400원의 현금을 지불하고 구입해서 단일의 보관 탱크에 옮겨 부었더니 붓기 전에 보관 탱크 안에 있던 상품(액체)

	과 잘 섞였다.
1월 25일	상품 1,100통 분량의 액체를 단일의 보관 탱크로부터 작은 통 단위로 옮겨 담아서 통당 1,600원의 현금을 수취하고 판매하다.

(1) 1월 재고자산과 관련된 분개를 실시하시오.

(2) 1월의 매출액, 매출원가, 매출총이익 금액을 각각 제시하시오.

(3) 1월 말 기말재고자산 금액을 제시하시오.

제 7 장

장부금액이 알려주는 것
(부제: 유형자산의 감가상각과 재평가)

제1절 유형자산의 개요
제2절 유형자산의 감가상각
제3절 유형자산의 재평가
보 론 감가상각방법-정률법

당신은 어디에 있는가? 당신은 당신의 기업이 소유하고 있는 토지를 보고 있다. 당신은 과거에 이 토지를 30만원을 지불하고 구입하였다. 세월이 흘러 이제 다시 와서 보니 지금 이 토지를 팔면 80만원을 받을 수 있다고 한다.

당신은 30만원을 지불하고 이 토지를 구입했고, 지금 이 토지는 80만원을 받을 수 있을 만큼 가치가 있다. 당신은 알고 싶다. 회계에서 이 토지를 얼마라고 하는지, 이 토지가 얼마인 것이 맞는 것인지…….

제1절 유형자산의 개요

유형자산(property, plant and equipment)이란 기업이 재화의 생산이나 용역의 제공, 타인에 대한 임대 또는 관리활동에 1년 이상 사용할 목적으로 보유하고 있는 물리적 형태가 있는 자산을 의미한다.

당신에게 질문을 하겠다. 자동차는 유형자산인가?

당신은 이렇게 생각할 수 있을 것이다. "자동차를 기업의 업무를 수행하는데 사용할 것이고, 통상 자동차는 1년은 넘게 타고 형태도 있으니 유형자산이 맞을 거야." 잘 대답했다. 자동차를 유형자산의 정의에 부합하는지 확인하고 잘 대답하였다. 그러면 당신에게 다시 질문을 해 보겠다. (주)세연모터스는 자동차 판매를 주된 영업으로 하는 기업이다. (주)세연모터스가 보유하고 있는 자동차는 유형자산인가 아니면 재고자산인가?

우리가 보는 어떤 대상 자체의 특성이 그 대상의 계정과목을 결정하는 것이 아니다.[1] 기업에서 그 대상을 보유하는 이유가 그 대상의 계정과목을 결정하는 것이다. (주)세연모터스의 경우에 주된 영업과정에서 판매하여 경제적 효익을

1) 대상 자체의 특성에 집중하는 것만으로는 해답을 찾기 어려운 상황이 회계에서는 흔히 발생한다.

얻을 목적으로 가지고 있는 자동차는 재고자산이 되는 것이고 직원들이 출장 등의 업무에 사용하기 위해서 보유하고 있는 자동차는 유형자산이 되는 것이다.

기업이 사용하려고 가지고 있는 자산은 매우 많다. 당신도 생각할 수 있듯이 업무에 사용할 목적으로 토지도, 건물도, 자동차도, 컴퓨터도, 기계장치도 가지고 있을 수 있다.

유형자산과 관련해서 기업에서 어떤 일들이 생기겠는가? 크게는 유형자산을 구입하고, 유형자산을 사용하다가, 유형자산을 더 이상 사용하지 않게 되면 중고로 팔거나 그대로 폐기할 수도 있을 것이다.

먼저 유형자산을 구입할 때는 구입대가만큼을 취득 시의 장부금액(취득원가)으로 인식할 것이다.[2]

〈유형자산 구입 시〉

(차) 유형자산	×××	(대) 현금 등	×××

그리고 유형자산을 매각할 상황이 발생하면 앞서 재고자산의 회계처리방법과 관련하여 잠시 언급한 재고자산 이외의 일반적인 자산의 매각 시의 회계처리방법에 따라 다음과 같이 회계정보를 만들어 낼 것이다. 즉 해당 유형자산의 장부금액만큼을 대변에 분개하여 차감하고, 유형자산의 장부금액보다 더 많은 처분대가를 받게 되는 경우에는 양 금액의 차이만큼을 유형자산처분이익이라는 수익으로 대변에서 인식하게 된다.[3]

〈유형자산 매각 시〉

(차) 현금 등	×××	(대) 유형자산(장부금액)	×××
		유형자산처분이익	×××

그러면, 유형자산을 보유하면서 사용하는 동안에는 어떤 회계정보들이 만들

---

2) 유형자산뿐만 아니라 다른 자산들도 구입 시의 구입대가만큼을 취득 시의 장부금액(취득원가)으로 인식한다.

3) 만약 유형자산의 장부금액보다 낮은 금액의 처분대가를 수취하였을 경우에는 양 금액의 차이만큼 차변에서 유형자산처분손실이라는 비용을 인식하게 된다.

어지게 될까? 본 장에서는 유형자산의 회계정보와 관련해서 가장 핵심적인 감가상각과 재평가에 대하여 살펴본다.[4]

제2절 유형자산의 감가상각

당신이 감가상각이라는 단어를 지금까지 한번도 들어보지 못했다고 해도 앞으로 감가상각의 개념을 이해하는 데에는 아무런 문제가 없지만, 감가상각이라는 용어가 매우 널리 사용되고 있다 보니 당신이 회계나 경영 전문가가 아니어도 한두 번 정도는 들어보았을 수도 있고, 대략적인 개념을 이미 인지하고 있을 수도 있다.

당신에게 감가상각에 대한 ○×문제를 하나 내도록 하겠다.

> 문제 1. 유형자산을 구입 후 사용하는 과정에서 해당 유형자산의 가치는 지속적으로 감소한다. 감가상각이란 유형자산을 사용하는 동안 발생하는 가치감소분을 감가상각비라는 비용으로 인식하고 해당 자산의 장부금액에서 감소시키는 일련의 과정이다. ( )

어떻게 생각하는가? 이렇게 생각하는가? "그렇지. 유형자산을 새로 구입한 후에 사용하면 새 것일 때와 비교해서 쓰면 쓸수록 점점 가치가 하락하니까, 가치가 줄어드는 것만큼 자산의 장부금액은 줄이고 그만큼을 비용으로 인식하는 것이 맞을 것 같아." 그런데 답은 ×이다. 유형자산을 구입 후 사용하는 과정에서 해당 유형자산의 가치가 지속적으로 감소하는 것은 맞는 이야기이다.[5] 감가상각이 감가상각비라는 비용을 인식하고 해당 자산의 장부금액을 감소시키는

---

4) 손상이라는 주제도 있는데 이 주제에 대해서는 제8장에서 살펴보도록 한다.

5) 유형자산 가운데 토지는 예외적으로 미래 경제적 효익이 감소하는 것으로 보지 않으며 감가상각을 실시하지 않는다.

것도 맞는 이야기이다. 그런데 유형자산의 가치감소분만큼 감가상각시키는 것은 아니다. 즉 가치가 줄어든 만큼 감가상각을 하는 것은 아니고 대부분의 경우에 가치감소분을 정확하게 알 수도 없다. 한 예로서 당신이 지금 입고 있는 옷을 생각해 보자. 그 옷의 상태에 대해서는 남보다 당신이 가장 잘 알고 있다고 생각된다. 오늘 하루 입었으니(사용했으니) 많든 적든 가치가 하락했을 것이다. 얼마나 하락했는가? 당신의 전화기는 지난 한 주 동안 얼마나 가치가 하락했는가? 당신이 사용했으니 가장 정확하게 알 것으로 판단된다.

혹시 당신이 감가상각이라는 개념을 이전에 들어본 적이 있다면 이어지는 이야기는 이해가 잘 될 것이다. 단, 감가상각이 자산을 사용함에 따라 발생하는 가치감소분을 자산에서 줄여서 비용으로 인식한다는 생각이 있었다면 그 생각은 더 이상 하지 말고 가벼운 마음으로 다시 시작하자!

다시 감가상각이란 것이 무엇인지 다시 한 번 생각해 보자.

감가상각(depreciation)이란 유형자산의 감가상각 대상 금액을 해당 자산의 내용연수 동안 체계적인 감가상각 방법을 이용하여 비용으로 배분하는 일련의 과정을 의미한다. 내용연수 기간 동안 유형자산의 장부금액은 지속적으로 감소하며, 매 회계기간에 감소된 금액은 감가상각비로 비용화된다.

잘 모르겠지만 하여튼 감가상각이란 것이 유형자산을 사용하면서 장부금액이 줄어들고 감가상각비라는 비용이 되는 것은 알겠다. 그런데 위에서 본 감가상각의 의미 가운데 낯선 단어들이 보이는 것 같은데, 감가상각 대상 금액, 내용연수, 그리고 체계적인 감가상각 방법이라는 것이다. 사실 이 세 가지가 감가상각 관련 정보를 만들어 내는 데에 필수적인 요소라고 할 수 있으며, 이 세 가지를 이해하고 나면 당신은 감가상각 정보를 만들 수도, 이해할 수도 있게 된다.

2.1 감가상각 필수요소 1_감가상각 대상 금액

감가상각이란 것이 유형자산을 사용하면서 장부금액이 줄어들고 이를 감가상각비라는 비용으로 인식한다고 하였다. 만약 당신이 기계 한 대를 100만원에 구입하고 5년 동안 사용한 후 폐기하였다고 해 보자. “최초 기계를 구입하느라 지불하고 자산으로 인식했던 100만원이 5년 후 폐기를 하는 시점에는 0원이 되므로 줄어든 전체 금액 100만원만큼을 감가상각비라는 비용으로 인식하게 되겠구나"라고 생각했다면 아주 잘 생각했다. 당신이 생각한 대로 자산이었다가 감가상각비라는 비용으로 인식하게 되는 금액, 이 예에서는 100만원이 감가상각의 대상이 되는 금액, 즉 감가상각 대상 금액(depreciable base)이다. 그런데 만약 당신이 기계 한 대를 100만원에 구입하고 5년 동안 사용한 후 폐기를 하지 않고, 기계값이 아니라 고철값으로 10만원을 받고 팔았다고 해 보자. "최초 기계를 구입하느라 지불하고 자산으로 인식했던 100만원이 5년 후 폐기를 하는 시점에 더 이상 사용하지 못하게 되니 0원이 되긴 했는데 현금을 10만원 받았네. 기계의 장부금액 입장에서 줄어든 금액 100만원만큼을 감가상각하는 건가? 아니면 100만원이 줄어든 와중에 10만원을 벌었으니 실제로 줄어든 금액은 90만원이니 90만원만큼만 감가상각하는 건가?"하는 생각이 든다면 감가상각 대상 금액의 의미를 이해할 준비가 충분히 된 것이다. 감가상각은 실제로 줄어들게 되는 금액만을 대상으로 한다.

즉, 감가상각 대상 금액의 정의는 다음과 같다.

감가상각 대상 금액 = 유형자산의 취득원가 – 잔존가액

여기서 잔존가액(salvage value)이란 위에서 살펴본 바와 같이 유형자산의 폐기 시점에 수령하는 대가가 있을 경우 해당 금액을 의미한다. 기계를 구입하느라 100만원을 지출하였는데, 유형자산을 다 사용하고 보니 폐기 시점에 10만원을 받게 되었고 따라서 줄어든 금액이 지출한 전체 금액인 100만원이 아니라 90만원이므로 90만원만큼을 비용으로 인식하게 되는 것이다.

2.2 감가상각 필수요소 2_내용연수

내용연수(useful life)란 감가상각을 실시하는 기간을 의미한다. 한번 예를 들어 보자. 당신이 기계를 한 대 구입하였는데, 기계를 판매하는 사람이 "이 기계는 20년 동안 잘 사용할 수 있습니다!"라고 말했고, 당신보다 먼저 동일한 기계

를 사용해 온 사람들도 20년씩 잘 사용하고 있다고 생각해 보자. 회계에서는 이와 같은 내용연수를 물리적 내용연수라고 부른다. 해당 유형자산의 기능에 이상이 없이 잘 사용될 수 있는 기간이라고 생각하면 된다.

그런데, 만약 당신이 이 기계를 이용해서 만들 수 있는 상품이 매우 유행에 민감한 상품이어서, 5년이 지나면 유행이 바뀌고, 당신이 이 기계를 이용해서 만들어 내는 상품의 판매가 잘 안 되는 상황을 생각해 보자. 아마 5년이 지난 시점에 당신은 그 시점으로부터 앞으로 15년 동안은 아무 이상 없이 작동될 수 있는 기계를 더 이상 사용하지 않고, 그 시점으로부터 앞으로 유행이 오는 상품을 만들 수 있는 또 다른 기계를 구입해서 사용하게 될 것이다.[6] 회계에서는 이와 같이 실제 해당 유형자산을 경제적 효용을 얻기 위하여 사용하는 기간을 경제적 내용연수라고 한다. 회계에서는 물리적 내용연수와 경제적 내용연수 가운데 경제적 내용연수 기간 동안에 걸쳐 감가상각을 시키게 된다. 경제적 내용연수가 지난 유형자산은 물리적 내용연수가 남아 있다고 해도 그대로 유지되는 것이 아니라, 새로운 유형자산으로 교체되는 경우가 대부분이므로 경제적 내용연수 기간 동안 감가상각을 하게 되는 것이 자연스럽다고 할 수 있다.

2.3 감가상각 필수요소 3_감가상각방법

감가상각방법이란 실제 감가상각을 실시하는 체계적 방법, 좀 더 쉽게 말하면 매 연도에 각각 얼마의 금액을 감가상각비라는 비용으로 인식하는지 정하는 방법이다. 기업은 감가상각 대상 자산의 미래 경제적 효익이 소비될 것으로 예상하는 형태를 반영하여 감가상각방법을 결정하게 된다.

대표적인 감가상각방법으로는 정액법, 체감잔액법, 그리고 생산량비례법이 있다. 다음의 예를 이용하여 감가상각방법에 대하여 살펴보도록 하자.

---

6) 5년이 지난 시점에 정상적으로 작동되고 있는 첫 번째 기계를 계속 사용할 수도 있다. 그런데 만들어도 팔리지 않는 유행이 지난 제품을 계속 생산할 이유가 있는가?

〈예시 7.1〉

(주)세연산업은 20×1년 1월 1일에 제품 생산에 사용할 기계장치를 현금 100만원을 지불하고 구입하였다. 기계장치의 내용연수는 4년이고, 잔존가액은 취득가액의 10%이다. (주)세연산업이 감가상각방법으로 다음 각각의 방법을 적용할 경우, 20×1년부터 20×4년까지 매 연도별 감가상각비를 구해 보자!

1. 정액법

먼저 정액법(straight-line method)은 매 회계기간에 동일한 금액을 감가상각비로 비용화시키는 방법이다. 위의 예에서 감가상각 대상 금액은 90만원(100만원(취득원가) − 10만원(잔존가액))이고, 내용연수는 4년(경제적 내용연수)인 것을 기억할 것이다. 만약 감가상각방법을 정액법으로 적용한다면 매 회계연도에 인식할 감가상각비는 얼마이겠는가? "지금부터 4년 동안 감가상각 대상 금액인 90만원을 기계장치의 장부금액에서 줄이면서 감가상각비라는 비용으로 인식해야 하는데, 정액법은 매 회계기간에 동일한 금액을 감가상각비로 인식하는 것이라는데, 그러면 90만원을 4년으로 나누어서 1년에 22만 5천원인가?"라고 생각했는가? 그렇다면 당신은 유형자산의 감가상각방법 가운데 정액법을 제대로 이해하고 있는 것이다.

이제 〈표 7.1〉을 참조하면서 정액법을 이용하여 감가상각과 관련한 회계처리를 해 보자. 첫 해인 20×1년부터 보면, 정액법은 매 기간 동일한 금액을 각 회

표 7.1 정액법 감가상각표

연 도	기초 장부금액	감가상각비	감가상각누계액	기말 장부금액
20×1	1,000,000	225,000*	225,000	775,000
20×2	775,000	225,000*	450,000	550,000
20×3	550,000	225,000*	675,000	325,000
20×4	325,000	225,000*	900,000	100,000

* 감가상각 대상 금액 90만원(100만원(취득원가) − 10만원(잔존가액))/4년 = 22만 5천원

계기간의 감가상각비로 인식하는 것이니, 20×1년도의 감가상각비는 22만 5천원(감가상각 대상 금액 90만원(100만원(취득원가) − 10만원(잔존가액))/4년 = 22만 5천원)이 되고, 당신은 20×1년 말에 다음과 같은 분개를 통해 회계정보를 만들어 낼 것이다.

20×1년 말 (차) 감가상각비 22만 5천원 (대) 감가상각누계액 22만 5천원[7)]

여기서 차변의 감가상각비는 비용 계정이 되는데 대변에는 기계장치의 장부금액을 감소시킨다고 하면서 기계장치 계정이 아닌 감가상각누계액(accumulated depreciation)이라는 계정이 등장한다. 이 계정은 대변에 위치하면서 차변에 있는 기계장치 계정의 장부금액을 감소시키는 효과를 가지고 있는데, 이러한 계정을 자산의 차감계정(contra asset account)이라고 부른다.[8)]

[그림 7.1]의 첫 번째 그림에서 20×1년도의 기계장치 취득과 감가상각비 인식 관련 분개를 실시한 이후, 관련 계정들의 원장을 살펴볼 수 있다. 이제까지 배워온 지식을 활용하면 감가상각비는 이번 기(20×1년도)의 비용, 즉 임시계정이므로 마감분개를 통해서 22만 5천원이 감소할 것이다. 이제, 기계장치와 감가

---

7) 지면 관계상 감가상각비 계정과 감가상각누계액 계정으로 분개를 제시하였다. 실제 적용 시에는 다음과 같이 해당 유형자산 계정의 명칭이 포함된 계정으로 분개를 실시할 수 있다.

20×1년 말 (차) 기계장치 감가상각비 22만 5천원 (대) 기계장치 감가상각누계액 22만 5천원

만약 20×1년 말 시점에 기계장치와 함께 건물이라는 유형자산이 있으며, 건물의 20×1년의 감가상각비가 30만원이라면 건물의 감가상각과 관련해서 다음과 같은 분개를 실시하게 될 것이다.

20×1년 말 (차) 건물 감가상각비 30만원 (대) 건물 감가상각누계액 30만원

즉, 여러 종류의 감가상각 대상 유형자산들이 존재하는 경우에 각각의 유형자산마다 감가상각누계액 계정을 구분하여 사용한다.

8) 다음과 같이 기계장치 계정의 장부금액 자체를 감소시키는 방법도 생각해 볼 수 있다.

20×1년 말 (차) 감각상각비 22만 5천원 (대) 기계장치 22만 5천원

그런데 이와 같이 기계장치 계정을 직접 차감하는 분개를 하게 되면 시간이 지남에 따라 기계장치의 최초 취득원가가 얼마였는지에 대한 정보와 취득 후에 얼마만큼 감가상각(비용화)되었는지에 대한 정보를 확인하기가 점점 어려워진다.

그림 7.1 감가상각누계액_자산의 차감계정(정액법)

20×1.1.1.	(차) 기계장치	100만원	(대) 현 금	100만원
20×1.12.31.	(차) 감가상각비	22만 5천원	(대) 감가상각누계액	22만 5천원

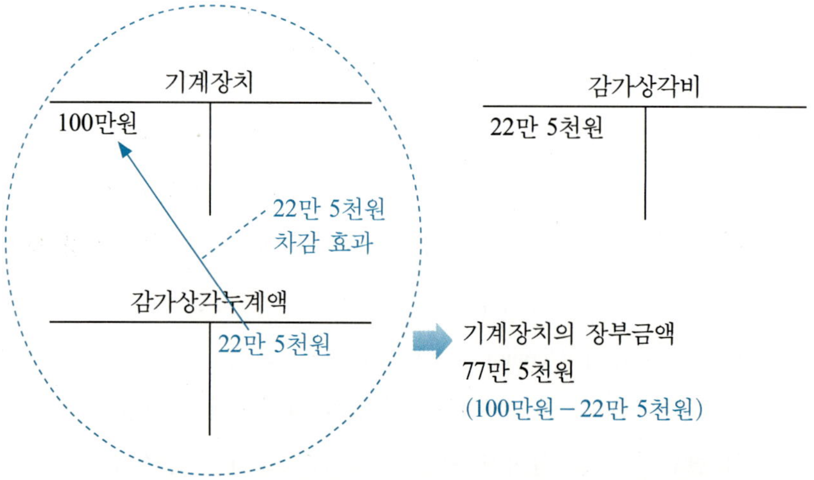

20×2.12.31.	(차) 감가상각비	22만 5천원	(대) 감가상각누계액	22만 5천원

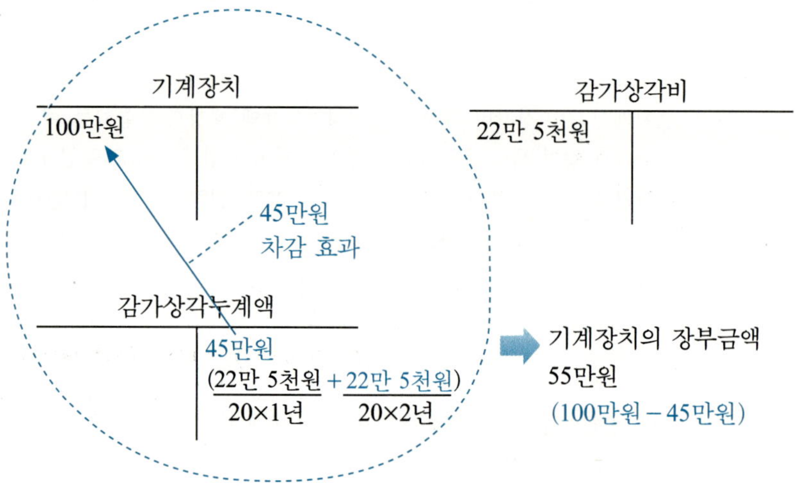

〈재무상태표 상의 감가상각누계액 표시〉

감가상각누계액 계정이 유형자산의 차감계정이라는 것과 관련하여 당신은 다음과 같은 형태로 표시되어 있는 재무상태표를 흔히 볼 수 있을 것이다.

재무상태표	
차 변	대 변
… 유형자산 ××× 감가상각누계액 (×××) 유형자산 장부금액 ××× …	

위의 재무상태표에서는 대변의 감가상각누계액 금액이 자산의 차감계정이라는 감가상각누계액의 특성으로 인해 차변으로 치환되면서 음수가 되어 차변에서 유형자산의 장부금액을 감소시키는 형태로 나타난 것이다.

상각누계액 계정이 남았는데, 이 두 계정이 실질적인 기계장치의 장부금액을 나타내어 준다. 즉, 두 계정을 묶으면, "(기계장치 계정에서) 기계장치는 최초에 100만원에 취득되었습니다. 그런데, (감가상각누계액 계정에서) 20×1년도에 22만 5천원만큼 감가상각비로 비용이 되었으니 장부금액에서 22만 5천원만큼 감소시켜서 77만 5천원(100만원 − 22만 5천원)이 기계장치의 장부금액인 것으로 이해해 주세요"라고 말해주는 것과 같다. 이렇게 기계장치(자산) 계정의 100만원과 감가상각누계액(자산의 차감) 계정의 22만 5천원은 20×1년도를 마친 후에 20×2년도로 그대로 이월된다.[9)]

자, 이제 20×2년이 되었다. 정액법은 매 기간 동일한 금액을 각 회계기간의 감가상각비로 인식하는 것이니, 20×2년도의 감가상각비는 20×1년과 마찬가지

---

9) 감가상각누계액 계정을 차기로 이월시키지 않으면, 회계기간이 바뀌면서 자산(기계장치) 계정의 장부금액이 타당한 이유 없이 변동하게 된다.

로 동일한 22만 5천원(감가상각 대상 금액 90만원(100만원(취득원가) − 10만원(잔존가액))/4년 = 22만 5천원)이 되고, 당신은 20×2년 말에 다음과 같은 분개를 통해 회계정보를 만들어 낼 것이다.

20×2년 말	(차) 감가상각비	22만 5천원	(대) 감가상각누계액	22만 5천원

[그림 7.1]의 두 번째 그림에서 20×2년도의 감가상각비 인식 관련 분개를 실시한 이후, 관련 계정들의 원장을 살펴볼 수 있다. 이제까지 배워온 지식을 활용하면 감가상각비는 이번 기(20×2년도)의 비용, 즉 임시계정이므로 마감분개를 통해서 22만 5천원은 감소할 것이다. 이제, 기계장치와 감가상각누계액 계정이 남았는데, 이 두 계정이 실질적인 기계장치의 장부금액을 나타내어 준다. 즉, 두 계정을 묶으면, "(기계장치 계정에서) 기계장치는 최초에 100만원에 취득되었습니다. 그런데, (감가상각누계액 계정에서 보면) 20×1년도와 20×2년도에 매 기간 동일하게 22만 5천원씩 감가상각비로 비용이 되었으니 기계장치의 장부금액에서 45만원(22만 5천원 + 22만 5천원)만큼 감소시켜서 55만원(100만원 − 45만원)이 기계장치의 장부금액인 것으로 이해해 주세요"라고 말해주는 것과 같다. 여기서 주의할 점은 감가상각누계액 계정의 금액 45만원은 20×1년 감가상각비 인식 분개 시 22만 5천원, 그리고 20×2년 감가상각비 인식 분개 시 22만 5천원의 감가상각누계액 금액이 합쳐진 금액이라고 생각하면 된다. 그러니까 감가상각누계액은 말 그대로 매 회계기간에 발생한 감가상각비의 효과가 쌓여 있는(누계) 것이라고 생각할 수 있을 것이다.

〈표 7.1〉을 참조해서 20×3년과 20×4년의 감가상각비 인식을 하고 나면 기계장치의 감가상각누계액은 90만원이 되고 기계장치의 장부금액은 10만원(100만원 − 90만원(감가상각누계액))이 되어 잔존가액과 동일한 금액이 됨을 알 수 있다.

20×4년 말에 기계장치를 잔존가액인 10만원만큼 현금을 받고 처분하였다면 다음과 같이 처분 시점의 기계장치 원장의 금액과 해당 자산 관련 감가상각누계액 원장의 잔액을 처분 시점에 제거하는 방식으로 회계처리하게 된다.

20×4년 말	(차) 현 금	10만원	(대) 기계장치	100만원
	감가상각누계액	90만원		

만약 처분 시점의 장부금액과 다른 금액으로 거래가 이루어지는 경우에는 처분 시 수취하는 금액과 처분 시점의 장부금액의 차이만큼 유형자산처분이익(또는 손실)이 발생하게 된다. 예로서 20×4년 말에 기계장치를 잔존가액인 10만원이 아닌 30만원의 현금을 받고 처분하였다면 다음과 같이 회계처리하게 된다.

20×4년 말	(차) 현 금	30만원	(대) 기계장치	100만원
	감가상각누계액	90만원	유형자산처분이익	20만원

2. 체감잔액법

다음으로 체감잔액법(declining balance method)이라는 감가상각방법이 있는데, 이 방법은 유형자산을 사용하는 초기에 감가상각비를 많이 인식하고, 시간이 지나면서 매년 인식하는 감가상각비 금액이 지속적으로 줄어드는(체감하는) 감가상각방법이다. 왜 초기에 감가상각비를 많이 인식하는 방법을 생각하게 되었을까? 앞서 우리는 기업이 감가상각 대상 자산의 미래 경제적 효익이 소비될 것으로 예상하는 형태를 반영하여 감가상각방법을 결정하게 된다는 것을 들은 바 있다. 여기서 잠깐 [그림 7.2]를 살펴보도록 하자. 당신이 기계장치를 한 대 가지고 있고 이 기계로 제품을 만들고 판매해서 경제적 효익을 얻을 계획이 있다고 하자. 그렇다면 당신이 이 기계를 구입할 때에는 이 기계장치가 당신에게 미래 경제적 효익을 가져다 줄 것이라는 기대가 있을 것이다.

만약 그 기계장치를 이용해서 만들어 내는 제품에 대한 꾸준한 수요가 있어서 [그림 7.2]의 제품 생산 추이 1과 같이 꾸준하게 생산이 이루어진다면, 당신은 기계를 이용해서 꾸준한 경제적 효익을 얻게 되는 것이고, 미래를 예상하는 입장에서 기계장치가 보유하고 있는 경제적 효익도 꾸준히 감소하게 된다고 볼 수 있다. 만약 당신이 5년 동안 당신에게 100만원의 경제적 효익을 가져다 줄 기계를 구입했다면, 구입 시점에 기계장치가 보유하고 있는 미래 경제적 효익은 100만원이라고 생각해 볼 수 있을 것이다. 이후 5년 동안 기계를 사용해서 매년 20만원씩의 경제적 효익을 얻고 5년이 지나 폐기하게 된다면, 당신은 1년이 지

그림 7.2 미래 경제적 효익의 소비형태

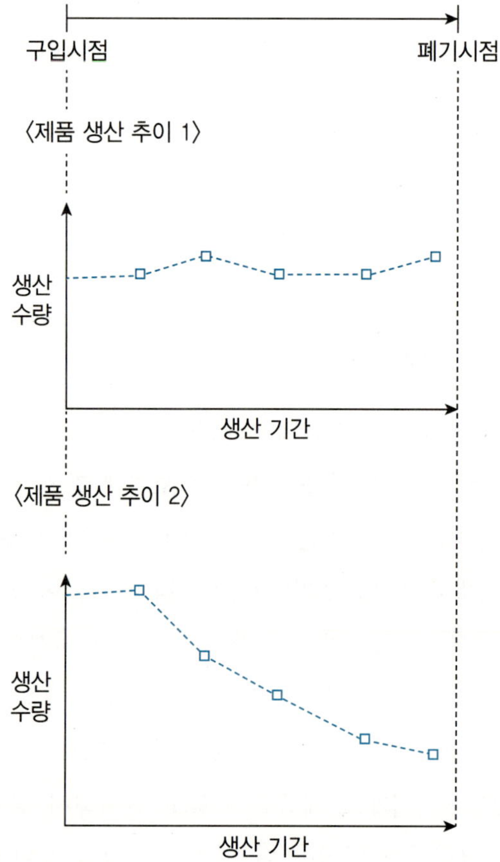

난 시점에는 "이 기계가 이미 20만원의 경제적 효익을 가져다주었고 앞으로 80만원의 경제적 효익을 가져다줄 테니, 구입 시점과 비교해서 기계의 미래 경제적 효익이 첫해에 20만원만큼 감소(소비)하였구나"라고 생각할 수 있을 것이다.

그런데, 만약 그 기계장치를 이용해서 만들어 내는 제품이 유행에 매우 민감해서 [그림 7.2]의 제품 생산 추이 2와 같이 유행의 초기에는 매우 많은 생산과 판매가 이루어지지만 시간이 지나고 유행이 끝나감에 따라 생산과 판매가 점점 감소한다면, 당신은 기계를 이용해서 초기에 상대적으로 많은 경제적 효익을 얻게 되는 것이고, 미래를 예상하는 입장에서 기계장치가 보유하고 있는 경제적 효익도 초반에 급격하게 감소하게 된다고 볼 수 있다. 만약 당신이 5년 동안 당신에게 100만원의 경제적 효익을 가져다 줄 기계를 구입했다면, 구입 시점에 기계장치가 보유하고 있는 미래 경제적 효익은 100만원이라고 생각해 볼 수 있을 것이다. 이후 5년 동안 기계를 사용해서 첫해에 40만원, 그리고 이어지는 연도 순서대로 25만원, 20만원, 10만원, 5만원의 경제적 효익을 얻고 5년이 지나 폐기하게 된다면, 당신은 1년이 지난 시점에는 "이 기계가 이미 40만원의 경제적 효익을 가져다주고 앞으로 60만원의 경제적 효익을 가져다줄 테니, 구입 시점과 비교해서 기계의 미래 경제적 효익이 첫해에 40만원만큼 감소(소비)하였구나"라고 생각할 수 있을 것이다. 이와 같이 미래 경제적 효용의 소비가 초반에 집중되는 경우에는 초반에 이후 기간보다 상대적으로 많은 자산의 감소와 높은 감가상각비를 인식하는 방법을 생각해 볼 수 있을 것이다.

체감잔액법 가운데 이중체감법과 연수합계법이라는 방법을 살펴보도록 하겠다. 사실은 정률법이라는 체감잔액법 중 대표적인 방법이 있는데, 처음 회계를 배우는 입장에서는 바로 다루기에 조금 어려운 면이 있다.[10)]

이중체감법은 매 회계기간의 기초 시점의 장부금액에 일정한 비율을 곱해서 나온 금액만큼을 감가상각시켜서 자산에서 감소시키고 비용으로 인식하는 방법이다.[10)] 여기에서 일정한 비율은 무엇이고 이중체감법에서 '이중체감'은 또 무엇인지 잘 연상이 되지 않고 제대로 감가상각을 할 수 있을지 조바심이 든다면 근심부터 하지 말고 일단 앞서 살펴본 다음의 예를 다시 한번 살펴보도록 하자.

> (주)세연산업은 20×1년 1월 1일에 제품 생산에 사용할 기계장치를 현금 100만원을 지불하고 구입하였다. 기계장치의 내용연수는 4년이고, 잔존가액은 취득가액의 10%이다.

---

10) 정률법에서 정률(비율)이라는 것을 구해야 하는데 정률을 구하는 것이 만만치가 않다. 그래도 알고 싶은 사람은 본 장의 보론에 정리하여 두었으니 참고하기 바란다.

11) 본 설명은 정률법에도 동일하게 적용된다. 대부분의 경우는 정률법을 먼저 배우고 그 다음 이중체감법을 배운다.

감가상각방법으로 이미 살펴본 정액법을 적용한다면 우리는 다음과 같이 생각할 수 있다. "지금부터 4년 동안 90만원(100만원 – 10만원)을 기계장치의 장부금액에서 줄이면서 감가상각비라는 비용으로 인식해야 하는데, 정액법은 매 회계기간에 동일한 금액을 감가상각비로 인식하는 것이라는데, 그러면 90만원을 4년으로 나누어서 1년에 22만 5천원인가?" 이런 생각이 들었다면 당신은 정액법을 아주 잘 이해한 것이다. 정액법은 그렇게 하는 것이다.

다시 이중체감법으로 돌아와서 "이중체감법이 매 회계기간의 기초 시점의 장부금액에 일정한 비율을 곱해서 나온 금액만큼을 감가상각시키는 방법이라는데 여기에서 일정한 비율은 무엇이고 이중체감법에서 '이중체감'은 또 무엇일까?" 우리는 잠시 전에 정액법을 사용해서 감가상각 대상 금액인 90만원을 4년 동안 매년 동일한 금액을 감가상각시켰다. 이 경우에 전체 기간 대비 1년에 몇 %(비율)씩 감가상각을 시킨 걸까? 전체가 4년이니 1년에 25%(1(매년)/4(전체 기간))의 비율로 감가상각을 시켰다고 할 수 있을 것이다. 이중체감법은 정액법 기준 비율의 2배를 일정한 비율로 이용해서 감가상각을 실시한다. 감가상각률이 정액법 기준 비율의 2배이므로 '이중'체감법인 것이다.

감가상각률(이중체감법) = [(1/내용연수) ← 정액법의 연도별 감가상각비율] × 2

이제 이중체감법을 이용해서 감가상각을 실시할 준비가 다 되었다.

표 7.2 이중체감법 감가상각표

연 도	기초 장부금액	감가상각률	감가상각비	감가상각누계액	기말 장부금액
20×1	1,000,000	0.5	500,000	500,000	500,000
20×2	500,000	0.5	250,000	750,000	250,000
20×3	250,000	0.5	125,000	875,000	125,000
20×4	125,000	최종 연도	25,000	900,000	100,000

이제 〈표 7.2〉를 참조하면서 이중체감법을 이용하여 감가상각을 해 보자. 첫 해인 20×1년부터 보면, 이중체감법은 기초 장부금액에 일정한 비율을 곱해서 해당 회계기간의 감가상각비를 구하는 것이니 기초 장부금액은 20×1년 구입 시 100만원을 주고 장부에 기록하였으니 100만원이고, 일정한 비율은 정액법 기준 비율의 2배이니 50%이다. 따라서 20×1년도의 감가상각비는 100만원(기초 장부금액)에 50%(일정한 비율, 정액법 기준 비율의 2배)를 곱하여 나온 50만원이 되고, 당신은 20×1년 말에 다음과 같은 분개를 통해 회계정보를 만들어 낼 것이다.

20×1년 말	(차) 감가상각비	50만원	(대) 감가상각누계액	50만원

여기서 차변의 감가상각비는 비용 계정이 되는데 대변에는 기계장치의 장부금액을 감소시킨다고 하면서 앞서 정액법의 회계처리방법에서 살펴본 바와 같이 기계장치 계정이 아닌 감가상각누계액이라는 계정이 등장한다. 이 계정은 대변에 위치하면서 차변에 있는 기계장치 계정의 장부금액을 감소시키는 효과를 가지고 있는데, 이러한 계정을 자산의 차감계정이라고 부른다.

[그림 7.3]의 첫 번째 그림에서 20×1년도의 기계장치 취득과 감가상각비 인식 관련 분개를 실시한 이후, 관련 계정들의 원장을 살펴볼 수 있다. 이제까지 배워온 지식을 활용하면 감가상각비는 이번 기(20×1년도)의 비용, 즉 임시계정이므로 마감분개를 통해서 50만원은 감소할 것이다. 이제, 기계장치와 감가상각누계액 계정이 남았는데, 이 두 계정이 실질적인 기계장치의 장부금액을 나타내어 준다. 즉, 두 계정을 묶으면, "(기계장치 계정에서) 기계장치는 최초에 100만원에 취득되었습니다. (감가상각누계액 계정에서) 그런데, 20×1년도에 50만원만큼 감가상각비로 비용이 되었으니 장부금액에서 50만원만큼 감소시켜서 50만원(100만원 – 50만원)이 기계장치의 장부금액인 것으로 이해해 주세요"라고 말해주는 것과 같다.

자, 이제 20×2년이 되었다. 이중체감법은 기초 장부금액에 일정한 비율을 곱해서 해당 회계기간의 감가상각비를 구하는 것이니 20×2년의 기초 장부금액은 20×1년 말에서 이월된 금액, 즉 20×1년도 기말 장부금액인 50만원(100만원 – 50

그림 7.3 감가상각누계액_자산의 차감계정(이중체감법)

20×1.1.1.	(차) 기계장치	100만원	(대) 현 금	100만원
20×1.12.31.	(차) 감가상각비	50만원	(대) 감가상각누계액	50만원

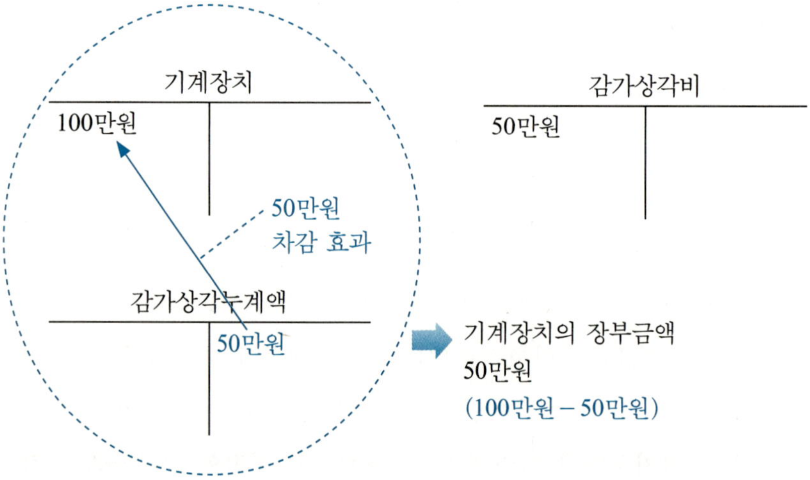

20×2.12.31.	(차) 감가상각비	25만원	(대) 감가상각누계액	25만원

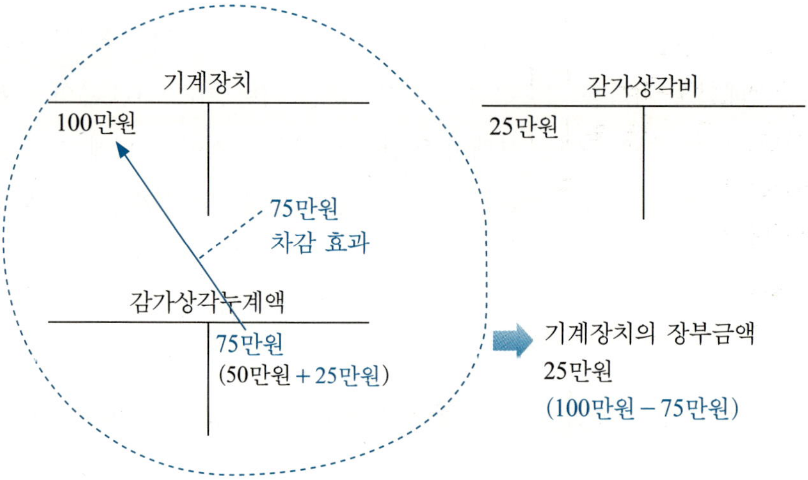

만원)이고, 일정한 비율은 정액법 기준 비율의 2배이니 50%이다. 따라서 20×2년도의 감가상각비는 50만원(기초 장부금액)에 50%(일정한 비율, 정액법 기준 비율의 2배)를 곱하여 나온 25만원이 되고, 당신은 20×2년 말에 다음과 같은 분개를 통해 회계정보를 만들어 낼 것이다.

20×2년 말	(차) 감가상각비	25만원	(대) 감가상각누계액	25만원

[그림 7.3]의 두 번째 그림에서 20×2년도의 감가상각비 인식 관련 분개를 실시한 이후, 관련 계정들의 원장을 살펴볼 수 있다. 이제까지 배워온 지식을 활용하면 감가상각비는 이번 기(20×2년도)의 비용, 즉 임시계정이므로 마감분개를 통해서 25만원은 감소할 것이다. 이제, 기계장치와 감가상각누계액 계정이 남았는데, 이 두 계정이 실질적인 기계장치의 장부금액을 나타내어 준다. 즉, 두 계정을 묶으면, "(기계장치 계정에서) 기계장치는 최초에 100만원에 취득되었습니다. (감가상각누계액 계정에서) 그런데, 20×1년도에 50만원만큼, 그리고 20×2년도에 25만원만큼 감가상각비로 비용이 되었으니 장부금액에서 75만원만큼 감소시켜서 25만원(100만원 − 75만원)이 기계장치의 장부금액인 것으로 이해해 주세요"라고 말해주는 것과 같다. 여기서 주의할 점은 감가상각누계액 계정의 금액 75만원은 20×1년 감가상각비 인식 분개 시 50만원, 그리고 20×2년 감가상각비 인식 분개 시 25만원의 감가상각누계액 금액이 합쳐진 금액이라고 생각하면 된다. 그러니까 감가상각누계액은 말 그대로 매 회계기간에 발생한 감가상각비의 효과가 쌓여 있는(누계) 것이라고 생각할 수 있을 것이다.

여러분은 〈표 7.2〉를 참조해서 20×3년의 감가상각비 인식 분개도 해 볼 수 있고, 그 결과 20×4년 기초에 기계장치의 장부금액이 12만 5천원이 되는 것도 알 수 있을 것이다.[12] 자, 이제 최종 해인 20×4년의 감가상각비 계산이 남았다.

---

12) 20×3년의 감가상각비는 20×3년 기초 장부금액(20×2년 기말 장부금액)인 25만원(100만원 − 75만원(20×2년 말 감가상각누계액))이 되고 25만원에 50%를 곱해서 나온 금액인 12만 5천원이 20×3년의 감가상각비이다. 20×3년의 감가상각비 인식 분개를 마친 후 감가상각누계액은 87만 5천원(50만원+25만원+12만 5천원)이 되며, 20×3년 말 기계장치의 장부금액은 12만 5천원(100만원 − 87만 5천원(20×3년 말 감가상각누계액))이 된다.

어떻게 구하면 될까? 당신은 이렇게 생각할 수 있을 것이다. "이중체감법에서 감가상각비 계산은 기초 장부금액에 일정한 비율을 곱해서 나오니까 20×4년의 기초 장부금액인 12만 5천원에 일정한 비율(50%)을 곱해서 62,500원이지!" 당신의 이러한 생각은 지금까지 당신이 이중체감법을 이용한 감가상각비 산출방법을 잘 이해해 왔다는 증거이다. 좋은 생각이다. 그런데…….

이런 생각을 한번 해 보자. 일단 우리는 최종 해인 20×4년 기초 시점의 기계장치 장부금액이 12만 5천원인 것을 안다. 이것 말고 20×4년의 감가상각비 인식과 관련해서 우리가 알고 있는 정보가 또 있을까? 정보가 하나 더 있다. 무엇일까?(힌트: 잔존가액) 그렇다. 우리는 기계장치라는 자산의 장부금액을 줄이고 감가상각비라는 비용을 인식하는 이 모든 일이 끝난 후에 기계장치의 장부금액이 10만원(잔존가액)이라는 것을 이미 예전부터 알고 있었다. 그러면 생각을 해 보자. 20×4년 기초 시점의 기계장치의 장부금액은 12만 5천원이고, 20×4년(최종 해)의 감가상각을 하고 내용연수가 끝나고 나면 기계장치의 장부금액은 잔존가액인 10만원이 되어 있어야 한다. 그러면 20×4년에 얼마만큼을 감가상각비로 인식을 해야 할까? 정답은 2만 5천원이다. 즉, 감가상각방법으로 이중체감법을 적용할 때에는 우리가 처음 배운 대로 기초 장부금액에 일정한 비율을 곱한 금액을 매 회계연도의 감가상각비로 인식하면서 자산의 장부금액을 감소시키다가, 최종 회계기간에는 이미 알고 있는 기말 장부금액(잔존가액)과 기초 장부금액의 차이금액만큼을 감가상각비로 인식하게 되는 것이다.

체감잔액법의 또 다른 방법으로는 연수합계법(sum-of-the-years'-digits method)이 있다. [그림 7.4]를 기초로 하여 연수합계법에 대하여 살펴본다. 연수합계법을 적용할 때는 동일한 감가상각 대상 금액에 매 연도의 상이한 상각률을 곱해서 나온 금액을 해당 회계기간의 감가상각비로 인식한다.

우선 첫 번째 해인 20×1년을 보면, 일단 감가상각이 이루어지는 매년(본 예시의 경우 내용연수가 4년이므로 1년 차, 2년 차, 3년 차, 4년 차)의 수인 1, 2, 3, 4를 모두 더해서 분모로 놓고, 분자에는 연수 중 가장 큰 수인 4를 분자로 해서 4/(1+2+3+4)를 첫 번째 해의 상각률로 적용한다.

그림 7.4 연수합계법

감가상각률

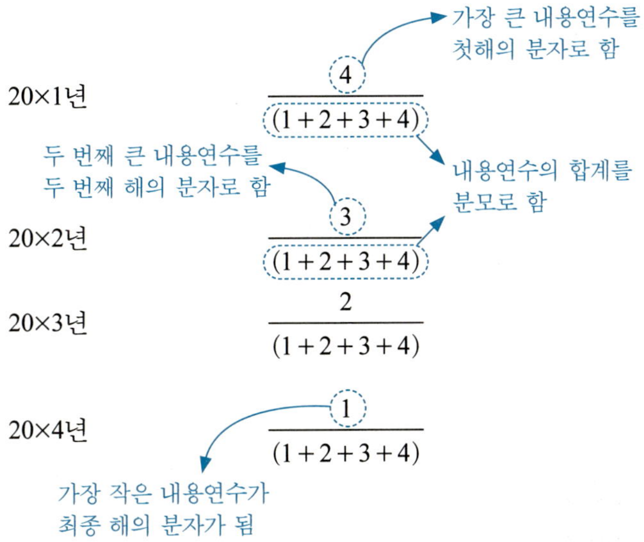

연도별 감가상각비

20×1년 $900{,}000 \times \frac{4}{(1+2+3+4)} = 360{,}000$만원

20×2년 $900{,}000 \times \frac{3}{(1+2+3+4)} = 270{,}000$만원

20×3년 $900{,}000 \times \frac{2}{(1+2+3+4)} = 180{,}000$만원

20×4년 $900{,}000 \times \frac{1}{(1+2+3+4)} = 90{,}000$만원

감가상각 대상 금액인 90만원에 첫 번째 해의 상각률인 4/(1+2+3+4)를 곱해서 나온 36만원이 20×1년의 감가상각비가 된다.

다음으로 두 번째 해인 20×2년을 보면, 일단 감가상각이 이루어지는 매년(본 예시의 경우 내용연수가 4년이므로 1년 차, 2년 차, 3년 차, 4년 차)의 수인 1, 2,

3, 4를 모두 더해서 분모로 놓고, 분자에는 연수 중 다음으로 큰 수인 3을 분자로 해서 3/(1+2+3+4)을 두 번째 해의 상각률로 적용한다.

감가상각 대상 금액인 90만원에 두 번째 해의 상각률인 3/(1+2+3+4)을 곱해서 나온 27만원이 20×2년의 감가상각비가 된다.

이와 같은 식으로 매 연도의 상각률을 구해 보면 최종 해인 20×4년에는 상각률은 1/(1+2+3+4)이 되고 감가상각비는 90,000원(90만원×1/(1+2+3+4))이 된다.

매 연도의 상각률을 모두 더하면 1(4/10+3/10+2/10+1/10)이 되므로 연도별 감가상각비의 합은 당연히 감가상각 대상 금액인 90만원이 나오게 된다.

우리가 다루어 본 이중체감법과 연수합계법은 모두 시간이 지날수록 기간별 감가상각비가 감소한다는 특성(체감잔액법)을 가지고 있지만, 이중체감법은 상각률이 일정하면서 매 연도에 곱해지는 기초 장부금액이 감소하는 반면, 연수합계법은 매 연도마다 감소하는 상각률을 동일한 감가상각 대상 금액에 곱해준다는 차이가 있다.

3. 생산량비례법

유형자산의 감가상각방법 가운데 생산량비례법(units-of-production method)은 감가상각 대상 자산의 예상 총조업도나 예상 총생산량에 기초한 감가상각 대상 기간의 실제 조업도나 생산량의 비율을 이용하여 기간별 감가상각비를 계산하는 방법이다.

예로서 앞서 살펴본 예제에서 (주)세연산업이 구입한 기계가 총 10,000개의 제품을 생산할 것으로 예상하였고, 20×1년부터 20×4년까지 매 연도별 실제 생산량이 2,000개, 4,500개, 3,000개, 500개였다면 생산량비례법을 이용한 연도별 감가상각비는 다음과 같이 구할 수 있다.

감가상각률 = 해당 회계연도의 실제 생산량 / 예상 총생산량
감가상각비: 감가상각 대상 금액 × 감가상각률

20×1년의 감가상각비: 900,000 × 2,000/10,000 = 180,000원
20×2년의 감가상각비: 900,000 × 4,500/10,000 = 405,000원
20×3년의 감가상각비: 900,000 × 3,000/10,000 = 270,000원
20×4년의 감가상각비: 900,000 × 500/10,000 = 45,000원

생산량비례법을 보면서 당신은 다음과 같은 의문을 가질 수도 있을 것이다. "유형자산을 한번 쓰기 시작하면 장기간 동안 사용하는데, 어떻게 미래의 장기간에 걸쳐 나타나는 총생산량을 정확하게 예상해서 감가상각률을 구할 수 있지? 이런 예상이 실제 효과가 있는 것인가?" 타당한 지적이다. 그럼 이렇게 한번 생각해 보자. (주)세연상사에서는 자동차를 구입한 후 10만 km를 운행하면 더 이상 운행하지 않고 매각 후 새로운 자동차를 구입하는 정책을 사용하고 있다고 가정해 보자. 이렇게 간단한 가정만으로도 총생산량(총운행거리)의 판단이 가능하다. (주)세연상사의 직원이 자동차를 구입한 첫해에 2만 km를 운행하였다면 감가상각률이 얼마일까? 또는 첫해에 7만 km를 운행하였다면 감가상각률이 얼마일까? 당신은 큰 의문 없이 감가상각률을 구할 수 있을 것이다.

다음 [그림 7.5]는 감가상각방법별 감가상각비 금액을 비교하여 보여주고 있다. 앞서 살펴본 바와 같이 정액법은 매 기간별로 동일한 감가상각비가 발생하고 있는 반면, 체감잔액법에 속하는 이중체감법과 연수합계법에서는 초기 기간에 상대적으로 높은 감가상각비가 발생하고 이후 기간별 감가상각비는 지속적으로 체감하는 것을 보여준다. 그리고 생산량비례법의 경우에는 예상 총생산량 대비 해당 기간의 실제 생산량의 비율에 따라 각 기간의 감가상각비가 결정됨을 보여주고 있다.

공장 자동화 등의 원인으로 유형자산의 규모가 점점 커짐에 따라 감가상각방법 선정의 중요성도 점점 높아지고 있다. 감가상각방법 결정에 따라 산출된 감가상각비(비용)는 당기의 성과에 직접적인 영향을 미치게 된다.

그림 7.5 감가상각방법별 감가상각비 비교

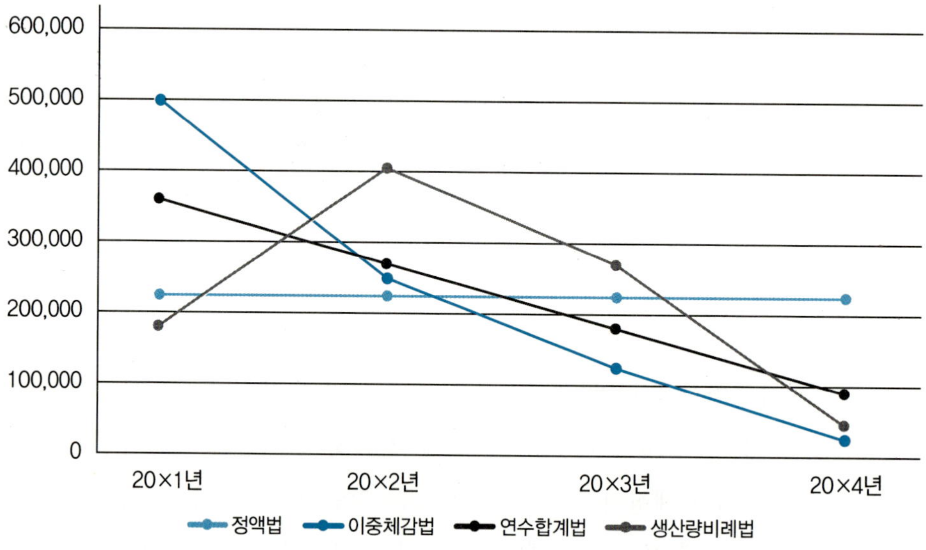

머리를 식힐 겸 ○×문제를 하나 풀어 보도록 하자.

〈○×문제〉 모든 유형자산은 감가상각을 실시한다(　).

당신의 생각은 어떠한가? 답은 ×이다. 감가상각을 왜 하게 되는지 다시 한번 생각해 보자. 감가상각은 자산의 미래 경제적 효익이 소비될 것으로 예상되기 때문에 하는 것이다. 그런데 만약 미래 경제적 효익이 감소되지 않는다면, 혹은 경제적 효익이 무한까지는 아니더라도 매우 오랜 기간 동안 감소되지 않고 지속된다면 어떻게 하겠는가? 이러한 경우에는 감가상각을 하기가 어려울 것이다. 이러한 이유 등으로 인해 감가상각을 실시하지 않는 유형자산이 있는데 대표적인 자산이 토지이다. 수긍하기 어렵다면 토지를 감가상각시키기로 계획하고 감가상각을 실시할 기간(내용연수)을 생각해 보기 바란다. 참고로 우리나라에서 토지를 생각해 보면 조선시대, 고려시대, 삼국시대에도 사용하였고, 지금도 사용하고 있으며 앞으로도 계속 사용할 것 같다.

당신은 유형자산의 감가상각에 대한 내용을 보고 다음과 같은 생각을 할 수도 있다. "내용이 이것저것 복잡한데 결국 감가상각 대상 금액만큼 두고두고 감가상각비라는 비용으로 인식한다는 거네? 결국은 비용이 되는 건데 뭘 이렇게 뜸을 들이나? 어차피 나중에 비용으로 잡을 거라면 복잡하게 하지 말고 그냥 처음에 살 때 자산을 잡지 말고 다 비용처리해 버리면 간단하고 좋을 것 같은데……. 도대체 누가 이렇게 복잡한 걸 만들어 낸 거야? 일리가 있는 생각이다.

참고로 감가상각의 유래는 19세기 영국의 철도회사에서 찾아볼 수 있다. 철도사업에서는 사업 초기에 기차도 준비하고 철로도 준비해야 하므로 초기 투자가 매우 크다고 한다. 그런데 감가상각이 없던 그 시절에 막대한 초기 투자금액을 모두 지출 시점의 비용으로 인식하게 되면 이익(흑자)을 내기까지 장기간이 소요되고 이에 따라 투자자들에게 배당을 지급할 수 없는 상황이었다. 이에 따라 초기 투자금액을 일단 자산으로 잡고 초기 지출에 대한 비용의 인식을 이후 장기간에 걸쳐 실시하는 방법을 사용하게 되었는데, 이것이 감가상각의 유래이다. 그 결과 투자를 통한 조기 이익 실현과 배당이 가능해지게 되었다.

어떠한가? 당신은 아직도 감가상각이 복잡하기만 하고 마음에 들지 않는가?

한번 생각해 보기 바란다. 당신은 기업 경영도 하고 투자유치도 해야 하는 바쁜 경영자이다. 투자유치를 하기 위해서는 성과가 좋아야 하기에, 생산효율을 높일 수 있는 고가의 신형 기계들을 구입하였다. 물론 당신은 감가상각이 마음에 들지 않아서 기계를 구입할 때마다 구입 시점에 지출한 어마어마한 금액을 모두 비용으로 처리했을 것이다. 신형 기계들은 당신의 기대 이상의 생산효율을 나타내며 잘 가동되고 있다. 그건 좋은데 당신 기업의 성과는 어떠한가? 성과란 당신도 알다시피 일정 기간 동안의 수익에서 비용을 차감한 금액이다.

제3절 유형자산의 재평가

먼저 당신에게 질문을 하겠다. 다음 [그림 7.6]의 상황 1이 당신이 알 수 있는 유일한 정보라면 두 기업 가운데 어떤 기업을 더 선호하는가? 당신은 이런 생각을 할 수 있을 것이다. "두 기업이 자산 규모는 유사한데 (주)성실상사는 (주)근면물산보다 부채가 더 많네? 같은 규모라면 아무래도 주인의 몫(자본)이 더 건실한 (주)근면물산이 낫겠는 걸!"

타당한 생각이다. 그리고 아마 회계를 잘 모르는 사람이라고 해도 대부분 (주)근면물산을 선호하기가 쉽고 실제 회계에서도 이와 같은 내용이 재무건전성이라는 중요한 주제이기도 하다.

그렇다면 [그림 7.6]의 상황 2가 당신이 알 수 있는 유일한 정보라면 두 기업

그림 7.6 기업의 재무상태

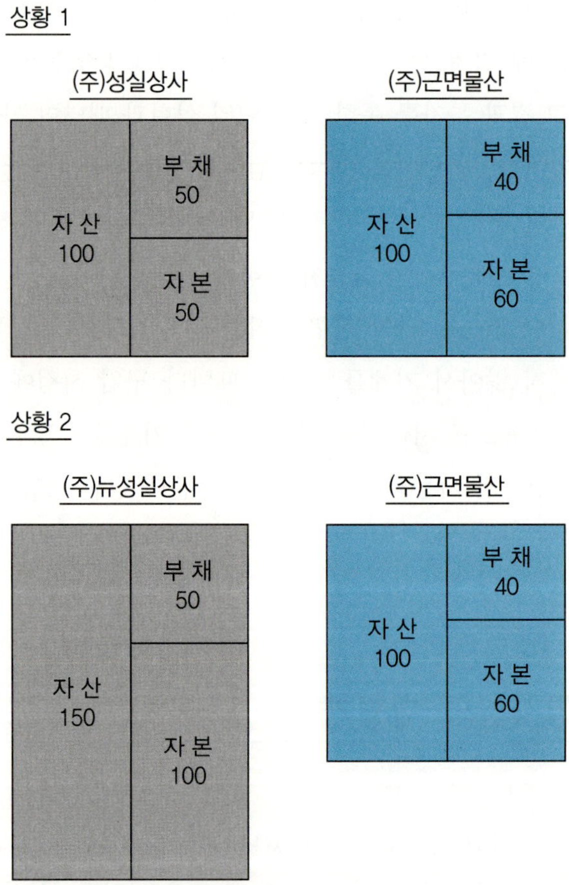

가운데 어떤 기업을 더 선호하겠는가? 당신은 이런 생각을 할 수 있을 것이다. "두 기업 가운데 (주)뉴성실상사가 (주)근면물산보다 부채금액은 더 많구나. 그런데 (주)뉴성실상사는 (주)근면물산보다 자산 규모가 훨씬 크고 타인의 몫(부채)과 주인의 몫(자본) 간의 구성비율(재무건전성)도 (주)근면물산보다 양호하네. 도대체 어느 기업이 더 나은 거야?"

당신이 상황 2에서 어떤 결정을 내리든 간에 상황 1의 (주)성실상사보다는 상황 2의 (주)뉴성실상사에 대하여 차별적으로 긍정적인 평가를 하고 있는 것을 알겠는가?

그런데 만약 (주)성실상사와 (주)뉴성실상사가 실제로는 동일한 기업이라면 어떻게 하겠는가? 당신은 이게 무슨 이야기인가 하겠지만 조금만 더 들어보기를 바란다.

기업이 유형자산의 장부 금액을 얼마의 금액으로 판단하고 표시하는 대표적인 방법으로 역사적원가법과 재평가법이라는 두 가지 방법이 있다. 우리가 앞서 유형자산을 구입한 후 감가상각을 실시하던 것을 한번 떠올려 보자. 기업이 유형자산을 구입하고, 감가상각 대상 자산이면 감가상각 대상 금액을 감가상각비로 비용 인식을 하고, 내용연수를 마치면 마침내 잔존가액만큼의 장부금액이 남는 과정을 살펴보았다. 굳이 구별하여서 언급하지는 않았지만 우리가 앞서 살펴본 방법이 역사적원가법이다. 이 방법은 유형자산을 보유하는 기간 중에 해당 자산의 (시장)공정가치가 오르거나 내리더라도 해당 효과를 자산의 장부금액에 반영하지 않는다.[13)]

반면 재평가법은 기업이 보유하는 유형자산의 (시장)공정가치가 오르거나 내릴 경우에 해당 효과를 자산의 장부금액에 반영하게 된다.[14)] 간단한 예를 들어

---

13) 기업이 보유하고 있는 유형자산과 동일하거나 또는 유사한 특성을 가지고 있는 유형자산이 해당 종류의 자산을 취급하는 시장에서 거래되는 금액을 공정가치라고 한다. 예로서 당신이 자동차를 가지고 있다면 당신이 가지고 있는 자동차와 동일하거나 또는 유사한 특성(차종, 연식 등)을 가지고 있는 자동차들의 시세(공정가치)를 중고차 시장에서 확인할 수 있을 것이다.

14) 교재에 따라서는 역사적원가법과 재평가법이라는 명칭이 아니라 원가모형(cost model)과 재

보자.

(주)성실상사는 토지라는 유형자산을 보유하고 있다. 이 토지를 30원에 구입하고 구입 시점에 다음과 같이 분개를 하였다고 하자.

(차) 토 지	30	(대) 현 금	30

구입 시점으로부터 몇 년이 지난 후 총계정원장에서 토지의 원장을 찾아보거나 재무상태표에서 토지 계정의 금액을 확인해 보면 잔액이 얼마이겠는가? [그림 7.7]의 첫 번째 그림에서 볼 수 있듯이 30원이다. 그 이유는 토지는 감가상각을 하지 않기 때문에 몇 년이 지난다고 해도 기본적으로 금액이 변할 이유가 없다.[15] 이와 같이 최초 취득원가(역사적원가)에 기초하여 자산을 평가하는 방법이 역사적원가법이다. 그리고 역사적원가법은 해당 자산의 (시장)공정가치를 장부금액에 반영하지 않기 때문에 토지를 보유해 온 기간 동안 해당 토지의 시장에서의 공정가치가 변동하였더라도 그 효과를 장부금액에 반영할 이유도 없고 반영하지도 않아왔다.

그런데, 만약 (주)성실상사가 20×1년 말부터 유형자산 중 토지에 대하여 재평가법을 적용하기로 하였다고 해 보자. 재평가법은 재평가 대상 자산의 (시장)공정가치를 장부금액에 반영하는 방법이다.

20×1년 말에 (주)성실상사가 보유하고 있는 토지의 (시장)공정가치를 조사해 본 결과, 마침 (주)성실상사의 보유 토지와 비슷한 지역에서 면적이 유사한 다른 토지가 최근 80원에 거래된 것을 알게 되었으며, (주)성실상사가 보유한 토지를 매각하기로 결정을 내린다면 단기간 내에 80원에 판매가 가능할 것이라는 이야기도 듣게 되었다.

평가모형(revaluation model)이라는 용어를 사용하기도 하는데 전달하고자 하는 의미는 동일하다고 보면 된다.

15) 만약 우리가 감가상각 대상 자산을 다루고 있었다면 감가상각비로 비용화되어서 쌓인 감가상각누계액만큼 자산의 장부금액이 줄어들었다고 이야기하였을 것이다. 예로서 20×1년도에 기계장치를 100만원에 구입하고 같은 해에 22만 5천원만큼 감가상각을 실시하였다면, 20×2년 초에 해당 기계장치의 장부금액을 77만 5천원(100만원(기계장치 원장의 금액) − 22만 5천원(기계장치 감가상각누계액 원장의 금액))이라고 말할 수 있을 것이다.

여기까지 알고 있는 당신에게 당신의 생각을 잠깐 묻겠다. 당신은 (주)성실상사의 토지가 얼마짜리라고 생각하는가? 당신은 이렇게 생각할 수도 있을 것이다. "토지를 30원에 구입해서 이제껏 가지고 있었고, 원장에도 30원이라고 적혀 있잖아? 30원이라고 대답할까? 아니야. 지금 토지를 팔면 바로 80원을 받을 수 있을 것 같은데 이게 80원이 아니면 뭐야? 그래도 이걸 30원이라고 대답하는 게 맞는 걸까?"

당신이 (주)성실상사의 회계담당자라면 당신의 결정에 따라 (주)성실상사의 토지는 30원의 장부금액을 그대로 가질 수도 있고(역사적원가법), 새롭게 80원이라는 장부금액을 가지게 될 수도 있다(재평가법).

역사적원가법은 최초 취득원가에 근거하여 회계처리를 하며 이후 공정가치의 변동을 자산의 장부금액에 반영하지 않는다. 이 시각은 '회계정보의 신뢰성'과도 관련이 있는데, 우리의 예를 보자면 최초 30원을 지급하고 구입하였고, 30원이라는 금액을 거래 시의 계약서 등의 내역을 통해 명확하게 확인할 수 있기 때문에 이 금액이 믿을만한 금액이라는 생각이다.[16] 취득원가 등의 금액이 가지는 높은 신뢰성으로 인해 역사적원가법은 기나긴 세월 동안 자산의 평가방법으로 주로 사용되어 왔다.

재평가법은 자산의 평가 시에 공정가치의 변동을 반영하는 것이다. 이 시각은 '회계정보의 목적적합성'과도 관련이 있는데, 우리의 예를 보자면 토지를 과거에 30원을 지급하고 구입한 것은 맞는데, 지금 토지와 관련된 의사결정을 함에 있어서 가까운, 혹은 먼 과거에 토지의 구입대가로 지급한 30원보다 지금 당장 토지를 매각하면 받을 수 있을 것으로 예상되는 80원이 기업의 의사결정에 더 큰 영향을 미칠 것이므로 해당 금액(공정가치)을 해당 금액의 장부금액(정보)으로 나타내어야 한다는 생각이다. 기업의 의사결정에 있어서 재평가법에 의한 정보가 역사적원가보다 더 목적적합한 정보일 수 있다는 시각에서 최근 많은

16) 그리고 지금 토지를 팔면 80원을 받을 수 있을 것 같은 것이지, 실제 80원을 확실히 받을 수 있다는 보장은 아직 없다. 또한 재평가의 주기와 관련해서 3~4년마다 한 번씩 재평가를 실시할 수도 있다. 이 경우, 평가 시점에 따라 재평가 금액이 크게 차이가 날 수도 있다.

그림 7.7 유형자산의 재평가

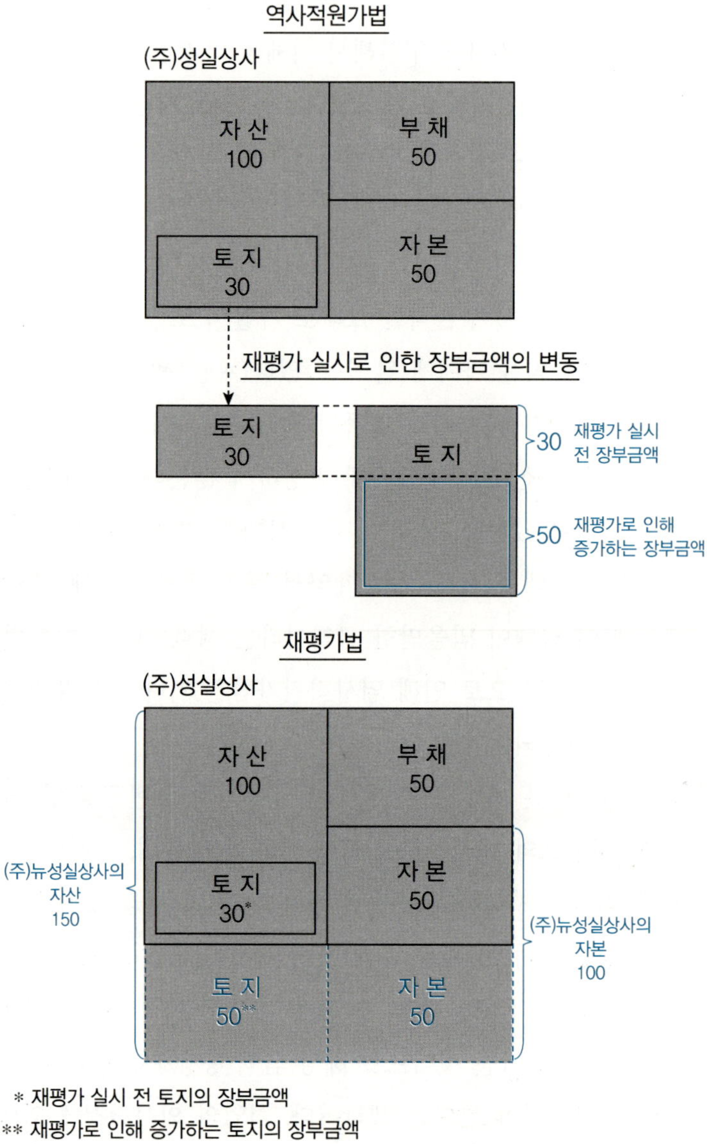

회계 분야에 재평가법이 도입되고 있다.[17]

17) 우리나라에서도 한국채택국제회계기준(K-IFRS) 도입과 함께 유형자산을 포함해서 회계의 많은 분야에서 재평가법 적용을 대폭 허용하였다.

(주)성실상사의 토지 평가에 20×1년 말부터 재평가법을 도입하였다고 하면, 토지의 장부금액은 더 이상 기존 역사적원가법에 근거한 30원이 아니라 (시장) 공정가치 금액인 80원이 된다.

그렇게 되면 [그림 7.7]의 두 번째 그림에서 볼 수 있는 것처럼 (주)성실상사의 토지는 재평가를 통해서 30원에서 80원으로 장부금액이 증가하게 된다. 그러면, 이러한 변동을 어떻게 회계정보로 나타내면 될까? 일단, 토지라는 자산이 30원에서 80원으로 증가하니까 분개의 차변은 다음과 같이 될 것이다.

(차) 토 지 (재평가로 인한 증가 금액)	50	(대)

그러면 대변에는 무엇이 와야 할까? 재무상태표 등식(자산 = 부채 + 자본)을 떠올려 보면 또 다른 자산이 줄어들든가, 부채가 늘어나든가, 아니면 기업의 성과를 나타내는 '벌어서 늘어난 몫'을 포함해서 자본이 늘어나야 할 것이다. 차례대로 따져 보면, 토지를 재평가하면서 갑자기 다른 자산이 줄어든 것 같지는 않고, 재평가를 했다는 이유로 부채가 늘어난 것 같지도 않다.

그렇다면 자본이 늘어난 것인데, 자산의 재평가로 주인의 몫이 50원만큼 늘어난 것을 '벌어서 늘어난 몫'의 증가, 즉 당기의 성과로 하는 것에 대해서 당신은 어떻게 생각하는가? 과거에 토지를 구입하는 노력이 있었으니 지금 자산이 증가한 것이므로 성과로 잡으면 되겠는가? 그렇다면 과거에 토지를 구입하는 노력이 있었던 다른 어떤 기업이 토지의 공정가치가 증가하였음에도 역사적원가법을 계속 사용해서 자산의 장부금액이 증가하지 않으면 그 기업은 성과가 없는 것인가?

회계에서는 재평가로 인한 자산의 증가에 따라서 본인(주주)의 몫(자본)이 증가하는 것은 맞지만 이 증가를 기업의 성과('벌어서 늘어난 몫'의 증가)로 인식하는 것은 적당하지 않다고 판단하였다. 이에 따라 상기 분개의 대변에는 성과를 나타내는 '벌어서 늘어난 몫'(자본) 계정이 아닌 다른 자본 계정이 오게 되는데 구체적

으로는 재평가잉여금(자본)이라는 계정을 사용해서 다음과 같이 분개하게 된다.[18)]

(차) 토 지	50	(대) 재평가잉여금	50
(재평가로 인한 자산증가 금액)		(자 본)	

(주)성실상사의 재평가 도입과 관련된 일련의 과정을 다음의 [그림 7.7]에서 정리하였다.

[그림 7.7]의 세 번째 그림은 역사적원가법 적용 시의 (주)성실상사의 재무상태표를 기초로 해서 토지의 재평가로 인한 자산과 자본의 변동 효과를 파란색으로 표시하여 나타낸 재무상태표이다. 자세히 살펴보면 [그림 7.7]의 세 번째 그림, 즉 (주)성실상사가 토지의 재평가 실시 후 해당 효과를 반영한 재무상태표는 [그림 7.6] 상황 2의 (주)뉴성실상사의 재무상태표와 동일한 것임을 알 수 있다.

이제 당신에게 다시 묻겠다.

[그림 7.6] 상황 2의 (주)뉴성실상사의 재무상태표는 사실 [그림 7.7] 세 번째 그림의 (주)성실상사의 토지 재평가 실시 효과가 반영된 재무상태표이다. 당신이 이 정보까지 알게 된 상태라면 (주)뉴성실상사와 (주)근면물산 가운데 어떤 기업을 더 선호하는가?

머리속에 생각이 많아진다면 자연스런 현상이다. "재평가 때문에 자산이랑 자본이 늘어난 것이니 실제 성과에는 영향이 없는 것 아닌가? 아니지, 30원에 구입해서 보유하고 있는 토지가 지금 80원에 매각할 수 있다는 게 왜 아무 의미가 없는 정보야? 30원에 구입해서 보유하고 있는데 여전히 30원에 매각할 수 있다는 것보다 좋은 거잖아? 그러면 (주)뉴성실상사가 (주)근면물산보다 나은 것 아닌가? 잠깐, 그런데 (주)근면물산은 지금 토지에 대해서 역사적원가법을 쓰고 있는 거야? 재평가법을 쓰고 있는 거야? 아니, (주)근면물산이랑 (주)뉴성실상사랑 토지 말고 다른 유형자산들도 각각 어떤 방법 사용하는지 다 알아보

---

18) 이와 같이 분개를 하게 되면 재평가 실시에 따른 영향이 당기의 성과(벌어서 늘어난 몫의 증가(수익)) 항목에 영향을 미치지 않는다.

아야 하는 건가? 아이구 내 머리야!"[19)]

처음 보기에는 복잡해 보인다 해도 당신이 평가를 해야 할 필요가 있고 해 나갈 의지만 있다면 해낼 수 있다.

재평가법에 대해서 이야기를 좀 더 하면 기업은 유형자산의 항목별로 역사적원가법 또는 재평가법을 적용할 수 있다. 즉, (주)성실상사의 유형자산이 토지, 건물, 기계장치와 자동차 항목으로 구분된다면, 이 가운데 토지와 자동차에 대해서는 재평가법, 그리고 건물과 기계장치에 대해서는 역사적원가법을 적용할 수 있다. 그러나 동일한 유형 내에서는 동일한 방법을 적용해야 한다. 예로서 (주)성실상사가 천안과 강릉에 토지가 있다면, 두 지역의 토지 모두 역사적원가법, 또는 재평가법을 사용해야 하며 천안에 있는 토지에 역사적원가법을 적용하면서 강릉에 있는 토지에 재평가법을 적용하지는 않는다.

3.1 재평가 시 평가(회계처리)방법

앞서 유형자산의 재평가 시의 분개에 대해서 간략하게 살펴보았는데, 실제로 유형자산에 재평가방법을 적용하여 정보를 만들어 내기 위해서는 조금 더 복잡한 내용을 숙지하고 있어야 한다.[20)]

일단, 최근까지 유형자산의 평가에 역사적원가법을 사용하여 온 것을 생각하면, 언제가 되었든 유형자산의 평가방법을 역사적원가법으로부터 재평가법으로 변경한다는 것은 그 시점에 최초로 재평가법을 적용하는 것이 된다. 최초로 재평가법을 적용할 때에는 두 가지 상황이 발생할 수 있는데, 하나는 기존(역사적원가법)의 장부금액보다 재평가 시의 공정가치가 더 큰 경우(평가증)이고, 다른 하나는 기존(역사적원가법)의 장부금액보다 재평가 시의 공정가치가 더 작은 경우(평가감)이다.

---

19) 기업의 재무상태표 가운데 주석을 찾아보면 기업이 보유한 유형자산의 항목별 역사적원가법 또는 재평가법 적용 내역을 확인할 수 있다.

20) 본 내용은 회계를 처음 접한 독자가 혼자 다루기에는 다소 난해한 내용일 수 있다. 그럼에도 불구하고 이 책이 당신이 보게 되는 단 한 권의 회계책일 수도 있다는 생각에 여러 분야의 회계정보를 이해함에 있어서 유용할 수 있는 재평가 시 회계처리방법을 소개하였다.

1. 유형자산 평가증

유형자산을 최초로 재평가했을 때 기존의 장부금액보다 재평가 시의 공정가치가 더 큰 경우에는 재평가로 인한 증가금액만큼 유형자산을 증가시키고 재평가로 인한 평가이익을 당기 이익으로 인식하지 않고 재평가잉여금이라는 자본 항목으로 인식한다. 이후 재평가 시에 장부금액보다 공정가치가 더 낮아지는 경우에는 과거 재평가잉여금으로 인식했던 금액까지는 재평가잉여금을 감소시키고, 이후 추가 감소 부분은 재평가손실이라는 당기 비용 항목으로 인식한다.

(최초 평가증)	(차) 유형자산	×××	(대) 재평가잉여금(자본)	×××

(이후 계속 평가증) 최초 평가증 분개와 동일한 방법 적용

(이후 평가감)	(차) 재평가잉여금(자본)	×××	(대) 유형자산	×××
	재평가손실(비용)	×××		

2. 유형자산 평가감

유형자산을 최초로 재평가했을 때 기존의 장부금액보다 재평가 시의 공정가치가 더 작은 경우에는 재평가로 인한 감소금액만큼 유형자산을 감소시키고 재평가로 인한 평가손실을 재평가손실이라는 당기 비용으로 인식한다. 이후 재평가 시에 장부금액보다 공정가치가 높아지는 경우에는 과거 재평가손실(비용)로 인식했던 금액까지는 재평가이익이라는 당기 수익으로 인식하고, 이후 추가 증가 부분은 재평가잉여금이라는 자본 항목으로 인식한다.

(최초 평가감)	(차) 재평가손실(비용)	×××	(대) 유형자산	×××

(이후 계속 평가감) 최초 평가감 분개와 동일한 방법 적용

(이후 평가증)	(차) 유형자산	×××	(대) 재평가이익(수익)	×××
			재평가잉여금(자본)	×××

위의 회계처리방법 가운데 당신이 이해하기가 좀 어려운 내용들이 있을 수

있다.

"왜 최초에 재평가하면서 자산금액이 증가할 때는 수익이 아니라 자본이 늘어나는 것으로 하면서, 자산금액이 줄어들 때는 비용으로 하지? 무언가 균형이 안 맞는 것 같은데……." 매우 예리한 지적이다. 앞에서도 언급하였는데, 회계에서는 재평가로 인한 자산의 증가에 따라서 본인(주주)의 몫(자본)이 증가하는 것은 맞지만 이 증가를 기업의 성과('벌어서 늘어난 몫'의 증가)로 인식하는 것은 적당하지 않다고 판단하고 있다.[21] 즉, 최초에 재평가를 통(한 자산과 자본의 증가를 통)해서 양호한 재무상태를 보이는 것은 허용하지만, 이를 기업의 당기 성과로는 허용하지 않는다는 것이다. 반면, 최초에 재평가로 인한 자산의 감소는 해당 감소가 기업의 위험을 나타내 주는 정보가 될 수 있다는 시각에서 당시의 손실(비용)로 나타내는 것이 회계정보이용자들에게 더 유익한 정보가 될 수 있다고 판단하고 있다.

최초 평가증 이후에 평가감이 일어나는 경우를 보면, 평가감으로 인해 당기 비용을 인식하는 것을 생각할 수 있지만, 기존에 존재하는 재평가잉여금(자본) 정보는 평가증을 의미하는 정보이므로 평가감이 발생할 시에는 먼저 평가증을 의미하는 재평가잉여금(자본)을 먼저 감소시킨 이후에 추가적인 발생 금액에 대하여 재평가손실(비용)을 인식한다.

그리고, 최초 평가감 이후에 평가증이 일어나는 경우를 보면, 평가증으로 인해 당기 이익이 아닌 재평가잉여금(자본)을 인식하는 것을 생각할 수 있다. 그러나 기존에 평가감이 발생하였을 때 재평가손실이라는 비용을 인식하였던 것을 감안하여, 일단 재평가손실 금액만큼 재평가로 장부금액이 증가하는 것은 실질적인 장부금액의 증가가 일어났다기보다는 소위 본전을 찾은 것으로 평가할 수 있고 이 금액까지 이익을 인식하는 것은 성과 측면에서 실질적인 수익으로 보

---

21) 재평가는 실시하는 주체에 따라 평가금액이 달라질 수 있다는 잠재적인 불확실성(위험)이 존재한다. 이러한 상황에서 회계는 보수주의를 표방하는데, 보수주의에서는 당기의 성과(수익)를 과대 계상할 가능성이 존재하는 재평가이익을 인식하지 않고 재평가로 인한 자산의 증가 효과를 바로 자본(재평가잉여금)으로 인식한다. 반면 재평가손실(비용)은 부정적인 정보(위험)를 채권자 등 정보이용자들에게 신속하게 전달할 수 있다는 측면에서 즉시 인식하도록 하고 있다.

기보다는 과거 손실의 보전으로 판단하고 있다. 회계에서는 평가증이 발생할 시에는 먼저 과거에 발생하였던 재평가손실(비용)만큼은 재평가이익이라는 수익으로 인식한 이후에 추가적인 발생 금액, 즉 실질적인 자산 금액의 증가에 대해서는 재평가잉여금이라는 자본 항목으로 인식한다.

다음의 [그림 7.8]은 유형자산의 재평가 처리에 대하여 정리하여 보여주고 있다.

유형자산의 재평가에 대한 회계처리와 이에 따른 회계정보에 대하여 다음의 두 예시를 이용해서 살펴보도록 한다.

그림 7.8 유형자산의 재평가

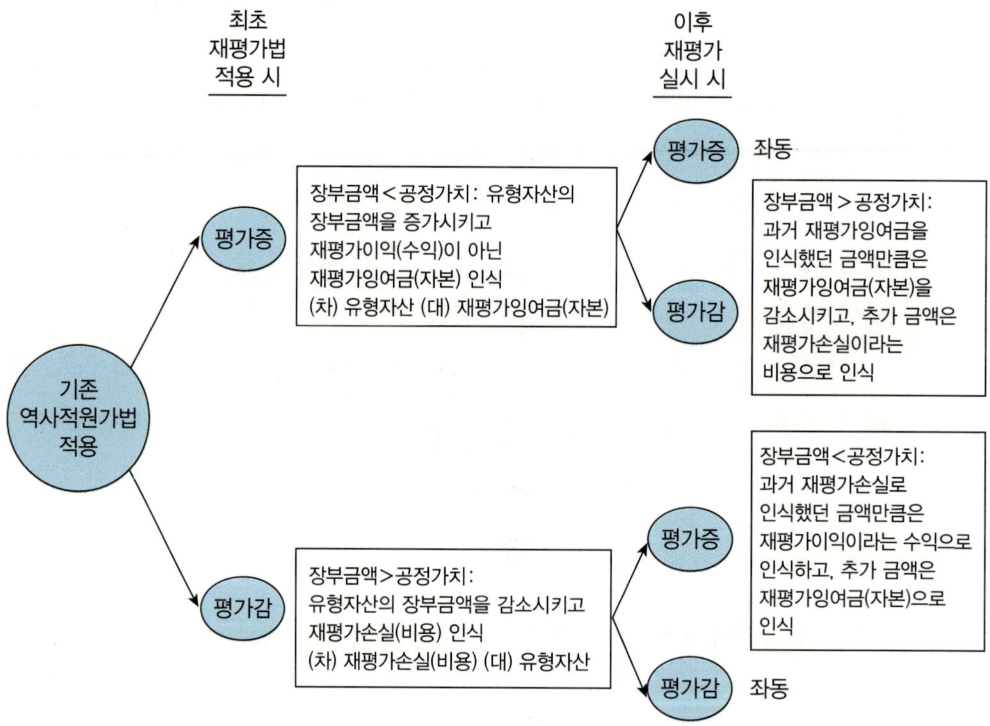

〈예시 7.1〉

(주)세연상사는 20×1년 1월 1일에 토지를 현금 100원을 지급하고 구입하였다. (주)세연상사는 이후 토지를 매각하지 않고 계속 보유하고 있으며 20×1년 12월 31일과 20×2년 12월 31일 현재 토지의 공정가치는 각각 120원과 90원인 것으로 나타났다.

(주)세연상사가 토지에 대하여 역사적원가법과 재평가법을 적용하는 각각의 경우에 대하여 20×1년과 20×2년에 해야 할 분개를 하시오.

역사적원가법

일자	차변	금액	대변	금액
20×1.1.1.	(차) 토 지	100	(대) 현 금	100
20×1.12.31.		–분개 없음–		
20×2.12.31.		–분개 없음–		

기업이 유형자산에 대하여 역사적원가법을 적용하는 경우에는 공정가치 변동 정보를 회계정보로 반영하지 않는다.

재평가법

일자	차변	금액	대변	금액
20×1.1.1.	(차) 토 지	100	(대) 현 금	100
			(취득 시 분개는 역사적원가법과 동일)	
20×1.12.31.	(차) 토 지	20	(대) 재평가잉여금	20
20×2.12.31.	(차) 재평가잉여금	20	(대) 토 지	30
	재평가손실	10		

20×1년 말에 토지의 공정가치가 장부가액(취득원가)보다 20원 증가하였다. 증가한 금액만큼 토지의 장부금액을 증가시키고 평가로 인해 증가한 금액을 당기 이익이 아닌 재평가잉여금(자본)으로 인식한다. 평가증 이후에 평가감이 발생한 20×2년 말에는 감소한 금액만큼 토지의 장부금액을 감소시키고 평가로 인해 감소한 금액 중 이전(재평가로 인한 장부금액 증가 시)에 재평가잉여금(자본)으로 인식하였던 금액만큼은 재평가잉여금을 먼저 감소시키고, 이후 추가 감소 부분은 재평가손실이라는 당기 비용 항목으로 인식한다.

〈예시 7.2〉

(주)세연상사는 20×1년 1월 1일에 토지를 100원에 구입하였다. (주)세연상사는 이후 토지를 매각하지 않고 계속 보유하고 있으며 20×1년 12월 31일과 20×2년 12월 31일 현재 토지의 공정가치는 각각 80원과 110원인 것으로 나타났다.
(주)세연상사가 토지에 대하여 역사적원가법과 재평가법을 적용하는 각각의 경우에 대하여 20×1년과 20×2년에 해야 할 분개를 하시오.

역사적원가법

20×1.1.1.	(차) 토 지	100	(대) 현 금	100
20×1.12.31.		–분개 없음–		
20×2.12.31.		–분개 없음–		

기업이 유형자산에 대하여 역사적원가법을 적용하는 경우에는 공정가치 변동 정보를 회계정보로 반영하지 않는다.

재평가법

20×1.1.1.	(차) 토 지	100	(대) 현 금	100
			(취득 시 분개는 역사적원가법과 동일)	
20×1.12.31.	(차) 재평가손실	20	(대) 토 지	20
20×2.12.31.	(차) 토 지	30	(대) 재평가이익	20
			재평가잉여금	10

20×1년 말에 토지의 공정가치가 장부가액(취득원가)보다 20원 감소하였다. 감소한 금액만큼 토지의 장부금액을 감소시키고 평가로 인해 감소한 금액을 재평가손실이라는 당기 비용으로 인식한다. 평가감 이후에 평가증이 발생한 20×2년 말에는 증가한 금액만큼 토지의 장부금액을 증가시키고 평가로 인해 증가한 금액 중 이전(재평가로 인한 장부금액 감소 시)에 재평가손실이라는 비용으로 인식하였던 금액만큼은 재평가이익이라는 수익을 인식하고, 이후 추가 증가 부분은 당기이익이 아닌 재평가잉여금(자본)으로 인식한다.[22]

---

22) 본서에서는 감가상각을 하지 않는 토지라는 유형자산을 통해서 재평가를 이해하여 보았다. 건물이나 기계장치와 같은 감가상각 대상 유형자산의 재평가를 이해하기 위해서는 감가상

당신은 유형자산의 재평가와 관련된 내용, 예로서 역사적원가(취득원가)가 30원이고 공정가치가 80원인 (주)성실상사의 토지를 보면서 이런 근원적인 의문을 가질 수 있을 것이다.

"다 좋은데 그래서 내가 보고 있는 토지가 도대체 얼마라는 거야? 정답이 있어야 하는 것 아냐?"

(주)성실상사가 토지에 대해서 역사적원가법을 적용한다면, (주)성실상사의 회계담당자에게도, (주)성실상사의 회계정보를 의사결정에 이용하는 수많은 이해관계자들에게도 그 토지는 30원짜리 토지이다. (주)성실상사가 토지에 대해서 재평가법을 적용한다면, (주)성실상사의 회계담당자에게도, (주)성실상사의 회계정보를 의사결정에 이용하는 수많은 이해관계자들에게도 그 토지는 80원짜리 토지이다. 당신이 (주)성실상사의 30원짜리 토지에 대해서 왜 그 토지가 30원인지, 그리고 (주)뉴성실상사의 80원짜리 토지에 대해서 왜 그 토지가 80원인지 이해할 수 있다면, 그렇지 않은 경우보다 해당 정보를 이용하여 상대적으로 더 있는 의사결정을 할 수 있게 되리라고 생각한다.[23][24]

각과 재평가의 기본적인 개념을 먼저 충분히 숙지하기를 권한다. 감가상각 대상 자산의 재평가는 우리가 살펴본 토지의 재평가보다 조금 더 복잡한 내용을 담고 있다.

23) 유형자산의 정보와 관련해서 손상이라는 또 다른 중요한 개념이 있다. 손상에 대해서는 무형자산에서도 동일한 개념이 다루어지므로 무형자산의 내용에서 살펴보도록 한다.

24) 당신이 기업 A와 기업 B에 대하여 조사하는 과정에서 각 기업의 재무상태표 상의 토지의 장부금액이 다음과 같음을 알게 되었다.

기업 A의 재무상태표	
…	
토지 9,000	
…	

기업 B의 재무상태표	
…	
토지 5,000	
…	

당신은 두 기업 가운데 어느 기업의 토지 금액이 더 크다고 생각하는가? 일견 기업 A의 토지 금액이 더 크다고 생각되는 것은 당연하다고 할 수 있다. 이 두 기업의 토지에 대해서 조금 더 구체적으로 알아보자.

과거 기업 A와 기업 B는 비슷한 시기에 동일 지역의 토지를 구매하였는데 당시 두 기업이 구매한 토지의 금액은 각각 3,000원과 5,000원이었다. 시간이 지나면서 해당 지역의 토지의 공정가치는 취득 당시와 비교할 때 3배로 상승하였다. 현재 기업 A는 토지에 대해서 재평가법을 적용하고

보론 감가상각방법-정률법

정률법(constant percentage method)은 앞서 살펴본 이중체감법이나 연수합계법과 마찬가지로 체감잔액법, 즉 내용연수의 초기에 큰 금액을 감가상각시키고 이후 기간의 기간별 감가상각 금액이 점차 체감하는 특성을 가진다.

실제 정률법을 이용하여 감가상각을 실시할 때에는 앞서 살펴본 이중체감법과 매우 유사한 형식으로 감가상각이 이루어짐을 볼 수 있다. 정률법과 이중체감법은 공통적으로 유형자산의 기초 장부금액에 매년 일정한 비율을 곱해서 매연도의 감가상각비를 구하게 되는데 이 '일정한 비율', 다시 말해서 감가상각률을 계산하는 방법에서 두 감가상각방법 간에 차이가 나타나게 된다.

이중체감법에서 이 '일정한 비율', 즉 감가상각률을 앞서 살펴본 바와 같이 정액법 기준 연도별 비율의 2배로 적용하였던 것과는 달리, 정률법에서는 이 '일정한 비율', 즉 감가상각률을 다음과 같은 방식을 이용하여 구하게 된다.

$$\text{감가상각률(정률법)} = 1 - \sqrt[n]{\text{잔존가치/취득원가}} \quad (\text{여기서 } n = \text{내용연수를 의미})$$

앞서 본문에서 살펴보았던 예시를 그대로 활용하면 정률법을 이용할 경우의 감가상각률은 다음과 같이 구할 수 있다.

$$\text{감가상각률} = 1 - \sqrt[4]{100{,}000/1{,}000{,}000} = 0.4377$$

감가상각률을 구하고 나면 이후 연도별 감가상각비를 구하는 방식은 이중체감법에서 사용하였던 방식을 동일하게 적용하면 된다.

이제 〈표 7.3〉을 참조하면서 정률법을 이용하여 감가상각을 해 보자. 첫 해인

있으며 기업 B는 토지에 대해서 역사적원가법을 적용하고 있다. 다시 한번 생각해 보자. 당신은 두 기업 가운데 어느 기업의 토지 금액이 더 크다고 생각하는가?

표 7.3 정률법 감가상각표

연도	기초 장부금액	감가상각률	감가상각비	감가상각누계액	기말 장부금액
20×1	1,000,000	0.4377	437,700	437,700	562,300
20×2	562,300	0.4377	246,119	683,819	316,181
20×3	316,181	0.4377	138,393	822,211	177,789
20×4	177,789	최종 연도	77,789	900,000	100,000

20×1년부터 보면, 정률법은 기초 장부금액에 일정한 비율인 감가상각률을 곱해서 해당 회계기간의 감가상각비를 구하는 것인데, 기초 장부금액은 20×1년 구입 시 100만원을 주고 장부에 기록하였으니 100만원이고, 일정한 비율은 수식에 의해서 구한 43.77%이다. 따라서 20×1년도의 감가상각비는 100만원(기초 장부금액)에 43.77%(일정한 비율, 정률법에 의한 감가상각률)를 곱하여 나온 437,700원이 되고, 당신은 20×1년 말에 다음과 같은 분개를 통해 회계정보를 만들어 낼 것이다.

20×1년 말 (차) 감가상각비 437,700 (대) 감가상각누계액 437,700

이제 20×2년이 되었다. 정률법은 기초 장부금액에 일정한 비율을 곱해서 해당 회계기간의 감가상각비를 구하는 것이니 20×2년의 기초 장부금액은 20×1년 말에서 이월된 금액, 즉 20×1년도 기말 장부금액인 562,300원(1,000,000 − 437,700)이고, 일정한 비율은 수식에 의해서 구한 43.77%이다. 따라서 20×2년도의 감가상각비는 562,300원(기초 장부금액)에 43.77%(일정한 비율, 정률법에 의한 감가상각률)를 곱하여 나온 246,119원이 되고, 당신은 20×2년 말에 다음과 같은 분개를 통해 회계정보를 만들어 낼 것이다.

20×2년 말 (차) 감가상각비 246,119 (대) 감가상각누계액 246,119

이와 같은 방식으로 정률법을 이용해서 20×3년과 20×4년의 감가상각비도 구할 수 있다. 이와 관련해서 최종 기간인 20×4년의 감가상각비를 구할 때에는 〈표 7.3〉에서 볼 수 있는 것처럼 이미 알고 있는 최종 회계기간의 기말 장부금액(잔존가액)과 기초 장부금액의 차이금액 만큼을 감가상각비로 인식하게 되는 것을 주의해야 할 것이다.[25] 다시 말하지만 정률법과 이중체감법의 최종 연도 감가상각비는 최종 연도의 기초 장부금액에 감가상각률을 곱해서 구하는 방법을 사용하지 않는다.

25) 이해가 잘 가지 않은 경우에는 본문의 이중체감법과 최종 회계연도의 감가상각비 산출방식이 동일한 개념이므로 다시 살펴보면 도움이 될 수 있을 것이다.

OX 문제

1. 유형자산이란 기업이 재화의 생산이나 용역의 제공, 타인에 대한 임대 또는 관리활동에 사용할 목적으로 보유하고 있는 물리적 형태가 있는 자산을 모두 의미한다.

2. 감가상각이란 유형자산을 사용하는 동안 발생하는 가치감소분을 감가상각비라는 비용으로 인식하고 해당 유형자산의 장부금액에서 감소시키는 일련의 과정이다.

3. 10년 동안 정상적으로 작동할 수 있는 기계장치를 구입해서, 3년 동안만 영업활동에 사용하게 된다면 감가상각을 위한 내용연수는 3년과 10년 중 선택해서 적용하게 된다.

4. 체감잔액법은 유형자산을 사용하는 초기에 감가상각비를 많이 인식하고, 시간이 지나면서 매년 인식하는 감가상각비 금액이 지속적으로 줄어드는 감가상각방법이다.

5. 기업은 전체 유형자산에 대하여 역사적원가법 또는 재평가법을 적용하게 되며, 유형자산의 유형별로 역사적원가법 또는 재평가법을 선택하여 적용하는 것은 허용되지 않는다.

6. 유형자산을 최초로 재평가했을 때 기존의 장부금액보다 재평가시의 공정가치가 더 큰 경우에는 재평가로 인한 증가금액만큼 유형자산을 증가시키고 재평가로 인한 평가이익을 재평가이익이라는 당기 이익으로 인식한다.

7. 유형자산의 재평가 시에 장부금액보다 공정가치가 더 낮아지는 경우. 과거 재평가잉여금으로 인식했던 금액이 있을 때에는 해당 금액까지는 재평가잉여금을 감소시키고, 이후 추가 감소 부분은 재평가손실이라는 당기 비용 항목으로 인식한다.

연습문제

1. (주)세연주얼리는 20×1년 1월 1일에 매장에서 사용할 컴퓨터를 현금 200만원을 지불하고 구입하였다. 컴퓨터의 내용연수는 5년이고, 잔존가액은 취득원가의 10%이다. (주)세연주얼리는 구입한 컴퓨터를 총 12,000시간만큼 사용할 것으로 예상하였고, 20×1년부터 20×5년까지 매 연도별 실제 사용량은 1,000시간, 2,000시간, 3,000시간, 4,500시간, 1,500시간이었다.
다음의 각 감가상각방법을 이용하여 20×1년부터 20×5년까지 연도별 감가상각비를 구하고, 매 연도 말 장부금액을 제시하시오.

(1) 정액법
(2) 이중체감법
(3) 연수합계법
(4) 생산량비례법
(5) 정률법(단 정률법 사용 시 감가상각률은 0.369를 적용함)

2. (주)세연산업은 20×1년 10월 1일에 제품 생산에 사용할 기계장치를 현금 100만원을 지불하고 구입하였다. 기계장치의 내용연수는 4년이고, 잔존가액은 취득가액의 10%이다. (주)세연산업은 구입한 기계장치를 총 10,000시간만큼 사용할 것으로 예상하였고, 20×1년부터 20×5년까지 매 연도별 실제 사용량은 1,000시간, 1,500시간, 2,500시간, 3,000시간, 2,000시간이었다.
다음의 각 감가상각방법을 이용하여 20×1년부터 20×5년까지 연도별 감가상각비를 구하고, 매 연도 말 장부금액을 제시하시오.

(1) 정액법
(2) 이중체감법
(3) 연수합계법
(4) 생산량비례법

(5) 정률법(단 정률법 사용 시 감가상각률은 0.4377을 적용함)

3. (주)세연주얼리는 20×1년 1월 1일에 영업에 사용할 목적으로 토지를 현금 200만원을 지불하고 구입하였다. 다음의 각 상황에서 (주)세연주얼리가 20×1년부터 20×3년까지 해야 할 분개를 모두 하시오. 단, 재평가는 매 회계연도 말에 실시한다.

(1) 역사적원가법을 적용. 20×1년부터 20×3년까지 매년 말 토지의 공정가치는 각각 210만원, 195만원, 205만원이다.
(2) 재평가법을 적용. 20×1년부터 20×3년까지 매년 말 토지의 공정가치는 각각 210만원, 195만원, 205만원이다.
(3) 최초 역사적원가법을 적용하다가 20×2년 말부터 재평가법을 적용. 20×1년부터 20×3년까지 매년 말 토지의 공정가치는 각각 210만원, 195만원, 205만원이다.
(4) 최초 역사적원가법을 적용하다가 20×3년 말부터 재평가법을 적용. 20×1년부터 20×3년까지 매년 말 토지의 공정가치는 각각 210만원, 195만원, 205만원이다.

4. ㈜세연산업은 20×1년 1월 1일에 영업에 사용할 목적으로 토지를 현금 200만원을 지불하고 구입하였다. 다음의 각 상황에서 ㈜세연산업이 20×1년부터 20×3년까지 해야 할 분개를 모두 하시오.

(1) 역사적원가법을 적용. 20×1년부터 20×3년까지 매년 말 토지의 공정가치는 각각 190만원, 205만원, 195만원이다.
(2) 재평가법을 적용. 20×1년부터 20×3년까지 매년 말 토지의 공정가치는 각각 190만원, 205만원, 195만원이다.
(3) 최초 역사적원가법을 적용하다가 20×2년부터 재평가법을 적용. 20×1년부터 20×3년까지 매년 말 토지의 공정가치는 각각 190만원, 205만원, 195만원이다.
(4) 최초 역사적원가법을 적용하다가 20×3년부터 재평가법을 적용. 20×1년부터 20×3년까지 매년 말 토지의 공정가치는 각각 190만원, 205만원, 195만원이다.

제 8 장

있는데 보이지 않네

(부제: 무형자산의 정의와 종류)

제1절 무형자산의 개요
제2절 보이지도 않는 무형자산을 어떻게 정의하는가?
제3절 무형자산의 종류
제4절 무형자산의 손상

우리는 유형자산이 기업이 1년 이상 사용할 목적으로 보유하고 있는 물리적 형태가 있는 자산이라는 것을 알게 되었다. 쓰임새는 유형자산을 많이 닮았는데 물리적 형태가 없는 자산이 있는데, 이것이 무형자산이다. 물리적 형태가 없는 자산을 어떻게 보고 사용할 수 있을까?

제1절 무형자산의 개요

무형자산(intangible asset)이란 물리적 실체는 없지만 식별할 수 있는 비화폐성 자산으로서 기업이 재화의 생산이나 용역의 제공 등 영업활동과 관리활동에 사용할 목적으로 보유하고 있는 자산을 의미한다.

당신에게 질문을 하겠다. 누가 당신에게 무형자산이 무엇이냐고 물으면 어떻게 대답하겠는가? 제일 먼저 떠오르는 생각들 중 "하나는 형태가 없는 자산"일 것이다. 이번에는 누가 당신에게 무형자산에 어떤 것이 있냐고 물으면 어떻게 대답하겠는가? "특허권, 저작권, 프랜차이즈, 소프트웨어, 라이선스……."

당신이 이와 같은, 또는 비슷한 생각을 했다면 무형자산에 대하여 알아갈 준비는 충분히 된 것 같다.

우리가 생각하는 바와 같이 무형자산은 형태가 없다. 그렇다면 형태가 있는 자산은 무엇이 있을까? 우리가 이미 살펴본 자산 가운데 일단 재고자산과 유형자산이 있다. 복습을 좀 하자면 재고자산은 주된 영업활동 가운데 판매를 통해서 경제적 효익을 얻기 위해 보유하는 자산이고, 유형자산은 영업활동에서 1년 이상 사용하기 위해 보유하고 있는 형태가 있는 자산이다. 무형자산은 우리가 이미 살펴본 자산들 가운데 유형자산과 밀접한 관계가 있다. 유형자산이 영업활동에서 사용하기 위해 보유하고 있는 자산 가운데 형태가 있는 자산이라면, 무형자산은 영업활동에서 사용하기 위해 보유하고 있는 자산 가운데 형태가 없는 자산이라고 생각하면 된다.

활용하는 방식이 유사한 자산이다 보니 유형자산과 무형자산은 회계정보 측면에서 많은 부분을 공유한다. 유형자산에서 감가상각을 해 보았던 것을 기억하는가?[1] 무형자산에서는 상각(amortization)이라는 것이 있는데, 명칭만 다르고 내용은 유형자산의 감가상각의 내용과 거의 동일하다. 유형자산에서 재평가 관련 내용을 보았던 것을 기억하는가? 무형자산에서도 역시 재평가 관련 내용이 있다. 이렇다 보니 당신이 유형자산에 대한 이해가 잘되어 있으면 무형자산의 많은 부분에서 유형자산에서 익힌 개념들이 그대로, 혹은 흡사하게 적용되는 것을 볼 수 있다. 다시 말하지만 회계정보 측면에서 유형자산과 무형자산 간에 동일 또는 유사한 특성을 보이는 이유은 구별되는 두 자산이 태생적으로 "기업의 영업활동에 사용할 목적으로 보유"한다는 동일한 목적을 가지는 것에 기인한다.

이에 본 장에서는 유형자산으로부터 유추하여 응용할 수 있는 내용보다는 무형자산의 고유한 내용들을 중심으로 이야기해 보고자 한다.

제2절 보이지도 않는 무형자산을 어떻게 정의하는가?

기업이 유형자산인 기계장치를 취득하면서 경영자가 원하는 장소와 상태에 이르기까지 직접적으로 관련된 지출을 기계장치의 취득원가로 하는 것을 당신은 이해할 수 있다. 잘 이해가 되는 데에는 해당 자산이 잘 보이고 마음속으로 그 과정이 잘 떠올려지는 것이 한몫을 한다. 그러면 무형자산은 어떤가? 무형자산은 유형자산처럼 형태가 있는 것도 아니고 보이지도 않는다. 무형자산은 어떻게 정의를 하고 또 어떻게 취득을 한다는 것일까? 그런데 실제로 기업은 보이지도 않는 무형자산을 취득하면서 경영자가 의도하는 방식으로 무형자산을 운용할 수 있을 때까지 직접적으로 관련된 지출을 개별취득 무형자산의 취득원가

---

1) 한번 보았는데 기억이 안 나도 괜찮다. 기회 날 때마다 자주 보면 일부러 외우려 하지 않아도 기억이 나게 된다. 기회 날 때마다 자주 듣고 부르는 노래의 가사가 일부러 외우려 하지 않아도 기억이 나게 되는 것과 유사하다.

로 하게 된다. 유형자산을 취득하듯이 무형자산을 취득하는 것이다. 유형자산을 사용하기도 하고, 빌려주기도 하고, 팔 수도 있는가? 무형자산도 사용하기도 하고, 임대할 수도 있고, 팔 수도 있다.

그러면 당신은 의문이 생길 수도 있다. "기계장치 같은 유형자산이야 눈에 보이고 형태가 있으니 구별이 가지만, 무형자산은 형태가 없고 보이지도 않는데 어떻게 저런 거래들을 한다는 거지?"

이러한 우려의 중심에는 여타 자산과 무형자산과의 차이, 즉 보이지 않는다는 무형자산의 차별적인 특성이 있다. 이러한 무형자산의 특성 때문에 무형자산을 정의하기 위해서는 일반적인 자산의 조건, 즉 기업이 통제하고 있으며 해당 자산이 미래 경제적 효용을 가지고 올 가능성이 높다는 조건에 더해서 '식별가능성'이라는 추가적인 조건이 필요하다. 식별가능성이라는 것은 무형자산으로 정의되기 위해서는 보이지 않는 해당 자산이 식별가능해야 한다는 것이다.[2] 그러면 당신은 또다시 보이지도 않는 것을 어떻게 식별하냐고 의문을 가질 수 있을 텐데 회계에서는 다음 중 하나에 해당하면 보이지도 않는 무형자산이 식별가능하다고 본다.

첫째, 해당 자산이 기업으로부터 분리가능하면 식별가능하다고 본다. 즉, 보이지 않는 무형자산을 기업에서 분리하거나 분할할 수 있고, 개별적으로 혹은 관련된 계약, 식별가능한 자산이나 부채와 함께 매각, 이전, 임대 또는 교환할 수 있다면 식별가능하다는 것이다. 예를 들어 보자. 당신이 속해 있는 기업이 특허권을 소유하고 있는데, 현재 영업에 활용하고 있지 않다. 만약, 다른 기업에서 해당 특허권을 활용하기를 원한다면 어떻게 하겠는가? 당신의 기업은 보이지도 않는 특허권을 기업에서 분리해서 타기업에 임대할 수도 있고 매각할 수도 있다.

둘째, 해당 자산이 계약상의 권리나 기타 법적 권리로부터 발생하면 식별가능하다고 본다. 이 경우에는 해당 권리가 기업으로부터 분리가능한지 여부나 이전가능 여부를 고려하지 않는다. 예로서 상표권을 생각해 보면, 당신이 속해 있

---

2) 무형자산 이외의 다른 자산들의 경우에는 물리적 실체가 있어서 그 자체로 식별가능한 것이므로 식별가능성이라는 별도의 조건이 요구되지 않는다.

는 기업은 보유하고 있는 상표권에 대한 법적 권리를 가진다. 즉, 상표권은 법적 권리로부터 발생한 무형자산으로서 식별가능하다.[3)]

제3절 무형자산의 종류

앞서 우리는 도대체 무형자산, 즉 형태가 없는데 영업활동에 사용되는 자산이 어떤 것들이 있을까 생각해 보았다. 구체적으로 특허권, 저작권, 프랜차이즈, 소프트웨어나 라이선스 같은 것도 있고 상표권 같은 것도 있는 것 같은데, 이름만 들어도 기업이 영업활동에 어떻게 사용할 수 있을지 짐작이 가는 것들도 있다. 예로서 특허권을 생각해 본다면, 특허권이 있다는 것은 특허법에 근거한 독점적인 발명을 이용하여 일정 기간 동안 제품을 제조하고 판매할 수 있는 독점적인 권리를 가지게 된다는 의미이니 기업의 영업에 도움이 될 것 같다.

그런데 우리가 살펴보고 있는 무형자산은 크게 세 가지 종류, 구체적으로 개별취득 무형자산, 개발비, 그리고 영업권으로 나뉘어진다. 일단, 앞서 누가 당신에게 무형자산에 어떤 것이 있냐고 물었을 때 당신이 개발비나 영업권을 떠올리지 않았다면 당신이 머리속에 떠올렸던 그 무형자산은 모두 개별취득 무형자산이라고 생각하면 된다.

무형자산의 종류별 특성을 살펴보면서 무형자산이 가지는 정보의 의미에 대해서 생각해 보도록 하자.

3.1 개별취득 무형자산

개별취득 무형자산은 말 그대로 기업 외부에서 개별적으로 취득하는 무형자산을 의미한다. 기업이 유형자산인 기계장치를 취득하면서 경영자가 원하는 장소와 상태에 이르기까지 직접적으로 관련된 지출을 기계장치의 취득원가로 하

3) 대부분의 무형자산들이 계약상의 권리나 기타 법적 권리로부터 발생한다.

는 것을 떠올릴 수 있다면, 기업이 특허권이나 상표권과 같은 무형자산을 취득하면서 경영자가 의도하는 방식으로 해당 무형자산을 운용할 수 있을 때까지 직접적으로 관련된 지출을 해당 무형자산의 취득원가로 하게 된다.

다음의 예시를 통해서 개별취득 무형자산의 취득원가를 살펴보도록 한다.

〈예시 8.1〉

(주)세연산전은 생산시스템 개선을 위한 소프트웨어를 구입하였다. (주)세연산전은 소프트웨어의 구입과 관련하여 다음과 같은 비용을 지출하였다. 소프트웨어의 취득원가는 얼마인가(단위: 원)?

소프트웨어 구입 가격	20,000
소프트웨어 구입 관련 관세	1,500
소프트웨어 구입과 직접 관련된 종업원 급여	2,000
소프트웨어 설치 시 지급한 전문가 수수료	1,000
소프트웨어 정상작동 검사비용	700

위에서 제시된 내용들은 모두 소프트웨어를 취득하면서 경영자가 의도하는 방식으로 해당 소프트웨어를 운용할 수 있을 때까지 직접적으로 관련된 지출이므로 소프트웨어의 취득원가는 25,200원이 된다. 우리는 소프트웨어가 어떻게 생겼는지 볼 수는 없지만 소프트웨어를 식별할 수 있기 때문에 무형자산으로 정의할 수도 있고 취득할 수도 있다.

다시 말하지만 무형자산은 형태가 없다는 차이가 있긴 하지만 많은 특성을 유형자산과 공유하며 자산의 취득과정에서도 유형자산과 동일한 모습을 보인다. 앞서 살펴본 예시에서 소프트웨어 대신에 기계장치라는 단어를 넣고 취득원가를 측정해 보면 다음과 같다.

기계장치 구입 가격	20,000
기계장치 구입 관련 관세	1,500
기계장치 구입과 직접 관련된 종업원 급여	2,000
기계장치 설치 시 지급한 전문가 수수료	1,000
기계장치 정상작동 검사비용	700

위에서 제시된 내용들은 모두 기계장치를 취득하면서 경영자가 원하는 장소와 상태에 이르기까지 직접적으로 관련된 지출이므로 기계장치의 취득원가는 25,200원이 된다.

다시 한번 이야기하지만 무형자산과 유형자산은 많은 부분을 공유한다. 대표적인 예로 유형자산에서 살펴본 감가상각과 재평가의 개념이 무형자산에 있어서도 전부는 아니지만 대부분 동일하게 적용된다.[4] 따라서 유형자산 관련 내용들을 잘 이해하면 무형자산 관련 내용을 이해하는 데 응용할 수 있는 부분이 매우 많다.

3.2 개발비

개발비라는 계정은 명칭 자체가 주는 느낌에서 마치 비용인 것처럼 생각되지만 무형자산의 한 종류이다. 앞서 살펴본 개별취득 무형자산은 기업이 외부에서 취득하여 보유하게 되는 반면, 개발비라는 무형자산은 기업 외부에서 취득한 무형자산이 아니라 기업 내부에서 창출한 내부창출 무형자산(internally generated intangible assets)이라는 점에서 개별취득 무형자산과 차이가 있다.

예로서 (주)세연정밀이라는 기업이 디스플레이를 생산하여 판매하는 기업인데 차세대 디스플레이 개발기술에 대한 필요를 가지고 있다고 가정해 보자. (주)세연정밀이 차세대 디스플레이 개발기술이라는 역량(무형자산)을 보유할 수 있게 되는 방법은 여러 가지가 있다.

첫 번째, 기업 외부에 (주)세연정밀이 필요로 하는 차세대 디스플레이 개발기술을 보유하고 있는 개인이나 기업으로부터 해당 기술을 사용할 수 있는 권리를 사오면 된다. 이렇게 하면 (주)세연정밀이 구입한 차세대 디스플레이 개발기술이라는 무형자산은 개별취득 무형자산이 된다.

그런데 (주)세연정밀이 차세대 디스플레이 개발기술이라는 역량(무형자산)을 보유할 수 있는 또 다른 방법이 있다. (주)세연정밀이 개발팀을 구성해서 스스로 차세대 디스플레이 개발기술을 개발해 내는 것이다. 예로서 (주)세연정밀이 필요로 하는 차세대 디스플레이 개발기술의 외부 구입조건이 잘 맞지 않거

4) 유형자산에서 다루었던 감가상각 내용을 무형자산에서는 상각이라는 명칭으로 다루게 된다.

나 기업 외부에 차세대 디스플레이 개발기술이 아직 존재하지 않는 경우에 (주)세연정밀은 기업 내부에서 차세대 디스플레이 개발기술을 개발해 내겠다는 의사결정을 할 수 있다.

이러한 경우에, (주)세연정밀이 기업 내부에서 차세대 디스플레이 개발기술을 개발하였다고 하면, 그 기술은 이후 (주)세연정밀의 주된 영업에 사용되어 경제적 효용을 가지고 오게 되므로 무형자산이 될 것이다. 이와 같이 기업에서 내부적으로 창출하여 낸 무형자산을 개발비라고 한다. 만약에 이렇게 듣고 나면, 개발비의 취득원가를 판단할 때 "개발팀을 구성하고 개발 시작 시점부터 개발이 완료될 때까지 들어간 지출 다 모아서 개발비라는 무형자산의 취득원가로 하면 되겠구나"라고 생각할 수도 있을 것이다. 그런데 개발비라는 무형자산을 인식하는 것이 그렇게 간단한 일이 아니다. 무형자산을 외부에서 개별적으로 취득하는 경우에는 취득의 대가가 명확한 반면, 내부적으로 창출하는 경우에는 취득의 대가를 명확히 하는 것을 포함하여 생각해야 할 많은 사항들이 있기 때문이다.[5)]

내부창출 무형자산에 대해서 좀 더 구체적으로 살펴보면, 일단 기업 내부적으로 무형자산을 창출해 내는 과정은 크게 연구단계와 개발단계라는 두 단계로 나뉘어진다.

연구단계는 무형자산을 내부 창출해 나가는 과정 중 초기 단계로서 아직 미래 경제적 효익을 창출할 무형자산이 존재한다는 것을 제시하지 못한 단계이다. 연구단계의 활동의 예는 다음과 같다.

① 새로운 지식을 얻고자 하는 활동
② 연구결과나 기타 지식을 탐색, 평가, 최종 선택, 응용하는 활동
③ 재료, 장치, 제품, 공정, 시스템이나 용역에 대한 여러 가지 대체안을 탐색하는 활동
④ 새롭거나 개선된 재료, 장치, 제품, 공정, 시스템이나 용역에 대한 여러 가지 대체안을 제안, 설계, 평가, 최종 선택하는 활동

---

5) 예로서 개발팀에 속해 있지 않은 직원이 원래 맡고 있는 본인의 업무를 하면서 틈틈이 개발팀의 업무를 지원하였다고 생각해 보자. 해당 직원의 급여는 무형자산(개발비)의 취득원가에 포함되어야 하는가? 포함된다면 전체 급여 지급액 중 얼마만큼 포함되어야 하는가?

새로운 지식을 습득하거나 여러 대체안들을 습득하는 과정 등은 새로운 개발의 초기에 필요한 과정이긴 하지만, 이러한 과정 자체가 미래의 경제적 효익을 보장하는 것은 아니다. 예로서, 이런저런 방법을 모색해 보다가 개발을 중지할 수도 있는 것 아닌가? 이러한 무형자산 내부창출과정 중 초기 단계인 연구단계에서 지출한 금액은 전액을 자산이 아닌 연구비라는 당기 비용으로 인식하게 된다.

다음으로 개발단계는 연구단계보다 상대적으로 더 진전이 되어 있는 상태이다. 이 단계에서는 시제품의 제작과 시험 활동, 신규 또는 개선된 재료, 장치 제품, 공정, 시스템이나 용역에 대하여 최종적으로 선정된 안을 설계, 제작, 시험하는 활동 등과 같이 보다 구체적인 활동들이 이루어지게 된다. 개발단계의 활동의 예는 다음과 같다.

① 생산이나 사용 전의 시제품과 모형을 설계, 제작, 시험하는 활동
② 새로운 기술과 관련된 공구, 지그, 주형, 금형 등을 설계하는 활동
③ 상업적 생산목적으로 실현가능한 경제적 규모가 아닌 시험공장을 설계, 건설, 가동하는 활동
④ 신규 또는 개선된 재료, 장치, 제품, 공정, 시스템이나 용역에 대하여 최종적으로 선정된 안을 설계, 제작, 시험하는 활동

개발단계 진행 중 무형자산을 식별할 수 있고, 해당 무형자산이 미래 경제적 효용을 창출할 수 있음을 제시할 수 있다면 무형자산으로 인식하게 된다. 좀 더 자세히 보면, 개발단계 진행 중 다음의 6가지 사항을 하나도 빠짐없이 모두 제시할 수 있게 되었을 때, 개발단계 중 해당 시점 이전까지의 지출은 경상개발비라는 당기 비용으로 인식하고, 해당 시점 이후 개발단계 완료 시점까지의 지출은 비로소 개발비라는 무형자산으로 인식하게 된다.

- 무형자산을 사용하거나 판매하기 위해 그 자산을 완성할 수 있는 기술적 실현가능성
- 무형자산을 완성하여 사용하거나 판매하려는 기업의 의도

그림 8.1 내부창출 무형자산(개발비)의 인식

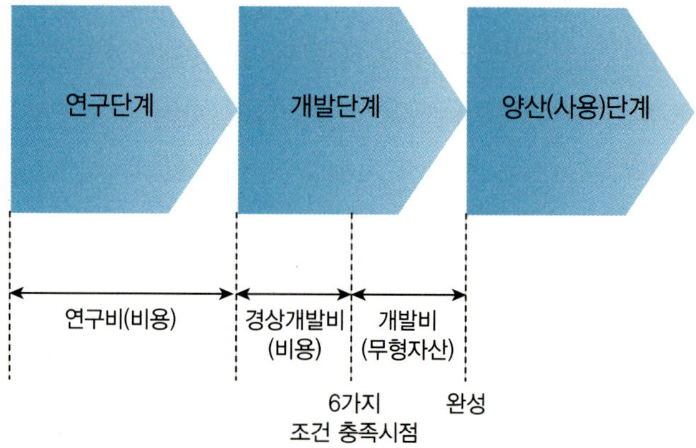

* 지출 시점이 연구단계인지, 개발단계인지 구분이 어려운 경우에는 연구단계에서 지출된 것으로 한다.

- 무형자산을 사용하거나 판매할 수 있는 기업의 능력
- 무형자산이 미래 경제적 효익을 창출하는 방법
- 무형자산의 개발을 완료하고 그것을 판매하거나 사용하는 데 필요한 기술적, 재정적 자원 등의 입수 가능성
- 개발과정에서 발생한 무형자산 관련 지출을 신뢰성 있게 측정할 수 있는 기업의 능력

〈예시 8.2〉

(주)세연주얼리는 20×1년에 구매시스템 혁신을 위한 차세대 소프트웨어 개발을 시작하였으며 20×1년 말 현재 개발을 진행 중이다.

소프트웨어 개발 관련 지출 내역은 다음과 같다(단위: 원).

새로운 지식을 알고자 하는 활동	3,000,000
시스템에 대한 여러 가지 대체안을 탐색하는 활동	1,300,000
시제품을 시험하는 활동	2,700,000
최종적으로 설정된 안을 시험하는 활동	5,000,000

상기 지출 이외에 연구단계와 개발단계의 구분이 어려운 지출 500,000원이 있다. 20×1년 9월 1일에 (주)세연주얼리는 내부창출 무형자산 인식을 위한 6가지 사항을 모두 제시할 수 있게 되었다. 20×1년 9월 1일 이후 20×1년 말까지 개발단계의 지출은 총 3,500,000원이 발생하였다.

(차) 연구비	4,800,000	(대) 현 금	12,500,000
경상개발비	4,200,000		
개발비	3,500,000		

연구단계의 지출 4,300,000원과 연구 및 개발 단계의 구분이 어려운 지출 500,000원을 포함한 4,800,000원은 연구비로 비용처리된다. 개발단계의 지출 7,700,000원 가운데 6가지 인식요건을 충족하기 이전에 지출한 4,200,000원은 경상개발비라는 비용으로 처리되며 6가지 인식기준을 충족한 이후 지출한 3,500,000원은 개발비라는 내부창출 무형자산으로 인식하게 된다.

삼성전자의 2021회계연도를 예로 들면 2021년의 삼성전자의 연구개발 총지출액은 22조 5,954억원(22,595,434백만원)이었으며 이 가운데 개발비로 자산화된 금액은 1,937억원(193,708백만원)으로서 전체 연구개발지출액 가운데 개발비로 자산화된 비율은 약 1% 정도라고 할 수 있다.[6)]

당신이 본 바와 같이 기업이 내부적으로 무형자산을 개발해 내는 것도 어려운 일이지만, 이러한 노력을 통해서 미래 경제적 효용을 창출할 수 있음을 제시하여 개발비라는 무형자산을 인식하는 것 역시 결코 쉽지 않은 과정이다.

당신에게 ○× 질문을 하겠다.

레스토랑을 운영하는 김성실 씨는 30년 동안 손님들에게 친절과 정성을 기울여왔고, 그 결과 300명의 단골손님을 확보하게 되었다. 실제로 이 손님들은 김성실 씨의 레스토랑을 즐겨 찾고 있으며 앞으로도 그러할 것이다. 김성실 씨는 이 고객들이 레스토랑을 경영하는 데 있어 소중한 자산이라고 믿으며 단골고객들로 인한 매출이 전체 매출의 90%

6) 삼성전자 사업보고서(2022) 금융감독원 전자공시시스템(dart.fss.or.kr).

에 이르고 있다. 김성실 씨에게 이 고객들, 좀 더 구체적으로 단골고객 목록은 자산인가? 참고로 김성실 씨는 단골고객 목록을 자산으로 인식하지 않고 있다. ( )

위의 김성실 씨가 레스토랑을 운영하던 중 다른 업종으로의 전환을 결정하고, 운영하던 레스토랑을 정리하게 되었다. 이에 레스토랑의 집기 등 대부분의 자산을 구입한 한근면 씨가 새롭게 레스토랑을 운영하게 되었는데 김성실 씨는 한근면 씨에게 본인이 보유하고 있던 고객목록의 매수 의사를 타진하였다. 한근면 씨는 고객목록이 새롭게 레스토랑을 운영하는 데 도움이 될 것으로 판단하고 김성실 씨로부터 고객목록을 100만원에 구입하였다. 한근면 씨가 김성실 씨로부터 구입한 단골고객 목록은 자산인가? ( )

첫 번째는 ×이다. 김성실 씨가 고객목록을 개발비라는 내부창출 무형자산으로 인식하기 위해서는 해당 무형자산의 미래 경제적 효용의 창출과 관련해서 상기 6가지 사항을 하나도 빠짐없이 모두 제시하여야 한다.

두 번째는 ○이다. 한근면 씨에게 단골고객 목록은 내부창출 무형자산이 아니라 김성실 씨로부터 명확한 대가인 100만원을 지급하고 구입한 개별취득 무형자산이다.

3.3 영업권

개별취득 무형자산과 내부창출 무형자산 이외에 또 다른 무형자산으로 영업권(goodwill)이 있다.

일단 당신에게 질문을 하겠다.

당신이 관심이 있는 기업이 시장에 매물로 나왔다.[7] 당신은 시장에 매물로 나온 그 기업에 관심이 있고 당신이 그 기업을 기존 주인(주주)로부터 구입하게 되면 당신은 그 기업의 단일 주인(주주)이 된다. 당신은 얼마를 주고 그 기업을 매수하면 되겠는가?

여러 가지 생각을 할 수 있겠는데 그 가운데 기존 주인(주주)이 달라는 만큼 준다고 생각할 수도 있을 것이다. 이 역시 좋은 생각이 될 수도 있지만 그냥 달

---

7) 기업의 특정 자산이 시장에 나온 것이 아니라 기업 자체가 시장에 나온 것이다. 기업 인수·합병을 생각하면 될 것이다.

라는 대로 주기보다는 무언가 조금 더 합리적인 사고, 즉 나는 이 기업이 얼마라고 판단하기 때문에 기존 주인에게 타당한 금액을 제시하거나 기존 주인(주주)이 제시한 가격을 받아들이거나 그러지 않을 것이라는 판단도 가능할 것이다.

그렇다면 당신은 그 기업이 얼마라고 판단해야 하는가? 당신은 이렇게 생각할 수도 있을 것이다. "기업의 기존 주인(주주)에게 기업을 사 오면 이제 내가 기업의 새로운 주인(주주)이 된다. 그렇다면 기업의 주인(주주)이 가지고 있는 것, 그 사람(또는 법인)을 기업의 주인으로 만들어 주는 게 뭐지? 주식이잖아? 결국 주식시장에서 거래되는 금액(주가)이 주인의 몫이 되니까 기업 전체 주식의 시장가치만큼을 기존 주인(주주)에게 주면 되겠네!"

매우 타당한 생각이다. 어떤 기업의 주식을 1%만큼 가지고 있으면 그 기업에서 1%만큼 주인이고 그 기업의 주식을 다 가지고 있으면 그 기업의 유일한 주인이 되는 게 맞다.[8] 그럼 하는 김에 하나 더 해 보자. 당신이 생각하고 있는 기업이 비상장기업, 즉 주식시장에서 거래가 되고 있지 않은 기업이면 어떻게 하겠는가?

당신은 이렇게 생각할 수도 있을 것이다. "생각을 좀 해 보자. 상장이 안 되어 있으니 주가를 구하기는 쉽지 않겠고, 그러면 주인(주주)의 몫을 어떻게 정하지? 어디에 내가 판단할 수 있는 주인(주주)의 몫과 관련된 정보가 있는 걸까? 아! 맞다! 재무상태표! 아무리 비상장기업이라도 재무제표는 다 있으니, 재무상태표 중에서 주인(주주)의 몫인 자본 부분을 보면 되겠네!"

기업의 재무상태를 나타내는 재무상태표로부터 주인(주주)의 몫인 자본을 확인한다는 생각은 좋은 착안이다. 그러면 생각한 김에 하나 더 생각해 보자. 우리가 유형자산에서 재평가에 대하여 살펴본 바 있다. 그 내용 중에 [그림 8.2]의 상황 1은 (주)성실상사의 토지에 역사적원가법을 적용한 것이고 [그림 8.2]의 상황 2의 (주)뉴성실상사의 재무상태표는 사실 [그림 8.2]의 상황 1의 (주)성실상사의 토지에 재평가법을 적용한 결과였던 것을 기억할 것이다.

만약 시장에 나온 기업 매물이 다름아닌 (주)성실상사라면 당신은 얼마를 지

---

8) 보유하고 있는 주식의 수(지분)에 비례하여 의결권을 가진다.

그림 8.2 기업의 재무상태

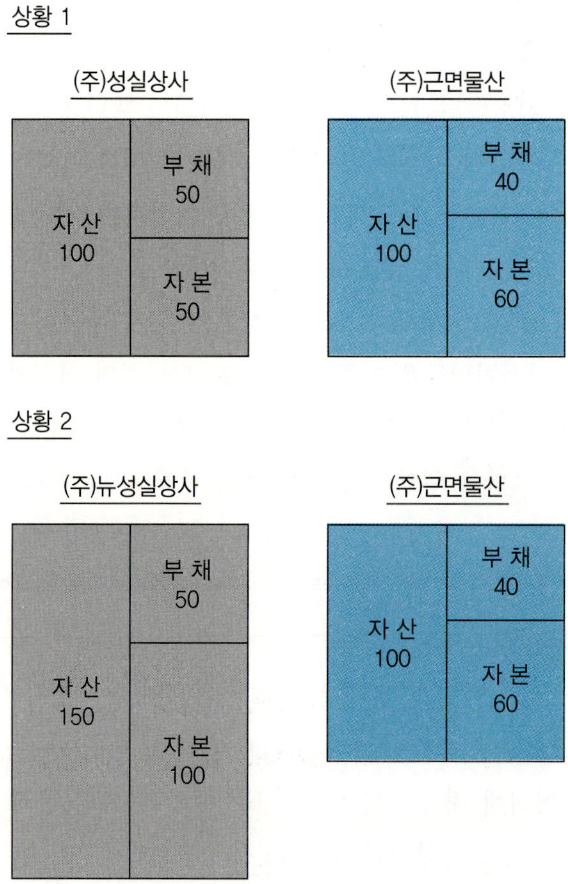

불해야 하는가? [그림 8.2]의 상황 1의 자본은 50원이고, [그림 8.2]의 상황 2의 자본은 100원이다. 기업의 본질은 하나인데 유형자산 가운데 토지라는 계정의 재평가법 적용 여부에 따라서 재무상태표 상의 주인(주주)의 몫이 50원만큼 차이가 나게 된다. 기업의 본질은 하나인데 재무상태표를 이용해서 살펴볼 수 있는 정보는 벌써 50원과 100원이라는 두 가지 상이한 숫자이다.

"아! 유형자산 중에 토지의 재평가법 적용 여부를 놓고 자본 금액이 달라지네……. 그러면 이제 자본이 50원인거야? 100원인거야? 무얼 선택해야 하지? 그건 그렇고 토지 말고 다른 유형자산들도 각각 재평가법 적용 여부 따질 때마다 자본 금액이 또 달라질 수 있을 것 같은데……. 비상장기업의 재무상태표 가지고 주주(주인)의 몫을 제대로 구할 수 있는 것 맞나? 아이고, 머리야…….”

결론부터 말하면 재무상태표만 가지고 누구나 수긍할 수 있는 주인(주주)의 몫에 해당하는 타당한 금액을 바로 찾아내는 것은 매우 어렵고도 요원한 일이라고 할 수 있다.

그러면 다른 접근방법을 한번 생각해 보도록 하자. 자산, 부채와 자본의 여러 계정으로 표현되는(주)성실상사의 재무상태표의 상황을 간단히 해서 (주)성실상사가 단순히 돈으로 보면 얼마짜리인가를 판단해 보도록 하자.

이를 위해서 당신이 (주)성실상사의 주인이 되었다고 가정을 해보자. 이제 가정상 당신이 (주)성실상사의 주인이므로 당신은 (주)성실상사의 자산을 당신의 의도대로 사용할 수 있는 권리가 있고 (주)성실상사의 부채를 상환해야 할 의무가 있다.

(주)성실상사의 주인(주주)의 몫을 단순히 돈으로 얼마짜리인가를 판단해 보기 위해서 먼저 (주)성실상사의 자산을 돈으로 나타내 보자. 이를 위해서 개별 자산들이 거래되는 시장에서 (주)성실상사의 자산들을 모두 공정가치로 매각한다고 가정하면 (주)성실상사의 자산은 모두 현금으로 바뀌게 된다. 다음으로 (주)성실상사의 부채를 당장 모두 현금으로 상환한다고 해보자. 그렇게 하면 최종적으로 남게 되는 현금을 주인(주주)의 몫(자산 − 부채 = 자본)으로 나타낼 수 있게 된다.

예로서 (주)성실상사의 자산을 현재 시점에서 시장의 공정가치로 모두 매각하였더니 현금이 170원만큼 모였다고 가정해 보자. (주)성실상사의 부채를 현재 시점에서 모두 상환하는 데 현금이 50원만큼 필요하다면, (주)성실상사와 관련해서 부채를 상환한 후 주인(주주)의 몫으로 남게 되는 현금은 120원이 되는 것이다. 당신은 모든 자산을 시장에서 공정가치로 환산하여 현금으로 평가하였고, 모든 부채 금액을 차감한 후에 (주)성실상사의 기존 주인(주주)의 몫이 현금으로 120원이 되는 것을 다음의 [그림 8.3]과 같이 확인한 후, 기쁜 마음으로 (주)성실상사의 기존 주인(주주)에게 다음과 같이 제안할 수 있을 것이다.

그림 8.3 현금흐름으로 평가(표현)한 주인(주주)의 몫

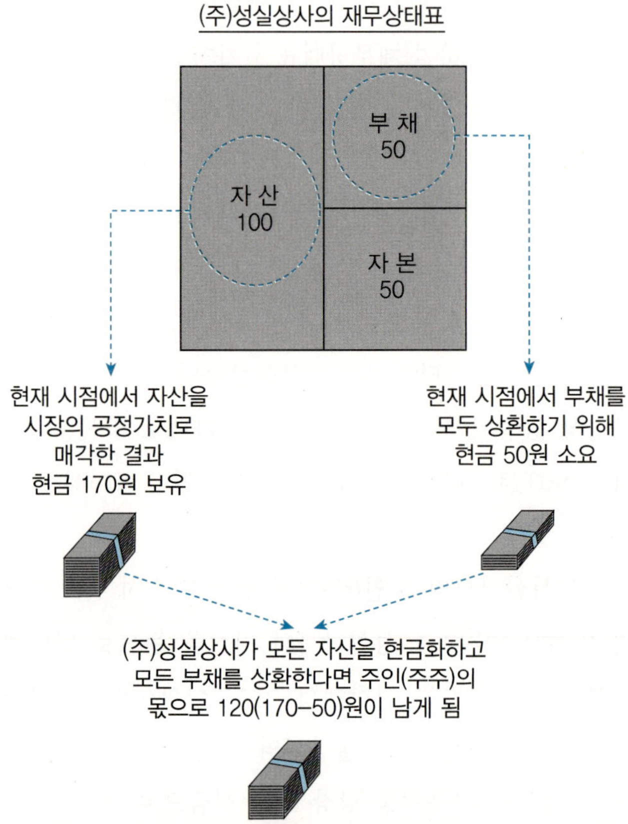

"당신의 기업이 비상장기업이어서 주인(주주)의 몫을 판단하는 것이 쉽지는 않았지만 마침내 당신(주인)의 몫이 현금으로 120원만큼이라는 것을 알게 되었습니다. 자, 여기 현금 120원이 있으니 기업을 나에게 매각하는 것이 어떻겠습니까?"

(주)성실상사의 기존 주인(주주)이 이에 응하면 거래가 성사될 것이다. 그런데 만약 (주)성실상사의 기존 주인(주주)이 당신의 합리적인 제안에 응하지 않으면 어떻게 될까? (주)성실상사의 기존 주인(주주)이 당신의 제안에 대하여 다음과 같이 응답하였다고 해 보자.

"나는 (주)성실상사를 매각할 분명한 의사가 있습니다. 그리고 당신의 제안

에 감사를 드립니다. 그런데 나는 (주)성실상사를 150원에 매각할 계획을 가지고 있으며, 그 이하의 가격으로는 매각할 생각이 없습니다."

이 이야기를 듣고 당신은 다음과 같이 생각할 수 있을 것이다. "자산들을 하나도 빼놓지 않고 다 시장의 공정가치를 기준으로 해서 현금으로 반영했고, 부채 다 상환하고 나면 120원(만큼의 현금)이 정확한데 난데없는 30원은 어디서 나온 거야?"

이제 당신은 선택의 기로에 서 있다. (주)성실상사의 재무제표(재무상태표)의 정보에 기초해서 당신이 판단할 수 있는 타당한 (주)성실상사의 주인(주주)의 몫은 120원이 맞는데 기존 주인은 150원을 달라고 한다. 당신은 어떻게 할 것인가? 당신이 생각했던 금액보다 비싸다고 판단되면 사지 않으면 된다. 그런데 만약 당신이 평가했던 금액보다 30원만큼 더 주고라도 사고 싶거나 혹은 사야 한다면 어떻게 되겠는가?

당신이 현금 150원을 주고 (주)성실상사를 샀다고 해 보자. 그럼 이제 (주)성실상사의 자산은 당신의 자산이고 (주)성실상사의 부채는 당신의 부채가 된다. 기업을 인수하였을 시에 새로 인식하는 자산과 부채의 취득가액은 해당 시점의 공정가치가 된다. 상식적으로 생각해 보면, 지금 당신이 새로 자산과 부채를 당신의 것으로 취득하게 되는 것인데 이 자산과 부채를 과거의 금액이 아닌 현재 시점의 공정가치로 인식하는 것은 당연하다고 할 수 있다. 예로서 당신이 지금 토지를 새로 취득하게 되는 것인데 (주)성실상사가 과거에 취득하던 시점(예: 20년 전)의 금액이 30원이고 지금 거래되는 가격, 즉 공정가치가 80원이라면 당신은 지금 취득하는 토지가 30원인 것으로 보이는가? 아니면 80원으로 보이는가?

이를 회계정보로 나타내면 다음과 같이 정리될 수 있는데, 그러면 당신은 의심을 가질 수 있다.

(차) 자　산(공정가치)	170	(대) 부　채(공정가치)	50
		현　금	150

"이상하네, 자산은 하나도 빠짐없이 다 공정가치로 평가하였고, 부채도 역시

다 공정가치로 평가하였고, 내가 지급한 현금도 감소한 만큼 분개를 했는데, 차변과 대변의 합이 맞지 않네? 빠뜨린 것은 없는데 왜 안 맞지?"

차변과 대변 간에 차이가 나는 이유는 당신이 공정가치로 평가한 주인(주주)의 몫보다 30원만큼을 더 지불하였기 때문이다. 당신은 왜 30원만큼을 더 주고서라도 (주)성실상사를 인수하는 것인가? (주)성실상사와 당신의 기존 사업이 합치면 시너지 효과가 나타나는가? (주)성실상사를 인수함으로써 사업다각화를 꾀할 수 있는가? (주)성실상사의 물류망이 당신의 사업에 절실히 필요하였나? 무엇인가 기존의 장부에 나타난 개별 계정들의 정보(공정가치)를 통해서는 설명할 수 없는 그 어떤 이유로 당신은 30원만큼을 더 지불한 것이다. 회계에서는 이와 같이 인수 시에 기업의 순자산(자본)의 공정가치(자산의 공정가치−부채의 공정가치)를 초과하여 지불한 금액을 영업권이라는 무형자산으로 인식한다. 이에 따라 당신의 (주)성실상사 인수 관련 내용을 회계정보로 나타내면 다음과 같이 정리될 수 있다.

(차) 자　산(공정가치)	170	(대) 부　채(공정가치)	50
영업권(무형자산)	30	현　금	150

영업권을 무형자산으로 인식한 이후에는 다른 무형자산들과는 달리 상각을 실시하지 않는다. 즉, 영업권을 인식하던 시점에 기대하였던 효과가 이후 특정한 내용연수 동안이 아니라 지속적으로 유지된다고 보는 것이다. 그러나 인수 · 합병 시에 인정하였던 영업권의 가치가 영구히 지속되리라는 보장은 없다. 따라서 영업권에 대하여 내용연수를 한정하거나 상각을 하지는 않지만 최초 인정하였던 영업권의 가치가 유지되고 있는지에 대하여 지속적으로 검사를 실시하고 가치의 감액이 필요할 시에는 다음 절에서 다루어 보게 될 손상을 인식하게 된다.[9]

9) 이와 같은 논리는 한국채택국제회계기준(K-IFRS)을 적용하는 경우에 해당한다. 반면, 일반기업회계기준을 적용할 경우에는 영업권을 내용연수에 걸쳐 정액법으로 상각한다.

〈예시 8.3〉

(주)세연상사은 20×1년 1월 1일에 (주)성실물산을 인수하였다. 인수 시에는 사업결합으로 인한 이전대가인 현금 9,000원을 지급하였다. 사업결합 시점을 기준으로 (주)성실물산의 재무상태표 상 자산과 부채의 장부금액과 공정가치는 아래에 정리되어 있다. (주)세연상사가 (주)성실물산과 사업결합을 실시할 시에 필요한 분개를 하시오(단위: 원).

계 정	장부금액	공정가치
매출채권	2,000	2,000
토 지	2,000	3,500
건 물	2,000	2,700
차량운반구	5,000	4,900
선수이자	1,500	1,500
차입금	4,700	4,700

* (주)성실물산은 비용처리했지만 (주)세연상사의 입장에서는 무형자산으로 인식하는 상표권 1,000원이 존재한다.

사업결합을 통하여 식별가능한 (주)성실물산의 자산과 부채를 (주)세연상사의 자산과 부채로 인식한다. 인식 시에는 각 자산과 부채의 공정가치 금액으로 취득원가를 측정하게 된다. 이와 관련하여 사업결합의 주체는 (주)세연상사이므로 (주)성실물산의 경우에 상표권을 무형자산으로 인식하지 않았더라도 (주)세연상사의 입장에서 무형자산으로 인식할 조건을 충족하면 합병 시에 무형자산으로 인식하게 된다.[10] 아래의 분개에서 사업결합 결과 취득하게 되는 식별가능한 순자산(자산－부채)의 공정가치가 7,900원인 반면 지급대가는 9,000원으로서 1,100원을 초과 지급하게 된다. 사업결합 시에 순자산의 공정가치를 초과하여 지급하게 될 때 해당 초과 지급금액의 지급 대상을 식별할 수 없지만 영업권이라는 무형자산으로 인식하게 된다.

---

10) 반면 (주)성실물산이 기존에 무형자산으로 인식하여 보유하고 있더라도 (주)세연상사의 입장에서 무형자산으로 인식할 조건을 충족하지 못한다면 합병 시에 무형자산으로 인식하지 않게 된다.

20×1. 1. 1.					
(차)	매출채권	2,000	(대)	차입금	4,700
	토 지	3,500		선수이자	1,500
	건 물	2,700		현 금	9,000
	차량운반구	4,900			
	상표권	1,000			
	영업권	1,100			

합병 시에 발생하는 영업권을 실제 기업의 예를 통해서 살펴보도록 하자. 〈표 8.1〉은 2008년에 있었던 하이마트 합병 관련 영업권 발생 내용을 보여주고 있다. 2008년에 (주)유진하이마트홀딩스는 (주)하이마트를 인수하면서 1조 9,479억원을 합병대가로 지급하였다. 〈표 8.1〉에서 볼 수 있는 바와 같이 인수 당시에 (주)하이마트의 자산의 공정가액은 7,684억원, 부채의 공정가액은 5,552억원으로서 순자산(자본)의 공정가액은 2,132억원이었다. 이에 따라 매수원가인 1조 9,479억원 가운데 순자산의 공정가액인 2,132억원을 초과하는 1조 7,347억

표 8.1 하이마트 합병시 발생한 영업권[10)]

(단위: 백만원)

내 역	금 액
1. 취득시 자산의 공정가액	768,389
2. 취득시 부채의 공정가액	555,235
3. 취득시 순자산의 공정가액(=1−2)	213,153
4. 취득시 지분율	100%
5. 지분율에 해당하는 순자산의 공정가액 (=3*4)	213,153
6. 매수원가	1,947,933
7. 영업권 (=6-5)	1,734,779

11) 하이마트 감사보고서. 2008년.

원을 영업권으로 인식하게 되었다. 이와 같이 합병 시에 높은 인수가격이 발생한 원인은 합병 당시에 하이마트의 순자산이 많았기 때문이라기보다는 하이마트가 우량기업이며 미래의 높은 영업성과에 대한 기대에 따르는 프리미엄을 지급하였기 때문이다.[12)]

제4절 무형자산의 손상[13)]

무형자산을 포함해서, 여러 자산에 적용되는 중요한 개념 중에 손상이라는 것이 있다. 일단 먼저 손상이 무엇인지 한번 읽어보도록 하자.

무형자산의 손상(impairment)이란 무형자산을 보유하는 과정에서 자산 손상의 징후가 나타나는 경우에 해당 자산의 회수가능액(recoverable amount)을 추정하고, 추정한 회수가능액이 해당 자산의 장부금액보다 작은 경우에 손상차손(impairment loss)을 인식하는 것을 말한다.

어떠한가? 읽어보니 손상이라는 게 무엇인지 바로 이해가 되는가? 왠지 좀 어려워 보인다면 좀 더 쉽게 이야기를 해 보자. 당신이 어떤 기업의 재무제표를 보고 있다고 생각해 보자. 그 기업의 재무제표에 현금 계정의 장부금액이 10,000원 있다면 당신은 "이 기업에 현금이라는 자산이 10,000원이 있구나"라고 생각하면서 10,000원이라는 금액, 즉 10,000원만큼의 경제적 효용을 연상할 것이다. 그렇다면 그 기업에 현금이 아니라 무형자산, 또는 유형자산이 있는데 해당 계정의 장부금액이 10,000원 있으면 어떤 생각을 하겠는가? 다음과 같이 생각할 수도 있을 것이다. "이 자산의 장부금액은 10,000원이구나. 이 자산(무형자산 또는 유형자산)이라는 것은 말 그대로 미래에 경제적 효용을 가지고 오는 것

12) 유진그룹의 국제회계기준 조기도입과 하이마트 인수 관련 영업권 회계처리 사례. 2011. 곽수근·이준일·박선영. *회계저널*, 제20권 제2호.

13) 자산의 손상이라는 주제는 무형자산뿐만 아니라 유형자산, 재고자산 등 여러 자산에 광범위하게 적용되는 내용이다.

이니까 자산인데…… 미래에 경제적 효용을 얼마만큼 가지고 오는 걸까? 딱 장부금액인 10,000원만큼인가? 아니면 그 이상? 그 이하?" 쉽지 않은 판단이다.[14)]

당신이 어떤 물건을 사려 한다고 생각해 보자. 당신이 사려 하는 물건의 구입 가격은 10,000원이다. 쉽지 않겠지만 당신이 그 물건을 구입해서 미래에 얻고자 하는 효용은 얼마인지 생각해 보자. 만약 미래에 얻을 효용이 13,000원만큼이라면 사겠는가? 아니면 미래에 얻을 효용이 7,000원만큼이라면 사겠는가? 전자의 경우에는 살 수도, 또는 사지 않을 수도 있겠지만, 후자의 경우에는 다른 대안이 있다면 아마 대부분의 경우에는 구입하지 않을 것이다. 당신이 구매 여부에 대한 선택이 가능한 상황에서 3,000원만큼 손해가 나는 일을 자발적으로 하지는 않을 것 같다.[15)]

다시 우리의 주제로 돌아와서 재무제표 상 장부금액이 10,000원인 자산을 주목해 보자. 당신은 그 자산에서 무엇을 기대하는가? 그 자산이 당신에게 어떤, 더 구체적으로 얼마만큼의 경제적 효용을 가져다 주기를 기대하는가? 그 기업의 회계담당자가 재무제표를 보고 있는 당신에게 다음과 같이 이야기를 해주었다고 생각해 보자.

상황 1: "당신이 보고 계신 장부금액이 10,000원인 자산은 우리 기업에 앞으로 13,000원만큼의 경제적 효용을 가지고 올 것으로 예상하고 있습니다."

상황 2: "당신이 보고 계신 장부금액이 10,000원인 자산은 우리 기업에 앞으로 7,000원만큼의 경제적 효용을 가지고 올 것으로 예상하고 있습니다."

---

14) 여기에 무형자산이나 유형자산에 역사적원가법을 적용하는지, 재평가법을 적용하는지까지 같이 보면 장부금액의 의미를 생각할 때 더 혼란이 온다. 언젠가 더 세부적으로 살펴볼 날이 올 수도 있겠지만, 여기서는 일단 역사적원가법을 사용한다고 생각하고 손상이라는 주제에 집중해 보자!

15) 물론 당신이 물건을 구입할 때마다 미래 경제적 효용을 얼마만큼 얻을 것이라고 정확히 계산하고 구입 여부를 결정하는 것은 아니겠지만, 물건을 사면서 들인 돈보다는 더 효용을 얻기를 바라는 것이 인지상정 아니겠는가?

자, 두 가지 상황 모두 해당 자산의 미래 경제적 효용의 기대 금액은 재무제표 상의 장부금액과 다르다. 어떤 상황이 당신을 더 놀라게 하고 있는가? 회계에서는 정보의 관점에서 후자가 상대적으로 더 위험하다고 보고, 전자의 경우에는 가만히 두지만 후자의 경우에는 장부금액을 낮추는 조치를 취하게 되는데 이것이 (무형자산의) 손상이라는 것이다.

그러면 당신은 다음과 같이 생각할 수도 있을 것이다. "참 이상하네, 무형자산이든 유형자산이든 미래에 가지고 오는 경제적 효용이 작아지면 그 자산은 인기가 없어질 것이고, 그러면 거래되는 공정가치가 알아서 낮아질 텐데……. 그런데, 기업에서 역사적원가법을 쓰면 공정가치를 반영하지 않는 것이니까 장부금액을 낮추면 안 되는 거 아냐? 그리고, 기업에서 재평가법을 사용하면 낮아진 공정가치만큼 알아서 장부금액을 낮추니까(재평가 실시) 신경 쓸 일이 없을 것 같은데 왜 손상이라는 게 나왔지?" 매우 타당한 의문이다. 먼저, 재평가법과 관련된 의문은 이후 계속 회계를 배워나가면서 해결해 나가도록 하고 본서에서는 역사적원가법을 중심으로 이야기를 해보도록 한다.

역사적원가법을 적용했을 때의 손상과 관련된 의문의 핵심은 이것이다.

"미래에 가지고 오는 경제적 효용이 작아지든 말든 역사적원가법은 공정가치의 영향을 받지 않고 취득원가에 기초해서 장부금액을 나타내는 것 아닌가?"

당신 생각이 맞다. 그래서 실제로 제7장의 예시1이나 예시2를 보면 역사적원가법을 사용할 때에는 공정가치가 오르든 내리든 고려하지 않았던 것을 확인할 수 있다.

이쯤에서 본 절의 첫 번째 문단에서 나왔던 손상의 내용을 다시 한번 상기해 보도록 하겠다.

> 무형자산의 손상이란 무형자산을 보유하는 과정에서 자산 손상의 징후가 나타나는 경우에 해당 자산의 회수가능액을 추정하고, 추정한 회수가능액이 해당 자산의 장부금액보다 작은 경우에 손상차손을 인식하는 것을 말한다.

먼저 자산 손상의 징후라는 것이 무엇인가 생각해 보자. 대표적인 자산 손상의 징후의 예로는 다음과 같은 것들이 있다.

- 자산의 진부화 또는 물리적 손상 증거
- 회계기간 중 기업에 불리한 영향을 미치는 중요한 변화가 자산의 사용범위 및 사용방법에서 발생하였거나 가까운 미래에 발생할 것으로 예상
- 자산의 경제적 성과가 기대수준에 미치지 못하거나 못할 것으로 예상되는 증거
- 회계기간 중 자산의 시장가치가 시간의 경과나 정상적인 사용에 따라 하락할 것으로 기대되는 수준보다 중요하게 더 하락
- 해당 자산을 사용하여 재화나 용역을 공급하는 시장에서 기업에 불리한 영향을 미치는 중요한 변화가 회계기간 중에 발생하였거나 가까운 미래에 발생할 것으로 예상

하나하나 보면서 느낌이 어떠한가? "와! 이거 예사로 볼 일이 아닌데……." 하나씩 살펴보면 손상차손의 징후라는 것이 기업에서 늘 발생해서 대수롭지 않게 여길 만한 일들은 전혀 아니라는 것을 느낄 수 있을 것이다.

우리가 역사적원가법을 사용하면서 공정가치를 반영하지 않는다는 것은 설령 이런저런 이유로 공정가치가 장부금액보다 높아지거나 낮아진다고 해도 그러한 효과를 회계정보로서 장부에 반영하지 않는다는 것을 의미한다. 그런데 앞서 나온 내용을 보면 이해할 수 있겠지만 손상차손의 징후라는 것이 가볍게 넘길 만한 일들이 결코 아닌 심각한 사항이며, 이러한 이유에서 기대되는 미래 경제적 효용이 낮아진다면, 설령 역사적원가법을 사용한다고 해도 그러한 영향을 장부에 반영하게 되는 것이다.

다음으로 회수가능액이라는 것을 알아보자. 회수가능액은 다음과 같이 정의할 수 있다.

회수가능액 = Max(순공정가치, 사용가치)

회수가능액(recoverable amount)은 순공정가치라는 금액과 사용가치라는 금액 가운데 큰 금액을 의미한다. 한번 생각해 보자. 당신이 역사적원가법을 사용하

고 있는데, 위에 열거된, 또는 열거되지 않은 자산 손상의 징후로 인해 당신 기업의 자산 장부금액보다 해당 자산이 가지고 올 경제적 효용이 더 작을 것으로 판단된다고 가정해 보자. 당신은 어떤 방법을 이용해서 그 자산으로부터 경제적 효용을 가지고 올 수 있겠는가? 첫 번째, 당신은 자산 손상이 예상되는 그 자산을 더 이상 사용하지 않고 당장 처분해서 경제적 효용(현금)을 획득할 수 있다. 이 경우, 당신이 얻게 되는 금액은 해당 자산의 공정가치에서 처분 관련 부대비용만큼을 제한 금액이 되는데 이와 같이 당신이 처분을 통해서 최종적으로 얻게 되는 금액을 순공정가치(fair value less costs to sell)라고 한다.[16] 두 번째, 당신은 해당 자산을 처분하지 않고 얼마가 되었든 계속 사용해서 경제적 효용을 얻을 수도 있다. 이렇게 해당 자산의 보유 및 사용을 통해 미래에 얻게 되는 경제적 효용을 사용가치(value in use)라고 한다.[17]

이렇게 해당 자산으로부터 경제적 효용을 얻을 방법이 두 가지가 있으면, 당신은 그 두 가지 가운데 어떤 금액을 선택하겠는가? 당신이 경제적 효용을 얻는 것이므로 가능하다면 더 큰 금액을 선택하지 않겠는가? 이렇게 선택된 둘 중 큰 금액을 회수가능액, 말 그대로 해당 자산으로부터 회수가 가능한 금액이라고 정의한다.[18]

자, 이제 손상에 대해서 좀 더 구체적으로 알아보자. 당신이 손상의 징후가 있어 장부금액이 10,000원인 자산의 회수가능액을 추정해 보았더니 13,000원이 나왔다면 어떻게 하겠는가? 이 경우에는 아무 조치도 취하지 않는다. 손상의 징후가 있었음에도 해당 자산으로부터 기대되는 경제적 효용이 현재의 장부금액보다 더 큰 것이다. 회계에서는 이와 같이 미래에 이익이 예상되는 경우에 실제

---

16) 당신이 처분하는 자산의 공정가치(시장에서 거래되는 금액)가 3,000원인데 처분 관련 당신이 부담하는 부대비용(예: 운송비, 세금 등)이 500원이라면 최종적으로 당신이 수취하게 되는 금액(순공정가치)은 2,500원이 된다.

17) 좀 더 정확하게는 해당 자산의 보유, 사용 및 처분을 통해 미래에 얻게 되는 경제적 효용을 현재가치로 할인한 금액을 사용가치라고 한다. 아직 현재가치의 개념을 다루지 않았으므로 일단은 "사용해서 얻는 경제적효용"을 사용가치라고 생각하도록 하자.

18) 상황에 따라서는 두 가지 금액 중 한 가지 금액만을 가용할 수 있는 경우도 있다. 이 경우는 가용할 수 있는 금액을 회수가능액으로 한다.

이익이 발생하는 시점까지 별도의 조치를 취하지 않는다.

반면 장부금액이 10,000원인 자산의 회수가능액을 추정해 보았더니 7,000원이 나왔다면 어떻게 하겠는가? 이 경우에는 해당 자산의 장부금액을 회수가능액 금액까지 낮추어 주고 두 금액 간의 차이는 손상차손이라는 당기 비용으로 인식하게 된다. 장부금액이 10,000원인 자산으로부터 미래 경제적 효용을 7,000원만큼 얻을 것으로 예상된다면 이 이야기의 결론은 3,000원만큼 손해가 나는 것이다. 예로서 당신이 10,000원을 주고 구입해서 가지고 있는 물건을 앞으로 팔게 되면 7,000원을 받을 수 있다고 생각해 보자. 당신은 다음과 같이 생각할 것이다. "10,000원을 주고 물건을 사 왔는데, 당장은 아니더라도 미래 언젠가 팔게 되면 7,000원에 팔게 되니까 하여튼 3,000원 손해가 나겠구나."

맞다. 당장은 아니지만 미래에 실질적인 손해가 예상되는 것이다. 회계에서는 이와 같이 미래에 손해가 예상되는 경우에는 실제로 손해가 발생하는 미래의 시점까지 기다리지 않고 손해가 예상되는 시점에 다음과 같이 예상되는 미래의 손해만큼 바로 비용을 인식하게 된다.

(차) 손상차손	3,000	(대) 손상차손누계액	3,000

차변의 손상차손은 당기의 비용이며 대변의 손상차손누계액은 우리가 유형자산에서 살펴보았던 감가상각누계액과 마찬가지로 해당 자산의 장부금액을 차감해 주는 역할을 하는 계정과목이다.

〈예시 8.4〉

(주)세연산전은 20×1년 1월 2일에 영업시스템 개선을 위한 소프트웨어를 구입하고 즉시 사용하기 시작하였다. (주)세연산전은 소프트웨어의 구입 관련 취득원가로 현금 100,000원을 지급하였으며 소프트웨어에 대하여 역사적원가법을 적용한다. 소프트웨어의 내용연수는 10년이며 잔존가치는 0이고 상각방법은 정액법을 적용한다. 20×2년 말에 자산 손상의 징후가 발생하여 손상검사를 실시한 결과 소프트웨어의 순공정가액은 71,000원, 사용가치는 72,000원인 것으로 나타났다. 20×1년부터 20×3년까지 (주)세연산전이 소프트웨어와 관련하여 해야 할 회계처

리를 제시하시오.

20×1.1.2.	(차) 소프트웨어	100,000	(대) 현　금	100,000
20×1.12.31.	(차) 상각비	10,000*	(대) 상각누계액	10,000

* 100,000(취득원가 100,000 − 잔존가액 0)/10(내용연수) = 10,000

20×2.12.31.	(차) 상각비	10,000	(대) 상각누계액	10,000

20×2년 말에 자산 손상의 징후가 발생하였는데 손상과 관련해서는 해당 시기의 장부금액과 회수가능액을 비교하여 장부금액보다 회수가능액이 작으면 손상차손을 인식하게 된다. 이때 먼저 주의할 점은 "해당 시기의 장부금액"이 해당 시기까지의 상각을 마친 금액이라는 점이다. 상기 예에서 장부금액 90,000원은 20×1년 말의 금액이므로 20×2년 말 시점에 손상차손 실시 여부와 무관하게 나타나는 해당 시점의 장부금액을 판단해서 동일 시점(20×2년 말 시점)의 회수가능액과 비교하기 위해서는 손상 여부와 무관하게 상각을 먼저 실시하게 된다.[19) 이와 같이 20×2년 말에 20×2년도에 해당하는 상각을 실시한 이후 20×2년 말의 장부금액은 80,000원이 된다.

해당 시기(여기서는 20×2년 말)의 장부금액을 구하고 나면, 회수가능액을 구하게 된다. 상기 예시에서 소프트웨어의 순공정가액은 71,000원, 사용가치는 72,000원으로 제시되었으므로 소프트웨어의 회수가능액은 두 금액 가운데 큰 금액인 72,000원이 된다.

정리하면 우리는 손상검사를 실시하기 이전에 소프트웨어의 장부금액을 80,000원으로 알고 있었는데, 손상의 징후에 따른 검사 결과 소프트웨어로부터 회수할 수 있는 경제적 효용, 즉 회수가능액이 72,000원이라는 것을 알게 된 것이다. 이에 따라서 소프트웨어의 장부금액을 회수가능액까지 낮추고 기존 장부금액과 회수가능액 간의 차액을 손상차손이라는 당기 비용으로 인식하게 된다.

20×2.12.31.	(차) 손상차손*	8,000	(대) 손상차손누계액	8,000

* 80,000(손상차손 인식 전 장부금액) − 72,000(회수가능액) = 8,000

19) 20×2년 기준 당해년도 상각비 인식과 손상차손 인식 가운데 순서상 상각비 인식을 먼저 해주어야 한다. 손상차손을 먼저 인식한다는 것은 20×2년 말 회수가능액을 20×1년 말(20×1년도분 상각비 인식은 반영되고 20×2년도분 상각비 인식은 미반영)의 장부금액과 비교한다는 것이다.

상기 분개에 따라 20×2년 말 소프트웨어의 장부금액은 72,000원이 된다. 20×2년 말 소프트웨어의 장부금액에는 소프트웨어 계정의 차변 잔액 100,000원, 상각누계액 계정의 대변 잔액 20,000원, 그리고 손상차손누계액 계정의 대변 잔액 8,000원이 관련되어 있다. 앞서 말한 바와 같이 상각누계액과 손상차손누계액은 관련 자산을 차감하여 주는 평가계정이다. 이에 따라서, 우리는 "소프트웨어를 100,000원 주고 구입하였는데, 이 가운데 2년 동안 매년 10,000원씩 총 20,000원 상각비로 비용을 인식했고, 20×2년 말에 손상이 발생해서 8,000원을 손상차손이라는 비용으로 인식했습니다. 그러므로 소프트웨어의 장부금액이 72,000원(100,000원 − 20,000원 − 8,000원)인 것으로 생각해 주세요"라는 정보를 주게 되는 것이다.

자, 이제 20×3년이 되었다. 20×3년에는 어떻게 회계정보를 만들게 될까? 20×3년에 손상과 관련된 추가적인 다른 정보가 없으므로 손상 관련 조치는 취할 것이 없고 상각을 실시하면 된다. 상각을 실시하기 위해서 관련되는 기초정보들이 어떤 것이 있겠는가? 당신은 이렇게 생각할 수도 있다. "상각방법은 정액법이고, 내용연수는 10년이고, 잔존가치는 0, 상각 대상 금액은 100,000원이었으니, 20×1년이나 20×2년처럼 10,000원을 상각비로 해주면 되는 것 아냐?"

그렇게 생각할 수도 있는데 이런 방법은 손상차손이란 내용이 없었을 때 이야기이고 손상차손이 발생했을 때에는 좀 더 고려해 주어야 할 사항들이 있다. 당신이 20×2년 말에서 20×3년 초로 막 넘어온 순간을 생각해 보자. 당신은 소프트웨어의 장부금액을 얼마만큼 가지고 넘어왔는가? 80,000원? 72,000원? 손상이 일어나서 원래 예정보다 8,000원을 20×2년도에 추가로 손상차손이라는 비용으로 인식하였기 때문에 당신이 20×3년도로 가지고 온 소프트웨어의 장부금액은 72,000원이고 이것이 (잔존가치가 없은 상황에서) 앞으로 상각을 시킬 상각대상금액이 되는 것이다.

그러면 당신은 다음과 같이 생각할 수 있다. "생각을 좀 해 보자. 내가 20×3년을 포함해서 앞으로 감가상각을 시켜야 하는 총금액(상각 대상 금액)이 72,000원이고, 20×3년을 포함해서 앞으로 남은 기간은 전체 내용연수 10년 중에 2년은 이미 지났으니 총 8년, 상각방법은 정액법이면, 상각 대상 금액 72,000원을 남은 내용연수인 8년으로 나누어서 9,000원(72,000/8)이 되는 건가?" 아주 훌륭하다. 20×2년 말에 상각을 실시하고 나서 20×3년도에 당신이 맞이하게 되는 세상은 당신이 생

그림 8.4 상각누계액(정액법)과 손상차손누계액_자산의 차감계정

20×1.1.1.	(차) 소프트웨어	100,000	(대) 현　금	100,000
20×1.12.31.	(차) 상각비	10,000	(대) 상각누계액	10,000

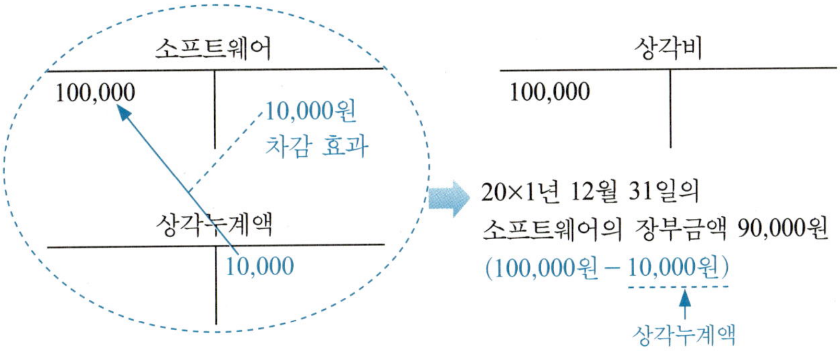

20×2.12.31.	(차) 상각비	10,000	(대) 상각누계액	10,000
	(차) 손상차손	8,000	(대) 손상차손누계액	8,000

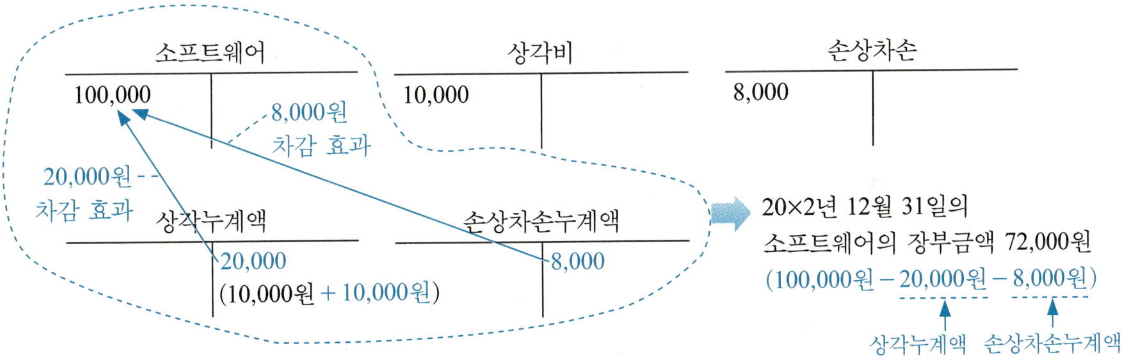

20×3.12.31.	(차) 상각비	9,000	(대) 상각누계액	9,000

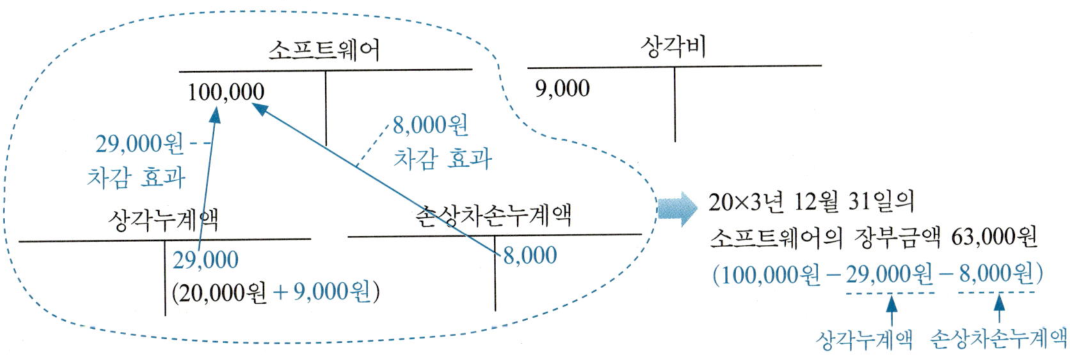

각한 것처럼 상각 대상 금액이 72,000원이고 (잔존)내용연수가 8년인 새로운 세상이다. 이에 따라 새로운 조건에 따라 해당 시기의 상각비를 계산하면 되는 것이다.[20)]

20×3.12.31.	(차) 상각비	9,000	(대) 상각누계액	9,000

이후 기간에 있어서 손상과 관련된 추가적인 다른 정보(변화)가 없다면 손상 관련 조치는 취할 것이 없고 매년 말에 20×3년 말의 분개와 동일하게 상각을 실시하면 된다.

이렇게 하고 나서 당신은 "무형자산의 손상은 알겠는데, 그럼 유형자산의 손상은 어떻게 하면 되나?" 하고 의문을 가질 수도 있다. 상기 무형자산의 손상 관련 예시를 본 후에 다음의 유형자산의 손상 관련 예시를 보고 해낼 수 있을지 생각해 보기 바란다. 무형자산과 유형자산에 있어서 손상에 대응하는 논리는 동일하다.

〈예시 8.5〉

(주)세연산전은 20×1년 1월 2일에 영업활동을 위한 건물을 구입하고 즉시 사용하기 시작하였다. (주)세연산전은 건물의 구입 관련 취득원가로 현금 1,000,000원을 지급하였으며 건물에 대하여 역사적원가법을 적용한다. 건물의 내용연수는 10년이며 잔존가치는 100,000원이고 상각방법은 정액법을 적용한다. 20×2년 말에 자산 손상의 징후가 발생하여 손상검사를 실시한 결과 건물의 순공정가액은 780,000원, 사용가치는 755,000원인 것으로 나타났다. 20×1년부터 20×3년까지 (주)세연산전이 건물과 관련하여 해야 할 회계처리를 제시하시오.

20×1.1.2.	(차) 건 물	1,000,000	(대) 현 금	1,000,000
20×1.12.31.	(차) 감가상각비	90,000*	(대) 감가상각누계액	90,000

* 900,000(1,000,000(취득원가) − 100,000(잔존가액))/10(내용연수) = 90,000

---

20) 당신은 이렇게 분개를 하면서 20×1년과 20×2년에 했던 분개와 다른 금액이 나와서 불안할 수도 있다. 상기 예처럼 이전에 했던 내용(조건)을 돌아보지 않고 새롭게 바뀐 조건에 따라 이후 시점의 분개를 실시하는 방법을 전진법이라고 한다.

20×2.12.31.	(차) 감가상각비	90,000	(대) 감가상각누계액	90,000
20×2.12.31.	(차) 손상차손	40,000**	(대) 손상차손누계액	40,000

** 820,000원(1,000,000원(취득원가) − 180,000원(감가상각누계액)) − 780,000원 (Max(780,000원, 755,000원))

20×3.12.31.	(차) 감가상각비	85,000***	(대) 감가상각누계액	85,000

*** [780,000원(1,000,000원 − 180,000원(감가상각누계액) − 40,000원(손상차손누계액)) − 100,000원(잔존가액)] / 8년(잔존내용연수) = 85,000원

OX 문제

1. 무형자산은 해당 자산이 기업으로부터 분리가능하면 식별가능하다고 본다.

2. 무형자산은 해당 자산이 계약상의 권리나 기타 법적 권리로부터 발생하면 식별가능하다고 본다. 이 경우에도 해당 권리가 기업으로부터 분리가능해야 식별가능성이 충족된다.

3. 기업이 외부에서 취득하는 것이 아니라 기업 내부에서 창출한 내부창출 무형자산을 개발비라고 한다.

4. 기업이 내부적으로 무형자산을 창출해 내는 과정은 크게 개발단계와 연구단계라는 두 단계로 나뉘어지는데, 연구단계는 개발단계보다 상대적으로 더 진전이 되어 있는 상태이다.

5. 개발단계에서 지출된 금액은 모두 개발비라는 무형자산으로 인식하게 된다.

6. 기업이 내부창출 무형자산을 취득하는 과정에서 연구 및 개발 단계의 구분이 어려운 지출이 발생할 경우에는 개발단계의 지출로 구분한다.

7. 영업권이란 무형자산의 취득 시에 해당 무형자산의 공정가치를 초과하여 지불한 금액을 의미한다.

연습문제

1. (주)세연주얼리는 판매 효율성 증대를 위한 소프트웨어를 구입하였다. (주)세연주얼리는 소프트웨어의 구입과 관련하여 다음과 같은 비용을 지불하였다. 소프트웨어의 취득원가는 얼마인가(단위: 원)?

항목	금액
소프트웨어 구입 가격	30,000
소프트웨어 구입 관련 관세	2,500
소프트웨어 구입과 직접 관련된 종업원 급여	5,000
소프트웨어 설치 시 지급한 전문가 수수료	2,000
소프트웨어 정상작동 검사비용	1,000
소프트웨어 구입 관련 홍보비용	7,000
소프트웨어 사용을 위한 교육훈련비	3,300

2. (주)세연미디어는 20×1년부터 차세대 디스플레이 개발을 위한 연구를 기업 내부에서 진행하고 있다.

〈20×1년〉

(주)세연미디어는 상기 차세대 디스플레이 개발과 관련하여 20×1년도에 연구단계에서 1,000만원, 개발단계에서 2,000만원을 지출하였으며, 연구단계와 개발단계의 구분이 어려운 추가 지출 1,500만원도 발생하였다. 개발단계에서는 아직 미래 경제적 효용을 창출할 수 있음을 제시하지는 못하였다.

〈20×2년〉

(주)세연미디어는 상기 차세대 디스플레이 개발과 관련하여 20×2년도에 5,000만원을 지출하였는데 해당 금액은 전액 개발단계에 해당하는 지출이다. 이 금액 가운데 미래 경제적 효용을 창출할 수 있음을 제시할 수 있게 된 시점 이후의 지출은 3,300만원이었으며, 20×2년 말 현재 개발은 진행 중이다.

(주)세연미디어가 20×1년과 20×2년에 해야 할 분개를 각각 실시하고, 20×1년 말 시점과 20×2년 말 시점의 무형자산의 금액을 각각 제시하시오.

3. (주)세연주얼리는 20×1년 1월 2일에 (주)성실산업을 12,000만원의 현금을 지급하고 인수하였다. 해당 시점의 (주)성실산업의 재무상태 관련 정보는 다음과 같다.

계 정	장부금액	공정가치
토 지	5,000만원	7,000만원
매출채권	2,500만원	2,500만원
개발비	2,000만원	3,000만원
매입채무	1,000만원	1,000만원
미지급금	3,700만원	3,700만원

(주)성실산업의 개발비 항목과 관련하여 개발단계는 아직 진행 중이다. 상기 항목 이외에 (주)성실산업은 비용으로 인식한 항목 가운데 (주)세연주얼리의 입장에서 상표권으로 인식할 수 있는 항목이 있으며 해당 항목의 공정가치는 100만원이다. (주)세연주얼리가 20×1년 1월 2일에 해야 할 분개를 하시오.

4. (주)세연제약은 20×1년 1월 2일에 신약 개발을 위한 특허권을 취득하고 즉시 사용하기 시작하였다. (주)세연제약은 특허권의 취득과 관련하여 취득 시에 현금 1,000,000원을 지급하였으며 특허권에 대하여 역사적원가법을 적용한다. 특허권의 내용연수는 20년이며 잔존가치는 0이고 상각방법은 정액법을 적용한다. 20×8년 말에 자산 손상의 징후가 발생하여 손상검사를 실시한 결과 특허권의 순공정가액은 522,000원, 사용가치는 517,000원인 것으로 나타났다. 20×1년부터 20×9년까지 (주)세연제약이 특허권과 관련하여 해야 할 회계처리를 제시하시오.

제 9 장

회계정보는 현재를 말한다
(부제: 화폐의 시간가치)

제1절 회계정보의 시점은 현재
제2절 회계와 화폐의 시간가치
제3절 현재가치와 미래가치의 무차별성

화폐의 시간가치라는 주제를 다루기에 앞서서 당신에게 질문을 하겠다. 당신은 20×1년 1월 1일에 투자를 하려고 하고 있다. 투자 조건은 20×1년 1월 1일에 90만원을 투자해서 3년 뒤인 20×3년 말에 110만원을 받든지, 또는 20×1년부터 20×3년까지 3년 동안 매년 말에 35만원씩 받든지 두 가지 방법 중에서 원하는 방법을 당신이 선택할 수 있다. 언뜻 보아도 투자를 하지 않고 90만원을 3년 동안 보유하고 있는 것보다는 둘 중에 어디든지 투자를 하는 게 나아 보이는 것 같기는 하다.

당신은 어떤 투자방법을 선택하겠는가? 아마 두 가지 투자대안 가운데 당신에게 유리한 선택을 하고 싶을 것이고 그 방법을 찾아내기 위해서 최선의 노력을 할 것이다.

그런데 만약 가는 길에 은행에 예금할 경우 연 5%의 이자를 매년 말 현금으로 지급하는 것을 알게 되었다면 당신은 어떻게 하겠는가?

거두절미하고 당신은 당신이 선택할 수 있는 상기 3가지 투자방법 가운데 당신에게 가장 유리한 방법을 선택하기를 원할 것이다. 상기 세 가지 방법 모두가 투자를 하지 않고 현금을 보유하는 것보다는 유리하므로, 현금을 그대로 보유하는 것은 선택 옵션에서 다루지 않는다.

만약 당신이 위의 세 가지 선택 가운데 결정을 하기 어렵다고 느껴진다면 그 이유는 당신이 비교하고 있는 방법들 간에 현금이 발생하는 시기가 동일하지 않고 여러 시기(1년 뒤, 2년 뒤, 3년 뒤)에 분산되어 있어서 비교가 쉽지 않기 때문이다.

이해를 조금 더 쉽게 하기 위해서 현금이 발생하는 시기를 동일하게 한 후 당신에게 다시 물어보겠다.

당신은 지금 100원을 받는 것과, 지금 110원을 받는 것과, 지금 120원을 받는 것 가운데 어떤 것을 선호하는가?

당신은 지금부터 3년 뒤에 100원을 받는 것과 지금부터 3년 뒤에 110원을 받는 것과 지금부터 3년 뒤에 120원을 받는 것 가운데 어떤 것을 선호하는가?

당신은 지금부터 3년 동안 매년 말에 10원씩을 받고 3년 뒤에 100원을 받는 것과, 지금부터 3년 동안 매년 말에 20원씩을 받고 3년 뒤에 100원을 받는 것과, 지금부터 3년 동안 매년 말에 30원씩을 받고 3년 뒤에 100원을 받는 것 가운데 어떤 것을 선호하는가?

당신은 지금부터 3년 동안 매년 말에 10원씩을 받고 3년 뒤에 100원을 받는 것과, 지금부터 3년 동안 매년 말에 10원씩을 받고 3년 뒤에 110원을 받는 것과, 지금부터 3년 동안 매년 말에 10원씩을 받고 3년 뒤에 120원을 받는 것 가운데 어떤 것을 선호하는가?

비교의 시점이 동일하면 당신의 선택은 한결 수월해진다. 그런데 다시 처음 질문으로 돌아가 보자.

당신은 지금부터 3년 뒤에 130만원을 받는 것과, 지금부터 3년 동안 매년 말에 40만원씩 받는 것과, 지금부터 3년 동안 매년 말에 4만원(90만원×5%)씩을 현금으로 받고 3년 뒤에 90만원을 받는 것 가운데 어떤 것을 선호하는가?

다시 보아도 판단이 쉬워 보이지 않는다. 다시 말하지만 의사결정과 관련한 현금의 발생이라는 정보의 시점이 여러 시점에 분산되어 있기 때문이다.

회계에서는 이러한 문제를 어떻게 해결하고 의사결정을 하게 될까?

제1절 회계정보의 시점은 현재

회계에서 정보가 만들어지고 의사결정이 이루어지는 시점은 지금, 즉 현재이다. 이에 따라서 미래의 여러 시점에서 경제적 거래나 사건이 발생할 때 거래나 사건이 가져오는 경제적 효과를 현재의 시점으로 가지고 와서 정보를 만들고 해석하게 된다. 이렇게 이야기를 하면 맞는 말인 것 같긴 한데 마음속으로 이것이 의미하는 바가 무엇인지 바로 정리가 잘 되지 않을 수도 있을 것이다.

회계에서 정보가 만들어지고 의사결정이 이루어지는 시점이 지금, 즉 현재라는 것과 관련해서 간단한 예를 한 가지 들어 보자.

당신의 기업은 상품을 판매하는 것을 주된 영업활동으로 하고 있다. 20×1년 1월 1일에 당신은 기존에 70원에 취득하여 보유하고 있던 재고자산(상품) 1개를 판매하였고 판매가격은 100원이다.

어떻게 회계처리를 하겠는가? 당신은 이전에 보았던 재고자산의 회계처리를 떠올릴 것이고 다음과 같이 생각할 수도 있을 것이다. "재고자산의 회계처리는 다른 자산의 회계처리와는 다르다고 했었는데…… 맞다! 내가 상품을 팔면서 받는 대가는 모두 매출이라는 수익 계정으로 인식하고, 판매하면서 감소하는 상품만큼을 매출원가라는 비용 계정으로 인식한다고 했었어!"

아주 잘 했다. 혹시 기억이 잘 나지 않는다 해도 재고자산 내용을 다시 살펴보고 나면 다음과 같이 정리할 수 있게 될 것이다.

(차) 현 금	100	(대) 매 출(수익)	100
매출원가(비용)	70	상 품	70

그런데 만약 20×1년 1월 1일에 재고자산을 구입해서 가져간 고객의 자금사정이 원할하지 않음에 따라 판매 시점(현재)인 20×1년 1월 1일이 아니라 1년 뒤인 20×2년 1월 1일에 상품 판매의 대가로 110원을 받기로 하였다고 가정해 보자. 어떻게 회계처리를 하겠는가? 일단, 회계에서 외상으로 상품을 판매하고 미래에 대금을 받기로 하였을 때에는 미래에 외상값 받을 권리를 나타내는 매출채권(자산)이라는 계정을 사용한다. 그리고 은행에서는 20×1년 1월 1일 현재 연 10%의 수익률을 제공하고 있다고 가정해 보자.

당신은 이런 생각들을 하고 있을지 모르겠다. "상품 팔고 돈을 지금 받는 게 아니라 1년 뒤에 받는다고? 언제 분개를 하지? 분개하지 말고 가만히 두었다가 돈(외상값) 받을 때 분개하나? 아니야. 돈을 받았는지 안 받았는지가 중요한 게 아니라 수익을 인식할 만한 일이 발생했는지 여부가 중요하지. 회계는 발생주의가 현금주의보다 우선이잖아! 상품을 팔았으면 수익 인식을 위해 할 일은 다 한 것이니 외상으로 상품 판매했을 때 당장 분개를 하자! 물건을 외상으로 판매하였으면 현금을 받는 것이 아니니까 현금 계정은 당장 쓸 수가 없으니 현금을 받았다면 현금 계정이 올 자리에 미래에 외상값을 받을 권리인 매출채권(자산)이라는 계정을 대신 사용하자!"

20×1.1.1.	(차) 매출채권(자산)	110원	(대) 매 출(수익)	110원
	매출원가(비용)	70원	상 품	70원

먼저 발생주의를 떠올리고 이에 따라 정보를 만들어 내기로 마음을 먹은 것은 아주 좋은 생각이다. 좋은 생각 난 김에 1년 뒤 외상값 받을 때 하게 되는 분개도 한번 해 보면 어떨까?

당신은 다음과 같이 분개를 할 수 있을 것이다.

20×2.1.1.	(차) 현 금	110	(대) 매출채권(자산)	110

현금을 받으면서 외상값을 받을 권리가 소멸된 것이니 매출채권(자산) 계정은 현금을 받을 때 감소하는 것이 타당하다.

당신은 위의 20×1년 1월 1일의 분개와 20×2년 1월 1일의 분개에 대하여 어떻게 생각하는가? 만족하는가?

여기서 잠깐 앞서 이야기하였던 회계정보가 만들어지는 시점에 대해서 다시 한번 생각해 보자. 회계에서 정보가 만들어지고 의사결정이 이루어지는 시점은 지금, 즉 현재라고 이야기한 바 있다.

20×1년 1월 1일에 상품을 판매하면서 하였던 분개를 다시 한번 살펴보자.

20×1.1.1.	(차) 매출채권(자산)	110원	(대) 매 출(수익)	110원
	매출원가(비용)	70원	상 품	70원

다 잘 했는데 매출채권(자산)과 매출(수익)로 인식한 110원에 대해서 한 번 더 생각해 보자. 왜 매출채권(자산)과 매출(수익)을 분개하면서 110원을 적었을까? 당신은 다음과 같이 생각할 수도 있다. "1년 뒤(20×2년 1월 1일)에 110원을 받는다고 했으니 110원을 적었지!"

이 부분에서 당신이 회계를 알아가면서 회계정보를 이해해 나아가게 되는데 정말 중요한 이야기가 나오니 잘 생각해 보기 바란다.

1년 뒤(20×2년 1월 1일)에 110원을 받으니 110원을 적는다는 말에 조금만 더 내용을 더해 보겠다.

"1년 뒤(20×2년 1월 1일)에 110원을 받으니 지금(20×1년 1월 1일) 110원을 적는다."

앞에서도 언급한 바와 같이 회계정보를 만들고 이해하는 데 있어서 기준이 되는 시점은 지금(현재)이다. 그런데 지금(20×1년 1월 1일) 분개를 함에 있어서 우리는 1년 뒤에 받게 되는 금액 정보인 110원을 적고 있는 것이다.

그러면 당신은 110원을 쓰는 것에 무언가 문제가 있는 것 같다는 것을 느끼면서도 다음과 같은 의문이 들 수도 있을 것이다.

"아! 잘 모르겠네……. 지금 분개를 하는 건 맞고, 1년 뒤에 110원을 받는 것도 맞는데, 지금 분개하면서 110원을 적는데 110원은 지금 금액이 아니고 1년 뒤 금액이라니 이게 무슨 말이지? 그러면 분개를 하면서 110원 말고 다른 금액을 적어주라는 건가?"

그런 생각이 들면 20×1년 1월 1일에 상품을 판매하면서 하였던 분개를 다시 한번 살펴보자. 참고로 지금 무언가 정리가 되지 않고 있는 110원이라는 금액은 일단 빈칸으로 두도록 하자.

20×1.1.1.	(차) 매출채권(자산)	(　)	(대) 매　출(수익)	(　)
	매출원가(비용)	70원	상　품	70원

다시 한번 생각해 보자. 위의 괄호 안에 당신이 넣게 되는 금액은 당신이 외상으로 상품을 팔면서 미래에 돈을 받게 될 권리(매출채권)의 금액과 당신이 상품을 팔면서 인식하게 될 수익(매출)의 금액을 의미한다.

저 자리에 얼마를 넣어주어야 하겠는가? 당신은 여전히 110원이라고 생각할 수도 있다. "1년 뒤에 110원 받는 게 맞는데 그럼 지금 얼마를 써 주라는 건가?"

그런 생각이 들어도 괜찮다. 이제 조금만 회계의 시각, 다시 말해서 회계에서 정보가 만들어지고 의사결정이 이루어지는 시점이 현재라는 것을 조금 너그럽게 받아들여 보도록 하자.

위의 분개에서 만약 당신이 1년 뒤에 110원을 받는 것이 아니라 상품을 판매하면서 즉시 현금 100원을 받았다면 어떻게 분개할 것인지 다시 생각해 보면 다음과 같다.

20×1.1.1.	(차) 현 금	(100원)	(대) 매 출(수익)	(100원)
	매출원가(비용)	70원	상 품	70원

해석도 쉽다. 70원짜리를 100원 받고 팔았으니 받은 돈(현금)도 100원이고 수익(매출)도 100원이다. 이제 모든 이야기(계정), 모든 금액이 현재에 이루어지고 있다.

다시 외상으로 상품 팔고 1년 뒤에 110원을 받는 분개로 돌아와 보자.

20×1.1.1.	(차) 매출채권(자산)	( )	(대) 매 출(수익)	( )
	매출원가(비용)	70원	상 품	70원

이제 모든 이야기(계정), 모든 금액의 시점을 현재로 하여 한번 물어보겠다. 당신은 지금 현금을 받는다면 100원을 받고 판매하는 상품을 지금 현금을 받지 못하고 1년 뒤에 110원을 받는 조건으로 판매하였다. 당신이 상품을 판매하고 지금 받지 못한 돈이 얼마인가? 1년 뒤에 110원 받는다는 1년 뒤 시점을 묻는 것이 아니다. 당신이 지금 현재 받지 못한 금액이 얼마인지 물어보는 것이다.

당신은 다음과 같이 생각할 수도 있을 것이다.

"지금 돈을 받으면 100원을 받는 것은 확실하다. 지금 돈을 못 받고 1년 뒤에 110원을 받는데 1년 뒤 말고 현재(지금) 시점에서 못 받은 돈이 얼마냐고 묻는 건데…… 답은 100원 아니면 110원인데…… 아이고 머리야……."

그러면 좀 더 쉬운 질문을 해 보겠다. 지금 구매하고 1년 뒤에 110원을 주겠다던 구매자가 갑자기 계획을 변경하여 지금(현재) 당장 구입대금을 현금으로 지급하겠다고 연락해 왔다. 당신은 판매대금을 1년 뒤에 받을 것이라고 생각하고 아래와 같이 매출채권 계정을 분개하려 하고 있던 참이었다.

20×1.1.1.	(차) 매출채권(자산)	( )	(대) 매 출(수익)	( )
	매출원가(비용)	70원	상 품	70원

당신이 1년 뒤가 아닌 지금 현재 매출채권과 관련하여 현금을 받는다면 얼

마를 받아야 하겠는가? 어렵다면 다음 두 가지 중에 선택을 한다면 무엇을 선택하겠는가?

(1) 받아야 하는데 지금(현재) 못 받고 있어서 1년 뒤(미래)에 받으려 하는 돈 110원
(2) 받아야 하는데 지금(현재) 못 받고 있는 돈 100원

당신이 현금 100원을 받고 판매하는 상품의 대가를 구매자가 1년 뒤가 아닌 지금 현금으로 지급하겠다고 하는데 지금 얼마를 받는 것이 합리적이라고 생각하는가? 그렇다면 내가 못 받고 있는 외상값(매출채권)을 지금 현재 시점에서 얼마라고 판단하는 것이 합리적일지도 정리가 될 것이다.

제2절 회계와 화폐의 시간가치(time value)

그렇다면 현재의 100원과 1년 뒤에 110원 간의 관계는 도대체 어떻게 정리하면 될까? 왜 지금 못 받는 100원에 대해서 1년 뒤에 100원이 아닌 110원을 받게 되는가? 상기 거래와 관련해서 다음과 같은 대화를 생각해 보자.

구매자: "이 상품 얼마예요?"

당신(판매자): "100원입니다."

구매자: "상품은 마음에 드는데 제가 지금 자금사정이 원할하지 못해서…… 지금 상품을 구입하고 구입대금 100원은 1년 뒤에 드리면 안 될까요?

당 신: "지금 구입하고 1년 뒤에 대금을 지급하는 조건도 가능하긴 한데…… 1년 뒤에 당신이 지급할 금액은 100원이 아니고 110원입니다."

구매자: "왜요?"

당 신: "한번 생각해 보세요. 만약 제가 지금 당신에게 현금을 받고 판매한다면 100원을 받고 판매를 하겠지요?"

구매자: "그렇죠."

당 신: "그러면 저는 당신에게 상품을 판매하고 받은 현금 100원을 은행에 10% 이자율로 예금할 수 있습니다. 그러면 제 은행 잔고는 1년 뒤에 얼마가 될까요?"

구매자: "110원이 되겠죠."

당 신: "맞습니다. 당신은 자금사정이 원활하지 못해서 1년 뒤에 대금을 지급하려는 것이지, 저에게 손해를 끼치려는 것은 아닐 것입니다. 저에게 지금 현재 100원의 현금은 1년 뒤에는 110원의 의미가 있습니다. 은행에 예금해서 1년 동안 얻을 수 있는 이자수익 10원만큼을 외상으로 판매하면 은행으로부터 얻을 수 없게 되니 그 부분(10원) 만큼은 당신이 상품 대금 100원에 추가해서 1년 뒤에 저에게 주시는 게 맞지 않을까요?"

구매자: "그런 것 같기도 한데……."

당 신: "이 조건이 마음에 들지 않으시면, 당신이 지금 은행에서 100원을 1년 동안 빌리셔도 됩니다. 그리고 저에게는 지금 현금 100원을 주시고 상품을 가져가시면 됩니다. 그러고 나면 1년 뒤에 당신은 저와 상관없이 은행에 빌린 돈 100원에 이자(10%) 10원을 더해서 은행에 상환하시면 되지요."

구매자: "듣고 보니 그렇네요. 제가 당신에게 외상으로 구입을 하든, 은행에서 돈을 빌려서 당신에게 현금을 주고 구입을 하든, 어떤 방법을 사용한다고 해도 지급을 1년 후로 미룬다면 1년 동안의 이자를 부담하게 되는 것이네요. 제가 지금(현재) 당신에게 지급하지 않은 돈 100원에 대해서 1년 뒤에 상품 구입대가 100원과 이자에 해당하는 10원을 합친 110원을 지급하도록 하겠습니다."

당신(판매자)과 구매자 간의 대화에서 현재의 100원과 1년 뒤(미래)의 110원 간의 관계를 정리하면 다음의 [그림 9.1]과 같다.

위의 거래에서 구매자가 당신에게서 100원에 판매하는 상품을 지금 구입하면서 1년 뒤에 110원을 지급하기로 하였다면 회계에서는 다음과 같은 정보를 만들어 낸다.

그림 9.1 현재의 100원과 미래(1년 뒤)의 110원 간의 관계

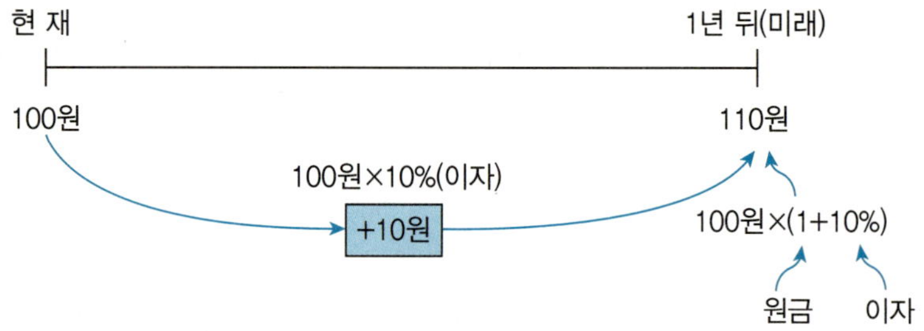

〈판매 시점(현재)〉

(차) 매출채권	100원	(대) 매 출(수익)	100원
매출원가(비용)	70원	상 품	70원

매출채권 100원은 당신이 현재 현금 100원을 받고 팔아야 하는데, 현재 못 받고 있는 금액이 100원임을 의미한다.

당신은 현재 못 받고 있는 외상값 100원이 있다. 1년 뒤에 110원을 받게 되는 시점에는 다음과 같은 분개를 실시하게 된다.

〈매출채권 회수 시점(1년 뒤, 미래)〉

(차) 현 금	110원	(대) 매출채권	100원
		이자수익	10원

당신이 1년 뒤에 받게 되는 110원은 판매 시점에 받지 못했던 상품 판매대가(매출채권)에 해당하는 100원과 판매 시점에 받지 못했던 100원에 대한 1년간의 이자에 해당하는 10원으로 구성된다.

어쩌면 당신의 상품을 구매한 구매자는 1년 뒤 시점에 110원을 당신에게 주면서 다음과 같이 이야기할지도 모르겠다.

"여기에 110원이 있습니다. 당신에게 1년 전에 상품을 구입할 때 드리지 못했던 상품값 100원과 1년간의 이자 10원입니다."

당신이 1년 뒤에 받게 되는 110원 가운데 10원은 상품을 판매한 대가와는 전혀 관계가 없는 이자 부분임을 다시 한번 명심하기 바란다. 다시 한번 묻겠다. 당신은 지금 판매가격이 100원인 상품을 판매하면서 지금 현금을 받지 않고 1년 뒤인 20×2년 1월 1일에 상품 판매의 대가로 110원을 받기로 하였다. 20×1년 1월 1일에 상품의 판매로 인해 인식하게 되는 당신의 수익(매출)은 얼마인가? 100원인가? 110원인가?

회계에서는 많은 분야에 있어서 미래 시점에 현금의 지급 및 수취가 발생하고 있으며, 대부분의 경우에 미래 시점의 금액을 현재의 동일한 금액(정보)으로 표시하게 되는데 이와 같은 경우에 현재의 금액과 미래의 금액 사이를 공교하게 연결하고 있는 것이 이자(interest)이다. 회계에서 나타나는 정보의 시점은 현재이므로, 미래의 시점에 발생하는 금액의 정보는 이자라는 도구를 이용하여 해당 미래 시점의 금액과 무차별한 현재 시점의 금액으로 표시된다. 그렇다면 미래의 여러 시점에 발생하는 미래의 금액들을 그보다 크지도 않고 작지도 않은 동일한 현재 시점의 금액으로 나타내야 할 텐데, 어떻게 바꾸면 될까? 그리고 현재의 금액으로 바꾸어 주기만 하면 그 뒤로는 척척 다 알아서 저절로 해결이 되는 것인가?

제3절 현재가치(present value)와 미래가치(future value)의 무차별성

당신은 합리적으로 의사결정을 하는 사람이다. 당신은 지금 은행에 100원을 예금하면 1년 뒤에는 10%의 이자수익을 거둘 수 있다.[1] 당신에게 다음과 같은 질문을 해보겠다.

당신은 지금 100원을 가지는 것이 좋은가? 1년 뒤에 109원을 가지는 것이 좋은가?

1년 뒤 109원을 가지는 것보다는 지금 100원을 가지는 것이 좋다. 왜냐하면

1) 1년간의 연 이자율이 10%라는 이야기이다.

그림 9.2 현재의 100원과 미래(1년 뒤)의 110원 간의 관계 2

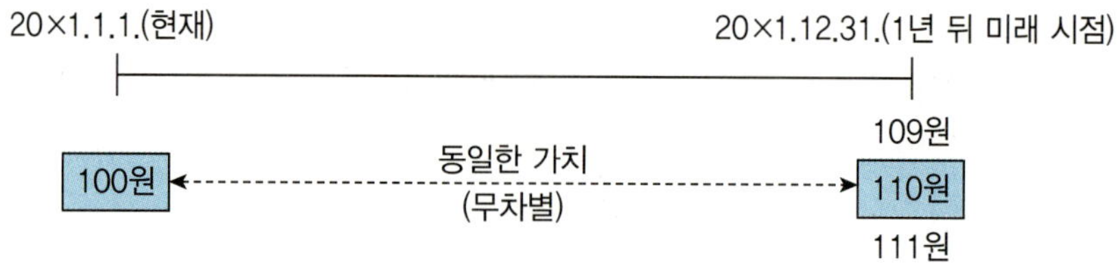

지금 100원을 가지게 된다면 100원을 은행에 예금해 놓았을 때 1년 뒤에 110원이 되고, 1년 뒤에 가지게 되는 109원보다 크기 때문이다.

다시 묻겠다. 당신은 지금 100원을 가지는 것이 좋은가? 1년 뒤에 111원을 가지는 것이 좋은가?

지금 100원을 가지는 것보다는 1년 뒤 111원을 가지는 것이 좋다. 왜냐하면 지금 100원을 가지고 은행에 예금해 놓았을 때 1년 뒤에 110원이 되는데, 1년 뒤에 가질 수 있는 111원보다 작기 때문이다.

또다시 묻겠다. 당신은 지금 100원을 가지는 것이 좋은가? 1년 뒤에 110원을 가지는 것이 좋은가?

지금 100원을 가지는 것과 1년 뒤 110원을 가지는 것은 무차별하다. 왜냐하면 지금 100원을 가지고 은행에 예금해 놓았을 때 1년 뒤에 110원이 되는데, 1년 뒤에 가질 수 있는 110원과 동일한 금액이기 때문이다.[2)]

다시 말하지만 회계정보의 시점은 미래가 아니라 현재이다. 따라서 거래나 사건의 결과가 미래 시점에 나타나는 경우에는 미래 시점의 금액(미래가치)과 동일한 현재 시점의 금액(현재가치)으로 정보를 표시하는 경우가 매우 많다.

당신이 지금 100원에 판매하는 상품을 1년 뒤에 110원을 받기로 하고 판매하는 것을 허락한 이유는 구매자의 구매 열의에 감동해서 일 수도 있지만 근본

2) 1년 뒤에 가지게 되는 금액을 110원보다 아주 미세하게 큰 금액으로 하게 되면 당신은 1년 뒤의 금액을 선호하게 될 것이고, 1년 뒤에 가지게 되는 금액을 110원보다 아주 미세하게 작은 금액으로 하게 되면 당신은 현재의 금액인 100원을 선호하게 될 것이다. 따라서 1년 뒤의 금액 110원과 현재의 금액 100원은 당신의 의사결정에 있어서 무차별하다고 할 수 있다.

적으로는 지금 100원을 받는 것과 1년 뒤에 110원을 받는 것이 무차별하기 때문이다.

구매자가 지금 100원에 살 수 있는 상품을 1년 뒤에 110원을 주기로 하고 구입하는 이유는 당신(판매자)의 상품이 하도 마음에 들어서 1년 뒤에 10원을 더 얹어주고 사는 것이 아니라 근본적으로 지금 100원을 지급하는 것과 1년 뒤에 110원을 지급하는 것이 무차별하기 때문이다.

회계에서는 이와 같이 거래의 영향이 미래에 나타나는 경우에 미래의 금액(110원)을 무차별한 현재의 금액(현재가치)으로 나타내는 경우가 많은데 이와 같은 것을 현재가치 할인이라고 부른다.[3)]

이와 관련하여 주어진 현재의 금액(현재가치)과 무차별한 미래의 금액(미래가치), 그리고 주어진 미래의 금액(미래가치)과 무차별한 현재의 금액(현재가치)에 대하여 좀 더 자세히 살펴보자.

〈예시 9.1〉

세연주얼리는 20×1년 1월 1일에 현금 1,000,000원을 은행에 예금하였다. 은행이자율은 연 10%이다. 이후 예금해 놓은 금액에 대한 인출이나 추가 예금은 발생하지 않았다. 발생된 이자수익에 대한 세금효과는 고려하지 않는다.

20×1년 12월 31일에 통장을 확인해 보면 얼마가 있겠는가?

20×1년 12월 31일에는 통장에서 1,100,000원의 금액을 확인할 수 있다.

1,000,000원의 원금은 당연히 그대로 있을 것이고 20×1년 1년 동안 1,000,000원을 예금한 결과 10%의 이자(1,000,000×0.1(10%) = 100,000원)가 발생하여 총금액은 1,100,000원이 된다.

1,000,000 × (1(원금) + 0.1(이자 10%)) = 1,100,000원

그렇다면 20×2년 12월 31일에 통장을 확인해 보면 얼마가 있겠는가?

20×2년 12월 31일에는 통장에서 1,210,000원의 금액을 확인할 수 있다.

20×2년 초(20×1년 말) 시점에서의 예금 잔액인 1,100,000원은 당연히 그대로 있

3) 회계정보의 생산 시점도, 회계정보를 이용하여 의사결정하는 시점도 현재이다.

을 것이고 20×2년 1년 동안 1,100,000원을 예금한 결과, 다시 말해서 1,100,000원의 잔고를 유지한 결과로 10%의 이자(1,100,000×0.1(10%) = 110,000원)가 발생하여 총금액은 1,210,000원이 된다.

$$1,100,000 \times (1(\text{원금}) + 0.1(\text{이자 } 10\%)) = 1,210,000\text{원}$$

여기서 당신은 다음과 같은 의문이 생길 수도 있다. "어! 이상하다? (주)세연주얼리가 예금한 돈(원금)은 1,000,000원이고, 이자율은 10%인데 20×2년에는 왜 100,000원이 아니라 110,000원이 이자가 되었지?" 이 부분에 대해서 조금 상세히 이야기하면 이자의 개념에는 단리(simple interest)와 복리(compound interest)라는 것이 있다. 단리라는 것은 원금에만 이자가 붙는 것으로서 위 예제의 경우에는 20×1년도에도, 20×2년도에도 원금인 1,000,000원의 10%인 100,000원의 이자가 매년 동일하게 발생하는 것을 말한다. 복리는 이와는 달리 과거 시점에 발생했던 이자가 원금과 합쳐져서 원금과 이자의 합계액 전체에 이자가 발생하는 개념이라고 생각하면 되는데, 회계에서 이자를 적용하게 되는 경우에는 대부분 복리를 사용하게 된다. 즉 최초의 원금에 과거 시점에 발생했던 이자가 합쳐져서 새로운 원금을 구성하는 개념이라고 생각하면 될 것이다.

위에서 살펴본 20×2년 말의 금액을 도출한 식은 다음과 같았다.

$$1,100,000 \times (1(\text{원금}) + 0.1(\text{이자 } 10\%)) = 1,210,000\text{원}$$

여기에서 나온 1,100,000원이라는 금액이 20×1년 초에 예금한 원금 1,000,000원과 20×1년도에 발생한 이자 100,000원을 합한 금액이라는 것을 떠올려 보자. 위의 식에서 1,100,000원 부분을 좀 더 자세히 풀어서 보면 20×2년 말의 금액은 다음과 같이 나타낼 수 있을 것이다.

$$\{1,000,000 \times (1(\text{원금}) + 0.1(\text{이자 } 10\%))\} \times (1(\text{원금}) + 0.1(\text{이자 } 10\%))$$
$$= 1,210,000\text{원}$$

이와 같은 방법으로 20×3년 12월 31일에 통장에 나타날 금액은 다음과 같이 구할 수 있다.

$$1{,}210{,}000 \times (1(\text{원금}) + 0.1(\text{이자 } 10\%)) = 1{,}331{,}000\text{원}$$

상기 식은 다음과 같이 나타내어 이해할 수도 있다.

$$[\{1{,}000{,}000 \times (1(\text{원금}) + 0.1)\} \times (1(\text{원금}) + 0.1)] \times (1(\text{원금}) + 0.1)$$
$$= 1{,}331{,}000\text{원}$$

이상에서 살펴본 내용과 식들을 일반화시키면 현재 일정 금액의 미래 시점의 금액은 다음과 같이 나타낼 수 있을 것이다. 즉 현재 시점의 단일 금액으로부터 출발해서 해당 단일 금액과 무차별한 미래의 단일 금액을 구할 수 있게 되는 것이다.

$$\text{현재의 단일 금액} \times (1(\text{원금}) + r(\text{이자율}))^{n}$$
$$= \text{미래의 단일 금액 (여기서 } n\text{은 기간을 의미)}$$

단일 금액의 미래가치 = 단일 금액의 현재가치 × $(1 + \text{이자율})^{\text{기간}}$

〈예시 9.1〉의 상황을 은행 예금이 아니라 상품의 외상 판매에 응용해 보면 어떻게 될까?

〈예시 9.2〉

(주)세연주얼리는 20×1년 1월 1일에 현금 판매가격 1,000,000원인 상품을 외상으로 판매하였다. 은행이자율은 연 10%이다.
1년 뒤에 외상 대금을 회수한다면 20×1년 12월 31일에 얼마를 회수하는 조건으로 판매를 하겠는가?

$$1{,}000{,}000 \times (1(\text{원금}) + 0.1(\text{이자 } 10\%)) = 1{,}100{,}000\text{원}$$

즉 1,100,000원을 회수하는 조건으로 판매를 할 것이다.

그렇다면 1년이 아니라 2년 뒤에 외상 대금을 회수한다면 20×2년 12월 31일에 얼마를 회수하는 조건으로 판매를 하겠는가?

1,100,000 × (1(원금) + 0.1(이자 10%)) = 1,210,000원 또는

{1,000,000 × (1(원금) + 0.1(이자 10%))} × (1(원금) + 0.1(이자 10%))

= 1,210,000원

1,210,000원을 회수하는 조건으로 판매를 할 것이다. 이상의 내용을 정리하여 다시 나타내면 다음과 같다.

현재 시점의 1,000,000원의 1년 뒤 미래가치

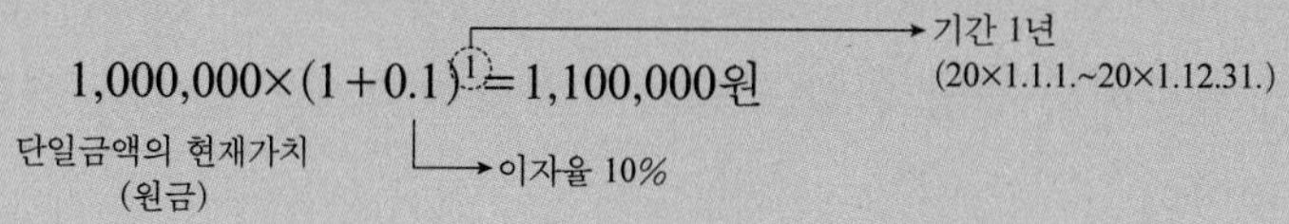

현재 시점의 1,000,000원의 2년 뒤 미래가치

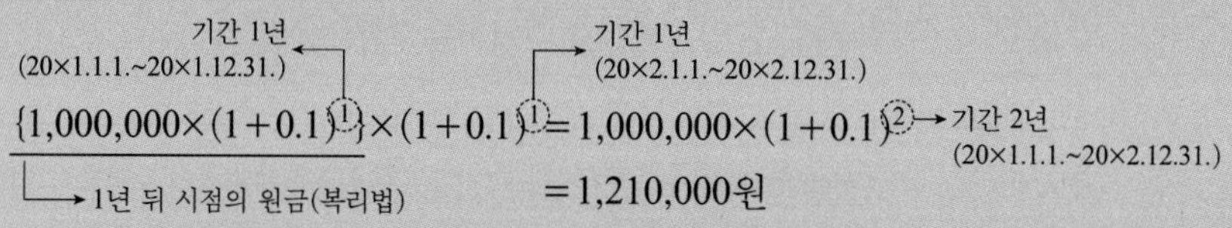

그렇다면 1년이나 2년 뒤가 아니라 3년 뒤에 외상 대금을 회수한다면 20×3년 12월 31일에 얼마를 회수하는 조건으로 판매를 하겠는가?

1,210,000 × (1(원금) + 0.1(이자 10%)) = 1,331,000원 또는

[{1,000,000 × (1(원금) + 0.1)} × (1(원금) + 0.1)] × (1(원금) + 0.1) = 1,331,000원

즉 1,331,000원을 회수하는 조건으로 판매를 할 것이다.

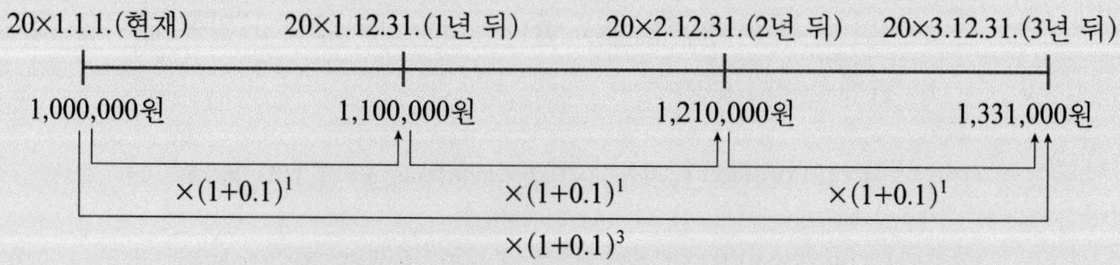

회계에서는 하나를 이해하고 나면 연관되는 다른 개념들도 같이 생각해 볼 수 있는 경우가 많다.

앞서 보았던 다음의 식을 기억하는가?

현재의 금액 × (1(원금) + r(이자율))^n = 미래의 금액 (여기서 n은 기간을 의미)

현재 시점의 금액에 (1(원금) + r(이자율))^{n}만큼을 곱해주면 미래 시점의 금액을 구할 수 있다. 그렇다면 미래의 금액으로부터 무차별한 현재의 금액을 구할 방법은 없을까? 위 등식의 양변을 (1(원금) + r(이자율))^{n}로 나누어 주면 다음과 같이 정리할 수 있다.

현재의 금액 = 미래의 금액 ÷ (1(원금) + r(이자율))^n

등식의 양변의 위치를 바꾸면 다음과 같이 정리가 된다.

미래의 금액 ÷ (1(원금) + r(이자율))^n = 현재의 금액

상기 식을 살펴보면 미래 시점의 금액을 (1(원금) + r(이자율))^{n}으로 나누어 주면 현재 시점의 금액을 구할 수 있다. 즉 미래 시점의 금액으로부터 출발해서 해당 금액과 무차별한 현재의 금액을 구할 수 있게 되는 것이다.

앞서서 살펴본 단일금액의 미래가치 계산방법은 다음과 같다.

$$\text{단일금액의 미래가치} = \text{단일금액의 현재가치} \times (1 + \text{이자율})^{\text{기간}}$$

단일금액의 현재가치는 단일금액의 미래가치로부터 현재 시점의 가치를 구하는 것이므로 위 식의 양변을 (1+이자율)^{기간}으로 나누면 다음과 같은 식이 도출된다.

$$\text{단일금액의 현재가치} = \frac{\text{단일금액의 미래가치}}{(1+\text{이자율})^{\text{기간}}}$$

이 식을 응용할 수 있을지 다음의 예제를 통해서 살펴보자.

〈예시 9.3〉

(주)세연주얼리는 20×1년 1월 1일에 상품을 외상으로 판매하였다. 은행이자율은 연 10%이다.

1년 뒤인 20×1년 12월 31일에 1,100,000원을 받기로 하였다면 판매 시점인 20×1년 1월 1일에 인식할 매출액(수익)은 얼마인가?

$$1{,}100{,}000/(1(\text{원금})+0.1(\text{이자 }10\%))^1=1{,}000{,}000\text{원}$$

즉 20×1년 1월 1일에 1,000,000원을 매출액(수익)으로 인식할 것이다. 이상의 내용을 정리하여 다시 나타내면 다음과 같다.

1년 뒤 미래 시점의 1,100,000원의 현재가치

$$1{,}100{,}000\div(1+0.1)^{1}=1{,}000{,}000\text{원}$$

- 1 → 기간 1년 (20×1.1.1.~20×1.12.31.)
- 0.1 → 이자율 10%

그렇다면 1년 뒤가 아니라 2년 뒤인 20×2년 12월 31일에 1,210,000원을 받기로 하였다면 판매 시점인 20×1년 1월 1일에 인식할 매출액(수익)은 얼마인가?

$$1{,}210{,}000\div(1(\text{원금})+0.1(\text{이자 }10\%))^2=1{,}000{,}000\text{원}$$

즉 20×1년 1월 1일에 1,000,000원을 매출액(수익)으로 인식할 것이다.

2년 뒤 미래 시점의 1,210,000원의 현재가치

$$\{1{,}210{,}000\div(1+0.1)^{1}\}\div(1+0.1)^{1}=1{,}210{,}000\div(1+0.1)^{2}$$
$$=1{,}000{,}000\text{원}$$

- 첫 번째 1 → 기간 1년 (20×2.1.1.~20×2.12.31.)
- 두 번째 1 → 기간 1년 (20×1.1.1.~20×1.12.31.)
- 2 → 기간 2년 (20×1.1.1.~20×2.12.31.)
- {1,210,000÷(1+0.1)¹} → 2년 뒤 미래 시점의 1,210,000원을 1년 뒤 미래 시점으로 할인한 금액

그렇다면 1년 뒤나 2년 뒤가 아니라 3년 뒤인 20×3년 12월 31일에 1,331,000원을 받기로 하였다면 판매 시점인 20×1년 1월 1일에 인식할 매출액(수익)은 얼마

인가?

$$1{,}331{,}000 \div (1(\text{원금}) + 0.1(\text{이자 }10\%))^3 = 1{,}000{,}000\text{원}$$

즉 20×1년 1월 1일에 1,000,000원을 매출액(수익)으로 인식할 것이다.

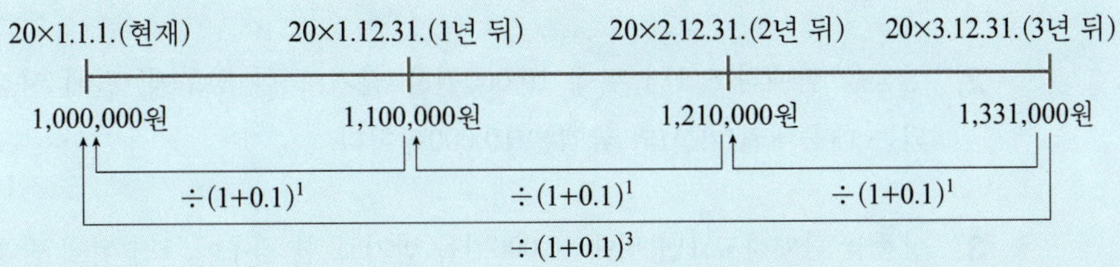

현재의 금액과 미래의 금액은 현재 시점과 미래 시점 사이의 기간 동안에 발생하는 이자로 공교하게 연결되어 있다. 당신은 기업의 외상거래, 자금의 대여나 차입 등 다양한 상황에서 미래 시점의 금액을 접하게 될 것인데, 해당 미래 시점의 금액으로부터 이자의 효과를 걷어내고 현재 시점의 금액을 밝혀낼 수 있는 역량을 갖추게 될 때 정보로서의 회계를 이해하고 활용할 무대는 그 이전과 비교할 수 없을 정도로 넓어지게 될 것이다.[4]

4) 회계정보의 대상 시점은 과거도 아니고 미래도 아니고 현재이다. 중요한 것은 이것이다. "그래서 지금 얼마야?"

OX 문제

1. 회계에서 정보가 만들어지고 의사결정이 이루어지는 시점은 현재 또는 미래이다.

2. 상품을 판매하고 1년 뒤에 10,000원을 받기로 한 경우에, 판매 시점에 인식하게 되는 매출채권(자산)의 금액은 10,000원이다.

3. 상품을 판매하고 1년 뒤에 10,000원을 받기로 한 경우에, 1년 뒤에 받게 되는 10,000원이라는 금액은 상품의 판매대가를 의미한다.

4. 회계에서는 거래의 영향이 미래에 나타나는 경우에 미래의 금액을 무차별한 현재의 금액(현재가치)으로 나타내는 경우가 많은데, 이와 같은 것을 현재가치 할인이라고 부른다.

5. 이자의 종류 가운데 복리는 원금뿐 아니라 과거 시점에 발생했던 이자에도 이자가 발생하는 개념이다. 즉 최초의 원금에 과거 시점에 발생했던 이자가 합쳐져서 새로운 원금을 구성하게 되는 원리이다.

6. 미래 시점의 단일금액을 $(1(\text{원금})+r(\text{이자율}))^{n(\text{기간})}$으로 나누어 주면 미래 시점의 단일금액과 무차별한 현재 시점의 단일금액을 구할 수 있다.

연습문제

1. **(주)세연주얼리는 20×1년 1월 1일에 영업활동에 사용할 토지를 구입하고 구입대가로 현금 13,310원을 20×3년 12월 31에 지불하기로 하였다. 취득 시점의 이자율은 10%이다.**

(1) (주)세연주얼리의 토지의 취득원가는 얼마인가?

(2) (주)세연주얼리가 상기 거래와 관련하여 20×1년부터 20×3년까지 해야 할 분개를 하시오. 단, (주)세연주얼리는 토지에 대하여 원가모형을 적용한다.

2. **(주)세연주얼리는 20×1년 1월 1일에 은행에 당좌예금 계좌를 개설하고 현금 200,000원을 예금하였다. 20×1년 1월 1일 시점의 이자율은 10%이다. 상기 거래 이외에 당좌예금과 관련된 거래는 없으며 세금효과는 고려하지 않는다.**

(1) 20×4년 12월 31일에 (주)세연주얼리의 당좌예금 잔고는 얼마인가?

(2) (주)세연주얼리가 상기 거래와 관련하여 20×1년부터 20×4년까지 해야 할 분개를 하시오.

3. **(주)세연산업은 20×1년 1월 1일에 다음 두 가지 투자안 가운데 하나를 선택하려고 한다. 두 가지 투자안의 초기 투자금액은 동일하며 투자 판단 시점은 20×1년 1월 1일이다. 투자 시점의 이자율은 10%이다. (주)세연산업이 선택할 투자안을 제시하시오.**

(1) 330,000원을 20×3년 12월 31일에 수취

(2) 20×1년부터 20×3년까지 매년 말에 100,000원씩 수취

4. **(주)세연산업은 20×1년 1월 1일에 다음 두 가지 투자안 가운데 하나를 선택하려고 한다. 두 가지 투자안의 회수 시기 및 회수 금액은 동일하며 투자 판단 시점은 20×1년 1월 1일이다. 투자 시점의 이자율은 10%이다. (주)세연산업이 선택할 투자안을 제시하시오.**

(1) 300,000원을 20×1년 1월 1일에 투자

(2) 20×1년부터 20×3년까지 매년 말에 120,000원씩 투자

5. **㈜세연산업은 20×1년 1월 1일에 다음 두 가지 투자안 가운데 하나를 선택할 수 있으며 또한 투자를 하지 않을 수도 있다. 두 가지 투자안의 회수 시기는 20×5년 12월 31일이며 회수 금액은 2,000,000원이고 투자 판단 시점은 20×1년 1월 1일이다. 투자 시점의 이자율은 10%이다. ㈜세연산업의 투자 관련 최종 판단을 제시하시오.**

(1) 20×1년 1월 1일에 300,000원, 20×3년 1월 1일에 500,000원, 20×5년 1월 1일에 800,000원 투자

(2) 20×1년부터 20×5년까지 매년 말에 330,000원씩 투자

(3) 투자하지 않음

제 10 장

또 다른 금액
(부제: 인식과 측정)

제1절 인 식

제2절 측 정

우리는 기업에서 발생하는 수많은 거래와 사건들을 보면서 이와 같은 거래와 사건들에 대하여 회계 측면의 정보를 만들고 그 정보를 이용할 수 있기를 바란다. 그렇다면 많고 많은 거래와 사건들을 모두 다 정보로 만들어 내는 걸까? 개인이 쓰는 일기도 하루 종일 있었던 모든 일들을 다 기록하기가 어렵고, 그렇게 하지도 않는다. 그렇다면 개인보다 훨씬 복잡하고 많은 일들이 일어나는 기업에서는 도대체 얼마만큼의 정보를 만들어 내야 하는가? 어떻게 정보로 만들어 내는 거래와 사건을 만들어 내지 않는 거래와 사건으로부터 구분해 낼 수 있을까? 정보로 만들어 낼 거래와 사건을 결정했다면 해당 거래나 사건과 관련된 금액은 정답처럼 정해져 있어서 계산만 하면 되는 걸까? 정보로 만들기로 했다면 언제 만드는 게 맞는 거지? 이러한 의문들과 관련해서 회계에서 사용하는 용어 가운데 인식과 측정이라는 것이 있다.

이 가운데 먼저 인식이라는 것을 살펴보자.

제1절 인 식

당신은 인식이라는 말이 의미하는 것이 무엇이라고 생각하는가?

당신은 지금 이 책을 보고 있으니 이 책을 인식하고 있는 것인가? 그렇게 생각할 수 있다.

그런데 회계에서 사용하는 인식이라는 용어는 조금 더 구체적인 의미를 가지고 있다.

회계에서 인식(recognition)이라는 단어는 재무제표 요소의 정의에 부합하고 인식을 위한 기준을 충족하는 항목을 재무상태표나 손익계산서에 반영(포함)하는 일련의 과정을 의미한다. 이 과정은 해당 항목을 서술하는 계정명칭과 화폐금액으로 기술하고 그 금액을 재무상태표 또는 손익계산서 총계에 산입하는 것을 포함한다. 인식기준을 충족하는 항목은 재무상태표나 포괄손익계산서에서 인식하게 되는데 재무제표 요소의 정의에 부합하는 항목이 다음 기준을 모두 충족한다면 재무제표에서 인식하게 된다.

- 해당 항목과 관련된 미래 경제적 효익이 기업에 유입되거나 기업으로부터 유출될 가능성이 높다.
- 해당 항목의 원가 또는 가치를 신뢰성있게 측정할 수 있다.

이게 무슨 이야기인지 좀 더 쉽게 생각을 해 보자. 기업에서는 매 순간마다 무수히 많은 일들이 발생한다. 우리가 기업의 정보를 회계 측면에서 생각해 볼 때 기업에서 발생하는 거래와 사건들을 하나도 빠짐없이 모두 회계정보로 나타내고 있을까?

그렇지 않다. 우리가 회계정보로 만들어 내고 또 보게 되는 정보들은 기업에서 발생하는 거래와 사건들 가운데 일부분이다. 그러면 어떤 거래나 사건들을 회계정보로 만들어 내거나 혹은 만들어 내지 않는가에 대한 의문이 남게 된다.

회계에서 인식이란 기업에서 발생하는 거래와 사건들 각각에 대하여 회계정보로 만들어 낼지 여부를 결정하고, 회계정보로 만들어 내는 경우에 어떤 계정과 얼마의 금액으로 할지에 대하여 판단하고 실제 정보를 만들어 내는 일련의 과정이다.

당신이 기업에서 회계정보를 만들어 내는 업무를 담당하고 있는데 만약 기업에서 어떤 거래나 사건이 발생했다면 당신은 다음과 같이 생각할 수 있을 것이다.

"이 거래(또는 사건)에 대해서 회계처리를 해야 해? 하지 말아야 해? 회계처리 안할 거면 더 이상 생각할 일이 없을 것이고, 해야 하면 당장 분개를 해야 하는데 차변과 대변에 무슨 계정과목을 써야 하지? 금액은 또 얼마로 해야 하지?"

당신은 기업에서 발생한 거래(또는 사건)에 대해서 회계처리를 할지 말지를 결정하고, 해야 할 경우에는 분개를 하면서 계정과목도 정하고 금액도 적게 되는데 이러한 일련의 과정이 인식을 의미한다.

다음은 20×1년 2월 1일에 (주)세연물산에서 발생한 거래 또는 사건들이다. (주)세연물산의 각 거래 또는 사건에 대하여 (주)세연물산의 입장에서 20×1년 2월 1일에 인식(회계처리)을 할지 여부를 한번 생각해 보기 바란다.

인식 여부 (○ ×)

(1) 오전 9시 신입사원 최종면접을 실시하고 최종면접 실시자 전원에게 합격 통보함.

(2) 오전 11시 (주)성실물산에 다음 달 1일에 100만원어치의 상품을 납품하기로 함. 상품의 원가는 70만원임.

(3) 오후 2시 (주)근면상사와 20×1년 3월 1일부터 1년간의 기간에 대한 물류 용역서비스를 체결하고 계약 체결과 동시에 물류 용역서비스 제공을 위한 준비를 시작함. 용역서비스 대가로 120만원을 계약 만료 시점에 받기로 함.

(4) 오후 4시 매월 1일은 사내 정리정돈의 날로서 오후 4시부터 1시간 동안 전 사무실의 정리정돈을 실시함.

(주)세연물산에서 20×1년 2월 1일에 여러 가지 일들이 있었는데 위에서 열거된 일들 가운데 적어도 20×1년 2월 1일에는 인식할 것이 없다. 각 상황에 있어서 회계적으로 인식하지 않는 이유는 다음과 같이 생각해 볼 수 있다. 상황 (1)과 (4)는 해당 항목의 원가 또는 가치를 신뢰성있게 측정할 수가 없다. 그리고 상황 (2)와 (3)은 해당 항목과 관련된 미래 경제적 효익이 기업에 유입되거나 기업으로부터 유출되는 일이 아직 발생하지 않았다. 상황 (2)와 (3)의 경우에는 해당 항목과 관련된 미래 경제적 효익이 기업에 유입되거나 기업으로부터 유출되는 일이 발생하는 시점이 되었을 때 인식을 하게 된다.

다시 한번 말하지만 회계에서 기업의 모든 거래와 사건을 정보로 만드는 것도, 정보로 만들기로 결정한 거래와 사건일지라도 지금 당장 모두 정보로 만드는 것도 아님을 주의하기 바란다.

제2절 측 정

다음으로 측정에 대해서 살펴보도록 한다.

측정(measurement)이란 인식과정 가운데 특히 금액을 결정하는 것을 의미한다. 여기서 주의할 것은 측정이라는 것이 사전에 정해져 있는 정답을 찾아내는 과정이 아니라는 점이다. 회계에서는 특정한 거래 또는 사건에 대해서 다양한 금액들이 존재할 수 있다. 이게 무슨 이야기인지 다음의 예를 한번 생각해 보기로 하자.

당신이 기업의 영업과정에서 사용하기 위해서 기계장치 1대를 현금 100원을 지불하고 구입했다고 해 보자. 그러면 당신은 구입 시에 다음과 같이 회계처리를 할 것이다.

(차) 기계장치	100원	(대) 현　금	100원

기계장치의 금액은 얼마인가? 당신은 아마 다음과 같이 생각할 수 있을 것이다.

"가격 100원짜리를 100원 주고 샀으니 100원이지!"

잘 생각했고 분개도 잘했다.

그런데 기계장치를 구입한 다음 날 당신이 전날 기계장치를 구입한 매장 앞을 지나가다가 눈에 띄는 가격표가 있는 것을 보게 되었다. 당신이 어제 구입했던 기계장치와 동일한 기계장치가 전시되어 있는데 가격표에 110원이라고 나와 있는 것이 아닌가? 당신은 무슨 일인가 궁금해서 매장에 들어가서 물어보았고 매장 사장님으로부터 다음과 같은 이야기를 듣게 되었다.

"어제 구입해 가기를 정말 잘하셨어요. 저희가 취급하는 기계장치의 제작단가가 상승해서 오늘부터는 판매가격이 110원이 되었답니다. 오늘부터는 구입하시는 분들이 110원에 사 가시게 됩니다."

당신은 하루 전에 사기를 잘했다는 생각을 하면서 또 다음과 같은 생각을 할 수도 있을 것이다.

"우리 기업이 공장을 확장하면서 동일한 기계장치를 추가 구입하기 위해서는 기계장치 1대당 110원씩 필요하게 되겠구나."

같은 날 당신은 기계장치 관련 내용들을 정리하다가 우연히 해당 기계장치의 중고 거래 시세를 보게 되었는데 신품급 기계장치의 중고 거래 시세가 95원인 것을 보게 되었다.[1)] 그러면 당신은 다음과 같은 생각을 할 수도 있을 것이다.

"그럴 일은 아마 없겠지만, 우리 기업에서 어제 구입한 기계를 지금 다시 매각하게 되면 95원을 받을 수 있겠구나."

역시 그럴 일은 없이 당신의 기업은 구입한 기계를 영업활동과정에서 사용하게 되었다. 그러면 당신의 기업에서 해당 기계장치를 예상되는 내용연수 동안 가동해서 현재가치 기준으로 150원의 수익을 거둘 것으로 예상한다면 당신은 다음과 같은 생각을 할 수 있을 것이다.[2)]

"앞으로 이 기계장치를 잘 활용해서 거두게 되는 효익이 150원이구나."

당신이 구입한 기계장치와 관련된 여러 가지 금액들이 있다. 당신은 100원을 주고 기계를 구입했는데, 구입한 기계와 동일한 기계를 구입하려면 110원이 필요하다. 만약 당신이 구입한 기계를 매각한다면 95원을 받을 수 있을 것이고, 기계를 사용하면 150원의 수익을 얻을 수 있다.

당신의 기계장치에 맞는 금액은 얼마인가? 100원을 생각할 수 있고 타당한 금액이기도 하지만, 만약 당신의 기업에서 기계장치의 추가 구매 혹은 매각을 고려하고 있다면 110원과 95원, 그리고 기계장치의 활용을 예정하고 있다면 150원이라는 금액도 현실적인 의미가 있는 금액들이다.

회계에서 측정이라는 단어의 의미는 이와 같이 기업의 경제적 거래나 사건과 관련하여 가용할 수 있는 여러 특성의 금액 중에서 하나의 금액을 재무제표에 나타내는 회계정보로 선택하는 것을 의미한다. 당신이 회계정보의 여러 가지

---

1) 매장에서 구입하는 제품 가격과 구입 후 보유과정에서 매각하는 경우의 가격은 상이할 수 있다.

2) 기계장치를 사용해서 미래 시점에 얻게 될 것으로 예상되는 미래 시점 기준 수익 금액을 현재 시점의 금액, 즉 현재가치로 할인하여 나타난 금액이 150원이라는 것이다. 무슨 말인지 잘 이해가 가지 않으면 제9장을 다시 한번 살펴보기를 권한다.

내용들을 알아나가는 과정 가운데 어떤 상황에서 어떤 금액을 선택(측정)하게 되는가에 대한 판단을 할 수 있게 될 것이다.

당신이 벌써 살펴본 것도 있다. 유형자산의 원가모형과 재평가모형을 한번 생각해 보자. 당신은 이미 동일한 유형자산에 대하여 역사적원가와 공정가치라는 상이한 두 가지 금액을 놓고 선택을 하게 되는 것을 살펴본 바 있다. 또한 무형자산에서 다루었던 손상을 생각해 보면 회수가능금액(사용가치 또는 순공정가치)이 기존의 장부금액과는 상이한 금액임을 알 수 있다. 이러한 예에서 볼 수 있는 것과 같이 회계에서 측정이라는 것은 인식과정 가운데 금액을 선택하는 것을 의미한다.

회계에서 많이 사용하는 대표적인 금액 개념으로는 다음의 〈표 10.1〉과 같은 것들이 있다.

당신이 회계정보에서 보게 되는 금액들이 반드시 역사적원가만 있는 것은 아니다. 여러 회계정보 가운데에는 사용가치나 현행원가 금액이 있을 수도 있으며, 많은 경우에 공정가치 금액들도 존재한다. 당신이 회계정보가 만들어지는

표 10.1 회계에서 자주 사용하는 금액 개념(자산 기준)

구분		정의
역사적원가		자산의 취득 또는 창출에 발생한 원가의 가치로서, 자산을 취득 또는 창출하기 위하여 지급한 대가와 거래원가를 포함
현행가치	공정가치	측정일에 시장참여자 사이의 정상적인 거래에서 자산을 매도할 때 수취하게 되는 가격
	사용가치[3] (현재가치)	기업이 자산의 사용과 궁극적인 처분으로 얻을 것으로 기대되는 현금흐름 또는 그 밖의 경제적 효익의 현재가치
	현행원가	측정일 현재 동등한 자산의 구매 시 지급하는 원가로서 측정일에 지급할 대가와 그날에 발생할 거래원가를 포함

3) 부채의 경우에는 자산에서 정의하는 사용가치가 아닌 이행가치를 적용하게 된다. 이행가치는 기업이 부채를 이행할 때 이전해야 하는 현금이나 그 밖의 경제적 자원의 현재가치를 의미한다.

여러 상황 가운데 어떠한 상황에서 어떠한 측정 금액이 선택되는가에 대한 지식을 쌓으면 쌓을수록 금액으로 나타나는 회계정보에 대한 이해와 활용 능력도 높아질 것이다. 한 가지 예를 들면서 본 장을 정리하고자 한다.

재고자산을 잠깐 생각해 보자. 당신은 100원에 구입하였던 재고자산을 120원을 받고 판매할 계획을 가지고 있다. 당신의 재고자산 금액은 얼마인가?

100원 주고 샀으니까 100원인가? 맞다. 그래서 100원이다. 이 재고자산이 120원에 팔리게 되면 다음과 같이 재고자산(자산) 장부에 있던 100원이라는 금액은 감소하면서 매출원가(비용) 100원이 발생하게 될 것이다.

(차) 현 금	120원	(대) 매 출	120원
매출원가(비용)	100원	상 품(자산)	100원

그런데 만약 재고자산이 판매되기 전에, 경쟁사에서 신제품을 출시하면서 당신의 상품이 잘 팔리지 않을 것 같이 되었다고 가정해 보자. 경쟁사는 당신의 상품보다 더 기능이 많은 신제품을 100원에 판매한다고 한다. 그러면, 당신의 상품은 앞으로 어떻게 될까? 120원에 팔 수 있을까? 아마 안 팔릴 것 같다. 그러면 딱 구입했던 원가만 받고 이익 하나도 남기지 않고 100원에 판매한다고 하면 팔 수 있을까? 소비자 입장에서 당신의 상품은 이익을 하나도 남기지 않고 판매하는 100원짜리 상품이고, 경쟁사의 상품은 경쟁사가 이익을 남기든 어찌되었든 당신의 상품보다 기능이 많은 신제품인데 100원이라면, 소비자가 어떤 상품을 살 것 같은가?

당신은 고민에 고민을 거듭하다가 도대체 얼마면 보유하고 있는 상품을 정상적인 거래과정에서 판매할 수 있을지 조사해 본 결과 90원이면 구입가격 대비 10원만큼 손해를 보기는 하지만 살 사람이 있다는 것을 알게 되었다.

회계에서는 이러한 경우, 즉 재고자산의 취득가액(100원)보다 판매 시 예상되는 수익금액(90원)이 낮아지는 경우에 재고자산의 장부금액을 판매 시 예상되는 수익금액으로 낮추도록 하고 있는데 이를 '저가법'이라고 한다.[4] 지금 재고

4) 재고자산에서 저가법을 살펴보면서, 이미 다루어 보았던 유형자산이나 무형자산의 손상을 연관지어

자산의 저가법에 대한 공부를 하려는 것은 아니다.[5] 다만, 동일한 재고자산에 대하여 우리는 방금 역사적원가와 공정가치(지금 판매한다면 받을 수 있는 금액)가 동시에 고려되고 그 가운데 금액을 선택(측정)하는 것을 본 것이다. 회계의 여러 영역에서 이와 같은 측정(금액 선택)의 상황은 무수히 많이 발생하며 그러한 여러 상황에서 어떠한 측정방식이 사용되어야 하거나, 사용될 수 있는지에 대한 지식은 당신이 회계정보를 활용하면서 기대하는 경쟁력을 더 향상시켜 줄 것이다.

생각해 볼 수도 있을 것이다.

5)참고로 저가법 실시에 따른 분개는 다음과 같다.

(차) 재고자산평가손실(비용)	×××	(대) 재고자산평가충당금	×××

재고자산평가충당금 계정은 재고자산의 차감계정이라고 생각할 수 있다.

OX 문제

1. 회계에서 인식이란 기업에서 발생하는 거래와 사건들 각각에 대하여 회계정보로 만들어 낼지 여부를 결정하고, 회계정보로 만들어 내는 경우에 어떤 계정과 얼마의 금액으로 할지에 대하여 판단하고 실제 정보를 만들어 내는 일련의 과정이다.

2. 기업에서 발생하는 모든 거래와 사건들에 대하여 분개를 실시하여 인식하게 된다.

3. 측정이란 인식과정 가운데 특히 금액을 결정하는 것을 의미한다. 여기서 주의할 것은 측정 시에 특정 경제적 거래 또는 사건에 대하여 단일의 금액이 존재한다는 것이다.

4. 현행원가란 측정일 현재 동등한 자산의 구매 시 지급하는 원가로서 측정일에 지급할 대가와 그날에 발생하는 거래원가를 포함한다.

5. 역사적원가란 기업이 보유하고 있는 자산과 동일하거나 동등한 자산을 현재 시점에서 취득할 경우에 그 대가로 지불하여야 할 현금이나 현금성자산의 금액을 의미한다.

연습문제

1. 다음은 (주)세연주얼리에서 20×1년 1월 중에 발생한 거래와 사건들이다. (주)세연주얼리가 20×1년 1월 중에 해야 할 분개를 실시하시오.

1월 2일	신입직원 면접을 실시하고 면접을 실시한 지원자 전원을 채용함.
1월 7일	(주)신뢰물산으로부터 다음 달 초에 200만원어치의 상품을 구입하기로 하였음.
1월 19일	(주)근면상사에 2월 1일부터 6개월간의 용역서비스 제공 계약을 체결함. 용역서비스 대가로 150만원을 계약 만료 시점에 받기로 함.
1월 30일	전사정보시스템 점검을 실시함.

2. (주)세연주얼리는 20×1년 1월 2일에 현금 100만원을 지급하고 기계장치를 구입하였다. 다음은 기계장치의 구입 직후에 해당 기계장치와 관련하여 수집된 추가정보이다.

- (주)세연주얼리가 구입한 기계장치의 가격이 인상되어서 추가 구매를 하게 된다면 기계장치 1대당 110만원을 지급하여야 한다.
- (주)세연주얼리가 구입해서 보유하고 있는 기계장치를 매각할 경우에 95만원의 시세가 형성되어 있다.
- (주)세연주얼리가 구입해서 보유하고 있는 기계장치의 내용연수는 5년이다. 20×1년부터 20×5년까지 기계장치의 사용을 통해서 매년 30만원의 경제적 효용이 발생할 것으로 예상된다. 경제적 효용의 발생 시기는 매년 말 시점이며 기계장치 구입 시점의 이자율은 5%이다.

(주)세연주얼리가 보유하고 있는 기계장치의 역사적원가, 현행원가, 실행가능가치 및 현재가치 금액을 제시하시오. 참고로 $1/(1.05)^1+1/(1.05)^2+1/(1.05)^3+1/(1.05)^4+1/(1.05)^5$의 값은 4.3295이다.

3. **(주)세연주얼리는 단일 종류의 상품을 취급하고 있다. (주)세연주얼리는 취급하는 상품을 개당 1,000원에 구입한 후 1,200원을 받고 판매한다. 동종 업계에 있는 (주)신뢰보물은 (주)세연주얼리가 취급하는 상품보다 더 고사양의 상품을 1,000원에 판매하기로 결정하였다. (주)세연주얼리는 자사가 보유하고 있는 상품을 판매하기 위해서는 판매가격을 1,200원에서 900원으로 낮추어야 한다고 판단하고 보유하고 있는 상품의 개당 장부금액을 900원으로 낮추었다.**

(주)세연주얼리의 상품의 장부금액의 변동과 관련된 회계처리에 대하여 설명하시오.

제 3 부

구슬이 서 말이라도 꿰어야 보배

(부제: 기업정보의 활용)

제11장 이익이 난다고 꼭 돈이 들어오는 건 아니다
제12장 재고자산이 갖고 있는 운명
제13장 유형자산! 그들이 사라지는 방법
제14장 보이지 않는 자산이 일으키는 논란
제15장 도대체 가치가 얼마나 되는 것일까?
제16장 적을까 말까? 적는다면 얼마로 적을까?

당신은 어디에 있는가?

우리가 회계를 학문적으로 또는 실무에서 계속 알아가야 할 이유가 있는가? 당신이 이 책을 여기까지 살펴보면서 회계를 계속 알아가야 할 크거나 작은 이유를 이미 찾았을 수도 있고 그렇지 않았을 수도 있다. 본서의 제3부에서는 우리 주변에서 기업정보를 활용하는 몇 가지 사례를 앞에서 살펴본 회계정보의 내용과 연관하여 예시적으로 살펴보고자 한다.

우리는 제5장부터 제10장까지 회계에서 주목해 볼만한 이슈에 대해 학습했다. 세상은 아는 만큼 보인다고 했다. 이제 우리가 배운 것을 바탕으로 회사에서 돌아가는 일들에 대한 이해를 해 보자. 이제까지는 몰랐던 새로운 사실들에 눈뜨게 될 것이다. 세상은 보이는 만큼 더 재미있다.

제 11 장

이익이 난다고 꼭 돈이 들어오는 건 아니다
(부제: 현금주의와 발생주의에 대한 이해)

제1절 결산이라는 작업에 대한 이해
제2절 현금주의와 현금흐름표의 이해
보 론 결산수정분개와 회계정보

우리는 제5장에서 현금주의와 발생주의에 대해서 학습하였다. 요즘에도 가계부를 적는 사람이 많이 있는지는 잘 모르겠지만, 가계부를 적는 사람이건 아님 매월 날아오는 카드사용명세서를 통해 한 달의 씀씀이를 판단하는 사람이건, 개인들은 일반적으로 현금주의에 의해 가계경제의 플러스와 마이너스를 가늠한다. 따라서 회계를 공부하지 않은 사람에게는 현금주의적 사고가 훨씬 익숙하다. 그러나, 기업의 회계는 발생주의를 기본으로 한다. 따라서, 어떤 기업이 당기에 이익을 냈는지, 손실을 냈는지를 판단하는 것은 현금주의가 아닌 발생주의에 의한 손익에 근거하게 되고, 그 결과가 그대로 재무상태표에도 반영되어 있다. 자, 이러한 사실을 알게 되었다면, 이제 당신은 다음에서 이야기할 사항들이 눈에 들어올 것이다.

제1절 결산이라는 작업에 대한 이해

기업에서 일하는 사람들은 회사의 회계부서에서 일하는 동료들이 결산시즌에 무척 바빠진다는 것을 알고 있다. 월 결산을 하는 회사, 즉 월마다 재무제표를 작성하는 회사들은 한 달이 끝나고 익월 초가 되면 회계부서들이 분주해진다. 상장회사처럼 분기마다 한 번씩 외부에 재무제표를 공시하는 회사들은 한 분기가 끝나고 그다음 분기 초가 되면 더욱 바빠진다. 그리고, 1년의 회계기간마다 재무제표가 공시되고 이를 외부감사까지 받아야 하므로, 연말이 지나 연초가 되면 야근이 많아지고 밤도 새는 경우가 다반사다. 그들은 왜 바빠지는 걸까? 무엇 때문에 바쁜 것일까?

회계부서에서 일하지 않는 당신은 의아했을지도 모르겠다. "매일매일 거래가 일어날 때마다 현업부서에서는 전표를 작성해서 회계부서에 전달하고, 회계부서는 분개(우리가 2장에서 배웠던 작업들)를 매일매일 하면서 기존 회계정보에 반영하고 있는데, 왜 결산시즌이라는 때에 특별히 더 분주한 거지?" "지금은 전산시스템이 잘되어 있어서, 재무제표를 작성하는 작업이 자동으로 된다고 하던데, 수동으로 주판이나 계산기로 시산표를 작성하는 것도 아니고, 왜 바쁜 걸까?"

이제 거기에 대한 답을 해 보자. 여러분이 현업부서에서 매일매일 올리는 전표들은 다는 아니지만 거의 모두 현금이 들어오고 나갈 때마다 이루어지는 것들이다. 즉, 거의 모두 현금주의에 의한 분개들이라고 생각하면 된다. 그리고, 소위 결산시즌이 되면, 회계부서의 동료들은 이를 발생주의로 바꾸는 작업을 한다.[1] 이 작업은 생각보다 매우 많은 시간이 소요되고, 전문성이 없다면 실수로 빼먹거나 잘못 계산할 수도 있는 일이라 상당히 스트레스를 받는 작업들이다.

결산기에 이루어지는 분개들을 특별히 "결산수정분개(adjusting entries) 또는 결산조정분개"라고 부른다. 모든 결산수정분개(결산조정분개)가 현금주의를 발생주의로 바꾸기 위한 것은 아니지만, 상당히 많은 결산조정이 이를 위한 작업들이다.[2] 만약 이러한 작업이 이루어지지 않는다면, 세상의 수많은 재무제표는 현금주의로 작성될 것이다.

이제 회계부서에서 일하는 동료들에 대한 연민과 존경이 조금 생겨나지 않나?

제2절 현금주의와 현금흐름표의 이해

결산이라는 작업까지 감안하여 생각해 보면 회계는 기본적으로 발생주의를 바탕으로 이루어진다. 재무상태표와 손익계산서 모두 발생주의로 작성되는 재무제표이다. 그렇다면 현금주의에 의한 재무제표는 없을까? 아니다. 존재한다. 이를 현금흐름표라고 한다. 현금흐름표는 발생주의로 작성된 재무제표를 현금주의로 돌려놓은 작업을 통해 작성되는데, 자세한 작성방법과 원리에 대해서는 좀 더 전문적인 회계서적을 찾아보기로 하고, 여기서는 현금흐름표에서 얻을 수

---

1) 제5장의 내용 가운데 질문 1부터 질문 4의 1월 말 분개를 연상해 보기 바란다.

2) 현금주의를 발생주의로 바꾸기 위한 결산조정분개에 속하지 않는 예로는 감가상각비의 인식을 들 수 있다.

있는 정보들에 대해 이야기해보겠다.

일단은 이 질문부터 해보겠다. "왜 지금까지 발생주의에 의한 기업의 성과측정이 진정한 성과라고 해놓고서, 갑자기 다시 현금흐름표를 들고나와 현금주의에 의한 기업의 성과를 보라고 하는 걸까?" 이는 현금이 기업에서 갖는 중요성 때문이다. 한 회계기간 동안 현금이 얼마나 늘어났는가를 갖고 그 기업의 그 기간 동안의 영업성과를 판단하는 것은 다소 무리가 있지만, 현금이 늘어나지 않으면, 아니 좀 더 극단적으로 현금이 줄어들면, 회사는 유동성이 악화되게 되어 있고, 유동성 악화가 지속되면 부도나 도산에 이를 수도 있다.

보통의 경우는 발생주의에 의한 회계이익과 현금주의에 의한 현금 증가는 상당히 비례하기 마련이다. 이익을 많이 내는 회사에 현금도 많이 들어오는 게 일반적이다. 그러나, 반드시 그렇지는 않고 오히려 역방향으로 움직이는 경우도 있다. 극단적으로 흑자도산이라는 말을 들어보았을 것이다. 예를 들어 보자.

A라는 회사는 엄청나게 성장하고 있다. 매월 매출(수익)이 두 배정도 늘어난다. 그런데 이 수익은 현금주의에 의한 것이 아니다. 즉, 현금이 매월 두 배 들어오는 것이 아니고, 회계적으로 매출(수익)을 인식하는 물량이 두 배 늘어나고 있는 것이다. 회계적으로는 매출(수익)은 인도 시점에 인식한다. 즉, 물건이 상대방에게 전달되면 현금 수령 여부와 상관없이 매출(수익)이 발생하였다고 보는 것이다. 그런데, A사의 물건을 매입해가는 B사는 결재조건이 썩 좋지는 않다. 즉, 인도받은 시점으로부터 4개월 후에 대금을 지급하는 것이다. A사는 1월에 판매한 상품에 대한 지급을 5월이 되어서야 현금으로 받는 셈이다. 그런데, A사가 판매하는 상품은 C사라는 제조회사로부터 사들이는 것인데, C사에는 매입대금을 바로바로 주어야만 물건을 받을 수 있다. 이런 경우가 전형적으로 흑자도산이 발생하는 케이스이다.

	1월	2월	3월	4월	5월	6월	7월	8월
매 출	100	200	400	800	1,600	3,200	6,400	12,800
(−)매출원가	(−)60	(−)120	(−)240	(−)480	(−)960	(−)1,920	(−)3,840	(−)7,680
=매출이익	=40	=80	=160	=320	=640	=1,280	=2,560	=5,120

	1월	2월	3월	4월	5월	6월	7월	8월
입 금	0	0	0	0	100	200	400	800
(−)출 금	(−)60	(−)120	(−)240	(−)480	(−)960	(−)1,920	(−)3,840	(−)7,680
=현금흐름	=−60	= −120	=−240	=−480	=−860	=−1,720	=−3,440	=−6,880
누적현금	−60	−180	−420	−900	−1,760	−3,480	−6,920	−13,800

월 손익계산서로만 본다면 행복하기 그지없는 기업이다. 그러나 현금흐름으로 보면 마이너스의 현금이 계속 누적되어 가고 있다. 4개월이라는 대금지급 지연의 갭을 좀처럼 극복하기 어려워 보인다. (발생주의 이익) − (현금주의 현금흐름)이 (−)일 경우에는 위의 A사처럼 급격하게 성장할수록 아이러니하게도 흑자도산의 위험이 커진다.

참고로, A사는 왜 이런 상황에 빠졌을까? 생각보다 이런 늪에 빠지는 회사들이 많다. 일단 위의 예에서 A사는 B사에 납품하게 되었을 때, 그리고 매월 주문량이 두 배로 늘어나게 될 때, 만세를 불렀을 가능성이 높다. A사는 신생회사이고, B사는 정부나 대기업같이 엄청나게 영향력이 큰 거래처라 4개월 후 대금지급조건이라도 납품계약을 할 수밖에 없었을 것이고, 늘어나는 수주를 모두 받아들일 수밖에 없었을 것이다. 문제는 C사에 대한 대금지급조건을 4개월로 미루지 못한 데 있다. A사는 왜 C사에게는 대금지급조건을 늦추지 못했을까? 이는 C사의 제품경쟁력이 뛰어나서 대체불가능했기 때문일 것이다. B사는 C사의 제품 또는 이와 같은 스팩의 제품을 원했을 거고, A사는 C사 이외에는 이를 살 수 있는 회사가 없었을 것이다. 그만큼 C사의 제품력이 뛰어나니까, C사는 바로 결재하는 조건이 아니면 납품이 불가했을 거다. 자사의 제품을 원하는 거래처가 A사 말고도 줄을 섰을 테니까. 결국 세상은 파워게임이다. 경쟁력이 있는 회사는 현금수취는 빨리할 수 있고, 현급지급은 늦출 수 있다. 그러나 그렇지 않은 회사는 그 반대다.

어쨌건 이러한 이유 때문에 우리는 발생주의에 의한 회계정보가 가질 수 있는 위험에 대한 보완책으로 현금주의에 의한 현금흐름표를 주목하게 된다. 현금흐름표는 회사가 A사와 같은 위험에 있지 않은지 판단하게 해주는 결정적인 정보를 제공해준다. 이토록 중요한 재무제표인 현금흐름표에 대해 대다수의 사람들은 관심이 없거나 잘 알지 못한다. 재무제표를 나름 본다는 사람들도 재무상태표와 손익계산서에 집중하지 현금흐름표는 그냥 지나치기 일쑤다. 이유는 현금주의의 중요성을 간과하고 있거나, 아님 현금흐름표를 읽을 줄 모르거나, 아니면 둘 다일 것이다. 우리는 현금주의의 중요성을 위에서 학습했으니, 이제 현금흐름표를 어떻게 보아야 하는지 살펴보자.

〈표 11.1〉은 기아자동차의 2020년 현금흐름표이다.

표 11.1 기아자동차의 2020년 현금흐름표

(단위: 백만원)

	제77기(2020년)	제76기(2019년)	제75기(2018년)
영업활동 현금흐름	5,423,896	3,610,658	4,470,764
영업에서 창출된 현금흐름	5,651,369	3,584,190	4,858,208
이자의 수취	162,751	216,999	203,714
이자의 지급	−224,197	−153,768	−153,476
배당금의 수취	116,621	140,543	119,169
법인세 부담액	−282,648	−177,306	−556,851
투자활동 현금흐름	−2,864,853	−1,104,190	−1,155,444
투자활동으로 인한 현금유입	269,477	1,721,922	1,938,320
단기금융상품의 순증감	149,046	1,606,620	629,982
기타유동금융자산의 순증감	23,954		1,226,697
기타비유동금융자산의 감소	37,008	15,444	
관계기업투자의처분		21,636	
유형자산의 처분	58,584	77,337	78,935
무형자산의 처분	885	885	2,706
투자활동으로 인한 현금유출	−3,134,330	−2,826,112	−3,093,764
장기금융상품의 순증감	30,937	20,729	1,262
기타유동금융자산의 순증감		330,041	4,685

	제77기(2020년)	제76기(2019년)	제75기(2018년)
기타비유동금융자산의 증가	4,865	17,390	2,469
관계기업투자의 취득	778,707	48,094	3,638
유형자산의 취득	1,661,898	1,736,486	2,376,265
무형자산의 취득	657,923	673,372	705,445
재무활동 현금흐름	3,517,283	−726,303	−2,542,999
재무활동으로 인한 현금유입	5,243,928	663,782	291,099
차입금의 증가	4,643,610	661,889	291,010
사채의 발행	600,000		
기타재무활동으로 인한 현금유입	318	1,893	89
재무활동으로 인한 현금유출	−1,726,645	−1,390,085	−2,834,098
차입금의 상환	702,588	974,224	2,506,959
사채의 상환	500,000		
배당금의 지급	461,071	360,838	320,745
리스료의 지급			1,366
기타재무활동으로 인한 현금유출	62,986	55,023	5,028
외화표시 현금의 환율변동효과	−184,345	195,892	−41,400
현금및현금성자산의 순증감	5,891,981	1,976,057	730,921
기초의 현금및현금성자산	4,268,716	2,292,659	1,561,738
기말의 현금및현금성자산	10,160,697	4,268,716	2,292,659

위에서 언급했듯이 현금흐름표는 발생주의로 작성한 다른 재무제표에 여러 조정을 가해서 현금주의로 전환한 표이다. 어떤 조정을 어떻게 하는지는 보다 전문적인 회계서적을 참조하기 바라고, 여기에서는 이 현금흐름표를 통해 우리가 어떤 정보를 얻을 수 있는지 살펴보겠다.

회계를 전공하지 않은 사람들의 입장에서 현금흐름표에서는 위에 파란색으로 표시한 정보에만 집중할 필요가 있다. 영업활동 현금흐름, 투자활동 현금흐름, 재무활동 현금흐름, 현금및현금성자산의 순증감이다. 일단 현금및현금성자산의 순증감이 당기의 현금주의에 의한 성과라고 할 수 있다. 기아자동차의 경우 2020년에 무려 약 5.9조원이나 현금이 증가한 것을 볼 수 있다. 일단 현금이 줄어든 것보다는 바람직해 보인다. 그러나, 단순히 이 합계액만으로는 기아자동차가 현금주의로 훌륭한 성과를 냈다고 말하기는 어렵다. 예컨대, 회사가 은행 차입을 통해서 현금보유를 늘렸다면 이를 훌륭한 성과라고 보기는 어렵기 때문이다. 그래서 우리는 현금의 증가를 영업활동, 투자활동, 재무활동, 이 세 가지 활동으로 나누어 보는 것이다. 영업활동이란 회사의 목적사업을 말하고, 투자활동이란 회사가 유무형자산 및 투자자산의 취득과 처분활동을 말하며, 재무활동은 회사가 영업활동과 투자활동을 원할하게 진행해 나가기 위해서 필요한 자금을 차입이나 증자를 통해 조달하는 활동을 말한다. 따라서 영업활동에 의한 현금의 증가가 기업이 고유의 목적사업을 통해 얼마만큼의 현금을 획득했는지를 나타내므로 이 부분이 현금주의에 의한 기업의 성과라고 볼 수 있다. 기아자동차는 2020년에 영업활동에서 5.4조원의 현금을 벌어들였다. 상당히 좋은 성과라고 보이며, 2019년과 2018년에 비해 꾸준히 성장하는 모습이다.

참고로 기아자동차는 2020년에 회계적으로는 2.1조원의 영업이익을 기록했다. 즉, 발생주의로 보면 회사의 목적사업에서 2.1조의 이익을 기록했는데, 현금주의로는 그보다 많은 현금을 획득했다는 뜻이다. 위에서 예시한 A사와는 사뭇 다르다. 우리는 이를 통해 기아자동차가 A사와 같은 흑자도산의 위험은 크지 않다는 것을 알 수 있다. 그렇다면 혹시 2020년만 그랬을까? 2018년과 2019년에는 거꾸로 발생주의에 의한 영업이익보다 현금주의에 의한 영업활동 현금흐름이 더 적었던 것은 아닌가?

	2020년	2019년	2018년
영업이익	2.1조	2.0조	1.2조
영업활동 현금흐름	5.4조	3.6조	4.5조

위의 표에서 보듯이 기아자동차는 늘 영업활동 현금흐름이 영업이익보다 많았다. 이러한 현상을 보이는 회사들은 대체로 다음과 같은 특징을 지녔다.

- 큰 장치산업이어서 감가상각비 비중이 크다. 이럴 경우 감가상각비만큼 영업이익이 줄지만, 감가상각비는 현금이 나가는 비용은 아닌지라, 영업현금흐름은 그만큼 높을 수 있다.
- 회사가 시장에서의 지배력이 강해서 매출대금은 매출 후 빨리 회수하고, 매입대금은 재고자산 등을 매입한 후 한참 후에 지급할 수 있다.

위의 이유 중 어떤 것 때문에 기아자동차의 영업활동 현금흐름이 영업이익보다 큰지는 현금흐름표만으로는 알기 어렵다. 그러나 아무튼 기아자동차의 흑자도산 위험은 크게 걱정하지 않아도 될 것 같다.

영업활동 현금흐름 이외에 투자활동 현금흐름과 재무활동 현금흐름에서는 어떤 정보를 얻을 수 있을까? 일반적으로 발전하는 회사는 미래를 위해 투자하기 때문에 투자활동 현금흐름이 (–)인 경우가 많다. 유형자산이나 무형자산에 대한 투자가 많기 때문이다. 기아자동차의 경우에도 지난 3년간 투자활동 현금흐름이 (–)를 기록했고, 그 내역을 보면 유무형자산에 대한 투자가 큰 비중을 차지하는 것을 볼 수 있다.

	2020년	2019년	2018년
투자활동 현금흐름	(–)2.9조	(–)1.1조	(–)1.2조
유무형자산에 대한 순투자*	2.3조	2.3조	3.0조

* 순투자 = 유무형자산 취득 – 유무형자산 처분

이렇게 유무형자산에 대한 투자가 이루어져야 향후에 더 큰 수익을 기대할 수 있다. 만약 이와는 반대의 모습을 가진 회사를 상상해보라. 갖고 있는 공장과 기계장치를 하나 둘씩 팔아치워서 유무형자산에 대한 순투자가 (–)인 회사가 있다면, 이 회사는 당장에는 현금흐름이 (+)일 수는 있으나, 머지않아 성장동력이 고갈될 것이 뻔하지 않은가? 따라서 기아자동차와 같이 투자활동 현금흐름이 (–)인 것은 바람직한 모습일 수 있다.

그런데, 투자활동 현금흐름은 유무형자산에 대한 순투자 이외에도 회사의 여유자금을 투자해서 얻는 수익도 포함된다. 이 경우의 현금흐름은 당연히 (+)인 것이 좋다. 투자에 실패해서 (−)현금흐름을 기록하는 것은 누가 봐도 좋은 모습은 아니지 않는가? 따라서 투자활동 현금흐름은 그 세부내역을 조금 더 살펴보는 것이 필요하겠다.

마지막으로 재무활동 현금흐름은 영업활동 현금흐름으로 투자활동 현금흐름을 모두 충당하지 못할 경우에는 이를 메꾸기 위하여 차입 등을 일으키므로 (+)의 재무활동 현금흐름이 발생하고, 반대로 영업활동 현금흐름이 투자활동 현금흐름을 모두 커버하고도 남을 때에는 여유현금으로 차입을 상환한다든지 주주에게 배당을 하여 (−)의 재무활동 현금흐름이 발생하게 된다. 따라서 대규모의 (+)재무활동 현금흐름이 발생하는 것은 어쨌건 회사의 재무리스크가 증가한다는 것을 의미한다.

기아자동차의 경우 2018년과 2019년에는 영업활동 현금흐름으로 투자활동 현금흐름을 충당하고 남는 자금으로 차입금을 상환하여서 (−)의 재무활동 현금흐름을 기록했으나, 2020년에는 충분한 영업활동 현금흐름으로 투자활동 현금흐름을 커버하고도 남았음에도 불구하고, 다시 큰 자금을 차입하여 현금보유액을 10조까지 늘렸다.

	2020년	2019년	2018년
재무활동 현금흐름	3.5조	(−)0.7조	(−)2.5조
순차입*	4.0조	(−)0.3조	(−)2.2조

* 순차입 = 차입금(사채) 증가 − 차입금(사채) 상환

이는 아마도 2021년 이후 시점에 무엇인가 대규모 투자를 계획하고 있는 듯하다. 미리 2020년에 현금을 확보해 놓은 것이 아닐까 사료된다.

지금까지 현금흐름표를 통해 우리가 알 수 있는 정보에 대해 알아보았다. 요약하자면, 현금흐름표는 재무제표 중 유일하게 발생주의가 아닌 현금주의에 의하여 작성된 재무제표이다. 그리고, 이 재무제표는 우리에게 회사의 도산위험을 포함하여 다양한 정보를 제공한다. 따라서, 회사에 대해 분석해보고자 할 때, 재

무상태표와 손익계산서에만 의존하지 말고, 현금흐름표도 면밀히 살펴보기 바란다. 대부분의 사람들이 현금흐름표를 간과하고 있으니까, 만약 여러분이 현금흐름표에 관심을 갖는다면, 회계정보의 활용과 관련하여 적어도 이 부분에 있어서는 남들보다 더 앞서가는 사람이 되는 것이다.

보론 결산수정분개와 회계정보

당신은 본서의 제1부와 제2부에서 기업의 정보를 회계라는 측면에서 이해하기 위해서 회계와 관련된 기초적인 여러 개념들을 살펴보았다. 당신이 지금까지 다루어 본 주제들을 포함해서 회계에는 많은 주제들과 많은 정보들이 있다. 그럼에도 불구하고 당신이 이해하고 의사결정에 활용하고자 하는 회계정보가 만들어져서 제공되는 기본적인 원리는 당신이 이미 살펴본 기본적인 방식에서 크게 벗어나지 않는다. 단지 더 많은 주제들과 더 다양한 상황으로 인해서 복잡해 보일 뿐이다.

우리는 제11장에서 결산이라는 작업의 의미에 대해 살펴보았고, 현금주의를 발생주의로 바꾸는 것과 관련되거나 혹은 관련되지 않은 많은 분개들이 결산시점에 '결산수정분개(결산조정분개)'라는 형태로 이루어진다는 것도 알게 되었다.[3] 우리는 제3부를 시작하면서 당신이 알아가고자 하는 회계, 그리고 회계정보에 대해서 앞서 깊게 다루어 보지 않았던 결산 과정을 포함해서 다시 한번 생각해 보고자 한다.

다음의 예시를 한번 살펴보자.

〈예시 11.1〉

서울에 사는 김세연 씨는 20×1년 7월 1일에 (주)세연상사를 설립하였다. 다음은 20×1년 7월 중 (주)세연상사와 관련된 경제적 거래와 사건들을 정리한 것이다. (주)세연상사는 매월 단위로 회계순환과정을 실시하고 재무제표를 작성한다.

---

3) 우리가 제4장에서 회계순환과정을 살펴보았을 때에는 순환과정의 구체 내용에 결산수정분개(와 수정후시산표 작성)의 과정이 포함되지 않았었다. 본서의 제1부와 제2부에서 회계를 이해하기 위해 필요한 여러 개념들을 살펴보았고 이제 결산과정을 포함하여 다시 한번 회계순환과정을 실시해 보고자 한다. 이러한 과정을 통해서 당신은 회계의 여러 개념과 정보들이 결산과정을 포함하여 어떤 과정을 거쳐서 회계정보로서 나타나는지에 대하여 다시 한번 생각해 보게 될 것이다.

① 7월 1일 김세연 씨는 본인이 가지고 있던 현금 3,000만원을 출자하여 단일 종류의 상품을 취급하는 상거래기업인 (주)세연상사를 설립하였다.
② 7월 1일 거래처에 1년 만기로 400만원을 빌려주었다. 연 이자율은 3%이고, 매월 1일에 이자를 받으며 첫 이자수취일은 8월 1일이다.
③ 7월 1일 영업목적으로 사용할 사무실을 3개월간 임차하고 같은 날에 3개월간의 임차 대가로 150만원을 지불하였다.
④ 7월 2일 기업 운영자금을 추가 확보하기 위해서 은행에서 1년 만기로 800만원을 빌렸다. 연 이자율은 3%이고, 매월 1일에 이자를 지급하며 첫 이자지급일은 8월 1일이다.
⑤ 7월 2일 매장에서 사용할 컴퓨터를 현금 200만원을 지불하고 구입하였다.
⑥ 7월 5일 영업에 사용할 목적으로 토지를 현금 200만원을 지불하고 구입하였다.
⑦ 7월 10일 (주)LG화학의 주식을 1,000만원어치 매수하였다.
⑧ 7월 12일 상품 200개를 개당 400원에 외상으로 구입하였다.
⑨ 7월 13일 상품 800개를 개당 500원에 외상으로 구입하였다.
⑩ 7월 17일 상품 500개를 개당 800원에 외상으로 판매하였다.
⑪ 7월 20일 상품 1,500개를 개당 700원에 외상으로 구입하였다.
⑫ 7월 25일 보유하고 있던 (주)LG화학의 주식을 전량 매도하였는데, 보유기간 중 가격이 상승하여 현금 1,150만원을 받고 매도하였다.
⑬ 7월 25일 상품 1,100개를 개당 800원에 외상으로 판매하였다.
⑭ 7월 31일 판매 효율성 증대를 위한 소프트웨어를 구입하였으며 구입 관련 지출 총액은 40,500원이다.

〈추가정보〉

(1) 컴퓨터의 내용연수는 5년이고, 잔존가액은 취득원가의 10%이다. (주)세연상사는 컴퓨터의 감가상각방법으로 정액법을 적용한다. (주)세연상사는 컴퓨터에 대하여 역사적원가모형을 적용한다.
(2) (주)세연상사는 토지에 대하여 재평가법을 적용한다. 20×1년 7월 말 토지의 공정가치는 210만원이다.

(3) (주)세연상사는 재고자산의 회계처리 방법으로 계속기록법을, 원가흐름의 가정으로 선입선출법을 적용한다. 외상 판매대금은 8월 2일에, 외상 구입대금은 8월 3일에 정산하기로 한다.

(4) 소프트웨어의 구입과 관련하여 이루어진 지출의 세부 내역은 다음과 같다.

소프트웨어 구입 가격	30,000
소프트웨어 구입 관련 관세	2,500
소프트웨어 구입과 직접 관련된 종업원 급여	5,000
소프트웨어 설치 시 지급한 전문가 수수료	2,000
소프트웨어 정상작동 검사비용	1,000

소프트웨어는 8월부터 사용할 수 있다. 소프트웨어의 내용연수는 4년이고, 잔존가액은 취득원가의 10%이다. (주)세연상사는 소프트웨어의 상각방법으로 연수합계법을 적용한다. (주)세연상사는 소프트웨어에 대하여 역사적원가모형을 적용한다.

여기까지가 예시의 내용이다. 무슨 생각이 드는가? 회계정보를 만들어 낼 방법과 순서가 착착 머리속에 떠오르는가? 아니면 당신은 갑자기 생각보다 많은 내용들이 등장해서 "내가 이런 문제를 풀 수 있을까?" 하면서 당황했을 수도 있고, "아, 열심히 해보려 해도 정말 모르겠네, 모르겠어. 왠지 회계는 내 길이 아닌 것 같네"라고 하면서 낙심했을 수도 있다. 어쩌면 그냥 아무 생각이 안 나서 물끄러미 책만 보고 있을지도 모르겠다. 그래도 괜찮다. 당신보다 먼저 회계를 공부하였던 많고 많은 선배들도 회계를 알아나가는 과정 중에 언제가 되었건 다 힘든 시절들이 있었다.

다시 마음을 다잡고 생각을 해 보자. 당신은 지금까지 왜 이 책을 보고 있었는가? 기업의 정보를 회계 측면에서 이해하고 또 당신의 의사결정에서 활용하기 위해 회계를 알고 싶었던 것이 아닌가? 지금도 같은 마음이지 않는가? 그런데 당신 앞에 펼쳐지게 될 회계, 그리고 회계정보들이 항상 당신의 입맛에 맞게, 그리고 쉽게 제시되면 좋겠지만 그렇지 않을 수도 있다.

다시 한번 생각해 보자. 당신은 앞서 제시된 예시가 왜 편치 않은가?

어려워 보여서 그런 것인가? 아니면 복잡해 보여서 그런 것인가? 아니면 둘 다인가?

어려운 것과 복잡한 것은 잘 구별할 수 있어야 한다. 당신이 평생을 바쳐도 해결할 수 없을 만큼 실제로 어려운 과제가 있다면 처음부터 피하는 것도 좋은 계획이 될 수 있다. 그런데 복잡하게 보이는 것이나 실제로 복잡한 것이 곧 해결할 수 없을 만큼 어려운 것을 의미하지는 않을 수 있다.

자, 심호흡 크게 한번 하고 나서 예시를 같이 한번 살펴보도록 하자. 그리고 당신이 살펴본 예시가 도대체 어떤 내용이고, 이 예시로부터 당신이 어떤 영향을 받는 게 맞는지 당신 스스로 다시 한번 생각해 보기 바란다.

우선 이 예시의 큰 틀은 제4장의 연습문제 1번이다. 확인해 보면 ①번 거래는 제4장의 연습문제 1번의 첫 번째 내용과 날짜만 다를 뿐 동일하다. 예제 전체 내용이 아니라 ①번 거래는 이해할 수 있겠는가? 제4장의 본문 내용과 연습문제의 내용을 다시 숙지해 보면 이해에 도움이 될 수도 있을 것 같다. 당신이 제4장의 연습문제 1번을 풀면서 첫 번째 거래를 이해할 수 있었고, 이번 예제의 전체 내용을 어떻게 해결해 나가야 할지는 잘 모르겠지만 그래도 ①번 거래는 알겠다고 생각하고 다음과 같이 분개를 할 수 있다면 일단 ①번 거래는 해결이다!

① 7월 1일	(차) 현　금	3,000만원	(대) 설립자본	3,000만원

만약에 당신이 해결해야 할 과제가 ①번 거래에 대한 분개를 하는 것이었다면 당신은 만점을 받은 것이다. ②번은 어떠한가? 기억이 날지 모르겠으나 이 내용은 5장 연습문제 4번을 가지고 온 것이다. 또 ③번과 ④번은 어떠한가? 이 내용은 5장의 연습문제 1번과 3번을 가지고 온 것이다. 이와 같은 식으로 ⑤번과 ⑥번은 7장의 연습문제 1번과 3번, ⑧번부터 ⑪번과 ⑬번은 6장의 연습문제 3번에서 지불방법을 현금이 아닌 외상으로 한 것이고, ⑦번과 ⑫번은 4장의 연습문제 1번을 일부 수정한 것이며, ⑭번은 8장의 연습문제 1번에 기초하였다.

이상의 내용을 가지고 (주)세연상사의 7월 회계기간 중 분개를 실시하면 다음과 같다.[4]

---

4) 기말수정분개는 기말 시점에 하도록 한다.

① 7월 1일	(차) 현　금	3,000만원	(대) 설립자본	3,000만원
② 7월 1일	(차) 대여금	400만원	(대) 현　금	400만원
③ 7월 1일	(차) 임차료(비용)	150만원	(대) 현　금	150만원
④ 7월 2일	(차) 현　금	800만원	(대) 은행차입금	800만원
⑤ 7월 2일	(차) 컴퓨터	200만원	(대) 현　금	200만원
⑥ 7월 5일	(차) 토　지	200만원	(대) 현　금	200만원
⑦ 7월 10일	(차) LG화학주식	1,000만원	(대) 현　금	1,000만원
⑧ 7월 12일	(차) 상　품	80,000	(대) 매입채무	80,000
⑨ 7월 13일	(차) 상　품	400,000	(대) 매입채무	400,000
⑩ 7월 17일	(차) 매출채권	400,000	(대) 매출액	400,000
	매출원가	230,000	상　품	230,000
⑪ 7월 20일	(차) 상　품	1,050,000	(대) 매입채무	1,050,000
⑫ 7월 25일	(차) 현　금	1,150만원	(대) LG화학주식	1,000만원
			영업외수익	150만원
⑬ 7월 25일	(차) 매출채권	880,000	(대) 매출액	880,000
	매출원가	670,000	상　품	670,000
⑭ 7월 31일	(차) 소프트웨어	40,500	(대) 현　금	40,500

이와 같이 하면 7월의 기중 분개를 한 것이다.[5] 모든 항목을 완벽하게 숙지하고, 분개를 실시하지 못했다고 해도 내용을 하나하나 보면서 앞에서 했던 내용을 찾아보면 "아, 내가 이것은 분명히 알고 있는데 저것은 좀 더 살펴보아야 되겠구나"라는 판단, 즉 당신이 확실히 알고 있는 주제와 그렇지 않은 주제에 대한 구분을 할 수 있게 될 것이다. 그러고 나면, 부족했던 부분을 좀 더 찬찬히 살펴보면서 처음에 생각했던 것보다 좀 더 편하게 상황을 볼 수 있게 될 것이다. 지금 당신에게 어마어마하게 크거나 거창한 무언가를 내 놓으라고 이야기하는 것이 아니다. 일단 우리가 앞에서 살펴보았던 각 주제별 거래나 사건, 그 하나하나에 대해서 분개를 할 수 있을지 생각해 보자는 것이다.

5) 내용이 많아 보여도 나누어서 보면 각각의 개별적인 거래이다. 개별 거래의 회계처리 가운데 이해가 잘 가지 않는 부분이 있으면 해당 연습문제의 내용을 다시 보고 이해를 한 후, 회계순환과정의 다음 단계를 생각해 보기 바란다.

어떠한가? 할만 한가? 회계정보를 만들어 내고 활용한다는 큰 의미를 지금 다 알지는 못한다고 해도, 이 예시를 끝까지 풀어볼 엄두가 나지 않는다고 해도, 여기까지 와서 분개를 이해했다면 하여튼 일단 기중 분개는 다 한 것이다.

그러고 나면 무엇을 하게 되는가? 기억이 날지 모르겠는데 회계순환과정은 기중 분개 이후에 전기, 시산표 작성, 결산수정분개, 수정후시산표 작성, 재무제표 작성 및 마감의 순서로 이어지게 된다. 이 가운데 우리는 전기, 시산표 작성, 재무제표 작성 및 마감은 4장에서 다루어 본 바 있고, 결산수정분개와 수정후시산표는 아직 다루어보지 않았다.

당신은 상기 기중 분개 내용을 가지고 총계정원장에 전기를 실시하고 나면 다음과 같은 (수정전)시산표를 구할 수 있게 될 것이다.[6)]

(수정전)시산표

20×1. 7. 31.

(주)세연상사 (단위: 원)

계정과목	차 변	대 변
현 금	29,959,500	
대여금	4,000,000	
매출채권	1,280,000	
상 품	630,000	
컴퓨터	2,000,000	
토 지	2,000,000	
소프트웨어	40,500	
설립자본		30,000,000
매입채무		1,530,000
은행차입금		8,000,000
매출액		1,280,000
매출원가	900,000	
임차료	1,500,000	
영업외수익		1,500,000
합 계	42,310,000	42,310,000

6) 기말수정분개가 이루어지기 전, 즉 기중 분개의 결과를 이용하여 작성하는 시산표를 기말수정분개가 이루어진 후 작성하는 시산표와 구별하기 위하여 (수정전)시산표라고 부르기도 한다.

우리가 4장에서 회계순환과정을 살펴보았을 때에는 (수정전)시산표를 작성한 이후에 재무제표를 바로 작성하였지만 실제 회계과정에서는 회계기간의 말에 결산수정분개라는 단계를 추가적으로 더 거치게 된다.

이와 같이 기간 말에 수정분개가 필요한 몇 가지 사항들을 우리는 본서의 5장 이후에서 이미 다루어 본 바 있다.

예시를 중심으로 기간 말(7월 말)에 수정분개가 필요한 사항들을 살펴보면 먼저 ②의 경우에는 8월 1일에 첫 번째 이자를 수취하게 되지만 7월 초부터 자금을 대여하였으므로 7월분 이자수익을 인식하는 것이 타당하다.[7] 이렇게 따져 보기 시작하면 당신은 다음과 같이 생각할 수도 있을 것이다. "그럼 ③에서는 미리 지불한 두 달 치의 임차료에 대해서 조정을 해 주어야 하겠지. ④에서는 7월분 이자비용을 챙겨서 인식해야 될 거고, ⑤에서는 유형자산이니까 감가상각을 해 주어야 되겠네. ⑥은 토지니까, 휴우 감가상각은 신경 안 써도 된다. 어, 그런데 토지에 대해서 재평가법을 적용하잖아?"

결산수정분개는 회계기간 중에 발생한 거래나 사건에 대한 기록을 모두 실시한 후에 회계기간 말에 해당 회계기간에 발생한 수익과 비용 중 누락된 부분이나 과대 계상된 부분을 수정하고, 자산과 부채를 정확한 금액으로 표시하기 위해 실시하는 추가적인 분개를 의미한다.[8] 결산수정분개는 감가상각비, 이자수익, 이자비용 등 다양한 내용들이 존재하는데 우리는 일단, 앞서 생각해 본 내용들을 중심으로 살펴본다.

당신이 예시의 각 항목들을 자세히 살펴보면 회계기간 말이 되었을 때 별도의 거래나 사건이 발생하지 않은 상태에서, 이자수익이나 이자비용을 정확하게 인식하기 위해서, 또 정확한 자산과 부채의 금액을 나타내기 위해서 분개를 실시하게 되는 경우들이 있었다.[9] 말 그대로 별도의 거래나 사건이 기말 시점에

---

7) (주)세연상사가 매월 1일에 이자를 수령하고 첫 이자를 8월 1일에 수령한다는 것이 7월에는 무이자로 자금을 대여하여 준다는 것을 의미하는지 생각해 보기 바란다.

8) ②, ③, ④의 경우는 현금주의를 발생주의로 바꾸는 것과 관련된 결산수정분개에 해당하고, ⑤와 ⑥의 경우는 현금주의를 발생주의로 바꾸는 것과 관련되지 않는 결산수정분개에 해당한다.

9) 앞서 열거한 연습문제들의 해당 월의 말일에 분개된 내용을 참조하기 바란다.

추가로 발생하는 것이 아니므로 당신이 기말 시점에 적절하게 분개를 해 주지 않으면 그대로 아무일 없이 다음 회계기간으로 넘어가게 된다. 이렇게 될 경우 해당 회계기간의 정확한 비용과 수익, 자산과 부채의 금액을 나타내지 못하게 될 수 있으므로 주의를 기울여야 한다.

(주)세연상사가 7월 말에 실시하게 되는 수정분개는 다음과 같다. 각각의 내용을 보면 당신은 "이거 연습문제 풀 때 다해 보았던 내용들인데!"라고 생각할 수 있을 것이다. 우리가 각 주제를 다루면서 해당 내용을 볼 때에는 굳이 기중분개와 수정분개로 구분하지 않았었는데, 당신은 해당 내용을 볼 때에 결산수정분개를 어떤 상황에서 어떻게 해야 하는지 이미 한번 다루어 보았다고 생각하면 된다. 결산수정분개는 위에 나타난 내용들을 가지고 회계기간 중에 어떤 일이 있었길래 회계기말에 어떤 조정을 해 주어야 하는지 생각해 보면 좀 더 이해가 갈 수 있을 것이라 생각된다.

② 7월 31일	(차) 미수이자(자산)	1만원	(대) 이자수익(수익)	1만원
③ 7월 31일	(차) 선급임차료(자산)	100만원	(대) 임차료(비용)	100만원
④ 7월 31일	(차) 이자비용(비용)	2만원	(대) 미지급이자(부채)	2만원
⑤ 7월 31일	(차) 감가상각비(비용)	3만원	(대) 감가상각누계액	3만원[10]
⑥ 7월 31일	(차) 토　지(자산)	10만원	(대) 재평가잉여금(자본)	10만원

어떠한가? 할 수 있겠는가? 만약 결산수정분개라는 개념이 들어와서 어렵게 느껴진다면 다시 해당 연습문제로 가서 그 거래나 사건에서 기중에 했던 분개와 기말에 했던 분개를 다시 한번 살펴보기 바란다.[11] 왜 내가 이날에 이 분개를 하고, 왜 내가 회계기간이 끝나갈 때에 저 분개를 하게 되는지 생각하다 보면 기중에 실시하는 분개와 기말에 실시하는 분개를 좀 더 편하게 이해할 수 있게 될 것이다. 당신은 이런 생각을 할 수도 있을 것이다. "말이 쉽지, 기말에 안해 주면 그냥 넘어가는 것들을 하나하나 다 챙겨서 수정해 주어야 한다니…….

10) 유형자산인 컴퓨터에 대하여 감가상각을 실시하면서 무형자산인 소프트웨어에 대해서는 상각을 실시하지 않았다. 그 이유는 소프트웨어를 7월이 아닌 8월부터 사용할 수 있기 때문이다. 따라서 소프트웨어에 대한 상각은 8월부터 실시하게 된다.

11) 여기서 정리된 결산수정분개는 각 연습문제의 해당 회계기간 말에 실시된 분개이다.

기중 분개, 기말 분개 구분하는 것도 헤깔리는데 그 많은 기업의 거래들 중에서 결산수정분개를 해 주어야 할 것들을 어떻게 다 찾아내나? 난 못해!" 이런 생각이 드는 것도 무리는 아니다. 아주 단순한 예시만으로도 결산수정분개라는 것이 이미 충분히 복잡해 보이지 않는가? 그런데 다행히도 회계기말에 이루어지는 결산수정분개는 매우 정형적이고 구체적인 내용들로 구성되어 있으며 그중 일부는 이미 우리의 예시에도 포함되어 있다. 말했듯이 당신이 앞으로 회계에 대해서 좀 더 깊이 알아가게 되면 결산수정분개를 해 주는 내용들이 끝도 없이 막연하게 흩어져 있는 것이 아니라 대부분 정형적이고 구체적인 항목들로 이루어져 있다는 것을 깨닫게 될 것이다.

결산수정분개가 이루어지고 나면 해당 분개에 대하여 전기를 실시한 후 결산수정분개의 내용이 반영된 시산표를 다시 작성하게 된다.

시산표

20×1. 7. 31.

(주)세연상사 (단위: 원)

계정과목	차 변	대 변
현 금	29,959,500	
대여금	4,000,000	
매출채권	1,280,000	
미수이자	10,000	
선급임차료	1,000,000	
상 품	630,000	
컴퓨터	2,000,000	
감가상각누계액		30,000
토 지	2,100,000	
소프트웨어	40,500	
설립자본		30,000,000
재평가잉여금		100,000
매입채무		1,530,000
은행차입금		8,000,000
미지급이자		20,000
매출액		1,280,000

계정과목	차 변	대 변
매출원가	900,000	
임차료	500,000	
감가상각비	30,000	
영업외수익		1,500,000
이자수익		10,000
이자비용	20,000	
합 계	42,470,000	42,470,000

수정분개 후 시산표 작성 후에 재무상태표와 손익계산서와 같은 재무제표들을 작성하게 된다.

• 7월 31일의 재무상태표

재무상태표 20×1. 7. 31. (주)세연상사			(단위: 원)
자 산		자 본	
현 금	29,959,500	설립자본	30,000,000
대여금	4,000,000	재평가잉여금	100,000
매출채권	1,280,000	이익잉여금	1,340,000
미수이자	10,000	부 채	
선급임차료	1,000,000	매입채무	1,530,000
상 품	630,000	은행차입금	8,000,000
컴퓨터	2,000,000	미지급이자	20,000
감가상각누계액	(30,000)[11]		
토 지	2,100,000		
소프트웨어	40,500		
자산 합계	40,990,000	부채와 자본 합계	40,990,000

---

12) 수정분개 후에 작성된 시산표에서는 감가상각누계액 계정이 대변에 있었는데, 재무상태표에서는 차변에 있는 것을 볼 수 있다. 시산표는 분개와 전기가 적절하게 되었는가를 판단하는 것이므로 분개와 전기 시 대변 잔액이 나타나는 감가상각누계액은 시산표의 대변에서 확인

• **7월 기준 손익계산서**

손익계산서

20×1. 7. 1.~20×1. 7. 31.

(주)세연상사 (단위: 원)

	매출액(영업수익)	1,280,000
(−)	매출원가	900,000
	매출총이익	380,000
(−)	판매비와 관리비*	530,000
	영업이익	(150,000)
(+)	영업외수익**	1,510,000
(−)	영업외비용***	20,000
	법인세차감전순이익	1,340,000
(−)	법인세비용****	0
	당기순이익	1,340,000

* 판매비와 관리비는 임차료 50만원과 감가상각비 3만원이다.

** 영업외수익은 LG화학주식 판매로 인한 이익 150만원과 이자수익 1만원이다.

*** 영업외비용은 이자비용 2만원이다.

**** 법인세효과는 고려하지 않는다.

상기 예시를 가지고 결산조정분개의 내용을 포함하여 회계정보가 만들어지는 과정을 다시 한번 살펴보았다. 물론 당신은 회계기간을 마치면서 영구계정들에 대한 차기이월, 그리고 임시계정들에 대한 마감분개도 실시할 것이다.[13)]

하는 것이다. 그런데, 자산, 부채와 자본, 즉 재무상태를 판단하는 재무상태표(자산 = 부채 + 자본)에서 감가상각누계액은 자산의 차감계정이라는 특성으로 인해 대변(부채 + 자본)이 아닌 차변(자산)에 오게 되며, 이때 대변 잔액이 차변으로 치환되면서, 즉 등호의 상대편으로 넘어가면서 부호가 바뀌어 음수값을 가지게 된다. 회계에서 괄호 안에 들어간 숫자는 음수를 의미한다.

13) 임시계정들에 대한 마감분개를 통해 수익과 비용 계정의 잔액은 0이 되며, 이때 생성된 임시계정인 집합손익계정은 다시 해당 계정의 잔액(당기순이익(순손실))이 이익잉여금(자본) 계정으로 옮겨지는 마감분개를 실시하게 된다. 기억이 잘 나지 않으면 4장에서 관련 내용을 살펴보기 바란다.

이와 같은 과정을 거쳐 회계정보를 만들어 내는 당신은 회계정보이용자들에게 정보를 전달하는 가장 대표적인 수단인 재무제표를 비로소 만들어 낸 것이고, 회계정보를 의사결정에 이용하는 당신은 마침내 필요로 하는 회계정보를 만나게 되는 순간이 온 것이다.

그런데 당신이 회계정보를 만들어 내는 사람이든, 회계정보를 이용하는 사람이든 회계는 아직도 여전히 편하지 않은 주제일 수 있다.

본 보론의 초두에서 당신에게 하였던 질문을 다시 한번 하겠다.

당신은 회계가 왜 편치 않은가?

어려워 보여서 그런 것인가? 아니면 복잡해 보여서 그런 것인가? 아니면 둘 다인가?

이렇게 생각하니 너무 막연한 것 같아서 다시 우리 예시로 돌아가 보자. 앞서 살펴보았던 예시를 생각해 보면 매우 복잡하고 거창해 보이는 회계정보의 시작은 기업에서 일어나는 매우 개별적인 거래나 사건들이다. 이러한 거래나 사건 하나하나에 대하여 분개를 하고, 개별 분개 내용에 대하여 전기를 하고, 총계정원장의 계정별 잔액을 이용하여 시산표를 만들고, 결산수정분개도 하다 보면 비로소 재무상태표나 손익계산서와 같은 재무제표, 즉 대표적인 회계정보가 만들어지는 것이다.

정말 처음부터 끝까지 모두 다 어려운 것인지, 이것저것 모아 놓으니 복잡한 것 같아서 어려워 보이는 것인지 잘 생각해 보기 바란다. 앞에서도 이야기했지만 정말 너무너무 어려워서 도저히 못하겠는 것이라면 안 하는 것도 좋은 방법이라고 생각한다. 그런데 하나하나 따져 보면 할만한 것들이 다 모아서 보니 복잡해 보여서 못할 것처럼 느껴지고 당신의 자신감을 잃게 만드는 것이라면, 차근차근 하나씩 풀어가면서 당신이 하나의 과제를 해결할 수 있는지, 그러한 과정이 모여서 전체 회계정보를 만들수도 있고 이해할 수도 있는지 확인해 볼만한 가치는 충분히 있다고 생각한다.[14)]

만약 당신이 회계가 복잡해 보여서 어려운 것 같다는 생각이 든다면 이제 본

---

14) 어떤 이유에서든 당신에게 회계가 필요한 경우에 해당하는 이야기이다.

예시에서 당신을 힘들게 하던 것이 구체적으로 무엇인지 생각해 보자. (주)세연상사의 일자별 거래들을 읽어가다 보니 그 가운데 몇몇 거래의 회계처리를 어떻게 해야 할지 잘 몰라서 힘들었을 수 있다. 충분히 그럴 수 있다. 그렇다면, 기중 분개 및 결산 시점의 분개 등 회계처리 절차를 다시 살펴보고 이해할 수 있기를 권한다. 구체적인 한 가지 주제에 대한 한 가지 문제를 해결해 내는 것이니 해볼만 하지 않는가? 주제의 이해를 돕기 위해서 해당 주제에 대한 경제적 측면의 배경 등을 같이 생각해 보는 것도 좋을 것이다. 반면, 당신이 일자별 거래에 대한 개별 회계처리는 다 할만한데, 재무상태표나 손익계산서와 같은 재무상태표를 만들어 내거나 그 의미를 이해하는 것이 쉽지 않을 수도 있다. 이 경우에는 회계순환과정 각 단계의 의미와 구체 내용을 시간을 가지고 차례차례 검토해 보기 바란다.

본 예시의 내용은 회계정보를 만들어 내는 사람의 입장에서 전개되었지만 회계정보를 이용하는 사람의 입장에서도 경쟁력있는 회계정보의 활용을 위해서는 해당 회계정보의 생성과정에 대한 심도깊은 이해가 필요함은 물론이다.

제 12 장

재고자산이 갖고 있는 운명
(부제: 재고자산의 분개 방식과 원가흐름의 가정에 대한 이해)

제1절 재고자산과 매출원가의 관계에 대한 이해
제2절 재고자산 평가방법과 기업실적에 대한 이해

우리는 제6장에서 재고자산의 분개방식과 원가흐름의 가정에 대한 학습을 하였다. 여러분이 유통업이나 제조업을 영위하는 회사에 다니는 사람들이라면 창고에 있는 재고자산들이 팔려 나가면 회사의 매출이 늘어난다는 사실이야 쉽게 알고 있었겠지만, 오늘 팔린 물건의 원가가 얼마여서 회사에 얼마의 이익이 생겼는지를 계산해 내는 것은 단순하지 않다는 점을 알게 되었을 것이다. 그리고 재고자산의 회계처리방식을 이해했다면, 다음과 같은 사실들도 알 수 있게 된다.

제1절 재고자산과 매출원가의 관계에 대한 이해

재고자산은 자산이고, 매출원가는 비용이다. 회계를 처음 접한 사람들의 시각으로는 자산과 비용은 너무나 동떨어진 개념이다. 그도 그럴 것이 자산은 재무상태표 상에 존재하고, 비용은 손익계산서 상에 존재한다. 따라서 자산은 일정 시점에 측정된 것이고, 비용은 어떤 기간 동안에 발생한 것이다. 그리고 그냥 상식적으로 생각해 보면, 자산은 재산처럼 느껴져서 좋은 것이라 생각되고, 비용은 자기 지분이 없어지는 거니까 나쁜 것이라고 생각된다. 하지만, 회계초보자가 느끼는 것처럼 자산과 비용이 완전히 동떨어진 개념은 아니다. 오히려 자산과 비용은 상당히 가까운 개념이라고 보는 것이 맞다. 왜냐고?

일단 자산과 비용은 공통점이 하나 있다. 모두 차변 항목이라는 점이다. 이 공통점은 우리에게 엄청난 사실을 시사한다. "자산과 비용은 같은 운명을 지닌 형제다." 재고자산과 매출원가의 관계를 통해 이 말의 의미를 이해해 보자.

우리는 제6장에서 기초부터 존재했거나, 혹은 당기에 매입한 재고자산 중 당기에 팔려 나간 부분만큼 매출원가가 되고 나머지는 재고자산으로 남는다는 것을 공부했다. 이를 통해서 우리는 다음과 같은 사실을 깨닫게 된다.

"재고자산의 궁극적 목표는 매출원가가 되는 것이다."

모든 재고자산은 팔려 나가야 제 역할을 다하는 것이니, 위의 말은 너무나 당연하다. 이를 좀더 확대하여 본다면 다음과 같다.

"모든 자산의 궁극적 목표는 비용이 되는 것이다."

이를 좀더 쉬운 말로 표현하자면 "모든 자산은 소멸(비용화)되는 운명을 지녔다." 재고자산의 일대기를 보면서 예를 들어 보자. 우리는 현금을 주고 재고자산을 구매한다. 재고자산은 재고자산이 되기 이전에 현금이라는 자산 형태로 회사의 재무상태표에 존재했었다. 그러다가 현금이 소멸되면서 분개상으로는 대변에 현금이 적힌다. 그러나 이 현금은 비용이 되지 못하고 다시 재고자산이라는 형태로 바뀌어 재무상태표에 남는다.

(차) 재고자산	100	(대) 현 금	100

비용이 되지 못했다는 것은 수익활동에 기여하면서 장렬히 전사하지 못했다는 뜻이다. 그래서 아직 자산으로 남아있는 것이다. 그러다가 재고자산이 팔리면서 비로소 재무상태표에서 소멸한다. 분개상으로는 대변에 재고자산이 적히면서 이제야 매출원가라는 비용이 차변에 대응된다. 매출원가는 매출이라는 수익활동에 기여하면서 소멸된 재고자산가액만큼 인식되는 비용이다.

(차) 매출원가	100	(대) 재고자산	100

모든 자산들은 수익활동에 기여하기 위해 존재하다가, 수익활동에 기여하면서 소멸한다. 따라서 모든 자산의 궁극적인 목표는 비용화되는 것이다.

수익활동을 통해서 전혀 다른 형태의 자산들이 회사로 들어온다. 주로 현금이나 현금성자산일 확률이 크다. 또한 소멸된 자산, 즉 비용보다 더 큰 규모일 확률이 크다. 따라서 회사의 자산은 더 증가하면서 회사의 규모는 점점 커진다. 회사로 들어온 현금은 다시 비용화될 준비가 되어있다. 또 더 큰 수익을 창출하기 위해 존재하게 되는 것이다. 기업의 영업이 계속되는 한 이 과정은 반복된다.

이 대목에서 잠깐 원가라는 개념을 이해해 보자. 회계에서 원가라는 용어는 자주 등장한다. 원가란 무엇인가? 혹자들은 원가가 비용과 같은 개념이라고 생각하기도 하지만, 그렇지 않다. 원가란 갖고 있던 자산이 소멸할 때 그 소멸한 자산의 가치를 말한다. 쉽게 말해서 자산이 대변으로 빠져나갈 때 대변에 적히는 금액이다.

(차) ×××	100	(대) 자 산	100

위의 분개에서 보듯이 100원의 자산이 소멸할 때, 100원의 원가가 발생하였다고 한다. 이때, 차변에는 무엇이 적힐 수 있을까?

첫째는 다른 자산이 올 수 있다. 즉 위에서 설명하였듯이, 자산이 아직 소임을 완수하지 못하고 다른 자산으로 바뀌어서 다시 출격준비 중인 상태가 될 수 있다. 그래서, 위의 분개에서 차변 계정이 새로운 자산일 경우에는 이러한 원가를 "미소멸원가"라고 부른다. 재고자산 취득원가가 대표적인 예이다.

둘째는 차변에 비용 계정이 올 수 있다. 이 경우에는 소멸된 자산은 임무를 완수한 것이다. 자산의 임무는 수익을 창출하는 데에 기여하면서 사라지는 것이고, 이를 완수한 것이다. 이럴 경우의 원가는 "소멸원가"라고 부른다. 매출원가가 대표적인 예이다.

물론 차변에 부채나 자본이 올 수도 있다. 즉, 자산을 헐어서 부채를 상환하거나 배당을 하는 것도 가능하다. 그리고 이런 경우에는 상환원가 내지는 배당원가라고 표현할 수도 있을 것이지만, 흔하게 사용되지는 않는다. 원가라는 개념 자체가 회사의 목적, 즉 수익창출을 위하여 소비된 경제가치를 지칭하는 것이라, 부채상환이나 배당, 감자 같은 재무적 거래를 위해 소멸한 자산가치에는 원가라는 용어를 좀처럼 붙이지 않는다.

정리하자면, 회사는 현금이라는 자산을 소멸시키면서 재고자산을 취득한다. 이때 소멸한 현금액을 재고자산의 취득원가라고 부른다. 전기부터 갖고 있던 재고자산과 당기에 취득한 재고자산 중에 당기에 팔려 나간, 즉 소멸한 재고자산이 있을 것이고, 남아있는 재고자산이 있을 것이다. 전자는 매출원가가 되고, 후자는 재고자산으로 그냥 남아있다. 그래서 전자를 소멸원가(비용)라고 하고, 후자를 미소멸원가(자산)라고 한다.

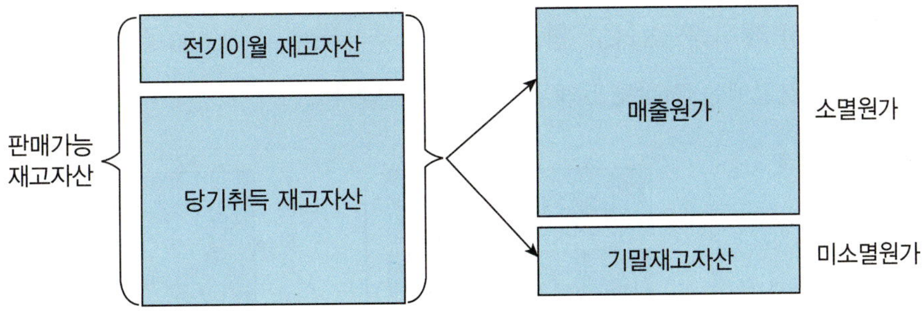

제2절 재고자산 평가방법과 기업실적에 대한 이해

회사가 전기부터 갖고 있던 재고자산과 당기에 취득한 재고자산을 매출원가와 기말재고자산으로 나누는 작업을 위해서 물량흐름에 대한 가정을 한다는 것을 제6장에서 학습하였다. 즉, 먼저 취득한 재고자산이 먼저 판매된 것으로 가정하면 선입선출법, 나중에 취득한 재고자산이 먼저 판매된 것으로 가정하면 후입선출법, 모든 판매가능 재고자산이 평균적으로 판매되었다고 가정하면 평균법이다. 만약에 전기로부터 이월된 재고자산이나, 당기에 취득한 재고자산이나 모두 구입단가가 일정하다면, 선입선출법, 후입선출법, 평균법 중 어떤 방법을 선택하더라도 결과는 같을 것이다. 그러나, 재고자산의 구입단가가 계속 달라지는 것이 일반적이기 때문에, 원가흐름의 가정에 따라 매출원가와 재고자산의 금액이 달라진다.

자, 이제 여러분은 회사의 실질적인 현금흐름과는 관계없이, 이 원가흐름의 가정을 갖고 기업의 실적이 좌지우지된다는 놀라운 사실을 깨닫게 된다.

예를 들어 보자. 어떤 주유소에서 휘발유를 판매하고 있다. 기초에 주유소의 저장탱크에는 휘발유 1,000리터가 보관되어 있었고, 그 단가는 1,000원/리터였다. 그리고 기중에는 총 4,000리터의 휘발유를 구매했는데, 이 중 전반기에 2,000리터를 1,500원/리터에 구매했고, 나머지 2,000리터는 하반기에 2,000원/리터에 구매하였다. 다시 말해서, 당기 중 지속적으로 휘발유 매입가격이 상승한 것이다. 그리고 당기 중에 이 주유소는 총 3,000리터의 휘발유를 판매했고, 기말에는 저장탱크에 2,000리터가 남아있다.

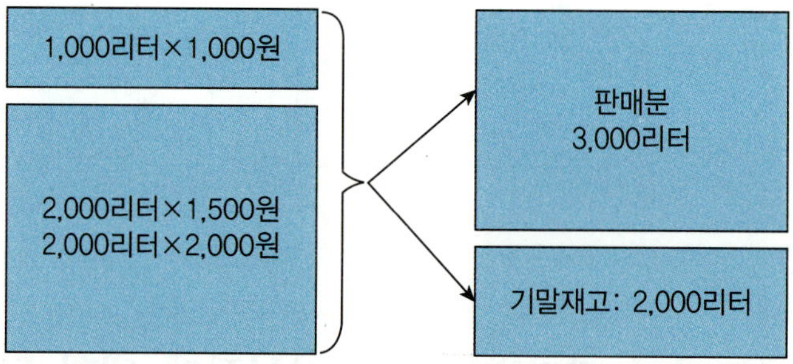

여기까지는 당기 중에 일어난 돌이킬 수 없는 사실들이다. 회사가 무슨 수를 써도, 이 사실들을 바꿀 수 없고, 당기가 끝남과 함께 확정된 사실들인 것이다. 자, 이제 남은 것은 판매된 휘발유와 기말에 남아있는 휘발유의 단가를 정하는 일뿐이다.

먼저 선입선출법을 적용해 본다면, 판매된 3,000리터는 전기부터 있던 1,000리터(@1,000원)와 당기 중 먼저 구매한 2,000리터(@1,500원)일 것이고, 기말재고로 남아있는 2,000리터는 당기 중 나중에 구입한 2,000리터(@2,000원)일 것이다. 따라서 매출원가와 기말재고자산을 계산해 보면 다음과 같아진다.

- 매출원가 = 1,000L × @1,000 + 2,000L × @1,500 = 4,000,000원
- 기말재고 = 2,000L × @2,000 = 4,000,000원

다음으로 후입선출법을 적용해 본다면, 판매된 3,000리터는 가장 최근에 구입한 2,000리터(@2,000원)와 당기 중 먼저 구입한 2,000리터(@1,500원) 중 1,000리터일 것이고, 기말재고로 남아있는 2,000리터는 당기 중 전기에 먼저 구입한 1,000리터(@1,500원)와 전기부터 존재했던 재고 1,000리터(@1,000원)일 것

이다. 따라서 매출원가와 기말재고자산을 계산해 보면 다음과 같아진다.

- 매출원가 = 2,000L × @2,000 + 1,000L × @1,500 = 5,500,000원
- 기말재고 = 1,000L × @1,500 + 1,000L × @1,000 = 2,500,000원

마지막으로 평균법을 적용해 본다면, 판매된 3,000리터나 남아있는 2,000리터나 공히 마찬가지로 그 단가는 당기 중 판매가능했던 총 5,000리터의 평균단가인 1,600원(8,000,000원/5,000리터)이다.[1] 따라서 매출원가와 기말재고자산을 계산해 보면 다음과 같아진다.

- 매출원가 = 3,000L × @1,600 = 4,800,000원
- 기말재고 = 2,000L × @1,600 = 3,200,000원

결국 어떤 단가계산방법을 택하느냐에 따라서 매출원가와 기말재고가 달라지는 것이다. 매출원가와 기말재고가 달라지면, 회사의 실적은 바뀐다. 매출원가는 비용이니까, 매출원가가 클수록 이익은 작아질 것이고, 매출원가가 작을수록 이익은 커질 수밖에 없다. 위의 예처럼 재고자산의 구매단가가 계속 상승하는 경우에는 매출원가와 영업이익은 다음과 같은 순서를 갖는다.

- 매출원가: 후입선출법 > 평균법 > 선입선출법
- 영업이익: 후입선출법 < 평균법 < 선입선출법

만약 반대로 재고자산의 구매단가가 계속 떨어지는 경우라면 매출원가와 영업이익의 순서는 반대가 될 것이다.

- 매출원가: 후입선출법 < 평균법 < 선입선출법
- 영업이익: 후입선출법 > 평균법 > 선입선출법

자, 이제 여러분이 회사의 CFO라면 회사의 재고자산 평가방법을 어떻게 결

---

1) 평균법 적용 시 3,000L의 판매는 하반기 2,000L의 매입 이후에 이루어진 것으로 가정한다.

정하겠는가? 예를 들어, 만약 여러분의 회사가 실적을 많이 내고 싶은 상태이고, 회사가 판매하는 재고자산의 가격이 지속적으로 상승하는 상태라면, 여러분은 당연히 재고자산의 평가방법을 선입선출법으로 해야 할 것이다. 만약 여러분의 회사는 실적을 내는 것보다는 법인세를 절감하는 것에 관심이 더 크다면, 여러분은 거꾸로 재고자산의 평가방법을 후입선출법으로 해야 할 것이다. 만약 여러분의 회사가 실적과 세금 사이에서 적절한 중간을 원한다거나, 회사가 판매하는 재고자산의 가격이 들쭉날쭉하고 가격변동이 오르락내리락 하여 종잡을 수가 없다면, 평균법을 적용하는 것이 가장 리스크를 줄일 수 있다. 이처럼 회사는 상황에 따라 가장 적절한 재고자산 평가방법을 선택하는 것이다. 이것만 잘 선택해도 회사의 실적은 바뀔 수 있다.

제 13 장

유형자산! 그들이 사라지는 방법

(부제: 유형자산과 감가상각에 대한 이해)

제1절 유형자산과 감가상각의 관계
제2절 감가상각비와 투자활동 현금흐름의 관계 이해

우리는 제7장에서 유형자산의 감가상각에 대해 학습하였다. 회계를 잘 모르는 사람들에게는 감가상각이란 매우 생소한 개념일 수 있다. 그러나, 이제 우리는 감가상각의 개념과 방법을 학습하였기 때문에 회계를 접해보지 못한 일반인들보다는 회사의 유형자산에 대해 훨씬 많은 것을 알고 있다. 회사에서 사용하는 각종 비품, 예를 들어 컴퓨터나 책상 같은 것들도 늘 그 자리에 있고 계속 사용하고는 있지만, 회계적으로는 매년 일정한 방법에 의해 감가상각된다는 사실을 알게 되었을 것이다. 이제 유형자산과 감가상각에 대해 조금 더 깊이 살펴보자.

제1절 유형자산과 감가상각의 관계

우리는 제12장에서 "모든 자산은 비용화될 운명을 갖고 있다"고 배웠다. 대표적으로 재고자산은 외부로 팔려 나감으로써 그 소임을 다하고 비용화된다. 이 장에서 공부하는 유형자산도 비용화될 운명임은 똑같다. 그러나, 소멸의 방식이 다르다.

재고자산은 팔림으로써 수익활동에 기여한다. 자동차를 판매하는 딜러사에서는 보유하고 있던 재고자산, 즉 자동차라는 상품이 소비자에게 판매되어 사라져 주어야 현금이라는 또 다른 자산이 획득된다.

반면 유형자산은 팔림으로써 수익활동에 기여하는 것이 아니라, 계속 존재하면서 수명이 다할 때까지 간접적으로 수익활동을 지원한다. 예를 들어 제조업 공장에 존재하는 기계장치는 계속 돌아가면서 회사의 제조활동에 기여하는데, 제조활동이 일어나야 제품이 완성되고, 그 제품이 팔려 나가면 수익이 창출되는 것이다.

이처럼 오랜 기간 동안 존재하면서 수익활동을 지원하는 유형자산은 정해 놓은 기간 동안 정해 놓은 원칙에 의해 조금씩 비용화시키는데, 이를 감가상각이라고 한다. 사실 정확히 기계가 멈추는 그 순간까지, 정확히 수익활동에 기여하는 만큼 감가상각을 시키는 것이 논리적으로는 맞을 것이다. 즉, 제조물량이 많아서 기계가 가열차게 돌아갈 때에는 감가상각을 많이 하고, 제조가 한가하여 기계가 쉬엄쉬엄 돌아갈 때에는 감가상각을 적게 하는 것이다. 그러나, 이를 정확하게 비례시키는 것은 현실적으로 어렵기 때문에 대략적인 원칙을 정해 놓고 이에 따라 감가상각하는 방법을 택한다. 예를 들어 정액법은 예상되는 내용연수 동안 매번 동일한 일정 금액만큼 상각되는 형태를 취한다. 즉, 유형자산이 매우 일정하게 수익에 기여한다고 보는 것이다. 반면 정률법은 초기에 많은 금액을 상각하고, 시간이 지날수록 상각액이 줄어드는 형태를 취한다. 이는 유형자산이 초기에 수익활동에 더 많이 기여하고 시간이 지날수록 성능의 저하 등으로 인해 기여도가 낮아진다고 보는 것이다.[1)]

어떤 방법이 되었든, 유형자산은 궁극적으로는 내용연수에 걸쳐 서서히 비용화되고, 결국은 소멸한다. 재고자산처럼 판매와 함께 일시에 소멸하지 않고 오랜 기간에 걸쳐 소멸한다는 특징이 있긴 하지만, 어쨌건 유형자산 역시 자산인지라 결국은 비용화되어 소멸하는 운명을 지녔다.

제12장에서 매출원가를 인식하는 방법에 따라 기업의 실적이 바뀐다는 이야기를 했었다. 재고자산 중 얼마만큼 소멸하고, 얼마만큼 미소멸하는지가 매출원가 인식방법(원가흐름의 가정)에 따라 달라지기 때문이다. 유형자산도 마찬가지이다. 감가상각방법에 따라 유형자산이 얼마만큼 감가상각비로 비용화(소멸)되고 얼마만큼이 미소멸되어 자산으로 남게 되는지가 결정된다. 따라서 감가상각방법도 기업의 상황과 정책에 따라 신중하게 결정할 필요가 있다. 특히 유형자

1) 제7장에서 기업은 감가상각 대상자산의 미래 경제적 효익이 소비될 것으로 예상하는 형태를 반영하여 감가상각방법을 결정하게 된다는 것을 살펴본 바 있다.

산을 많이 보유하고 있는 장치산업의 경우에는 감가상각방법에 따른 실적 변동폭이 클 수밖에 없다.

만약 여러분이 큰 장치산업을 영위하는 회사의 CFO(chief financial officer)라고 가정해 보자. 여러분의 회사는 올해 사상 최대의 실적을 내서 기분이 좋지만, 내년부터는 이런 실적이 계속될지 의문이다. 즉, 올해 지나치게 많은 법인세를 내야 할 뿐만 아니라, 내년부터 실적이 감소되면 오히려 시장에서 성장성에 대한 의문이 제기될 수도 있을 것 같다. 그리고, 올해 좋은 실적으로 인해 현금이 많아진 것을 계기로 상당히 큰 장치들을 새로이 많이 구입하여 향후 몇 년간은 장비투자를 할 필요가 없을 것 같다. 이럴 경우, 여러분의 회사는 감가상각방법을 바꾸는 방안을 고려해 볼 수 있다. 만약 현재 정액법으로 감가상각을 하고 있다면, 이를 올해부터 정률법으로 바꾸는 것이다. 회계정책의 변경은 과거의 감가상각비에는 영향을 미치지 않으며, 적용한 해부터 미래의 감가상각비에 영향을 미친다. 즉, 보유하고 있는 유형자산들의 미상각 잔액들은 잔여 내용연수 동안 바뀐 방법으로 상각되게 된다.

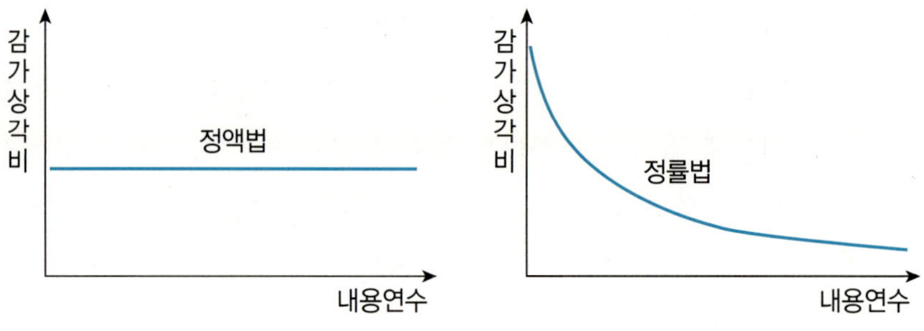

위의 그래프에서 보듯이 정액법은 내용연수에 걸쳐 고르게 비용화되는 반면, 정률법은 초기에 감각상각비가 크고 뒤로 갈수록 줄어드는 형태를 띈다. 따라서 정액법에서 정률법으로 감가상각방법을 변경하면 변경한 해의 감가상각비는 변경하지 않았을 때의 감가상각비보다 훨씬 커질 수밖에 없다. 비용이 커지면 영업이익은 감소하게 되어있어서 당해년도의 실적을 줄일 수 있다. 반면, 내용연수 후반으로 갈수록 감가상각비는 정액법을 유지할 때에 비하여 작아진다. 따라서 몇 년 후의 영업이익은 더 좋아지게 된다. 물론 이 기업이 계속 유형자산을 매년 구매한다면 새로 구입한 유형자산의 초기 감가상각비가 크기 때문에 감가상각비의 감소가 줄어들 수 있다. 그러나, 유형자산의 구매라는 것이 매년 일어나는 것이 아니라면, 확실히 실적의 배분을 조절하는 효과가 있다.

제2절 감가상각비와 투자활동 현금흐름의 관계 이해

회사가 어떤 감가상각방법을 택하든, 회사가 유형자산에 대한 투자를 더 이상 하지 않는다면, 회사의 유형자산들은 정해진 내용연수가 경과하면 정해진 잔존가액을 제외하고는 모두 비용화하여 소멸된다. 물론 회계상으로야 유형자산의 취득원가만큼 유형자산 계정에 그대로 남아있고, 소멸되는 만큼은 감가상각누계액이라는 자산 차감항목을 만들어 이를 증가시킴으로써, 순액이 점차 감소하게 만든다. 그러므로, 실질적으로는 감가상각비만큼 유형자산의 장부금액이 소멸한다고 보면 된다.

만약 유형자산이 완전히 소멸, 즉 감가상각 완료가 된다면, 회사는 어찌 될까? 당장은 계속 굴러간다. 사실 감가상각이 종료된다는 것이 물리적으로 당해 유형자산이 완전히 없어진다는 뜻은 아니다. 예를 들어 회사의 차량운반구는 보통 4년이나 5년 정도의 내용연수 동안 감가상각을 하지만, 우리 주변의 차량들을 보면 10년 넘게 운행하는 차들도 흔히 볼 수 있다.

이처럼 회계적 내용연수(회계에서 적용하는 내용연수)와 물리적 내용연수가 완전히 일치할 수는 없지만, 어쨌건 회계적 내용연수를 해당 유형자산을 계속 영업활동에 사용한다는 가정하에 물리적 내용연수와 상당히 근접하게 설정하는 것은 사실이다. 따라서, 평균적으로 내용연수가 종료하면 유형자산은 더 이상 사용할 수 없다고 볼 수 있다. 유형자산이 소멸하면 어떻게 될까? 회사의 영업이 정지한다고 보면 된다. 기계장치를 돌려서 제품을 생산하는 업체에서 기계장치가 정지한다면, 생산이 멈추고 영업은 정지되게 된다.

따라서 계속기업이 유지되려면, 유형자산에 대한 지속적인 투자가 필요하다.

얼마만큼의 투자가 필요할까? 감가상각비만큼 유형자산이 소멸하니까, 감가상각비만큼은 투자가 되어야 유형자산가액이 유지된다는 것은 쉽게 추정해낼 수 있다.

회사가 현재의 영업수준을 유지(maintenance)하기 위해서는 감가상각비 상당액의 재투자(유형자산 취득)가 이루어져야 한다는 뜻이다. 그렇지 않다면 회사의 영업은 줄어들 수밖에 없다. 만약 감가상각비를 넘어서는 유형자산에 대한 투자가 이루어진다면, 이는 성장(growth)의 징후(sign)라고 보아도 될 것이다.

예를 들어 보자. 아래는 11장에서 보았던 기아자동차의 2018년~2020년 현금흐름표이다.

(단위: 백만원)

구 분	제77기(2020년)	제76기(2019년)	제75기(2018년)
영업활동 현금흐름	5,423,896	3,610,658	4,470,764
영업에서 창출된 현금흐름	5,651,369	3,584,190	4,858,208
이자의 수취	162,751	216,999	203,714
이자의 지급	−224,197	−153,768	−153,476
배당금의 수취	116,621	140,543	119,169
법인세 부담액	−282,648	−177,306	−556,851
투자활동 현금흐름	−2,864,853	−1,104,190	−1,155,444
투자활동으로 인한 현금유입	269,477	1,721,922	1,938,320
단기금융상품의 순증감	149,046	1,606,620	629,982
기타유동금융자산의 순증감	23,954		1,226,697
기타비유동금융자산의 감소	37,008	15,444	
관계기업투자의처분		21,636	
유형자산의 처분	58,584	77,337	78,935
무형자산의 처분	885	885	2,706
투자활동으로 인한 현금유출	−3,134,330	−2,826,112	−3,093,764
장기금융상품의 순증감	30,937	20,729	1,262
기타유동금융자산의 순증감		330,041	4,685

구 분	제77기(2020년)	제76기(2019년)	제75기(2018년)
기타비유동금융자산의 증가	4,865	17,390	2,469
관계기업투자의 취득	778,707	48,094	3,638
유형자산의 취득	1,661,898	1,736,486	2,376,265
무형자산의 취득	657,923	673,372	705,445
재무활동 현금흐름	3,517,283	−726,303	−2,542,999
재무활동으로 인한 현금유입	5,243,928	663,782	291,099
차입금의 증가	4,643,610	661,889	291,010
사채의 발행	600,000		
기타재무활동으로 인한 현금유입	318	1,893	89
재무활동으로 인한 현금유출	−1,726,645	−1,390,085	−2,834,098
차입금의 상환	702,588	974,224	2,506,959
사채의 상환	500,000		
배당금의 지급	461,071	360,838	320,745
리스료의 지급			1,366
기타재무활동으로 인한 현금유출	62,986	55,023	5,028
외화표시 현금의 환율변동효과	−184,345	195,892	−41,400
현금및현금성자산의 순증감	5,891,981	1,976,057	730,921
기초의 현금및현금성자산	4,268,716	2,292,659	1,561,738
기말의 현금및현금성자산	10,160,697	4,268,716	2,292,659

위의 표에서 유형자산의 취득과 처분을 따로 떼어내서 순투자액을 구해 보면 다음과 같다.

(단위: 백만원)

구 분	2020년	2019년	2018년
유형자산의 처분(A)	58,584	77,337	78,935
유형자산의 취득(B)	1,661,898	1,736,486	2,376,265
유형자산 순투자(B−A)	1,603,314	1,659,149	2,297,330

과연 이 유형자산 순투자액은 기아자동차의 감가상각비보다 컸을까? 작았을까? 이를 비교해 보자. 감가상각비는 재무제표 주석에 기재되어 있다.[2)]

(단위: 백만원)

구 분	2020년	2019년	2018년
유형자산 순투자(A)	1,603,314	1,659,149	2,297,330
감가상각비(B)	1,675,658	1,532,115	1,302,631
초과 투자액(A-B)	-72,344	127,034	994,699

기아자동차는 2018년도에는 9,947억원이나 감가상각비를 초과하는 유형자산 순투자를 했고, 2019년에도 1,270억원의 초과 투자를 했다. 반면, 2020년에는 773억원만큼 감가상각비가 순투자액보다 많았다. 과거 2개년 동안 큰 초과 투자를 했기 때문에 2020년에는 다소 주춤한 투자를 기록했다. 아마 COVID-19의 영향도 있었을 것으로 추정된다. 아무튼 과거 3개년의 숫자만 놓고 보면 기아자동차는 전반적으로는 미래를 위해 유형자산에 대한 투자를 공격적으로 했다고 볼 수 있고, 다만, 2020년에만 다소 숨고르기를 했던 것으로 파악된다.

이처럼 현금흐름표는 유형자산에 대한 투자가 현재의 영업수준을 유지할 정도인지, 아니면 미래의 성장을 도모하는 수준인지, 아니면 영업이 축소될 수 있는 수준인지에 대한 정보를 제공한다. 제11장에서는 간단하게 "유무형자산 투자에 대한 현금흐름이 (-)인 것이 좋다."고 하였으나, 더 구체적으로 이야기하자면, 감가상각비를 초과하는 순투자가 있어야 회사는 성장한다.

2) 감가상각비를 손익계산서에서도 찾을 수 있으나, 손익계산서에는 판매비와 관리비에 포함된 감가상각비만 기재된다. 매출원가에도 감가상각비가 포함되어 있으나, 일반적으로 손익계산서에서는 매출원가를 자세하게 표시하지 않아 감가상각비가 얼마나 포함되어 있는지 알 수 없다. 따라서 현금흐름표 또는 현금흐름표와 관련된 주석을 보아야 한다. 현금흐름표 상의 감가상각비는 매출원가와 판관비에 포함된 모든 감가상각비를 합쳐서 표시해 주고 있다.

제 14 장

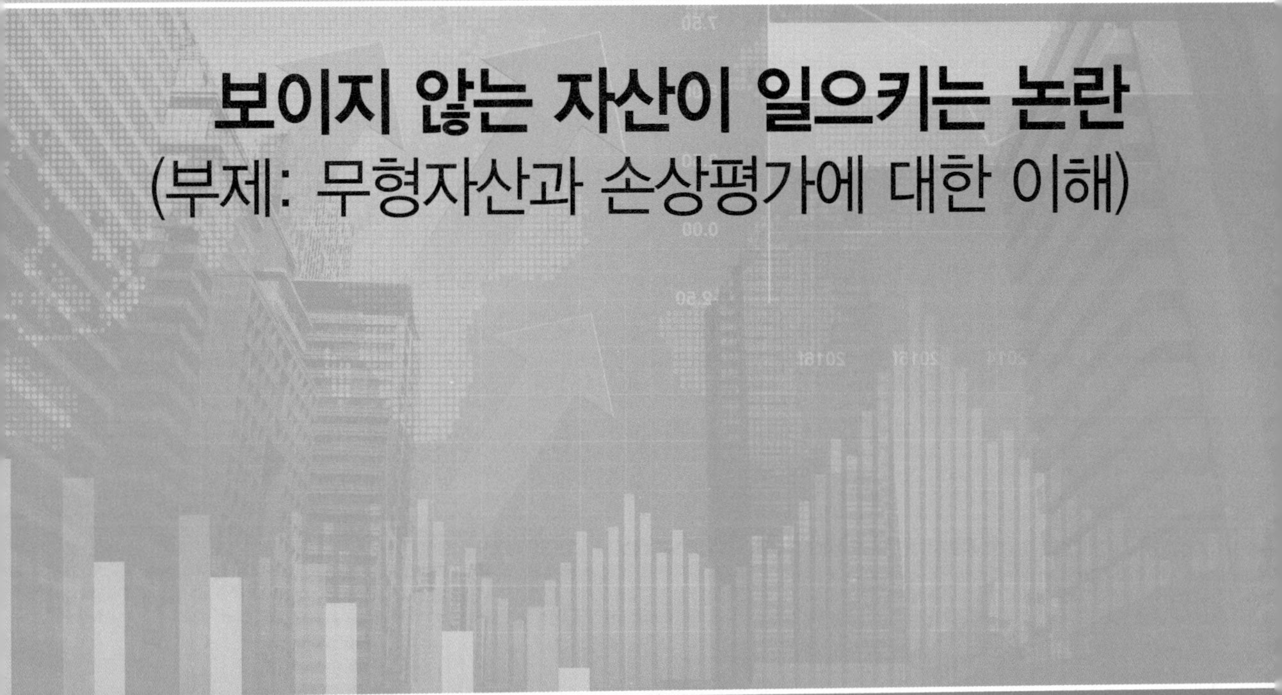

보이지 않는 자산이 일으키는 논란
(부제: 무형자산과 손상평가에 대한 이해)

제1절 무형자산의 자산성에 대한 이해
제2절 무형자산의 손상평가에 대한 이해

제13장에서 우리는 유형자산에 대한 이야기를 다루어 보았다. 무형자산은 형태가 없다는 것을 제외하면 유형자산과 유사하다. 분명히 존재하는 회사의 자산이고, 정해 놓은 기간 동안 정해 놓은 방법에 의하여 비용화된다. 이런저런 권리들이 무형자산을 구성하고 있고, 그 권리의 기간 동안 서서히 소멸한다. 유형자산은 형태가 있기 때문에 내용연수가 끝나도 약간의 잔존가치가 존재한다. 차량운반구는 중고자산으로 매각할 수 있고, 하다못해 고철값이라도 건질 수 있으니 말이다. 그래서 이 잔존가액을 제외한 금액만큼 비용화되어 소멸한다. 반면, 무형자산은 형태가 없기 때문에 그 권리가 끝나면 잔존가치가 없는 경우가 많다. 그래서 대부분의 경우에는 잔존가액 없이 전체 무형자산금액이 비용화되어 소멸한다. 그리고 유형자산은 소멸하는 방식(정액법, 정률법, 생산량비례법 등)이 다양한 반면, 무형자산은 대부분 정액법으로 소멸한다. 그래서 계산상으로는 무형자산의 회계처리가 좀 더 단순해 보인다. 그러나, 실제 회사들에서는 유형자산보다는 무형자산 회계가 훨씬 골치 아픈 문제들을 일으킨다. 기말 회계감사 때, 감사인과 회사 간의 첨예한 대립이 생기기도 한다. 아래에서는 무형자산이 왜 회사들을 골치 아프게 하는지 이야기해 보겠다.

제1절 무형자산의 자산성에 대한 이해

앞서 우리는 유형자산에서는 원가가 발생했을 때, 즉 회사가 보유한 자산이 소멸할 때, 이 자산이 아직 할 일을 마치지 않았는지, 아님 수익활동에 기여하면서 장렬히 전사했는지 따져서, 자산이 되거나 비용이 된다고 하였다. 많은 경우 이 판단은 매우 명료하다. 사라진 자산은 대부분의 경우 현금이고, 사라진 자산이 새로운 자산으로 남는 경우에는 새로 생긴 자산이 눈앞에 보이는 반면, 비용화될 경우에는 기존의 자산이 우리의 눈앞에서 새로운 자산의 등장 없이 사라져버린다. 예를 들어 재고자산의 경우, 현금으로 재고자산을 구매하면, 재고자산이 회사의 창고에 입고되어 눈에 보인다. 그리고 재고자산이 판매되어 매출원가라는 비용으로 소멸될 때에는 그 재고자산은 창고에서 출고해서 더 이상 눈에 보이지 않게 된다. 제13장에서 다루었던 유형자산의 경우에도 현금으로 기계장치를 구매하면 기계장치가 회사에 설치되므로 분명히 자산화되었음을 알 수 있고, 감가상각으로 비용화되는 것은 시간의 경과를 보면서, 혹은 이에 따른 기계의 노후화를 직접 목도하면서, 유형자산이 소멸하고 있음을 알 수 있다.

그런데, 무형자산의 경우에는 눈앞에 보이지 않기 때문에, 이 판단이 쉽지 않다. 무엇보다 원가가 발생하였을 때, 즉 현금을 지출한 후, 회사로 들어온 무형자산을 명백히 알기가 어렵다. 무형자산 중 상표권이나 광업권처럼 그나마 무슨 증명서라도 있는 경우는 그나마 좀 낫다. 예를 들어, 상표권을 획득하기 위해 이런저런 현금을 지출하는데, 그 대가로 상표권 증명서가 발급되니까, 그 증명서가 상표권을 상징한다. 상표권이라는 무형자산을 취득하기 위해 디자인회사나 컨설팅회사로 지급한 비용, 상표권등기비용, 변리사수수료 등 다양한 현금지출액을 모두 모아서 상표권이라는 무형자산의 취득원가가 구성된다. 그러나, 이런 증명서가 없는 경우는 매우 논쟁거리가 될 만하다. 대표적인 것이 개발비이다.

개발비라는 것은 어떠한 상품이나 제품, 또는 이와 관련된 기술 등을 개발하기 위해 직접적으로 지출한 원가를 모아서 무형자산으로 인정한 것이다. 개발비는 공공기관에서 발급받는 무슨 증명서가 있는 것도 아니고, 회사가 스스로 계상하는 것이라, 회사가 개발을 위해 지출한 원가라고 주장하는 것 중에서 무엇무엇이 자산화되는 것인지 확정하는 것이 매우 어렵다. 지출한 현금 중 자산화된다고 인정할 수 없는 것은 비용화된 것으로 본다. 개발비로 인정된 부분은 그 개발된 상품이나 제품이 판매되어 수익을 창출하는 기간 동안 무형자산상각비로 서서히 비용화되는 것이고, 개발비로 인정되지 않는 원가들은 바로 비용화된다.

자, 이제 왜 이 개발비가 논쟁거리가 되는지 알아보자. 회사가 어떤 제품의 개발을 위해 당해년도에 100억원의 현금을 지출했다고 가정해 보자. 여기에는 개발인력의 인건비도 있고, 외부 컨설팅비용도 있고, 개발을 위한 물품들을 구매한 원가도 있을 것이다. 만약 회사가 당해년도의 영업실적을 가급적 좋게, 즉 이익을 많이 내고 싶다면, 가급적 이 100억원 중에 많은 원가를 개발비로 자산화하고 싶을 것이다. 그럼 비용화되는 부분이 0이므로 당해년도 실적에서 이로 인해 이익이 줄어드는 부분이 없다. 반면 100억원 중에서 50억원만 개발비로 자산화된다면, 나머지 50억원은 당기에 비용화되므로, 당해년도 실적에서 50억원만큼 이익이 줄어들게 된다.

따라서, 회사의 실적을 좋게 보이게 하고 싶은 경우에는 필사적으로 개발비로 자산화되는 원가를 극대화하려고 하는 것이다. 우리가 제8장에서 공부했듯이 지출한 개발비 중 특정한 제품의 개발을 위한 것이 아닌 단순한 연구를 위한 것이라고 인정되는 부분은 연구비라는 비용으로 당기에 소멸 처리된다. 그런데, 생각해보라. 어떤 연구가 특정 제품을 위한 것인지, 일반적인 연구활동인지를 구별하는 것이 칼로 무를 자르듯 객관적으로 명백할 수 있을까? 그래서 흔히 기말 회계감사에서는 가급적 개발비로 인정받으려는 회사 재무회계팀과, 이를 인정하지 않고 비용화하려는 회계감사인 간의 실랑이가 흔히 일어난다.

가끔은 이 반대의 경우도 있다. 회사에 따라서는 개발비로 자산화하지 않고, 연구개발비로 하여 모두 비용화하고자 하는 회사도 있다. 왜 그러냐고? 이런 회사는 당기보다는 미래의 실적을 더 좋게 하고자 하는 회사다. 당기에 모두 비용으로 털어내면, 개발비로 자산화되는 금액이 없으므로 차기 이후에는 무형자산상각비로 비용화되는 부분도 없다. 그러면 차기 이후로는 실적에 부담을 주는 비용이 없어지는 효과가 있는 것이다.

(단위: 억원)

회사	구 분	당해년도	D+1	D+2	D+3
A사	기타이익	100	100	100	100
	개발비관련비용	90	-	-	-
	총이익	10	100	100	100
B사	기타이익	100	100	100	100
	개발비관련비용	-	30	30	30
	총이익	100	70	70	70

위의 A사와 B사는 공히 마찬가지로 개발비와 무관하게 100억원의 이익을 매년 내는 회사들이다. A사는 당기 중 발생한 90억원의 개발관련원가를 전액 비용으로 처리했고, B사는 90억원의 개발관련원가를 전액 개발비라는 무형자산으로 처리하고, 다음 연도부터 3년간 정액법으로 상각하기로 했다. 이럴 경우 A사는 당기 실적(이익)이 10억밖에 되지 않게 되지만, 다음 연도부터는 100억원의 이익을 기록하는 반면, B사는 당기 실적(이익)이 100억원이 되지만, 향후 3년간 이익이 70억원밖에 되지 않게 되는 것이다. 결국 당기 실적을 중시하는 회사는 B사처럼 개발관련원가를 무형자산화하는 것을 선호할 것이고, 향후 실적을 중시하는 회사는 A사처럼 개발관련원가를 당기 비용화하는 것을 선호할 것이다.

재미있는 것은 당기에 모두 비용화하겠다고 주장하는 것에 대해서는 회계감사인이 비교적 잘 받아들여 주는 경향이 있다. 당장의 당기 실적을 좋지 않게 하려는 움직임에 대해서는 회계감사인은 비교적 너그럽다. 이를 소위 "보수주의"라고 한다. 당장의 회사 이익이 과대하게 보이는 것에 대한 부담을 회계감사인은 갖고 있다. 혹시나 미래에 이 회사가 잘못되었을 경우, 본인들이 감사한 당기의 이 재무제표에 근거해 회사에 투자하거나, 회사에 돈을 빌려주거나, 이 회사와 거래한 재무제표이용자로부터 비난을 받을 위험을 최소화하고 싶은 것이라고 보면 된다. 다시 말해 일반적으로 회계감사인은 이익을 증가시키는 이익조정은 잘 용인하지 않지만, 이익을 감소시키는 이익조정에는 비교적 너그럽다.[1)]

---

1) 이와 같은 '보수주의'의 특성은 무형자산의 자산성을 포함하여 회계의 여러 분야에서 나타나고 있다. 예로서 제7장의 유형자산의 재평가 내용에서 공정가치가 상승하는 경우에는 재평가이익이 아닌 재평가잉여금(자본)을 인식하는 반면, 공정가치가 하락하는 경우에는 재평가손실을 인식한다는 것을 살펴본 바 있다. 제10장의 인식과 측정에서 살펴보았던 재고자산의 저가법 적용도 상기하여 보기 바란다.

제2절 무형자산의 손상평가에 대한 이해

대한민국의 상장회사들은 재무제표를 작성하는 회계기준으로서 한국채택 국제회계기준(K-IFRS)을 채택하고, 비상장회사들은 일반회계기준(K-GAAP)을 채택한다. 두 회계기준의 차이는 여러 군데에서 발견되지만, 그중의 하나가 "손상차손"이라는 부분이다. 손상차손이란 자산의 장부가액이 그 자산을 통해 얻어지는 미래 경제적 효익에 미치지 못하는 경우에 그 자산의 장부가액을 감액하여 비용화하는 것을 말한다.

예를 들어 어떤 의약품 제조회사가 2020년 초 COVID-19가 창궐하자 마스크 제조판매에 뛰어들어 마스크 제조기계를 1억원(잔존가액 0, 내용연수 5년)에 사 들여놓고 생산을 시작했는데, 2020년에는 마스크 품귀현상으로 마스크 가격이 높아 이익률도 높고 영업이 잘되었다. 그러나 점차로 마스크 생산업체수가 많아짐에 따라 마스크 판매가가 점차 하락하기 시작했다. 그래서 2021년 말 현재로 추정해 보면, 마스크 판매로 인한 미래 예상현금흐름의 가치가 5천만원밖에 되지 않아서 기계장치 장부가액 6천만원(1억원−2년 치 감가상각비, 4천만원)에 미치지 못하는 것이다. 이럴 경우 이 기계의 장부가치를 미래 예상현금흐름의 가치(5천만원)까지 감액(6천만원−5천만원 = 1천만원)시키는 것을 손상평가라고 하고, 감액된 1천만원을 손상차손이라고 한다.

손상차손 이슈에 대하여 K-IFRS는 매우 민감하다. 즉, 손상차손을 적극적으로 반영한다. 반면 K-GAAP은 비교적 역사적원가를 존중하는 편이다. 아무튼 K-IFRS를 적용하는 회사들은 손상차손을 적극적으로 반영하는데, 그중에서 특히 손상차손에 민감한 자산이 무형자산, 그중에서도 영업권이라는 무형자산이다.

영업권은 우리가 일반적으로 사용하는 쉬운 용어로는 "권리금" 또는 "자릿세"라고 불린다. 보증금 2억원에 시설장치 5천만원인 커피숍을 3억원 주고 사게 되었을 때, 커피숍의 순자산 2억 5천만원을 초과하여 지불한 금액이 가게 권리금인데, 이를 회계용어로는 영업권이라고 부른다. 이 부분을 회계를 배운 사람

답게 분개로 표현해 보면 다음과 같다.

(차) 임차보증금	2억원	(대) 현 금	3억원
집기비품	5천만원		
영업권	5천만원		

이 커피숍을 인수한 사람은 왜 순자산가액보다 5천만원이나 더 대가를 지불했을까? 이는 이 커피숍의 위치가 유동인구 많은 곳에 있어서 장사가 잘되는 곳이고, 또 그간의 평판이 좋아서 향후 커피숍 영업을 통해 벌어들이는 가치가 현재의 총자산보다 훨씬 클 것이 예상되기 때문에, 그 부분을 인정하여 추가로 금액을 지불했기 때문이다. 이 영업권도 대표적인 무형자산이다. 형태가 존재하지 않지만, 분명히 이 회사의 자산에 해당하며, 이를 취득하기 위한 원가가 발생하여 그만큼을 자산화하였다.

영업권은 다른 무형자산과 다른 특징이 있는데, 내용연수에 걸쳐 상각하지 않는다는 점이다. 커피숍의 예를 계속 들자면, 특별히 새로운 주인이 영업을 망치지만 않는다면, 영업권은 소멸되는 기간이 존재하지 않는다. 즉, 좋은 로케이션에 위치하였고, 평판이 좋았던 커피숍의 권리금 내지 자릿세는 이변이 없는 한 그대로 유지된다고 가정한다. 그만큼 영업이 잘될 것이고, 나중에 이 커피숍을 되판다면, 이를 사는 인수자에게 이만큼을 또 청구할 수 있다고 믿는 것이다.

그러나, 이러한 가정을 근거 없이 계속 믿을 수는 없다. 주위에 새로운 도로가 생겨서 유동인구가 급격히 줄어들 수도 있고(환경변화), 아니면 진짜로 새 주인의 새로운 영업 방침이 고객들의 니즈와 맞지 않아서 영업을 망가뜨릴 수도 있다(내부요인). 이유가 무엇이든 인수할 때 인정했던 영업권이 영구히 지속되리라는 보장은 없다. 그래서 매 회계연도마다 회사는 이를 재평가해서 기존 영업권 금액을 유지할지 아니면 감액해서 소멸시킬지 결정한다.

외부로부터 사업부나 회사를 M&A를 통해 많이 인수한 경우라면, 높은 영업권을 갖고 있을 가능성이 크다. 보통 M&A를 할 때에는 순자산보다 높은 가격을 지불하는 경우가 많기 때문이다. 특히, 순자산은 작지만 창의적인 아이디어로 미래 성장가능성이 큰 업종, 예를 들어 바이오나 4차산업혁명 관련 ICT 관련 회사들의 인수는 큰 영업권을 불러올 가능성이 크다. 이런 종류의 회사들을 M&A한 회사는 큰 영업권을 갖게 된다.

예를 들자면 다음은 (주)카카오엔터테인먼트의 2020년 말 현재 재무상태표이다.

(단위: 원)

과 목	2020년 12월 31일	
자 산		
Ⅰ. 유동자산		115,793,428,507
현금및현금성자산	22,079,336,599	
단기금융상품	10,406,218,784	
당기손익-공정가치 금융자산	37,235,000	
매출채권	22,008,312,181	
당기법인세자산	83,410,891	
기타유동금융자산	11,469,329,008	
기타유동자산	49,709,586,044	
Ⅱ. 비유동자산		431,354,956,977
당기손익-공정가치 금융자산	37,321,228,672	
관계기업투자주식	159,091,183,248	
보증금	4,311,994,148	
유형자산	27,103,438,479	
무형자산	192,141,351,797	
이연법인세자산	6,707,950,641	
기타비유동금융자산	164,088,767	
기타비유동자산	4,513,721,225	
자산 총계		547,148,385,484
부 채		
Ⅰ. 유동부채		145,286,168,399
미지급금	40,651,888,747	
미지급비용	854,147,233	

과 목	2020년 12월 31일	
단기차입금	79,380,470,000	
유동성장기차입금	33,240,000	
유동성리스부채	3,070,257,773	
기타유동부채	21,296,164,646	
Ⅱ. 비유동부채		44,579,433,549
파생상품부채	682,336,865	
장기차입금	52,630,000	
비유동성리스부채	16,737,940,438	
순확정급여부채	36,688,492	
기타장기종업원급여부채	1,301,841,728	
기타비유동부채	25,767,996,026	
부채 총계		189,865,601,948
자 본		
Ⅰ. 지배기업소유주지분		341,294,799,048
자본금	9,762,717,000	
자본잉여금	310,854,550,796	
자본조정	3,767,482,995	
기타포괄손익누계액	−190,487,033	
이익잉여금(결손금)	17,100,535,290	
Ⅱ. 비지배지분		15,987,984,488
자본 총계		357,282,783,536
부채 및 자본 총계		547,148,385,484

위의 재무제표를 보면 카카오엔터테인먼트의 무형자산은 1,921억원인데, 이 중 영업권이 1,610억원에 달한다. 전체 자산의 거의 30%에 육박하는 규모다. 이는 카카오엔터테인먼트가 2020년 말까지 11개의 회사를 M&A하면서 성장하였는데, 인수한 모든 회사가 엔터테인먼트 관련 컨텐츠 제작 또는 매니지먼트 사업이라 순자산에 비해 큰 금액으로 인수한데 따른 결과인 것이다. 카카오엔터

테인먼트는 2020년에만 5개의 회사를 M&A하였고, 이후에도 추가적으로 몇 개의 회사를 더 인수한 것으로 알려져 있다.

이렇듯 큰 영업권을 가진 회사들은 그만큼 미래 성장성에 투자한 것이므로 시장에서 인정하는 가치가 클 확률이 높다. 그러나, 매년 영업권 손상평가의 이슈를 피하기 어렵다. 이 또한 회계감사인들과 첨예한 대립을 하기 일쑤다. 회사는 어떻게 하든 영업권의 가치가 유지되고 있다고 주장하여 소멸(비용화)되는 부분을 최소화하려고 하고, 회계감사인은 위에서 이야기했던 "보수주의"적 관점에서 가급적 많은 부분의 영업권을 손상차손으로 떨구어내려고 한다.

영업권의 장부가액은 인수한 회사의 순자산을 초과하여 지불한 원가로 계상된다. 그렇다면 이와 비교하는 영업권의 현재가치는 어떻게 계산할까? 이는 다음 장에서 살펴보자.

제15장

도대체 가치가 얼마나 되는 것일까?

(부제: 화폐의 시간가치와 가치평가에 대한 이해)

제1절　미래 현금흐름과 기업가치

제2절　미래 현금흐름과 손상평가

제3절　계속기업의 가정과 기업가치평가

우리는 화폐의 시간가치라는 개념에 대해서 제9장에서 학습하였다. 간단하게 설명하자면, 연간 10%의 수익을 올릴 수 있는 사람에게 오늘의 100원은 1년 후의 110원과 같다는 것이 화폐의 시간가치라는 개념이다. 이 개념을 갖고 회계에서는 장기금융자산의 이자수익을 계산하거나 장기금융부채의 이자비용을 인식한다. 그런데 이는 회계를 전공하지 않은 사람들이 바로 계산하기에는 매우 난해한 작업이다. 비록 당장 계산은 어렵지만 그 속에 담겨있는 개념을 이해하는 것은 가능할 수 있다.

먼저 1년 후, 2년 후, 3년 후에 100원씩 들어오는 채권이 현재 장부에 어떻게 기록되어야 하는가 생각해 보면, 100 + 100 + 100 = 300원보다는 작다는 것은 이해할 수 있을 것이다. 왜냐하면 1년 후의 100원은 지금 가치로는 100원보다 작고, 2년 후 100원의 가치는 더욱 작고, 3년 후 100원의 가치는 현재시점에서 보면 더더욱 작을 것이므로, 이들의 합은 300원에 훨씬 미치지 못한다. 이렇게 300원에 훨씬 미치지 못하는 자산이 3년이라는 세월이 지나는 동안 현금 300원으로 차근차근 돌아오려면 뭔가 자산의 가치가 시간의 경과에 따라 조금씩 증가하게 되는데, 이를 회계에서는 이자수익으로 본다.[1] 이 정반대의 경우가 장기금융채무와 이자비용의 관계이다.[2] 이러한 기본적인 이해를 갖고 다음의 내용들을 살펴보자. 화폐의 시간가치라는 개념은 이자수익이나 이자비용의 인식뿐만 아니라 이보다 훨씬 더 중요한 부분에서도 자주 등장한다.

제1절 미래 현금흐름과 기업가치

기업의 가치는 어떻게 평가할까? 다양한 기업가치 산출법이 존재하지만 가

1) 현재 시점에서 보면 300원에 미치지 못하는 금액으로 매입한 채권에 대해서 당신은 매년 말에 차근차근 100원씩 받게 된다.

2) 당신이 돈을 빌린 입장이라고 생각해보기 바란다.

장 일반적으로 사용되는 방법은 미래 현금흐름의 현재가치로 산출하는 것이다. 기업이라는 것이 향후 현금을 창출해낼 것으로 기대되는 실체이므로, 그 가치는 마치 장기금융자산의 현재가치를 구하는 것처럼 미래에 들어오는 현금의 현재가치로 계산한다.

그러면 아주 간단한 회사의 예를 들어 그 회사의 가치를 산출하는 방법을 알아보자.

(주)경태운수는 택시 한 대를 갖고 택시운송사업을 하기 위해 30백만원의 자본금으로 설립되었고, 즉시 이 자금으로 택시 한 대를 구입하였다. 따라서 현재 (주)경태운수의 재무상태표는 다음과 같다.[3)]

표 15.1 (주)경태운수 재무상태표

자산: 차량운반구	30백만원	자본: 자본금(설립자본)	30백만원

구입한 택시로 1년에 20백만원씩 일정하게 현금을 벌어들일 것으로 예상된다. 이 회사는 현재로부터 3년 후에 택시가 폐차되면서 청산할 예정이다. 계산의 편의를 위해 모든 현금흐름은 그 해의 말에 발생하는 것으로 가정해 보자.

이 (주)경태운수의 기업가치는 얼마일까? 기업의 가치는 미래 현금흐름의 현재가치로 구한다. 일단 회사를 매각하는 입장인 (주)경태운수의 현재 주인(이하 "A")이 추정하는 미래 현금흐름은 다음과 같다.

표 15.2 A의 현금흐름 추정

구 분	1년 후	2년 후	3년 후
미래 현금흐름	20백만원	20백만원	20백만원

3년간 현금흐름의 합은 60백만원이지만, 현재의 가치로 환산해 보면 1년 후

3) 현금 30백만원을 출자하자마자 택시 구입대금으로 지출하였기 때문에 재무상태표에 현금 계정은 나타나지 않는다.

의 20백만원은 20백만원보다 작을 것이고, 2년 후의 20백만원은 그보다 더 작을 것이고, 3년 후의 20백만원은 더더욱 그보다 작을 것이기에, 현재가치를 계산하면 60백만원에 훨씬 미치지 못한다. 각 현금흐름을 현재가치로 계산하는 공식은 다음과 같다.

$$\sum_{t=1}^{n} \frac{\mathrm{FCF}_t}{(1+\text{기대수익률})_t}$$

• FCF_t: t년 후의 순현금흐름(future cash flow)

이 공식에 1년 말, 2년 말, 3년 말 시점의 현금흐름을 FCF_t에 넣고, 기대수익률은 A의 기대수익률을 20%로 가정하여 식에 넣어 계산하면 다음과 같은 결과를 얻을 수 있다.

표 15.3 A가 추정하는 (주)경태운수의 가치

구 분	1년 후	2년 후	3년 후
미래 현금흐름	20백만원	20백만원	20백만원
현재가치	16.7백만원*	13.9백만원**	11.6백만원***
합 계	42.1백만원****		

* $2{,}000{,}000 \div (1+0.2)^1 = 1{,}666{,}667$원

** $2{,}000{,}000 \div (1+0.2)^2 = 1{,}388{,}889$원

*** $2{,}000{,}000 \div (1+0.2)^3 = 1{,}157{,}407$원

**** 1,666.667원 + 1,388,889원 + 1,157,407원 = 4,212,963원

위의 계산에 따르면 (주)경태운수의 기업가치는 42.1백만원이다. 자본금 30백만원에 해당액 상당액의 차량운반구라는 자산을 가진 회사이지만, 미래 현금흐름을 바탕으로 추정해본 결과 가치는 42.1백만원인 것이다.

만약 누군가(이하 "B") (주)경태운수를 지금 인수하고 싶다면, A는 아마도 30백만원~42.1백만원 사이에서 거래가격이 결정되지 않을까 예상한다. 왜 그럴까? A는 당연히 현재의 순자산 30백만원보다야 가격을 많이 쳐줘야 딜에 응한

그림 15.1 (주)경태운수의 미래 현금흐름의 현재가치

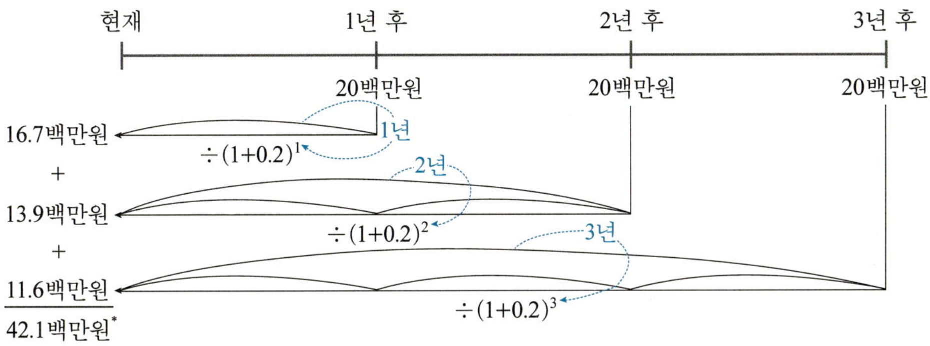

* 42.1백만원은 요약하여 나타낸 금액이며, 실제 금액은 〈표 15.3〉에서 제시한 것과 같이 4,212,963원이다. 현재가치인 42.1백만원의 의미가 복잡해 보일 수도 있지만, 1년 후 20백만원과 동일한 현재가치인 16.7백만원과 2년 후 20백만원과 동일한 현재가치인 13.9백만원, 그리고 3년 후 20백만원과 동일한 현재가치인 11.6백만원의 합을 의미하는 것에 불과하다. 자, 이제 1년 말, 2년 말, 그리고 3년 말 시점에 각각 20백만원씩 벌어드리는 효과가 동일한 현재가치로 42.1백만원이라는 것을 이해할 수 있겠는가?

다. 그렇지 않다면 A는 지금 당장 투입한 자본도 회수하지 못하는 것이므로, 자금이 급박한 특별한 상황이 아니라면 30백만원은 회수해야 한다.[4] 그리고, 만약 B가 42.1백만원 이상의 딜 가격을 제시한다면 반드시 딜에 응할 것이다. 그의 머리속에는 자신이 이 사업을 열심히 영위하였을 때, 얻을 수 있는 가치가 42.1백만원이므로 그 이상을 제시하면 딜을 하지 않을 이유가 없다. 만약 30백만원과 42.1백만원 사이의 가격을 B가 제시한다면 A는 고민을 할 것이다. 자신이 이 사업을 계속 영위할 때의 가치는 42.1백만원이지만, 아무래도 불확실성이 존재하는 것이니, 지금 다소 만족스럽지 못해도 현금화를 할 것인가? 아님 그냥 사업을 유지해서 미래 현금흐름을 얻을 것인가? 고민에 빠질 듯하다.

반면, 이 회사를 인수하려고 하는 B의 입장을 살펴보자. B의 입장에서는 당연히 이 사업을 30백만원 이하에 인수하고 싶다. 그렇지 않다면 그냥 본인이 30백만원으로 택시운송사업을 하는 게 낫다고 생각할 수도 있다. 경제적으로만 보

4) (주)경태산업의 A 입장에서 이제 막 30백만원을 지급하고 택시 한 대를 구입하였는데, 만약에 B가 30백만원보다 낮은 가격을 제시하면 회사를 넘기겠는가?

면 그러하다. 그러나, 여러 다른 이유가 있어서 (주)경태운수를 인수하고자 하는 것이다. 예를 들어 택시운송 라이센스를 정부가 더 이상 발급하지 않아서 기존 업체를 인수하는 것 말고는 신규로 택시운송사업을 할 수 없든지, 아니면 (주)경태운수가 고용하고 있는 택시 운전기사가 너무나 성실해서 이 사람이 아니면, 높은 현금흐름을 기대할 수 없든지. 게다가 30백만원 이하의 가격을 제시하면 A가 당연히 딜에 응하지 않을 것임을 이해하고 있다. 따라서 30백만원 이상을 제시하게 된다. 그렇다면 B는 얼마까지 가격을 부를 수 있을까? 이는 B가 추정하는 (주)경태운수의 미래 현금흐름과 B의 기대수익률에 달려 있다. B의 추정이 A의 추정과 동일하다고 생각하면 안 된다.[5] A와 B는 엄연히 다른 인격체들이다. 다음은 B의 머릿속에 있는 (주)경태운수의 미래 예상현금흐름이다.

표 15.4　B의 현금흐름 추정

구 분	1년 후	2년 후	3년 후
미래 현금흐름	20백만원	18백만원	18백만원

B는 미래 현금흐름에 대해 1년 후까지는 A와 동일한 추정을 하고 있다. 그러나, 2년 차부터는 (주)경태운수의 현금흐름이 18백만원이 될 것이라고 생각한다. 이유는 B만이 알고 있다. 택시업계가 다소 불황이 될 것이라고 생각하는 건지, 차가 노후화되면 2년 차부터는 현금흐름이 하락할 거라고 믿는 건지 그건 알 수 없지만, 암튼 현금흐름은 A의 예상보다 낮다.

그리고 B의 기대수익률도 A의 기대수익률보다 높은 25%이다. 기대수익률은 사람마다 다른 것이 일반적이다.[6] A는 택시사업에서 20%만 얻을 수 있으면

5) 예로서 주식시장을 생각해 보자. 동일한 기업에 대해서 어떤 사람은 앞으로 주가가 상승할 것이라고 생각하는 바로 그 시점에 또 다른 어떤 사람은 향후 주가가 하락할 것이라고 예상할 수 있다.

6) 예로서 주식시장을 생각해 보자. 동일한 기업에 대해서 이런 사람은 앞으로 주가가 상승하는데 완만하게 상승할 것이라고 생각하는 바로 그 시점에 저런 사람은 앞으로 주가가 상승하는데 급격하게 상승할 것이라고 예상할 수 있다.

만족하지만, B는 택시운송사업에서 25%는 올려야 마땅하다고 생각한다. 아마도 택시사업에 대한 위험을 A보다 높게 느끼는 모양이다. 25%를 적용한 (주)경태운수의 현재가치는 다음과 같다.

표 15.5 B가 추정하는 (주)경태운수의 가치

구 분	1년 후	2년 후	3년 후
미래 현금흐름	20백만원	18백만원	18백만원
현재가치	16.0백만원*	11.5백만원**	9.2백만원***
합 계	36.7백만원****		

* 200백만원 ÷ $(1 + 0.25)^1$

** 18백만원 ÷ $(1 + 0.25)^2$

*** 18백만원 ÷ $(1 + 0.25)^3$

**** 16.0백만원 + 11.5백만원 + 9.2백만원

이제 (주)경태운수 인수협상 테이블에 앉은 B가 제시할 수 있는 최대 가격은 얼마일까? 당연히 36.7백만원이다. 이보다 높은 가격을 A가 요구한다면 B로서는 받아들이기 어렵다. 자신이 이 사업을 인수하여 올릴 수 있는 가치가 36.7백만원이라고 생각하기 때문에 그보다 높으면 굳이 이 사업을 해야 할 이유가 없어진다.

그래서 B는 30백만원보다는 높고 36.7백만원보다는 낮은 어떤 가격을 A에게 제시할 것이고, A는 고민에 빠진다. 이제 그러던 중 새로운 인수후보자 C가 나타났다고 해 보자. C가 생각하는 (주)경태운수의 예상현금흐름은 다음과 같다.

표 15.6 C의 현금흐름 추정

구 분	1년 후	2년 후	3년 후
미래 현금흐름	20백만원	25백만원	25백만원

C는 B와는 달리 (주)경태운수의 미래를 2년 차부터 낙관적으로 본다. 그 이유 역시 C만이 알고 있다. 택시운수업계가 호황이 될 것이라고 생각하는 건지, 자산만이 가진 새로운 전략으로 더 많은 현금흐름을 창출한다고 생각하는 건지 알 수 없다. 그리고, C의 기대수익률은 23%이다. A보다는 높지만 B보다는 낮다. 이를 적용한 (주)경태운수의 현재가치는 다음과 같다.

표 15.7 C가 추정하는 (주)경태운수의 가치

구 분	1년 후	2년 후	3년 후
미래 현금흐름	20백만원	25백만원	25백만원
현재가치	16.3백만원*	16.5백만원**	13.4백만원***
합 계	46.2백만원****		

* 20백만원 ÷ $(1+0.23)^1$

** 25백만원 ÷ $(1+0.23)^2$

*** 25백만원 ÷ $(1+0.23)^3$

**** 16.3백만원 + 16.5백만원 + 13.4백만원

이제 C는 B보다 훨씬 높은 가격을 제시할 가능성이 크다. 물론 C도 46.2백만원보다는 낮은 가격을 제시하겠지만, B의 마지노선인 36.7백만원보다는 높은 가격을 제시할 수 있는 여지가 크다. 심지어 C는 A가 당장 OK할 수 있는 42.1백만원보다도 높은 가격을 제시할 수도 있다.

이것이 실제 M&A에서 일어나는 일들이다. 왜 똑같은 회사에 대해 어떤 인수자는 더 높은 가격을 제시할까? 왜 어떤 회사는 딜이 결렬될까? 다양한 이유가 있겠지만, 미래 현금흐름과 기대수익률에 대한 각자의 차이가 가격의 차이를 가져오고, 매도자는 자신에게 가장 유리한 조건을 선택하게 되기 때문이다.[7)]

---

7) 각각의 의사결정자 간에 미래 현금흐름과 기대수익률에 차이가 발생할 수 있음은 이미 언급한 바 있다. 이러한 차이가 발생하는 이유 가운데에는 각각의 의사결정자가 가용할 수 있는 정보의 차이도 있으며, 이러한 정보 가운데 회계정보도 포함되어 있음은 물론이다.

제2절 미래 현금흐름과 손상평가

미래 현금흐름은 인수하는 기업의 가치를 산정하고, 가격을 제시하는 근거이다. 기업을 살 때에도 그렇고, 기업은 사지 않더라도 다른 회사의 영업을 인수할 때에도 똑같은 과정을 밟는다. 기업 자체를 살 때에는 그 기업의 주주들로부터 주식을 사오지만, 영업을 인수할 때에는 영업을 양도하는 회사에게 현금 등을 지불하고 그 사업을 가져온다. 형태는 다르지만 가치를 평가하는 방식은 동일하다. 그렇다면 한번 인수한 기업이나 사업의 평가는 처음 M&A를 할 때에, 가격을 산정하기 위해서만 이루어질까? 그렇지 않다. 한번 인수한 기업이나 사업이 원래의 예상대로 사업을 영위하고 있는지, 아니면 예상에서 빗나가고 있는지 회사는 계속 체크하고 만약 예상보다 실적이 낮아지고 있다면 인수한 회사의 주식이나 인수한 영업자산 등을 감액해야 할지 고민하게 된다.

위의 (주)경태운수의 예로 손상평가에 대한 이야기를 해 보자.

C는 A와 협상하여 결국 39백만원의 가격으로 경태운수를 인수하였다. (주)경태운수의 주식을 인수하지 않고, (주)경태운수의 영업을 사오는 것으로 딜이 마무리되었다. 차이가 있다면 주식을 인수했으면 (주)경태운수가 C라는 회사의 자회사가 될 것인데, 영업양수도로 인수하면 C의 내부사업부로 들어오게 된다. 경제적으로는 동일한데, 법적 실체가 다를 뿐이다.

C가 (주)경태운수의 택시운송사업을 인수할 때 C는 다음과 같이 분개를 한다.

(차) 차량운반구	30백만원	(대) 현 금	39백만원
영업권	9백만원		

영업권 인수를 통해 택시운송사업에 필요한 30백만원짜리 차량운반구가 회사로 들어오는데, 이를 위해 39백만원을 지불하였으므로 9백만원만큼 순자산을 초과하여 지불한 것이고, 이를 영업권이라는 무형자산으로 계상한다.[8] 유형자산

8) 인수 시점에 차량운반구(택시)의 공정가치는 30백만원이다.

인 차량운반구와 영업권은 이 택시운송사업의 내용연수인 3년 동안 1/3씩 상각될 것이다.[9] 즉, 차량운반구는 내용연수 3년, 잔존가액 0, 정액법으로 상각한다고 가정하면 매년 10백만원씩 상각될 것이고, 영업권은 내용연수 3년 동안 3백만원씩 상각된다.

그리고, 이 사업을 인수하고 나서 1년간은 아무 일 없이 잘 지나갔고, 예상현금흐름 20백만원이 무난하게 달성되었다. 그러나 1년이 지난 후, 2년 차에 택시업계에 큰 타격이 생겼다.[10] 바로 온라인 공유업체에서 차량공유서비스를 제공하기 시작했고, 이는 택시운송업에 큰 수익감소를 가져온 것이다. 앞으로 남은 2년간의 예상현금흐름은 아래와 같이 변경되었다.

표 15.8 1년 경과 후 예상현금흐름과 영업가치

구 분	1년 차(이미 경과)	2년 차	3년 차
미래 현금흐름	20백만원	15백만원	15백만원
현재가치****		12.2백만원*	9.9백만원**
합 계		22.1백만원***	

* 15백만원 ÷ $(1+0.23)^1$ = 12.2백만원(2년 말 시점의 15백만원을 2년 초(1년 말) 시점으로 할인한 금액)

** 15백만원 ÷ $(1+0.23)^2$ = 9.9백만원(3년 말 시점의 15백만원을 2년 초(1년 말) 시점으로 할인한 금액)

*** 12.2백만원 + 9.9백만원(평가의 시점이 2년 초(1년 말) 시점임에 주의할 것)

**** 평가의 시점인 2년 초(1년 말) 시점에서 '현재'가 언제인지 생각해보기 바란다.

2년 차와 3년 차의 현금흐름은 15백만원으로 감소하였고, 이들의 2년 초 현재의 가치는 22.1백만원이다. 반면, 회사의 자산가액은 차량운반구 30백만원과

9) 한국채택국제회계기준(K-IFRS)을 적용하는 경우(기업)에는 영업권을 상각하지 않는다. 반면, 일반기업회계기준을 적용하는 경우(기업)에는 영업권을 내용연수에 걸쳐 정액법을 이용하여 상각한다.

10) 이제 1년이 지난 후, 2년 차가 시작되었다. 2년 차가 시작되는 시점에 당신이 있다면 그 시점에서 당신이 느끼는 지금(현재)은 언제인가? 당신이 실제로 2년 차 시작 시점에 있다면 그 시점에서 당신의 현재(가치)는 2년 차 시작 시점(의 가치)이다.

영업권 9백만원이 1년씩 상각 완료되어 차량운반구 20백만원과 영업권 6백만원, 총 26백만원의 순자산을 갖고 있다. 따라서 미래 현금흐름의 현재가치가 현재의 순자산보다 3.9백만원만큼 작은 것이다. 이럴 경우 회계는 순자산을 22.1백만원까지 감액하게 되는데, 이를 손상평가라고 하고 이때 감액되는 3.9백만원을 손상차손이라고 부른다. 유형자산과 영업권을 각각 얼마만큼 감액하는가는 여러 가지 방법이 있을 수 있으나, 일반적으로 영업권을 우선적으로 감액한다.[11)]

제3절 계속기업의 가정과 기업가치평가

(주)경태운수의 예에서 여러분이 다음과 같은 질문을 할 수 있다. "일반적으로 기업들은 3년만 지속하고 끝나는 것이 아니라 영원히 지속되는데, 그럴 때에는 어떻게 가치평가를 하나요?" 매우 좋은 질문이다. (주)경태운수는 독자들의 이해를 돕기 위해 3년 후 영업이 종료되는 것으로 가정하는 매우 특이한 케이스이고, 일반적으로 기업은 영원히 지속되는 것으로 가정한다. 이를 "계속기업의 가정"이라고 한다. 영원히 지속되는 기업의 가치를 평가하는 것도 미래 시점의 현금흐름을 추정하고 이를 현재가치화하는 것은 동일하다. 다만, 현금흐름의 추정을 한도 끝도 없이 하는 것은 불가능하기 때문에 충분한 기간의 현금흐름을 추정한 후에는 어떤 일정한 가정하에 이 현금흐름이 반복된다고 가정하는 것이 일반적이다.

(주)경태운수의 예를 들어 보자. (주)경태운수는 3년이 경과한 후에는 3년간 모아 놓은 자금으로 30백만원을 들여 새 차량운반구를 구입하고 다시 3년의 영

11) 제8장에서 무형자산의 손상을 다룰 때, 회수가능액은 순공정가치와 사용가치 가운데 큰 금액을 적용한다고 배운 바 있다. 본 장에서 손상을 다룰 때에는 사용가치를 회수가능액으로 하여 전개하였다. 이해를 돕기 위해서 순공정가치는 측정할 수 없거나, 측정할 수 있어도 회수가능액보다 작다고 가정을 하자.

업을 하고, 또 3년이 경과하면 다시 차량의 재구매와 3년간의 영업을 반복할 예정이다. 이렇게 되면 (주)경태운수는 영원히 계속되는 기업이 되는 것이다. 이럴 경우 추정은 어떻게 할까?

3년까지는 위와 같이 현금흐름을 추정하고 그 이후, 즉 4년 차부터는 일정한 현금흐름이 지속된다고 보고 영구현금흐름을 구하는 방식을 취한다. 계속기업의 가정하에 현재의 (주)경태운수의 주인인 A의 입장에서 (주)경태운수의 현금흐름을 다시 추정해 보자.

표 15.9 계속기업 가정 하의 현금흐름 추정

구 분	1년 후	2년 후	3년 후	4년 후 계속
미래 현금흐름	20백만원	20백만원	20백만원	10백만원 계속

위에서 1년 후~3년 후 기간의 추정은 3년 후 기업이 종료되는 경우와 동일하다. 그러나, 4년 후부터 영구히 지속되는 가치가 새로 추가되었다. 일반적으로 1년 후~3년 후, 즉 구체적으로 현금흐름을 추정하는 기간을 "추정기간"이라고 하고, 4년 후부터 지속되는 기간은 "잔존기간"이라고 부른다. 위에서 4년 후부터의 현금흐름을 10백만원이라고 가정한 것은 3년마다 30백만원의 유형자산 구매가 발생하는데, 이를 계산의 편의를 위해 매년 10백만원씩 차량운반구 취득으로 인한 현금유출이 발생한다고 가정했기 때문이다. 그리고 4년 후부터 영업으로 인해 매년 20백만원의 현금유입이 지속된다고 가정한다. 이렇게 가정하면 회사는 1년마다 영업으로 인한 현금유입 20백만원에서 유형자산 투자로 인한 현금유출 10백만원을 차감한 10백만원의 순현금흐름이 영구히 지속되는 것으로 볼 수 있게 된다. 추정기간과 잔존기간 현금흐름의 현재가치는 아래와 같은 공식을 통해 구한다.

표 15.10 현재가치 산정식

추정기간의 현재가치	잔존기간의 현재가치
$\sum_{t=1}^{n} \frac{FCF_t}{(1+\text{기대수익률})_t}$	$\frac{FCF_{n+1} \div (\text{기대수익률} - \text{영구성장률})}{(1+\text{기대수익률})^n}$

- FCF_t: t년 후의 순현금흐름
- 영구성장률: 구체적 추정기간 이후 영구히 지속되는 기간 동안 현금흐름이 매년 성장하는 성장률

(주)경태운수의 예에서 $FCF_{n+1} = 10$백만원이고, 기대수익률은 여전히 20%, 그리고, 현금흐름의 성장이 없으므로 영구성장률은 0을 대입하면, 아래와 같은 결과값을 얻을 수 있다.

표 15.11 영구현금흐름을 반영한 (주)경태운수의 가치

구 분	1년 후	2년 후	3년 후	4년 후 계속
미래 현금흐름	20백만원	20백만원	20백만원	10백만원 계속
현재가치	16.7백만원	13.9백만원	11.6백만원	28.9백만원
합 계	71.1백만원			

계속기업의 가정하에서 경태운수의 가치는 71.1백만원이 된다. 일반적으로 영업이 계속되는 기업의 추정에는 이와 같이 "잔존기간"의 영구현금흐름을 일정한 가정을 갖고 추정하여 이를 가치에 반영하는 것이 일반적이다.[12)]

12) 잔존기간의 영구현금흐름에 대한 현재가치를 구하는 계산식이 복잡해 보이는데, 이는 수학의 무한등비급수의 수식을 그대로 이용한 것에 불과하다. 지금은 일단 해당 수식을 외우거나 증명하려 애쓰기보다는 "이런 수식이 있나 보구나"하고 잔존기간의 영구흐름과 현재가치에 대한 기본적인 의미를 이해하는 데 더 신경을 쓰기 바란다.

제 16 장

적을까 말까?
적는다면 얼마로 적을까?
(부제: 인식과 측정에 대한 이해)

제1절 인식하지 못하는 자산의 존재에 대한 이해
제2절 측정을 위한 결산 시의 사투에 대한 이해

우리는 지난 10장에서 기업에서 일어나는 다양한 사건들 중 회계적으로 인식하는 것과 그렇지 않은 것이 있다는 것을 학습하였다. 또한 한번 인식한 자산들을 측정하는 다양한 방법들이 존재하며, 이러한 측정방법에 따라 자산가액이 변동할 수 있음도 학습하였다. 지금까지 다루었던 다양한 주제와 마찬가지로, 인식과 측정 역시 회계부서에서만 다루는 주제가 아니라, 실제로 우리가 경험하는 회사의 다양한 일상 속에서도 경험하게 되는 이슈들이다.

제1절 인식하지 못하는 자산의 존재에 대한 이해

자산이란 "회사가 소유하고 있고, 미래의 경제적 효익을 창출하는 자원"이라고 정의된다. 또 수익이란 "일정 기간 동안 통상적인 경영활동에서 발생하는 경제적 효익의 총 유입"을 말한다. 따라서 자산으로 인식한다는 것은 미래의 "경제적 효익"을 창출할 수 있다는 뜻이고, 수익으로 인식한다는 것은 이러한 "경제적 효익"이 실제로 유입되었음을 의미한다. 그렇다면, 자산으로 인식하지 않는다는 것은 미래의 "경제적 효익"이 없다는 뜻일까? 또, 수익으로 인식하지 않는다는 것은 "경제적 효익"의 유입이 없다는 뜻일까?

결론적으로 이야기하자면 "그렇지 않다." 회계상 자산으로 인식하지 않더라도 미래의 경제적 효익을 가져오는 자원들은 많다. 대표적인 것이 인적자원과 정보자원이다.

제10장에서 "오전 9시에 신입사원 최종면접을 실시하고 최종면접 실시자 전원에게 합격 통보함"이라는 사건은 회계적으로 인식하지 않는다고 했다. 그러나, 이 최종면접자 중에 이 회사의 미래를 바꾸어 놓을 인재가 포함되어 있을 수 있다. 이러한 인적자원은 분명 미래의 경제적 효익을 가져오고, 회사가 보유한 자원이지만, 회계상 자산으로 인식하지는 않는다. 이를 객관적인 화폐가치로 표시하기 어렵기 때문이다. 이를 회계에서는 "화폐 측정의 공준"이라고 한다.

회계에서 자산으로 인식하는 것은 화폐가치로 객관적 측정이 가능하다는 전제를 갖고 있다는 뜻이다.[1)]

또 다른 예를 들어 보자. 명함을 쉽게 저장하는 애플리케이션을 개발한 회사가 있다. 많은 이용자들이 이 앱을 통해서 자신이 받은 명함을 자신의 폰에 저장한다. 하지만 이 정보는 이용자의 폰에만 저장되는 것은 아니다. 개발사의 데이터베이스에도 이 방대한 사람들의 직장정보가 저장된다. 이 정보는 엄청난 가치가 있다는 것을 우리는 직관적으로 알 수 있다. 누가 어떤 직장에 다니고 어떤 직급에 있는지를 알고 있으면, 이를 이용해 할 수 있는 다양한 비즈니스가 떠오른다. 예를 들어 고용을 주선하는 비즈니스(Recruiting)에서는 당연히 이 정보가 가치가 있을 것이다. 하지만, 이 방대한 데이터베이스는 회사의 재무상태표에 자산으로 기재되지 않는다. 더불어 새로운 정보가 들어오는 사건도 수익으로 인식되지 않는다. 이 외에도 예는 많다. 골프를 취미로 하는 사람들이 어떤 골프장을 주로 가고, 누구와 골프를 치러 가고, 평균 스코어가 얼마인지를 기록하는 골프 어플리케이션 업체도 골프 비즈니스에 필요한 많은 정보를 갖고 있고, 온라인 데이팅 앱을 통해 소개를 주선하는 업체는 웨딩사업에서 필요로 하는 미혼 남녀에 대한 다양한 정보를 갖고 있다. 물론 이 정보들 모두 회계상 자산으로 표시되지 않는다. 이들 역시 화폐가치로 측정하기 어렵기 때문이다.

이제 우리는 중요한 사실을 깨닫게 된다. 우리가 어떤 회사의 가치를 알아보고 싶을 때, 회사의 재무제표는 반드시 봐야 할 자료이지만, 재무제표만으로 그 회사가 가진 모든 것을 알 수는 없다. 예컨대 어떤 회사의 주식을 사려고 할 때, 그 회사의 재무제표도 보지 않고 투자하는 것은 눈을 감고 아무것도 보지 않은 채 포커게임을 하는 것과 같고, 재무제표에 나와 있는 정보만 보고 투자하는 것은 남의 카드는 보지 않고 자기 카드만 보면서 포커게임을 하는 것과 같다. 전

---

1) 만약 화폐가치로 객관적 측정이 가능하지 않은 무엇인가가 자산으로 인식되어 장부금액을 보여주고 있다면 당신은 "객관적인 측정이 가능하지 않은데 측정된 저 금액은 뭐지? 저 금액을 믿고 의사결정에 활용해도 되는 거야?"라는 의심을 품고 해당 내용을 믿고 활용하지 않을 가능성이 매우 높다. 회계에서는 금액에 대해서 객관적인 측정이 가능한 경우에 인식을 실시한다.

자가 포커게임에서 최종적으로 승리할 확률은 0에 가깝고, 후자가 최종적으로 승리할 확률은 50%가 되지 않는다.

제2절 측정을 위한 결산 시의 사투에 대한 이해

제10장에서 학습했던 다양한 측정의 방법들을 다시 한번 상기해 보자.

한 회계연도가 끝나면, 결산이 이루어지고 재무제표가 작성된다. 그리고 일정 규모를 초과하는 회사들은 이 재무제표의 적정성을 객관적으로 평가받기 위하여 외부감사인의 회계감사를 받는다. 이 회계감사에서는 어떤 일이 이루어질까? 물론 재무제표가 적정하게 작성되었는지를 확인하는 많은 절차들이 수행된다. 그리고 만약 재무제표 작성에 회사의 실수가 있었다면 반영하여 수정되기도 한다. 대부분의 경우 회사의 결산에 오류가 있었다면, 회사는 인정하고 이를 수정 반영한다. 그런데, 어떤 경우에는 회사와 감사인 간의 첨예한 의견차이가 발생하기도 하는데, 그 대부분의 경우는 회사의 자산에 대한 측정방법에 대한 이견 때문에 발생한다고 해도 과언이 아니다.

표 16.1 회계에서 자주 사용하는 금액 측정의 방법들

구 분		정 의
역사적원가		자산의 취득 또는 창출에 발생한 원가의 가치로서, 자산을 취득 또는 창출하기 위하여 지급한 대가와 거래원가를 포함
현행가치	공정가치	측정일에 시장참여자 사이의 정상적인 거래에서 자산을 매도할 때 수취하게 되는 가격
	사용가치 (현재가치)	기업이 자산의 사용과 궁극적인 처분으로 얻을 것으로 기대되는 현금흐름 또는 그 밖의 경제적 효익의 현재가치
	현행원가	측정일 현재 동등한 자산의 구매 시 지급하는 원가로서 측정일에 지급할 대가와 그날에 발생할 거래원가를 포함

예로서 회사의 매출채권은 발생시점의 역사적원가로 기록되어 있다. 즉, 매출이 일어났을 당시 수취하기로 되어있는 금액으로 채권이 기재되어 있다는 뜻이다. 하지만, 해당 매출채권과 관련하여 거래처의 재무상황 악화 등에 따라서 최초 거래 시점에 정해진 금액을 회수할 수 없는 경우가 발생할 수도 있다. 이러한 경우에 회계기준상 이 매출채권은 회계기간 말에 현행가치로 측정되어 재무상태표에 기록해야 한다. 따라서 현금화할 수 없을 것으로 판단되는 채권들은 감액하여야 하는데, 이 현행가치에 대해서는 회사의 의견과 감사인의 의견이 대립하기 일쑤다. 그 채권을 회수가능한지, 회수가 불가능한지를 정확히 판단하는 것은 불가능하기 때문에 대략의 추정을 하게 된다.[2] 그리고 이 추정에는 어느 정도의 주관성이 들어가기 때문에, 이견이 존재할 수 있는 것이다.

회사가 보유하고 있는 재고자산도 마찬가지이다. 재고자산도 역사적원가로 기록되어 있는데, 이 역시 현행가치로 측정되어야 한다. 따라서 오래된 불용재고, 철 지난 재고 등은 시장에서 제값을 받고 팔기 어렵기 때문에 감액된다.[3] 과연 이러한 장기 재고들의 순실현가치가 얼마인지 판단하는 것도 쉽지 않고, 객관적인 숫자를 파악하기란 불가능하다. 따라서 이 부분에도 첨예한 갈등이 발생할 수 있다.

회사가 다른 회사나 사업을 인수하면서 발생한 영업권은 현행가치 가운데 현재가치로 측정하게 된다. 이 부분은 제15장에서 다루었으니 그 내용을 참조하기 바란다. 미래 현금흐름도 100% 정확한 예측은 예언가가 아닌 이상 불가하기 때문에, 이 미래 현금추정에 대해서도 회사와 감사인은 대립하게 마련이다.

회계부서에 근무하지 않는 일반인들은 회계감사 시즌에 회계부서의 직원들과 외부감사인들 사이에 어떤 일들이 발생하는지 잘 모른다. "재무제표를 만드는 것은 일정한 회계기준에 의해 하는 것인데, 왜 저렇게 의견이 대립하는 거지?"라고 의아해하기도 한다. 물론 재무제표는 회계기준에 의해 작성하는 것이

---

2) 현재 거래처의 재무상황은 악화되어 있는 상태이고 거래처로부터 정해진 금액을 회수하기로 한 시점은 미래이다. 미래의 매출채권 회수 시점까지 거래처의 재무상황은 양호해지겠는가? 더 악화되겠는가? 당신은 어떻게 판단을 할 수 있겠는가? 당신의 판단은 얼마나 정확한가?

3) 제10장의 후반부에서 재고자산의 저가법 관련 내용을 살펴본 바 있다.

맞지만, 회계기준상 "측정"이라는 이슈는 완전히 객관적인 것이 거의 불가능하며, 측정자의 주관이 어느 정도 작용할 수밖에 없다. 이 때문에 회사담당자와 외부감사인의 견해 차이는 흔히 발생할 수밖에 없는 것이다. 물론, 회사담당자는 자산을 크게, 비용을 작게 하여 회사의 실적이 조금이라도 좋게 보이게 하려는 의도가 강한 것이 일반적이고, 외부감사인은 자산을 작게, 비용을 크게 하여 회사의 실적을 보수적으로 인정하려고 하는 의도가 강한 것이 일반적이다.

이제 회계감사 시즌이 왜 회사의 회계부서에게도, 외부감사인(공인회계사)에게도 모두 힘든 시기인지 이해할 수 있을 것이다.

해 답

제1장 회계를 보는 시각

〈○×문제〉

1. (×) 개인이나 기업 등의 경제 주체가 특정 기간 동안 발생한 경제적 거래나 사건을 기록하는 것도 회계의 내용에 들어가는 것은 맞지만, 우리가 회계를 정의할 때에는 회계란 개인이나 기업 등의 경제 주체가 특정 기간 동안 발생한 경제적 거래나 사건을 기록하는 것과 함께 그 기록의 결과를 정리하여 회계정보가 필요한 사람들에게 제공하는 과정을 포함하는 전체 과정으로 생각해야 한다.

2. (○)

3. (×) 회계감사란 회계정보 제공의 주체인 기업 및 외부정보이용자들로부터 독립적인 제3자가 기업이 작성한 회계정보가 회계기준을 준수하여 적정하게 작성되었는지에 대하여 검토하고 적정 여부에 대한 의견을 제시하는 것을 의미한다.

4. (×) 기업 외부의 다양한 회계정보이용자들이 원하는 회계정보는 각자의 상황에 따라서 다양하게 나타난다.

5. (○)

6. (×) 회계정보이용자들에게 회계정보를 전달하는 다양한 방법이 있는데, 회계정보를 전달하는 가장 대표적인 방법은 재무제표를 통한 전달 방법이다. 재무제표는 기업의 재무상태와 경영성과를 나타내는 보고서이다.

7. (×) 주석은 나머지 네 가지 재무제표, 즉 재무상태표, 손익계산서, 현금흐름표와 자본변동표의 본문에 나타나 있지 않지만 중요한 정보를 보여주는 보고서이다.

제2장 재무상태표는 격이 다른 재무제표!

〈O×문제〉

1. (○)
2. (×) 회계의 주체(주인)는 자산 가운데 본인의 몫인 자본에 해당하는 부분인 자본 뿐만 아니라 타인의 몫인 부채 부분도 본인(주인)의 목적을 위해서 사용할 수 있다.
3. (×) 대차평균의 원리는 항상 성립한다.
4. (○)
5. (×) '재무상태표 등식' 또는 '대차평균의 원리'는 특정 시점의 기업의 재무상태표를 기준으로 할 때, 그리고 개별 거래를 기준으로 할 때에도 항상 성립한다.
6. (×) '출자자본'과 '벌어서 늘어난 몫'은 모두 기업의 주인의 몫을 나타내는 자본에 해당하는데, 두 항목 간의 특성이 상이하므로 자본 내에서 별도로 구분하여 표시한다.
7. (×) 비유동자산이란 자산으로서 측정일이 속하는 보고기간 말 시점으로부터 1년 이상 지속되면서, 장기적으로 경제적 효용을 가지고 오는 자산을 의미한다.

〈연습문제〉

1. (1) (주)세연에듀의 날짜별 재무상태

1월 2일

자산			부채			자본	
현 금	3,000만원	=			+	설립자본	3,000만원
자산 합계	3,000만원	=	부채 합계	0만원	+	자본 합계	3,000만원

1월 3일

자산			부채			자본	
현 금	2,000만원	=			+	설립자본	3,000만원
(주)LG화학 주식	1,000만원						
자산 합계	3,000만원	=	부채 합계	0만원	+	자본 합계	3,000만원

1월 4일

자산			부채			자본	
현 금	800만원	=			+	설립자본	3,000만원
(주)LG화학 주식	1,000만원						
건 물	500만원						
자동차	700만원						
자산 합계	3,000만원	=	부채 합계	0만원	+	자본 합계	3,000만원

1월 5일

현 금	2,800만원	=	은행차입금	2,000만원	+	설립자본	3,000만원
(주)LG화학 주식	1,000만원						
건 물	500만원						
자동차	700만원						
자산 합계	5,000만원	=	부채 합계	2,000만원	+	자본 합계	3,000만원

1월 10일

현 금	2,800만원	=	은행차입금	1,700만원	+	설립자본	3,000만원
(주)LG화학 주식	700만원						
건 물	500만원						
자동차	700만원						
자산 합계	4,700만원	=	부채 합계	1,700만원	+	자본 합계	3,000만원

1월 15일

현 금	3,050만원	=	은행차입금	1,700만원	+	설립자본	3,000만원
(주)LG화학 주식	700만원					벌어서 늘어난 몫	250만원
건 물	500만원						
자동차	700만원						
자산 합계	4,950만원	=	부채 합계	1,700만원	+	자본 합계	3,250만원

1월 20일

현 금	2,930만원	=	은행차입금	1,700만원	+	설립자본	3,000만원
(주)LG화학 주식	700만원					벌어서 늘어난 몫	130만원
건 물	500만원						
자동차	700만원						
자산 합계	4,830만원	=	부채 합계	1,700만원	+	자본 합계	3,130만원

1월 25일

현 금	3,510만원	=	은행차입금	1,700만원	+	설립자본	3,000만원
(주)LG화학 주식	200만원					벌어서 늘어난 몫	210만원
건 물	500만원						
자동차	700만원						
자산 합계	4,910만원	=	부채 합계	1,700만원	+	자본 합계	3,210만원

(2) 각 거래별 미니 재무상태표(분개)

1월 2일

현 금 3,000만원(자산의 증가)	=	설립자본 3,000만원 (자본의 증가)

1월 2일

(주)LG화학 주식 1,000만원 (자산의 증가)	=	현 금 1,000만원 (자산의 감소)*

* 회계에서는 분개 시에 특정 계정이 감소하는 것을 표현하는 금액을 음수로 표시하지 않고, 등호의 반대편에서 표시하는 방법을 사용하는 것을 주의하여야 한다. 수학에서 나오는 이항을 연상하여 보면 좀 더 편하게 이해할 수 있는데, $a-b=0$인 경우, 왼쪽에서 $-b$라고 표시하는 대신 $-b$를 오른쪽으로 이항하여 $a=b$라고 표시할 수 있는 것과 같은 원리이다. 이러한 원리에 따라 모든 분개에서 왼쪽과 오른쪽에 나타나는 금액은 항상 같은 값을 나타내게 된다는 것을 기억하기 바란다.

1월 4일

건 물 500만원 (자산의 증가) 자동차 700만원 (자산의 증가)	=	현 금 1,200만원 (자산의 감소)*

* 대변에 나타난 1,200만원을 500만원과 700만원으로 나누어 다음과 같이 두 번 분개하여도 무관하다.

건 물 500만원 (자산의 증가)	=	현 금 500만원 (자산의 감소)

자동차 700만원 (자산의 증가)	=	현 금 700만원 (자산의 감소)

1월 5일

현 금 2,000만원 (자산의 증가)	=	은행차입금 2,000만원 (부채의 증가)

1월 10일

은행차입금 300만원 (부채의 감소)	=	(주)LG화학 주식 300만원 (자산의 감소)

1월 15일

현 금 250만원 (자산의 증가)	=	벌어서 늘어난 몫 250만원 (자본의 증가)

1월 20일

벌어서 늘어난 몫 120만원 (자본의 감소)	=	현 금 120만원 (자산의 감소)

1월 25일

현 금 580만원 (자산의 증가)	=	(주)LG화학 주식 500만원 (자산의 감소) 벌어서 늘어난 몫 80만원 (자본의 증가)

(3) 1월 31일의 재무상태표

재무상태표			
(주)세연에듀			20×1. 1. 31.
자 산		부 채	
현 금	3,510만원	은행차입금	1,700만원
(주)LG화학 주식	200만원	자 본	
건 물	500만원	설립자본	3,000만원
자동차	700만원	벌어서 늘어난 몫	210만원
자산 합계	4,910만원	부채와 자본 합계	4,910만원

2. (1) (주)세연물류의 날짜별 재무상태

1월 2일

현 금	7,000만원	=			+	설립자본	7,000만원
자산 합계	7,000만원	=	부채 합계	0만원	+	자본 합계	7,000만원

1월 3일

현 금	5,000만원	=			+	설립자본	7,000만원
(주)삼성물산 주식	2,000만원						
자산 합계	7,000만원	=	부채 합계	0만원	+	자본 합계	7,000만원

1월 4일

현 금	2,700만원	=			+	설립자본	7,000만원
(주)삼성물산 주식	2,000만원						
임차보증금	800만원						
트럭(차량운반구)	1,500만원						
자산 합계	7,000만원	=	부채 합계	0만원	+	자본 합계	7,000만원

1월 5일

현 금	5,700만원	=	은행차입금	3,000만원	+	설립자본	7,000만원
(주)삼성물산 주식	2,000만원						
임차보증금	800만원						
트럭(차량운반구)	1,500만원						
자산 합계	10,000만원	=	부채 합계	3,000만원	+	자본 합계	7,000만원

1월 10일

자산		=	부채		+	자본	
현 금	5,700만원	=	은행차입금	1,700만원	+	설립자본	7,000만원
(주)삼성물산 주식	1,000만원					벌어서 늘어난 몫	300만원*
임차보증금	800만원						
트럭(차량운반구)	1,500만원						
자산 합계	9,000만원	=	부채 합계	1,700만원	+	자본 합계	7,300만원

1월 15일

자산		=	부채		+	자본	
현 금	6,950만원	=	은행차입금	1,700만원	+	설립자본	7,000만원
(주)삼성물산 주식	1,000만원					벌어서 늘어난 몫	1,550만원
임차보증금	800만원						
트럭(차량운반구)	1,500만원						
자산 합계	10,250만원	=	부채 합계	1,700만원	+	자본 합계 8,550만원	

1월 20일

자산		=	부채		+	자본	
현 금	6,630만원	=	은행차입금	1,700만원	+	설립자본	7,000만원
(주)삼성물산 주식	1,000만원					벌어서 늘어난 몫	1,230만원
임차보증금	800만원						
트럭(차량운반구)	1,500만원						
자산 합계	9,930만원	=	부채 합계	1,700만원	+	자본 합계	8,230만원

1월 25일

자산		=	부채		+	자본	
현 금	7,130만원	=	은행차입금	1,700만원	+	설립자본	7,000만원
(주)삼성물산 주식	500만원					벌어서 늘어난 몫	1,230만원
임차보증금	800만원						
트럭(차량운반구)	1,500만원						
자산 합계	9,930만원	=	부채 합계	1,700만원	+	자본 합계	8,230만원

(2) 각 거래별 미니 재무상태표(분개)

1월 2일

현 금	7,000만원 (자산의 증가)	=	설립자본	7,000만원 (자본의 증가)

1월 2일

(주)삼성물산 주식	2,000만원 (자산의 증가)	=	현 금	2,000만원 (자산의 감소)*

* 회계에서는 분개 시에 특정 계정이 감소하는 것을 표현하는 금액을 음수로 표시하지 않고, 등호의 반대편에서 표시하는 방법을 사용하는 것을 주의하여야 한다. 수학에서 나오는 이항을 연상하여 보면 좀 더 편하게 이해할 수 있는데, a − b = 0인 경우, 왼쪽에서 −b라고 표시하는 대신 −b를 오른쪽으로 이항하여 a = b라고 표시할 수 있는 것과 같은 원리이다. 이러한 원리에 따라 모든 분개에서 왼쪽과 오른쪽에 나타나는 금액은 항상 같은 값을 나타내게 된다는 것을 기억하기 바란다.

1월 4일

		=		
임차보증금	800만원 (자산의 증가)	=	현 금	2,300만원 (자산의 감소)*
트 럭	1,500만원 (자산의 증가)			

* 대변에 나타난 2,300만원을 800만원과 1,500만원으로 나누어 다음과 같이 두 번 분개하여도 무관하다.

임차보증금	800만원 (자산의 증가)	=	현 금	800만원 (자산의 감소)

트 럭	1,500만원 (자산의 증가)	=	현 금	1,500만원 (자산의 감소)

1월 5일

현 금	3,000만원 (자산의 증가)	=	은행차입금	3,000만원 (부채의 증가)

1월 10일

은행차입금	1,300만원 (부채의 감소)	=	(주)삼성물산 주식	1,000만원 (자산의 감소)
			벌어서 늘어난 몫	300만원 (자본의 증가)*

* (주)삼성물산 주식 1,000만원어치를 1,300만원을 받고 매각하였다면 당신은 다음과 같은 분개를 생각할 수 있을 것이다.

(차) 현 금	1,300만원	(대) (주)삼성물산 주식	1,000만원
		벌어서 늘어난 몫	300만원

그리고 즉시 받은 현금 1,300만원을 이용하여 은행차입금 중 1,300만원을 상환하였다면 당신은 다음과 같은 분개를 생각할 수 있을 것이다.

(차) 은행차입금	1,300만원	(대) 현 금	1,300만원

상기 두 분개를 모으면 다음과 같이 표시할 수 있다(주식을 매도함과 동시에 은행차입금을 상환하였기 때문에 가능하다. 만약 주식의 매도와 은행차입금의 상환 사이에 시차가 존재할 경우에는 각각 분개하여야 한다)

(차) 은행차입금	1,300만원	(대) (주)삼성물산 주식	1,000만원
		벌어서 늘어난 몫	300만원

상기 1월 10일의 분개에서 현금 계정의 변화 없이 벌어서 늘어난 몫 계정이 나타난 것은 이와 같은 이유 때문이다.

1월 15일

현 금	1,250만원 (자산의 증가)	=	벌어서 늘어난 몫	1,250만원 (자본의 증가)

1월 20일

벌어서 늘어난 몫	320만원 (자본의 감소)	=	현 금	320만원 (자산의 감소)

1월 25일

현 금	500만원 (자산의 증가)	=	(주)삼성물산 주식	500만원 (자산의 감소)

(3) 1월 31일의 재무상태표

재무상태표			
(주)세연물류			20×1. 1. 31.
자 산		부 채	
현 금	7,130만원	은행차입금	1,700만원
(주)삼성물산 주식	500만원	자 본	
임차보증금	800만원	설립자본	7,000만원
트 럭	1,500만원	벌어서 늘어난 몫	1,230만원
자산 합계	9,930만원	부채와 자본 합계	9,930만원

제3장 기업의 성적표, 손익계산서

〈○×문제〉

1. (○)
2. (×) 기업의 '벌어서 늘어난 몫'의 증가와 감소를 의미하는 수익과 비용을 각각 기업의 주된 영업과 관련된 수익, 비용과 그렇지 않은 수익, 비용으로 세분하여 정보로 제공하게 된다.
3. (○)
4. (×) 구매와 생산 기능과 관련하여 발생한 비용을 '매출원가'라고 하고, 판매와 관리 기능과 관련하여 지출된 비용을 '판관비'로 구분한다.
5. (×) 상거래 기업의 경우에는 생산 기능이 존재하지 않기 때문에 구매와 기능과 관련하여 발생한 비용은 '매출원가'가 되고, 판매와 관리 기능과 관련하여 지출된 비용은 '판관비'가 된다. 생산 기

능은 물건을 생산하는 제조기업의 경우에 발생하게 된다.

6. (○)

7. (×) 영업이익은 기업의 영업활동으로부터 나타난 성과를 의미한다. 영업이익으로부터 영업외수익과 영업외비용을 가감하면 법인세를 차감하기 전 단계의 성과인 법인세차감전순이익이 나오게 된다.

〈연습문제〉

1. (1) (주)세연에듀의 각 거래별 미니 재무상태표(분개)

1월 2일

현 금 3,000만원 (자산의 증가)	=	설립자본 3,000만원 (자본의 증가)

1월 2일

(주)LG화학 주식 1,000만원 (자산의 증가)	=	현 금 1,000만원(자산의 감소)

1월 4일

건 물 500만원 (자산의 증가) 자동차 700만원 (자산의 증가)	=	현 금 1,200만원 (자산의 감소)

1월 5일

현 금 2,000만원 (자산의 증가)	=	은행차입금 2,000만원 (부채의 증가)

1월 10일

은행차입금 300만원 (부채의 감소)	=	(주)LG화학 주식 300만원 (자산의 감소)

1월 15일

현 금 250만원 (자산의 증가)	=	매출액(영업수익) 250만원 (벌어서 늘어난 몫의 증가)

1월 20일

판매비와 관리비(영업비용) 120만원 (벌어서 늘어난 몫의 감소)	=	현 금 120만원 (자산의 감소)

1월 25일

현 금 580만원 (자산의 증가)	=	(주)LG화학 주식 500만원 (자산의 감소) 영업외수익 80만원 (벌어서 늘어난 몫의 증가)

(2) 1월 기준 손익계산서

<table>
<tr><th colspan="4">손익계산서</th></tr>
<tr><td colspan="2">(주)세연에듀</td><td colspan="2">20×1. 1. 1.~20×1. 1. 31.</td></tr>
<tr><td colspan="2">비용(벌어서 늘어난 몫의 감소)</td><td colspan="2">수익(벌어서 늘어난 몫의 증가)</td></tr>
<tr><td>영업비용</td><td>120만원</td><td>매출액(영업수익)</td><td>250만원</td></tr>
<tr><td>매출원가</td><td>0</td><td></td><td></td></tr>
<tr><td>판매비와 관리비</td><td>120만원</td><td>영업외수익</td><td>80만원</td></tr>
<tr><td>영업외비용</td><td>0</td><td></td><td></td></tr>
<tr><td>법인세비용</td><td>0</td><td></td><td></td></tr>
</table>

손익계산서를 위와 같이 비용을 차변으로, 그리고 수익을 대변으로 구분하여 작성하기도 하지만 대부분의 경우에는 아래와 같은 형식으로 작성하는 것이 일반적이다. 그 이유는 각 구간별 부분 계를 산출하여 제시함으로써 다양한 정보를 제공할 수 있기 때문이다. 본서에서는 이하 내용에서 손익계산서를 아래와 같은 형식으로 작성하도록 한다.

손익계산서

	(주)세연에듀	20×1. 1. 1.~20×1. 1. 31.
	매출액(영업수익)	250만원
(−)	매출원가	0만원
	매출총이익	250만원
(−)	판매비와 관리비	120만원
	영업이익	130만원
(+)	영업외수익	80만원
(−)	영업외비용	0만원
	법인세차감전순이익	210만원
(−)	법인세비용	0만원
	당기순이익	210만원

2. (1) (주)세연물류의 각 거래별 미니 재무상태표(분개)

1월 2일

현 금	7,000만원 (자산의 증가)	=	설립자본	7,000만원 (자본의 증가)

1월 2일

(주)삼성물산 주식	2,000만원 (자산의 증가)	=	현 금	2,000만원 (자산의 감소)

1월 4일

임차보증금 800만원 (자산의 증가) 트 럭 1,500만원 (자산의 증가)	=	현 금 2,300만원 (자산의 감소)

1월 5일

현 금 3,000만원 (자산의 증가)	=	은행차입금 3,000만원 (부채의 증가)

1월 10일

은행차입금 1,300만원 (부채의 감소)	=	(주)삼성물산 주식 1,000만원 (자산의 감소) 영업외수익 300만원 (벌어서 늘어난 몫의 증가)

1월 15일

현 금 1,250만원 (자산의 증가)	=	매출액(영업수익) 1,250만원 (벌어서 늘어난 몫의 증가)

1월 20일

판매비와 관리비(영업비용) 320만원 (벌어서 늘어난 몫의 감소)	=	현 금 320만원 (자산의 감소)

1월 25일

현 금 500만원 (자산의 증가)	=	(주)삼성물산 주식 500만원 (자산의 감소)

(2) 1월 기준 손익계산서

손익계산서

	(주)세연물류	20×1. 1. 1.~20×1. 1. 31.
	매출액(영업수익)	1,250만원
(−)	매출원가	0만원
	매출총이익	1,250만원
(−)	판매비와 관리비	320만원
	영업이익	930만원
(+)	영업외수익	300만원
(−)	영업외비용	0만원
	법인세차감전순이익	1,230만원
(−)	법인세비용	0만원
	당기순이익	1,230만원

제4장 돌고 도는 회계

〈○×문제〉

1. (○)
2. (×) 분개란 기업에서 발생한 거래나 사건, 즉 기업의 자산, 부채나 자본의 변동을 가져오는 거래나 사건을 발생한 날짜의 순서에 따라 분개장에 기록하는 것을 의미한다.
3. (×) 분개를 실시하고 분개장을 이용하면 거래를 일자순으로 확인할 수 있다는 장점이 있지만, 동시에 분개장은 특정 계정과목의 잔액을 확인하기가 쉽지 않다는 단점이 있다.
4. (○)
5. (×) 전기 시에 분개 내용 가운데 일부를 누락하거나, 분개 또는 전기 과정에서 차변과 대변에 동일 금액으로 오류가 발생하는 경우에는 오류가 있음에도 불구하고 시산표의 양 변의 금액이 동일할 수 있다.
6. (○)
7. (×) 영구계정은 한 회계기간을 마치고 다음 회계기간으로 넘어간다는 이유만으로 금액이 바뀌지 않는다.

〈연습문제〉

1. (1) 시산표 작성

시산표

20×1. 1. 31.

(주)세연에듀 (단위: 만원)

계정과목	차 변	대 변
현 금	3,510	
(주)LG화학 주식	200	
건 물	500	
자동차	700	
은행차입금		1,700
설립자금		3,000
매출액(영업수익)		250
판매비와 관리비(영업비용)	120	
영업외수익		80
합 계	5,030	5,030

(2) 마감분개

(차) 매출액(영업수익)	250만원	(대) 집합손익	250만원
(차) 집합손익	120만원	(대) 판매비와 관리비(영업비용)	120만원
(차) 영업외수익	80만원	(대) 집합손익	80만원
(차) 집합손익	210만원	(대) 이익잉여금(자본)	210만원

(3) 1월 31일의 재무상태표

재무상태표

(주)세연에듀			20×1. 1. 31.
자 산		부 채	
현 금	3,510만원	은행차입금	1,700만원
(주)LG화학 주식	200만원	자 본	
건 물	500만원	설립자본	3,000만원
자동차	700만원	이익잉여금	210만원
자산 합계	4,910만원	부채와 자본 합계	4,910만원

1월의 손익계산서

손익계산서

	(주)세연에듀	20×1. 1. 1.~20×1. 1. 31.
	매출액(영업수익)	250만원
(−)	매출원가	0만원
	매출총이익	250만원
(−)	판매비와 관리비	120만원
	영업이익	130만원
(+)	영업외수익	80만원
(−)	영업외비용	0만원
	법인세차감전순이익	210만원
(−)	법인세비용	0만원
	당기순이익	210만원

2. (1) 시산표 작성

시산표

20×1. 1. 31.

(주)세연물류 (단위: 만원)

계정과목	차 변	대 변
현 금	7,130	
(주)삼성물산 주식	500	
임차보증금	800	
트 럭	1,500	
은행차입금		1,700
설립자금		7,000
매출액(영업수익)		1,250
판매비와 관리비(영업비용)	320	
영업외수익		300
합 계	10,250	10,250

(2) 마감분개

(차) 매출액(영업수익)	1,250만원	(대) 집합손익	1,250만원
(차) 집합손익	320만원	(대) 판매비와 관리비(영업비용)	320만원
(차) 영업외수익	300만원	(대) 집합손익	300만원
(차) 집합손익	1,230만원	(대) 이익잉여금(자본)	1,230만원

(3) 1월 31일의 재무상태표

재무상태표

(주)세연물류 20×1. 1. 31.

자 산		부 채	
현 금	7,130만원	은행차입금	1,700만원
(주)삼성물산 주식	500만원	자 본	
임차보증금	800만원	설립자본	7,000만원
트 럭	1,500만원	이익잉여금	1,230만원
자산 합계	9,930만원	부채와 자본 합계	9,930만원

1월 기준 손익계산서

손익계산서

	(주)세연물류	20×1. 1. 1.~20×1. 1. 31.
	매출액(영업수익)	1,250만원
(−)	매출원가	0만원
	매출총이익	1,250만원
(−)	판매비와 관리비	320만원
	영업이익	930만원
(+)	영업외수익	300만원
(−)	영업외비용	0만원
	법인세차감전순이익	1,230만원
(−)	법인세비용	0만원
	당기순이익	1,230만원

제5장 바로 지금 분개를 하는 이유

〈○×문제〉

1. (×) 발생주의란 기업의 성과를 판단하기 위해 수익이나 비용을 인식할 때에 현금의 수취나 지급 여부와는 무관하게 해당 수익이나 비용의 인식과 관련된 거래나 사건이 발생하였는지 여부를 고려하는 것을 의미한다.

2. (×) 선급비용이란 아직 발생하지 않은 미래의 비용을 미리 지급한다는 의미로서 자산 계정을 사용하게 된다.

3. (×) 선수수익이란 아직 발생하지 않은 미래의 수익을 미리 수취하였다는 의미로서 부채 계정을 사용하게 된다.

4. (○)

5. (○)

6. (×) 발생주의란 수익을 예로 들면, 이미 수익의 인식과 관련된 거래나 사건이 발생하였다면 현금의 수취와 무관하게 수익을 인식하는 것을 의미한다.

〈연습문제〉

1. 7월 1일	(차) 임차료(비용)	150만원	(대) 현 금	150만원
7월 31일	(차) 선급임차료(자산)	100만원	(대) 임차료(비용)	100만원
8월 1일	(차) 임차료(비용)	50만원	(대) 선급임차료(자산)	50만원

	날짜	차변	금액	대변	금액
2.	7월 1일	(차) 현 금	300만원	(대) 임대료(수익)	300만원
	7월 31일	(차) 임대료(수익)	200만원	(대) 선수임대료(부채)	200만원
	8월 1일	(차) 선수임대료(부채)	100만원	(대) 임대료(수익)	100만원
3.	7월 1일	(차) 현 금	800만원	(대) 은행차입금	800만원
	7월 31일	(차) 이자비용(비용)	2만원*	(대) 미지급이자(부채)	2만원

* 800만원 × 0.03(3%, 연 이자율)/12(12개월(1년) 중 1개월 치 이자비용 계산) = 2만원

	날짜	차변	금액	대변	금액
	8월 1일	(차) 미지급이자(부채)	2만원	(대) 현 금	2만원
4.	7월 1일	(차) 대여금	400만원	(대) 현 금	400만원
	7월 31일	(차) 미수이자(자산)	1만원	(대) 이자수익(수익)	1만원*

* 400만원 × 0.03(3%, 연이자율)/12(12개월(1년) 중 1개월 치 이자수익 계산) = 1만원

	날짜	차변	금액	대변	금액
	8월 1일	(차) 현 금	1만원	(대) 미수이자(자산)	1만원
5.	7월 1일	(차) 임차료(비용)	450만원	(대) 현 금	450만원
	7월 31일	(차) 선급임차료(자산)	400만원	(대) 임차료(비용)	400만원
	8월 1일	(차) 임차료(비용)	50만원	(대) 선급임차료(자산)	50만원
	9월 1일	(차) 임차료(비용)	50만원	(대) 선급임차료(자산)	50만원
6.	7월 1일	(차) 현 금	720만원	(대) 임대료(수익)	720만원
	7월 31일	(차) 임대료(수익)	640만원	(대) 선수임대료(부채)	640만원
	8월 1일	(차) 선수임대료(부채)	80만원	(대) 임대료(수익)	80만원
	9월 1일	(차) 선수임대료(부채)	80만원	(대) 임대료(수익)	80만원
7.	7월 1일	(차) 현 금	1,200만원	(대) 은행차입금	1,200만원
	7월 31일	(차) 이자비용(비용)	3만원*	(대) 미지급이자(부채)	3만원

* 1,200만원 × 0.03(3%, 연이자율)/12(12개월(1년) 중 1개월 치 이자비용 계산) = 3만원

	날짜	차변	금액	대변	금액
	8월 1일	(차) 미지급이자(부채)	3만원	(대) 현 금	3만원
	8월 31일	(차) 이자비용(비용)	3만원	(대) 미지급이자(부채)	3만원
	9월 1일	(차) 미지급이자(부채)	3만원	(대) 현 금	3만원
8.	7월 1일	(차) 대여금	800만원	(대) 현 금	800만원
	7월 31일	(차) 미수이자(자산)	2만원	(대) 이자수익(수익)	2만원*

* 800만원 × 0.03(3%, 연이자율)/12(12개월(1년) 중 1개월 치 이자수익 계산) = 2만원

	날짜	차변	금액	대변	금액
	8월 1일	(차) 현 금	2만원	(대) 미수이자(자산)	2만원
	8월 31일	(차) 미수이자(자산)	2만원	(대) 이자수익(수익)	2만원
	9월 1일	(차) 현 금	2만원	(대) 미수이자(자산)	2만원

제6장 내가 판매한 재고자산은 얼마짜리

〈○×문제〉

1. (×) 재고자산이란 기업이 정상적인 영업과정에서 판매를 통해 경제적 효용을 얻기 위해서 보유하고 있는 자산, 판매를 위해서 생산 중에 있는 자산, 그리고 생산이나 용역을 제공할 시에 사용될 원재료와 소모품을 의미한다.

2. (×) 재고자산의 매각 시 회계처리방법은 감소하는 자산의 장부금액을 제거하고 처분대가와 장부금액 간의 차이를 처분손익으로 인식하는 유형자산 등 타 자산의 매각 시 회계처리방법과 차이가 있다.

3. (○)

4. (×) 선입선출법이란 재고자산의 판매 시에 먼저 입고된 재고자산의 순서대로 판매된다고 가정하는 재고자산 관리 방법이다.

5. (○)

6. (○)

7. (×) 재고자산의 원가흐름의 가정은 재고자산의 실물흐름과 관련이 없다.

8. (×) 원재료란 기업이 아직 생산공정에 투입하지 않은 원자재를 말하며, 재공품은 실제 생산과정에 원재료가 투입된 후 아직 완성되지 않고 제조과정 중에 있는 상태를 의미한다.

〈연습문제〉

1. (1)

1. 3.	(차) 상 품	500,000	(대) 현 금	500,000
1. 7.	(차) 현 금	560,000	(대) 매출액(수익)	560,000*
	매출원가(비용)	350,000**	상 품	350,000

* 700개 × 800원(판매단가) = 560,000원
** 700개 × 500원(매입단가) = 350,000원

1. 17.	(차) 상 품	1,000,000	(대) 현 금	1,000,000
1. 25.	(차) 현 금	1,200,000	(대) 매출액(수익)	1,200,000
	매출원가(비용)	750,000	상 품	750,000

(2) 매출액 1,760,000원, 매출원가 1,100,000원, 매출총이익 660,000원*

* 1,760,000원(매출액) − 1,100,000원(매출원가) = 660,000원(매출총이익)

(3) 기말재고자산 400,000원*

* 0원(기초 재고자산) + 1,500,000원(당기매입 재고자산) − 1,100,000원(매출원가)
= 400,000원(기말 재고자산)

2. (1)

1. 3.	(차) 상 품	350,000	(대) 매입채무*	350,000

* 주된 영업활동과정에서 현금을 지급하지 않은 경우(외상 구입 등)에는 매입채무(부채) 계정을 사용한다.

1. 7.	(차) 매출채권*	300,000	(대) 매출액(수익)	300,000*
	매출원가(비용)	210,000	상 품	210,000

* 주된 영업활동 과정에서 현금을 수취하지 않은 경우(외상 판매 등)에는 매출채권(자산) 계정을 사용한다.

1. 17.	(차) 상 품	700,000	(대) 매입채무	700,000
1. 25.	(차) 매출채권	900,000	(대) 매출액(수익)	900,000
	매출원가(비용)	630,000	상 품	630,000

(2) 매출액 1,200,000원, 매출원가 840,000원, 매출총이익 360,000원*

* 1,200,000원(매출액) − 840,000원(매출원가) = 360,000원(매출총이익)

(3) 기말재고자산 210,000원*

* 0원(기초재고자산) + 1,050,000원(당기매입재고자산) − 840,000원(매출원가) = 210,000원(기말재고자산)

(4)

2. 2.	(차) 현 금	1,200,000	(대) 매출채권	1,200,000
2. 3.	(차) 매입채무	1,050,000	(대) 현 금	1,050,000

3. (1)

1. 2.	(차) 상 품	80,000	(대) 현 금	80,000
1. 3.	(차) 상 품	400,000	(대) 현 금	400,000
1. 7.	(차) 현 금	400,000	(대) 매출액	400,000
	매출원가	230,000*	상 품	230,000

* 200개 × 400원 + 300개 × 500원 = 230,000원

1. 17.	(차) 상 품	1,050,000	(대) 현 금	1,050,000
1. 25.	(차) 현 금	880,000	(대) 매출액	880,000
	매출원가	670,000*	상 품	670,000

* 500개 × 500원 + 600개 × 700원 = 670,000원

(2) 매출액 1,280,000원, 매출원가 900,000원, 매출총이익 380,000원*

* 1,280,000원(매출액) − 900,000원(매출원가) = 380,000원(매출총이익)

(3) 기말재고자산 630,000원*

* 0원(기초재고자산) + 1,530,000(당기매입재고자산) − 900,000원(매출원가) = 630,000원(기말재고자산)

4. (1)

1. 2.	(차) 상 품	80,000	(대) 현 금	80,000
1. 3.	(차) 상 품	400,000	(대) 현 금	400,000
1. 7.	(차) 현 금	400,000	(대) 매출액	400,000
	매출원가	250,000*	상 품	250,000

* 500개 × 500원 = 250,000원

1. 17.	(차) 상 품	1,050,000	(대) 현 금	1,050,000
1. 25.	(차) 현 금	880,000	(대) 매출액	880,000
	매출원가	770,000*	상 품	770,000

* 1,100개 × 700원 = 770,000원

(2) 매출액 1,280,000원, 매출원가 1,020,000원, 매출총이익 260,000원*

* 1,280,000원(매출액) − 1,020,000원(매출원가) = 260,000원(매출총이익)

(3) 기말재고자산 510,000원*

* 0원(기초재고자산) + 1,530,000(당기매입재고자산) − 1,020,000원(매출원가) = 510,000원(기말재고자산)

5. (1)

1. 2.	(차) 상 품	80,000	(대) 현 금	80,000
1. 3.	(차) 상 품	400,000	(대) 현 금	400,000
1. 7.	(차) 현 금	400,000	(대) 매출액	400,000
	매출원가	240,000*	상 품	240,000

* ((200개 × 400원) + (800개 × 500원))/1,000개 = 480원/개
500개 × 480원 = 240,000원

1. 17.	(차) 상 품	1,050,000	(대) 현 금	1,050,000
1. 25.	(차) 현 금	880,000	(대) 매출액	880,000
	매출원가	709,500*	상 품	709,500

* ((500개×480원)+(1,500개×700원))/2,000개=645원/개
1,100개×645원=709,500원

(2) 매출액 1,280,000원, 매출원가 949,500원, 매출총이익 330,500원*

* 1,280,000원(매출액) − 949,500원(매출원가) = 330,500원(매출총이익)

(3) 기말재고자산 580,500원*

* 0원(기초재고자산) + 1,530,000(당기매입재고자산) − 949,500원(매출원가) = 580,500원(기말재고자산)

6. (1)

상이한 시점에 구입한 재고자산(액)들이 서로 섞이게 되는 상황 때문에 평균법을 쓴다고 생각할 수 있지만, ㈜세연액체는 재고자산의 원가흐름 가정으로 선입선출법을 사용하고 있으므로 평균법이 아닌 선입선출법을 적용한다. 재고자산의 원가흐름 가정의 적용 시에는 실물흐름을 고려하지 않는다.

일자	차변	금액	대변	금액
1. 2.	(차) 상 품	160,000	(대) 현 금	160,000
1. 3.	(차) 상 품	800,000	(대) 현 금	800,000
1. 7.	(차) 현 금	800,000	(대) 매출액	800,000
	매출원가	460,000*	상 품	460,000

* 200통*800원 + 300통*1,000원 = 460,000원

일자	차변	금액	대변	금액
1. 17.	(차) 상 품	2,100,000	(대) 현 금	2,100,000
1. 25.	(차) 현 금	1,760,000	(대) 매출액	1,760,000
	매출원가	1,340,000*	상 품	1,340,000

* 500통*1,000원 + 600통*1,400원 = 1,340,000원

(2) 매출액 2,560,000원, 매출원가 1,800,000원, 매출총이익 760,000원*

* 2,560,000원(매출액) − 1,800,000원(매출원가) = 760,000원(매출총이익)

(3) 기말재고자산 1,260,000원*

* 0원(기초재고자산) + 3,060,000(당기매입재고자산) − 1,800,000원(매출원가) = 1,260,000원(기말재고자산)

제7장 장부금액이 알려주는 것

〈○×문제〉

1. (×) 유형자산이란 기업이 재화의 생산이나 용역의 제공, 타인에 대한 임대 또는 관리활동에 1년 이상 사용할 목적으로 보유하고 있는 물리적 형태가 있는 자산을 의미한다.

2. (×) 감가상각이란 유형자산의 감가상각 대상금액을 해당 자산의 내용연수 동안 체계적인 방법을 이용하여 비용으로 배분하는 일련의 과정을 의미하며, 유형자산을 사용하는 동안 발생하는 가치감소분을 감가상각비라는 비용으로 인식하는 것이 아니다.

3. (×) 10년 동안 정상적으로 작동할 수 있는 기계장치를 구입해서, 3년 동안만 영업활동에 사용하게 된다면 감가상각을 위한 내용연수는 3년(경제적 내용연수)과 10년(물리적 내용연수) 중 3년(경제적 내용연수)을 적용하게 된다.

4. (○)

5. (×) 기업은 유형자산의 유형 별로 역사적원가법 또는 재평가법을 선택하여 적용할 수 있다. 단, 동일 유형 내에서는 모두 역사적원가법, 또는 모두 재평가법을 적용하여야 한다.

6. (×) 유형자산을 최초로 재평가했을 때 기존의 장부금액보다 재평가 시의 공정가치가 더 큰 경우에는 재평가로 인한 증가금액만큼 유형자산을 증가시키고 재평가로 인한 평가이익을 당기 이익으로 인식하지 않고 재평가잉여금이라는 자본 항목으로 인식한다.

7. (○)

〈연습문제〉

1. (1) 정액법

연도별 감가상각비 360,000원*

* (2,000,000(취득가액) – 200,000(잔존가액))/5년(내용연수) = 360,000원(매년 동일)

연 도	기초 장부금액	감가상각비	감가상각누계액	기말 장부금액
20×1	2,000,000	360,000	360,000	1,640,000
20×2	1,640,000	360,000	720,000	1,280,000
20×3	1,280,000	360,000	1,080,000	920,000
20×4	920,000	360,000	1,440,000	560,000
20×5	560,000	360,000	1,800,000	200,000

(2) 이중체감법

감가상각률 0.4(40%)*

* [(1/5(내용연수)) ← 정액법의 연도별 감가상각비율] × 2 = 0.4

연 도	기초 장부금액	감가상각률	감가상각비	감가상각누계액	기말 장부금액
20×1	2,000,000	0.4	800,000	800,000	1,200,000
20×2	1,200,000	0.4	480,000	1,280,000	720,000
20×3	720,000	0.4	288,000	1,568,000	432,000
20×4	432,000	0.4	172,800	1,740,800	259,200
20×5	259,200	최종 연도	59,200	1,800,000	200,000

(3) 연수합계법

연 도	기초 장부금액	감가상각률	감가상각비	감가상각누계액	기말 장부금액
20×1	2,000,000	5/(1+2+3+4+5)	600,000*	600,000	1,400,000
20×2	1,400,000	4/(1+2+3+4+5)	480,000**	1,080,000	920,000
20×3	920,000	3/(1+2+3+4+5)	360,000	1,440,000	560,000
20×4	560,000	2/(1+2+3+4+5)	240,000	1,680,000	320,000
20×5	320,000	1/(1+2+3+4+5)	120,000	1,800,000	200,000

* 1,800,000(감가상각 대상금액) × [5/(1+2+3+4+5)] = 600,000원

** 1,800,000(감가상각 대상금액) × [4/(1+2+3+4+5)] = 480,000원

(4) 생산량비례법

연 도	기초 장부금액	감가상각비	감가상각누계액	기말 장부금액
20×1	2,000,000	150,000[1)]	150,000	1,850,000
20×2	1,850,000	300,000[2)]	450,000	1,550,000
20×3	1,550,000	450,000[3)]	900,000	1,100,000
20×4	1,100,000	675,000[4)]	1,575,000	425,000
20×5	425,000	225,000[5)]	1,800,000	200,000

1) 1,800,000(감가상각 대상금액) × 1,000/12,000 = 150,000원

2) 1,800,000(감가상각 대상금액) × 2,000/12,000 = 300,000원

3) 1,800,000(감가상각 대상금액) × 3,000/12,000 = 450,000원

4) 1,800,000(감가상각 대상금액) × 4,500/12,000 = 675,000원

5) 1,800,000(감가상각 대상금액) × 1,500/12,000 = 225,000원

(5) 정률법

감가상각률 0.369

연 도	기초 장부금액	감가상각률	감가상각비	감가상각누계액	기말 장부금액
20×1	2,000,000	0.369	738,000	738,000	1,262,000
20×2	1,262,000	0.369	465,678	1,203,678	796,322
20×3	796,322	0.369	293,843	1,497,521	502,479
20×4	502,479	0.369	185,415	1,682,936	317,064
20×5	317,064	최종 연도	117,064	1,800,000	200,000

2. (1) 정액법

연도별 감가상각비 225,000원*

* (1,000,000(취득가액) − 100,000(잔존가액))/4년(내용연수) = 225,000원(매년 동일)

연 도	기초 장부금액	감가상각비	감가상각누계액	기말 장부금액
20×1	1,000,000	56,250[1)]	56,250	943,750
20×2	943,750	225,000	281,250	718,750
20×3	718,750	225,000	506,250	493,750
20×4	493,750	225,000	731,250	268,750
20×5	268,750	168,750[2)]	900,000	100,000

1) [(1,000,000(취득가액) − 100,000(잔존가액))/4년(내용연수)] × 3/12(해당 연도에 속하는 월만큼 안분하여 계산함) = 56,250원. 20×1년 10월 1일에 구입하여 사용하기 시작하였으므로 실제 20×1년도에 감가상각을 실시하는 대상 기간은 1년이 아니고 3개월임. 따라서 1년(12개월)치 감가상각비 가운데 3개월치를 안분하여 계산하게 됨.

2) [(1,000,000(취득가액) − 100,000(잔존가액))/4년(내용연수)] × 9/12(해당 연도에 속하는 월만큼 안분하여 계산함) = 168,750원. 20×5년 9월 31일에 내용연수가 종료되므로 실제 20×5년도에 감가상각을 실시하는 대상 기간은 1년이 아니고 9개월임. 따라서 1년(12개월)치 감가상각비 가운데 9개월치를 안분하여 계산하게 됨.

(2) 이중체감법

감가상각률 0.5(50%)*

* [(1/4(내용연수)) ← 정액법의 연도별 감가상각비율] × 2 = 0.5

연 도	기초 장부금액	감가상각률	감가상각비	감가상각누계액	기말 장부금액
20×1	1,000,000	0.5	125,000[1)]	125,000	875,000
20×2	875,000	0.5	437,000	562,500	437,500
20×3	437,500	0.5	218,750	781,250	218,750
20×4	218,750	0.5	109,375	890,625	109,375
20×5	109,375	최종연도	9,375	900,000	100,000

1) (1,000,000(기초장부금액) × 0.5(감가상각률) × 3/12(해당 연도에 속하는 월만큼 안분하여 계산함) = 125,000원. 20×1년 10월 1일에 구입하여 사용하기 시작하였으므로 실제 20×1년도에 감가상각을 실시하는 대상 기간은 1년이 아니고 3개월임. 따라서 1년(12개월)치 감가상각비 가운데 3개월치를 안분하여 계산하게 됨.

(3) 연수합계법

연 도	기초 장부금액	감가상각비	감가상각누계액	기말 장부금액
20×1	1,000,000	90,000[1)]	90,000	910,000
20×2	910,000	337,500[2)]	427,500	572,500
20×3	572,500	247,500[3)]	675,000	325,000
20×4	325,000	157,500[4)]	832,500	167,500
20×5	167,500	67,500[5)]	900,000	100,000

1) 900,000(감가상각 대상금액) × (4/10) × (3개월/12개월) = 90,000원
연수합계법에서의 1년 차는 20×1년 10월 1일부터 20×2년 9월 30일까지의 1년간의 기간이다. 해당 기간 동안의 감가상각비는 360,000원(900,000(감가상각 대상금액) × 4/10(1년 차 감가상각률))이다. 그런데, 연수합계법에서의 1년 차 기간 중 20×1년은 3개월(20×1. 10. 1.~20×1. 12. 31.)이 해당되므로 1년 차 감가상각비 중 3개월치에 해당하는 금액을 안분하여 20×1년도의 감가상각비로 한다.

2) 900,000(감가상각 대상금액) × [(4/10) × (9/12) + (3/10) × (3/12)] = 337,500원
연수합계법에서의 1년 차는 20×1년 10월 1일부터 20×2년 9월 30일까지의 1년간의 기간이며 2년 차는 20×2년 10월 1일부터 20×3년 9월 30일까지의 1년간의 기간이다. 그런데, 연수합계법에서의 1년 차 기간(20×1년 10월 1일부터 20×2년 9월 30일) 중 20×2년은 9개월(20×2. 1. 1.~20×2. 9. 30.)이 해당되므로 1년 차 감가상각비 중 9개월치에 해당하는 금액을 안분하여 20×2년도의 감가상각비로 하고, 연수합계법에서의 2년 차 기간(20×2년 10월 1일부터 20×3년 9월 30일) 중 20×2년은 3개월(20×2. 10. 1.~20×2. 12. 31.)이 해당되므로 2년 차 감가상각비 중 3개월치에 해당하는 금액을 안분하여 20×2년도의 감가상각비로 한다.

3) 900,000(감가상각 대상금액) × [(3/10) × (9/12) + (2/10) × (3/12)] = 247,500원

4) 900,000(감가상각 대상금액) × [(2/10) × (9/12) + (1/10) × (3/12)] = 157,500원
5) 900,000(감가상각 대상금액) × (1/10) × (9/12) = 67,500원

(4) 생산량비례법

연 도	기초 장부금액	감가상각비	감가상각누계액	기말 장부금액
20×1	1,000,000	90,000[1)]	90,000	910,000
20×2	910,000	135,000[2)]	225,000	775,000
20×3	775,000	225,000[3)]	450,000	550,000
20×4	550,000	270,000[4)]	720,000	280,000
20×5	280,000	180,000[5)]	900,000	100,000

1) 900,000(감가상각 대상금액) × 1,000/10,000 = 90,000원
2) 900,000(감가상각 대상금액) × 1,500/10,000 = 135,000원
3) 900,000(감가상각 대상금액) × 2,500/10,000 = 225,000원
4) 900,000(감가상각 대상금액) × 3,000/10,000 = 270,000원
5) 900,000(감가상각 대상금액) × 2,000/10,000 = 180,000원

(5) 정률법

감가상각률 0.4377

연 도	기초 장부금액	감가상각률	감가상각비	감가상각누계액	기말 장부금액
20×1	1,000,000	0.4377	109,425[1)]	109,425	890,575
20×2	890,575	0.4377	389,805	499,230	500,770
20×3	500,770	0.4377	219,187	718,417	281,583
20×4	281,583	0.4377	123,249	841,666	158,334
20×5	158,334	최종 연도	58,334	900,000	100,000

1) (1,000,000(기초 장부금액) × 0.4377(감가상각률) × 3/12(해당 연도에 속하는 월만큼 안분하여 계산함) = 109,425원. 20×1년 10월 1일에 구입하여 사용하기 시작하였으므로 실제 20×1년도에 감가상각을 실시하는 대상 기간은 1년이 아니고 3개월임. 따라서 1년(12개월)치 감가상각비 가운데 3개월치를 안분하여 계산하게 됨.

3. (1) 20×1. 1. 1. (차) 토 지 200만원 (대) 현 금 200만원
20×1. 12. 31. 분개 없음(역사적원가법은 공정가치를 장부금액에 반영하지 않는다)
20×2년, 20×3년 분개 없음(역사적원가법은 공정가치를 장부금액에 반영하지 않는다)

(2)

일자	차변	금액	대변	금액
20×1. 1. 1.	(차) 토 지	200만원	(대) 현 금	200만원
20×1. 12. 31.	(차) 토 지	10만원	(대) 재평가잉여금(자본)	10만원
20×2. 12. 31.	(차) 재평가잉여금(자본)	10만원	(대) 토 지	15만원
	재평가손실(비용)	5만원		
20×3. 12. 31.	(차) 토 지	10만원	(대) 재평가이익(수익)	5만원
			재평가잉여금(자본)	5만원

(3) 20×1.1.1.	(차) 토 지	200만원	(대) 현 금	200만원
20×1.12.31.	분개 없음(역사적원가법은 공정가치를 장부금액에 반영하지 않는다.)			
20×2.12.31.	(차) 재평가손실(비용)	5만원	(대) 토 지	5만원
20×3.12.31.	(차) 토 지	10만원	(대) 재평가이익(수익)	5만원
			재평가잉여금(자본)	5만원
(4) 20×1.1.1.	(차) 토 지	200만원	(대) 현 금	200만원
20×1.12.31.	분개 없음(역사적원가법은 공정가치를 장부금액에 반영하지 않는다.)			
20×2.12.31.	분개 없음(역사적원가법은 공정가치를 장부금액에 반영하지 않는다.)			
20×3.12.31.	(차) 토 지	5만원	(대) 재평가잉여금(자본)	5만원

4\.

(1) 20×1. 1. 1.	(차) 토 지	200만원	(대) 현 금	200만원
20×1. 12. 31.	분개 없음(역사적원가법은 공정가치를 장부금액에 반영하지 않는다)			
20×2년, 20×3년	분개 없음(역사적원가법은 공정가치를 장부금액에 반영하지 않는다)			
(2) 20×1. 1. 1.	(차) 토 지	200만원	(대) 현 금	200만원
20×1. 12. 31.	(차) 재평가손실(비용)	10만원	(대) 토 지	10만원
20×2. 12. 31.	(차) 토 지	15만원	(대) 재평가이익(수익)	10만원
			재평가잉여금(자본)	5만원
20×3. 12. 31.	(차) 재평가잉여금(자본)	5만원	(대) 토 지	10만원
	재평가손실(비용)	5만원		
(3) 20×1. 1. 1.	(차) 토 지	200만원	(대) 현 금	200만원
20×1. 12. 31.	분개 없음(역사적원가법은 공정가치를 장부금액에 반영하지 않는다)			
20×2. 12. 31.	(차) 토 지	5만원	(대) 재평가잉여금(자본)	5만원
20×3. 12. 31.	(차) 재평가잉여금(자본)	5만원	(대) 토 지	10만원
	재평가손실(비용)	5만원		
(4) 20×1. 1. 1.	(차) 토 지	200만원	(대) 현 금	200만원
20×1. 12. 31.	분개 없음(역사적원가법은 공정가치를 장부금액에 반영하지 않는다)			
20×2. 12. 31.	분개 없음(역사적원가법은 공정가치를 장부금액에 반영하지 않는다)			
20×3. 12. 31.	(차) 재평가손실(비용)	5만원	(대) 토 지	5만원

제8장 있는데 보이지 않네

〈○×문제〉

1. (○)
2. (×) 무형자산은 해당 자산이 계약상의 권리나 기타 법적 권리로부터 발생하면 식별가능하다고 본다. 이 경우에는 해당 권리가 기업으로부터 분리가능한지 여부나 이전 가능 여부를 고려하지 않는다.

3. (○)
4. (×) 기업이 내부적으로 무형자산을 창출해 내는 과정은 크게 개발단계와 연구단계라는 두 단계로 나뉘어지는데, 개발단계는 연구단계보다 상대적으로 더 진전이 되어 있는 상태이다.
5. (×) 개발단계에서 미래 경제적 효용을 창출할 수 있음을 제시할 수 있게 되는 시점 이전의 지출은 경상개발비라는 당기 비용으로 인식하고, 해당 시점 이루 개발단계 완료 시점까지의 지출은 개발비라는 무형자산으로 인식하게 된다.
6. (×) 기업이 내부창출 무형자산을 취득하는 과정에서 연구 및 개발 단계의 구분이 어려운 지출이 발생할 경우에는 연구 단계에서 지출이 발생한 것으로 보아 연구비로 비용 처리한다.
7. (×) 영업권이란 기업의 인수·합병 시에 해당 인수 대상 기업의 순자산(자본)의 공정가치를 초과하여 지불한 금액을 의미한다.

〈연습문제〉

1. 30,000(구입 가격) + 2,500(구입 관련 관세) + 5,000(구입과 직접 관련된 종업원 급여) + 2,000(전문가 수수료) + 1,000(정상작동 검사비용) = 40,500원
무형자산 구입 관련 홍보비용과 무형자산 사용을 위한 교육훈련비는 구입과 관련된 직접적인 관련성 측면에서 취득원가에 포함하기 않고 지출 시점에 비용으로 인식한다.

2. 20×1년

(차) 연구비(비용)	2,500만원	(대) 현 금	4,500만원
경상개발비(비용)	2,000만원		

연구단계에서 지출된 금액은 연구비 계정을 사용하여 당기에 비용으로 처리하며, 연구단계와 개발단계 간 구분이 어려운 지출은 연구단계에서 지출된 것으로 한다.
개발단계에서 지출된 금액 가운데 미래 경제적 효용을 창출할 수 있음을 제시할 수 있게 되는 시점 이전에 발생한 지출은 경상개발비라는 계정을 사용하여 당기에 비용으로 처리한다.
20×1년 말 시점의 무형자산: 없음

20×2년

(차) 경상개발비(비용)	1,700만원	(대) 현 금	5,000만원
개발비(자산)	3,300만원		

개발단계에서 지출된 금액 가운데 미래 경제적 효용을 창출할 수 있음을 제시할 수 있게 되는 시점 이전에 발생한 지출은 경상개발비라는 계정을 사용하여 당기에 비용으로 처리하며, 미래 경제적 효용을 창출할 수 있음을 제시할 수 있게 되는 시점 이후에 발생한 지출은 개발비라는 계정을 사용하여 자산으로 인식한다.
무형자산에 대해서는 해당 무형자산을 사용할 수 있게 된 시점부터 상각을 실시하는데, (주)세연미

디어의 개발비(무형자산)는 20×2년 말 현재 개발이 진행 중이므로 20×2년에는 상각을 실시하지 않는다.

20×1년 말 시점의 무형자산: 개발비(자산) 3,300만원

3. 20×2년 1월 2일에 해야 할 분개

(차) 토 지	7,000만원	(대) 매입채무	1,000만원
매출채권	2,500만원	미지급금	3,700만원
개발비	3,000만원	현 금	12,000만원
상표권	100만원		
영업권	4,100만원		

(주)세연주얼리가 지급한 금액인 12,000만원 가운데 (주)성실산업의 순자산의 공정가액인 7,900만원(12,600만원(자산의 공정가치) – 4,700만원(부채의 공정가치))을 초과하여 지급한 4,100만원을 영업권이라는 무형자산으로 인식한다. 인수 시에 피인수기업에서 무형자산으로 인식하고 있지 않더라도 인수기업의 입장에서 무형자산으로 파악될 경우에는 무형자산으로 인식하며(본 문제 상표권의 경우), 반대로 피인수기업에서 무형자산으로 인식하고 있더라도 인수기업의 입장에서 무형자산으로 판단되지 않을 경우에는 무형자산으로 인식하지 않는다. 회계정보가 ㈜성실산업의 입장이 아닌 ㈜세연주얼리의 입장에서 작성되고 있음을 잊지 말기 바란다.

4. 20×1.1.2. (차) 특허권 1,000,000 (대) 현 금 1,000,000

20×1년부터 20×7년까지 매년 12월 31일

(차) 상각비 50,000* (대) 상각누계액 50,000

* 1,000,000(취득원가 100,000 – 잔존가액 0)/20(내용연수) = 50,000

20×8.12.31. (차) 상각비 50,000 (대) 상각누계액 50,000

20×8년 말에 자산 손상의 징후가 발생하였는데 손상과 관련해서는 해당 시기의 장부금액과 회수가능액을 비교하여 장부금액보다 회수가능액이 작으면 손상차손을 인식하게 된다. 이때 먼저 주의할 점은 "해당 시기의 장부금액"이 해당 시기까지의 상각을 마친 금액이라는 점이다. 상기 문제에서 손상의 징후가 발생한 20×8년 말에 손상검사 이전에 20×8년도에 해당하는 상각을 먼저 실시한 이후 20×8년 말의 장부금액은 600,000원(1,000,000원(취득원가) – 400,000원(50,000원(연도별 감가상각비)×8년))이 된다.

해당 시기(여기서는 20×8년 말)의 장부금액인 600,000원을 구하고 나면, 회수가능액을 구하게 된다. 상기 문제에서 특허권의 순공정가액은 522,000원, 사용가치는 517,000원으로 제시되었으므로 특허권의 회수가능액은 두 금액 가운데 큰 금액인 522,000원이 된다.

정리하면 우리는 손상검사를 실시하기 이전에 특허권의 장부금액을 600,000원으로 알고 있었는데, 손상의 징후에 따른 검사 결과 특허권로부터 회수할 수 있는 경제적 효용, 즉 회수가능액이 522,000

원이라는 것을 알게 된 것이다. 이에 따라서 특허권의 장부금액을 회수가능액까지 낮추고 기존 장부금액과 회수가능액 간의 차액을 손상차손이라는 당기 비용으로 인식하게 된다.

20×8.12.31.	(차) 손상차손	78,000*	(대) 손상차손누계액	78,000

* 600,000원(손상차손 인식 전 장부금액) − 522,000원(회수가능액) = 78,000원

상기 분개에 따라 20×8년 말 특허권의 장부금액은 522,000원이 된다. 20×8년 말 특허권의 장부금액에는 특허권 계정의 차변 잔액 1,000,000원, 상각누계액 계정의 대변 잔액 400,000원, 그리고 손상차손누계액 계정의 대변 잔액 78,000원이 관련되어 있다. 이미 살펴본 바와 같이 상각누계액과 손상차손누계액은 관련 자산을 차감하여 주는 평가계정이다. 이에 따라서, 우리는 "특허권을 1,000,000원 주고 구입하였는데, 이 가운데 8년 동안 매년 50,000원씩 총 400,000원 상각비로 비용을 인식했고, 20×8년 말에 손상이 발생해서 78,000원을 손상차손이라는 비용으로 인식했습니다. 그러므로 특허권의 장부금액이 522,000원(1,000,000원 − 400,000원 − 78,000원)인 것으로 생각해 주세요"라는 정보를 주게 되는 것이다.

20×9년에는 손상과 관련된 추가적인 다른 정보가 없으므로 손상 관련 조치는 취할 것이 없고 상각을 실시하면 된다. 상각을 실시하기 위해서 20×9년을 포함해서 앞으로 감가상각을 시켜야 하는 총금액(상각대상금액)이 522,000원이고, 20×9년을 포함해서 앞으로 남은 기간은 전체 내용연수 20년 중에 8년은 이미 지났으니 총 12년, 상각방법은 정액법이면, 상각대상금액 522,000원을 남은 내용연수인 12년으로 나누어서 43,500원(522,000원/12년)이 된다. 20×8년 말에 상각을 실시하고 나서 20×9년도에 당신이 맞이하게 되는 세상은 상각대상금액이 522,000원이고 (잔존)내용연수가 12년인 새로운 세상이다. 이에 따라 새로운 조건에 따라 해당 시기의 상각비를 계산하면 되는 것이다.

20×9.12.31.	(차) 상각비	43,500	(대) 상각누계액	43,500

이후 기간에 있어서 손상과 관련된 추가적인 다른 정보(변화)가 없다면 손상 관련 조치는 취할 것이 없고 매년 말에 20×9년 말의 분개와 동일하게 상각을 실시하면 된다.

제9장 회계정보는 현재를 말한다

〈○×문제〉

1. (×) 회계에서 정보가 만들어지고 의사결정이 이루어지는 시점은 현재이다.
2. (×) 상품을 판매하고 판매 대가로 10,000원을 1년 뒤에 받기로 한 경우에, 판매 시점에 인식하게 되는 매출채권(자산)의 금액은 1년 뒤에 받기로 한 10,000원의 현재가치이다.
3. (×) 상품을 판매하고 판매 대가로 10,000원을 1년 뒤에 받기로 한 경우에, 판매 시점에 인식하게 되는 매출채권(자산)의 금액은 1년 뒤에 받기로 한 10,000원의 현재가치이며 이 금액(현재가치)이 상품의 판매 대가를 의미하게 된다. 10,000원과 10,000원의 현재가치 금액 간의 차이는 상품의 판매 대가가 아닌 이자수익이 된다.

4. (○),

5. (○)

6. (○)

〈연습문제〉

1. (1) $13,310/(1+0.1(10\%))^3 = 10,000$원(3년 뒤 시점의 13,310원의 현재가치)

(2) 20×1.1.1. (차) 토 지 10,000원 (대) 장기미지급금* 10,000원

* 앞서 본문에서 언급한 바와 같이 회계정보를 만들어 내는 시점은 현재이다. 현재 시점에서 필요한 금액은 미래의 금액이 아니라 현재의 금액이므로 미래 시점의 금액이 제시되었을 때에는 해당 금액의 현재 시점의 금액(효과)를 제시하여야 한다. 기업이 주된 영업활동과 관련하여 외상거래로 인해 지급하지 않은 금액은 매입채무 계정을 사용하며, 그 이외의 외상거래로 인해 지급하지 않은 금액은 미지급금 계정을 사용한다. 미지급금의 미래 지급 시점이 1년 이내인 경우에는 미지급금 계정을, 1년 이후인 경우에는 장기미지급금 계정을 사용한다. 본 문제의 경우에는 미지급금의 미래 지급 시점이 3년 후이므로 장기미지급금 계정을 사용한다.

20×1.12.31. (차) 이자비용 1,000원* (대) 장기미지급금(부채) 1,000원

* 10,000원(20×1년 기준 지급하지 않은 금액(부채)) × 0.1(10%) = 1,000원. 타인으로부터 10,000원짜리 토지를 구입하고 1년 동안 대가인 10,000원을 지급하지 않고 있는 상황이므로 이자가 발생한다(차변 이자비용 인식). 발생한 이자에 대하여 20×1년 말에 지급하지 않았으므로 지급이 이루어지지 않은 이자 1,000원은 미래에 언젠가 갚아야 할 금액이다. 해당 금액은 추가로 미래에 갚아야 할 부채를 증가시킨다(대변 장기미지급금(부채)의 증가).

20×2.12.31. (차) 이자비용 1,100원* (대) 장기미지급금 1,100원

* 11,000원(20×2년 기준 지급하지 않은 금액(부채)) × 0.1(10%) = 1,100원. 20×2년 기준 11,000원(토기 구입대가의 미지급 금액 10,000원과 20×1년 이자비용 미지급분 1,000원)을 1년 동안 지급하지 않고 있는 상황이므로 이자가 발생한다(차변 이자비용 인식). 발생한 이자에 대하여 20×2년 말에 지급이 이루어지지 않았으므로 지급하지 않은 이자 1,100원은 미래에 언젠가 갚아야 할 금액이다. 해당 금액은 추가로 미래에 갚아야 할 부채를 증가시킨다(대변 장기미지급금(부채)의 증가).

현재 시점의 장기미지급금 10,000원의 1년 뒤 미래가치

$10,000 \times (1+0.1)^{1} = 11,000$원

단일금액의 현재가치(원금) / 이자율 10% / 기간 1년 (20×1.1.1.~20×1.12.31.)

현재 시점의 장기미지급금 10,000원의 2년 뒤 미래가치

$\{10,000 \times (1+0.1)^{1}\} \times (1+0.1)^{1} = 10,000 \times (1+0.1)^{2}$

$= 12,100$원

기간 1년 (20×1.1.1.~20×1.12.31.) / 기간 1년 (20×2.1.1.~20×2.12.31.) / 기간 2년 (20×1.1.1.~20×2.12.31.)

1년 뒤 시점의 원금(복리법)

20×3.12.31.　(차) 이자비용　1,210원*　(대) 장기미지급금　1,210원

* 12,100원(20×2년 기준 지급하지 않은 금액(부채)) × 0.1(10%) = 1,210원. 20×2년 기준 12,100원(토기 구입대가의 미지급 금액 10,000원, 20×1년 이자비용 미지급분 1,000원, 20×2년 이자비용 미지급분 1,100원)을 1년 동안 지급하지 않고 있는 상황이므로 이자가 발생한다(차변 이자비용 인식). 발생한 이자에 대하여 20×3년 말에 "자 내가 이제 이자를 지급한다"하고 명시적으로 지급이 이루어지지 않았으므로 일단 20×3년도에 발생한 이자비용 1,210원만큼 부채를 증가시킨다(대변 장기미지급금(부채)의 증가).

20×3.12.31.　(차) 장기미지급금　13,310원*　(대) 현　금　13,310원

* 20×3년 12월 31일에 현금 13,310원을 지급하면서 장기미지급금 계정의 금액인 13,310원을 전액 차감시킨다. 여기서 주의할 점은 20×3년 12월 31일에 지급하는 현금 13,310원 가운데 토지 구입 대가로 지급하는 금액이 얼마인가 하는 점이다. 다시 말하지만 만약 당신이 20×1년 1월 1일에 토지를 구입하면서 현금을 지급하였다면 10,000원을 지급하였을 것이고 당연히 토지의 취득원가도 10,000원이 된다는 것을 쉽게 이해할 수 있을 것이다. 지급 방법이 달라져서 3년 뒤에 13,310원을 지급을 하게 된다고 해도 토지의 취득원가가 10,000원인 것이 달라지지는 않는다. (주)세연주얼리가 토지의 취득원가인 10,000원에 더해서 추가적으로 지급한 3,310원은 (주)세연주얼리가 토지 구입대가인 10,000원의 지급시기를 3년 뒤로 이연함에 따라 발생한 이자비용(20×1년 이자비용 미지급분 1,000원, 20×2년 이자비용 미지급분 1,100원, 20×3년 이자비용 1,210원)의 지급을 의미하는 것이다.

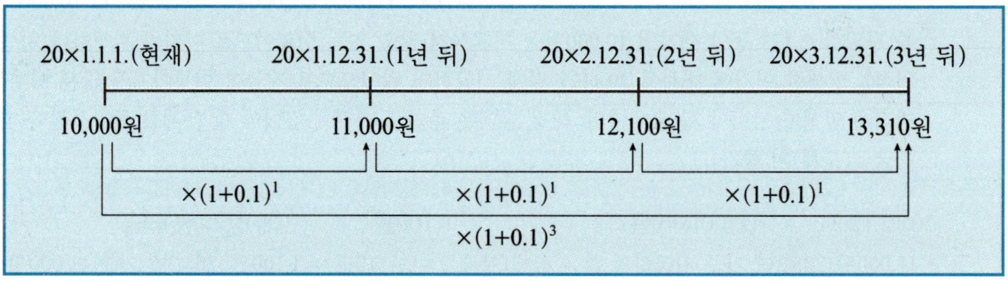

2. (1) $200,000 \times (1 + 0.1(10\%))^4 = 292,820$원(현재 시점의 200,000원의 4년 뒤 시점의 미래가치)

(2) 20×1.1.1.　(차) 당좌예금*　200,000원　(대) 현　금　200,000원

* 당좌예금이라는 것에 대하여 처음 들어보았다면, 본 문제를 이해함에 있어 그냥 예금이라고 생각해도 무방하다.

20×1.12.31.　(차) 당좌예금　20,000원　(대) 이자수익　20,000원*

* 200,000원(20×1년 기준 당좌예금 금액(자산)) × 0.1(10%) = 20,000원. 20×1년 기준 200,000원(당좌예금)을 1년 동안 은행에 예금하고 있는 상황이므로 이자가 발생한다(대변 이자수익 인식). 발생한 이자에 대하여 20×1년 말에 인출이 이루어지지 않았으므로 인출이 이루어지지 않은 이자 20,000원은 해당 당좌예금의 잔액을 증가시킨다(차변 당좌예금(자산)의 증가).

20×2.12.31.　(차) 당좌예금　22,000원　(대)　이자수익　22,000원*

* 220,000원(20×2년 기준 당좌예금 잔액(자산))×0.1(10%)=22,000원. 20×2년 기준 220,000원(최초 예금 금액 200,000원, 20×1년 이자수익 미인출분 20,000원)을 1년 동안 예금으로 유지하고 있는 상황이므로 이자가 발생한다(대변 이자수익 인식). 발생한 이자에 대하여 20×2년 말에 인출이 이루어지지 않았으므로 인출이 이루어지지 않은 이자 22,000원은 해당 당좌예금의 잔액을 증가시킨다(차변 당좌예금(자산)의 증가). 왜 20×1년의 이자수익에 해당하는 20,000원에 대하여 20×2년에 이자가 발생하는지 궁금한 사람은 복리의 개념에 대하여 다시 확인해 보기를 권한다. 회계에서는 거의 모든 상황에서 단리의 개념이 아닌 복리의 개념을 사용한다.

현재 시점의 당좌예금 200,000원의 1년 뒤 미래가치

$$200{,}000\times(1+0.1)^{1}=220{,}000\text{원}$$

- 200,000: 단일금액의 현재가치(원금)
- 0.1: 이자율 10%
- 1: 기간 1년 (20×1.1.1.~20×1.12.31.)

현재 시점의 당좌예금 200,000원의 2년 뒤 미래가치

$$\{200{,}000\times(1+0.1)^{1}\}\times(1+0.1)^{1}=200{,}000\times(1+0.1)^{2}$$

$$=242{,}000\text{원}$$

- 첫 번째 지수 1: 기간 1년 (20×1.1.1.~20×1.12.31.)
- 두 번째 지수 1: 기간 1년 (20×2.1.1.~20×2.12.31.)
- 지수 2: 기간 2년 (20×1.1.1.~20×2.12.31.)
- {200,000×(1+0.1)¹}: 1년 뒤 시점의 원금(복리법)

복리이자의 개념을 적용하여 20×3년과 20×4년의 이자금액을 구하여 분개하면 다음과 같다.

20×3.12.31.	(차) 당좌예금	24,200원	(대) 이자수익	24,200원
20×4.12.31.	(차) 당좌예금	26,620원	(대) 이자수익	26,620원

20×4년 12월 31일의 (주)세연주얼리의 당좌예금 계좌의 잔액은 최초 예금 금액인 200,000원에 4년 동안의 이자수익 금액인 92,820원(20×1년 20,000원, 20×2년 22,000원, 20×3년 24,200원, 20×4년 26,620원)이 더해진 292,820원이 된다.

3. 초기 투자금액이 동일한 상황이므로, (주)세연산업은 두 가지 투자안 가운데 수취하는 금액이 상대적으로 더 큰 투자안을 선택하면 된다. 그런데, 현재 투자안 (1)은 수취하는 시점이 3년 뒤이며, 투자안 (2)는 수취하는 시점이 1년 뒤, 2년 뒤, 그리고 3년 뒤 시점이다. 두 투자안을 비교하기 위해서는 두 투자안의 수취금액을 상호 동일한 시점의 금액으로 만든 후 비교를 실시하여야 한다. 본 문제에서는 두 투자안의 수취금액을 모두 현재시점의 금액으로 할인한 후 비교를 실시해 보도록 하겠다. 금액은 소수점 첫째 자리에서 반올림하도록 한다.

투자안 (1)의 현재가치

330,000원/$(1+0.1(10\%))^3$ (3년 뒤 시점의 330,000원의 현재가치)=247,934원

투자안 (2)의 현재가치[1)]

100,000원/$(1+0.1(10\%))^1$ (1년 뒤 시점의 100,000원의 현재가치)

+100,000원/$(1+0.1(10\%))^2$ (2년 뒤 시점의 100,000원의 현재가치)

+100,000원/$(1+0.1(10\%))^3$ (3년 뒤 시점의 100,000원의 현재가치)=248,685원

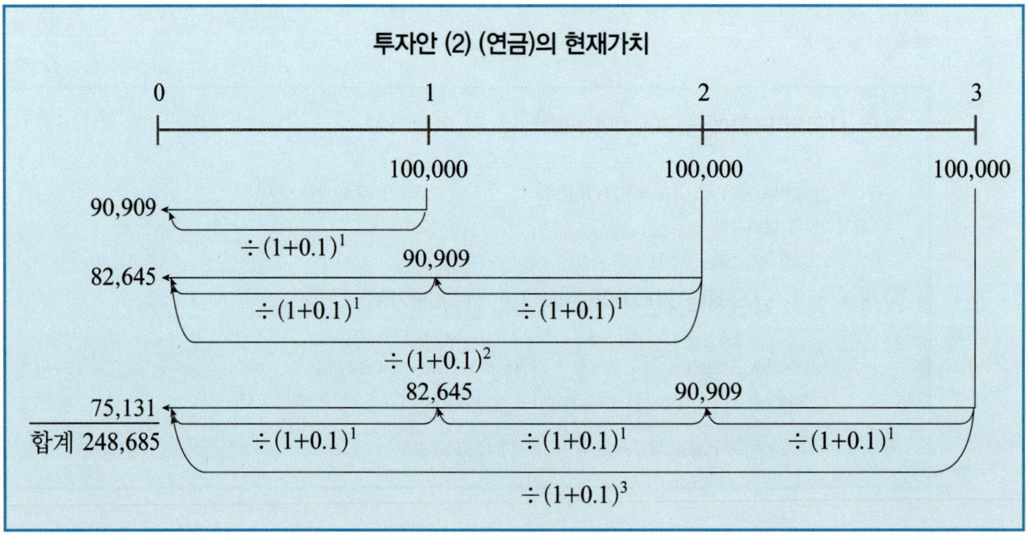

두 가지 투자안 각각의 수취금액과 무차별한 현재가치 금액을 구하여 본 결과, 투자안 (1)의 현재가치인 247,934원보다 투자안 (2)의 현재가치인 248,685원이 751원 더 크다. 따라서 초기 투자금액이 동일한 상황에서 수취금액이 상대적으로 더 큰 투자안 (2)를 선택하게 된다.

만약 두 가지 투자안을 비교하기 위해서 상호 동일한 시점으로 만들 때, 꼭 현재 시점의 가치를 사용하여야 할까? 만약에 다른 시점의 가치를 사용하면 어떻게 될까?

상기 두 가지 투자안을 상호 동일한 3년 뒤 시점의 금액을 기준으로 하여 비교해 보면 다음과 같다.

투자안 (1)의 3년 뒤 시점의 미래가치

330,000원$\times(1+0.1(10\%))^0$ (3년 뒤 시점의 330,000원의 3년 뒤 시점의 가치)=330,000원

3년 뒤 시점의 330,000원이 3년 뒤 시점에 얼마냐고 물으면 330,000원이라고 대답하면 된다. 현재 시점의 1,000원의 현재가치가 얼마냐고 묻는다면 당신은 어떻게 대답하겠는가?

투자안 (2)의 미래가치

100,000원$\times(1+0.1(10\%))^2$ (1년 뒤 시점의 100,000원의 3년 뒤 시점의 미래가치 121,000원)

+100,000원$\times(1+0.1(10\%))^1$ (2년 뒤 시점의 100,000원의 3년 뒤 시점의 미래가치 110,000원)

---

1) 투자안 (2)와 같이 매 기간 동일한 금액이 발생하는 현금흐름을 연금형태의 현금흐름이라고 한다.

$+ 100{,}000$원 $\times (1 + 0.1(10\%))^0$ (3년 뒤 시점의 100,000원의 3년 뒤 시점의 미래가치 100,000원)
$= 331{,}000$원

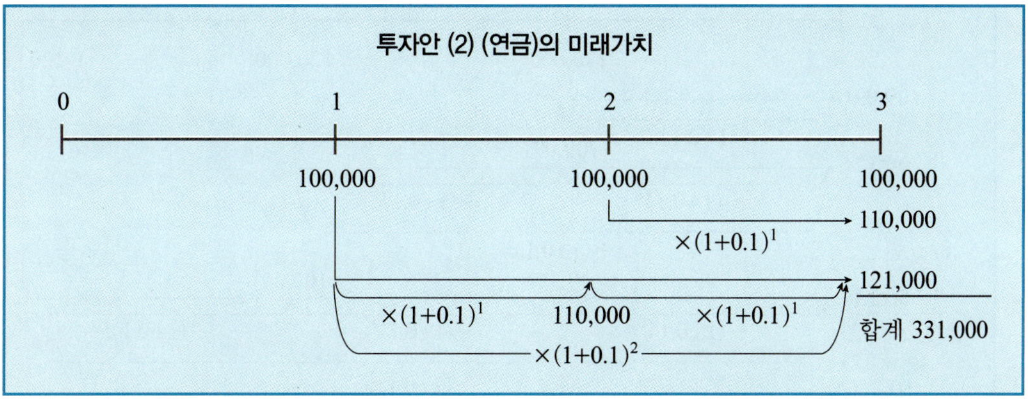

두 가지 투자안 각각의 수취금액과 무차별한 3년 뒤 시점의 미래가치 금액을 구하여 본 결과, 투자안 (1)의 3년 뒤 시점의 미래가치인 330,000원보다 투자안 (2)의 3년 뒤 시점의 미래가치인 331,000원이 3년 뒤 시점의 미래가치 기준으로 1,000원 더 크다. 따라서 초기 투자금액이 동일한 상황에서 수취금액이 상대적으로 더 큰 투자안 (2)를 선택하게 된다. 여기에서 우리는 주어진 상황(시기와 금액)이 동일하다면 어느 시점의 금액(현재가치 또는 동일 시점의 미래가치)으로 비교해도 의사결정 결과는 동일하다는 것을 알 수 있다.

4. 투자의 회수 시기 및 회수 금액이 동일한 상황이므로, (주)세연산업은 두 가지 투자안 가운데 투자하는 금액이 상대적으로 더 작은 투자안을 선택하면 된다. 그런데, 현재 투자안 (1)은 투자하는 시점이 현재이며, 투자안 (2)는 투자하는 시점이 1년 뒤, 2년 뒤, 그리고 3년 뒤 시점이다. 두 투자 안을 비교하기 위해서는 두 투자안의 투자금액을 상호 동일한 시점의 금액으로 만든 후 비교를 실시하여야 한다. 본 문제에서는 두 투자안의 투자금액을 모두 현재 시점의 금액으로 할인한 후 비교를 실시해 보도록 하겠다. 금액은 소수점 첫째 자리에서 반올림하도록 한다.

투자안 (1)의 현재가치
$300{,}000$원 $/(1 + 0.1(10\%))^0$ (현재 시점의 300,000원의 현재가치) $= 300{,}000$원

투자안 (2)의 현재가치
$120{,}000$원 $/(1 + 0.1(10\%))^1$ (1년 뒤 시점의 120,000원의 현재가치)
$+ 120{,}000$원 $/(1 + 0.1(10\%))^2$ (2년 뒤 시점의 120,000원의 현재가치)
$+ 120{,}000$원 $/(1 + 0.1(10\%))^3$ (3년 뒤 시점의 120,000원의 현재가치) $= 298{,}423$원

투자안 (2) (연금)의 현재가치

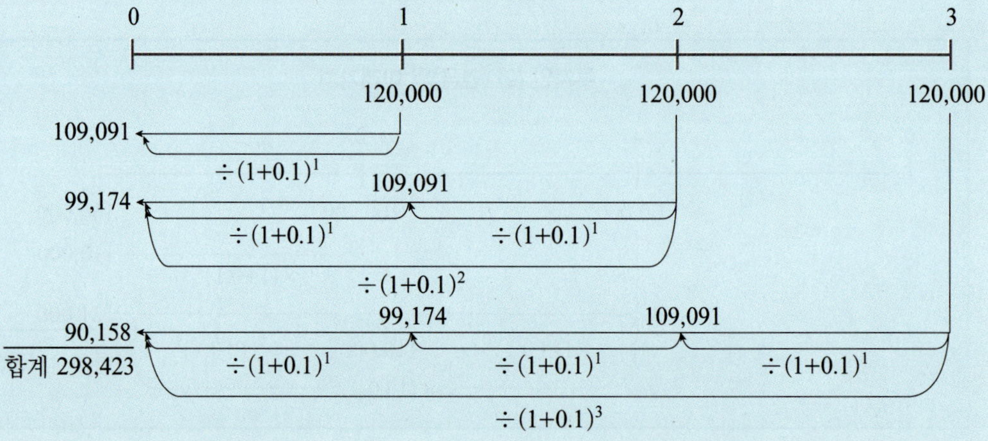

두 가지 투자안 각각의 투자금액과 무차별한 현재가치 금액을 구하여 본 결과, 투자안 (1)의 현재가치인 300,000원보다 투자안 (2)의 현재가치인 298,423원이 1,577원 더 작다. 따라서 투자의 회수 시기 및 회수 금액이 동일한 상황에서 투자금액이 상대적으로 더 작은 투자안 (2)를 선택하게 된다.

5. 상기 두 가지 투자안을 5년 뒤 시점의 금액을 기준으로 하여 비교해 보면 다음과 같다.

투자안 (1)의 5년 뒤 시점의 미래가치
300,000원 × $(1+0.1(10\%))^5$ (1년 초 시점의 300,000원의 5년 말 시점의 미래가치 483,150원)
+ 500,000원 × $(1+0.1(10\%))^3$ (3년 초 시점의 500,000원의 5년 말 시점의 미래가치 665,500원)
+ 800,000원 × $(1+0.1(10\%))^1$ (5년 초 시점의 800,000원의 5년 말 시점의 미래가치 880,000원)
= 2,028,650원

투자안 (2)의 5년 뒤 시점의 미래가치
330,000원 × $(1+0.1(10\%))^4$ (1년 뒤 시점의 330,000원의 5년 뒤 시점의 미래가치 483,153원)
+ 330,000원 × $(1+0.1(10\%))^3$ (2년 뒤 시점의 330,000원의 5년 뒤 시점의 미래가치 439,230원)
+ 330,000원 × $(1+0.1(10\%))^2$ (3년 뒤 시점의 330,000원의 5년 뒤 시점의 미래가치 399,300원)
+ 330,000원 × $(1+0.1(10\%))^1$ (4년 뒤 시점의 330,000원의 5년 뒤 시점의 미래가치 363,000원)
+ 330,000원 × $(1+0.1(10\%))^0$ (5년 뒤 시점의 330,000원의 5년 뒤 시점의 미래가치 330,000원)
= 2,014,683원

동일한 시점(5년 뒤)을 기준으로 할 때 두 가지 투자안 가운데 투자안 (2)의 투자 금액이 2,014,683원으로서 2,028,650원을 투자하는 투자안 (1)보다 상대적으로 더 작은 금액을 투자하게 된다. 따라서 투자안 (1)과 (2) 가운데 투자 선택 시에는 동일한 회수 금액 대비 투자 금액이 적은 투자안 (2)를 선택하게 될 것이다. 그런데 투자안 (2)의 5년 뒤 시점의 금액(2,014,683원)이 동일한 시점인 5년 뒤에 수취하게 되는 금액인 2,000,000원보다 크기 때문에 투자를 하지 않는다.

제10장 또 다른 금액

〈○×문제〉

1. (○)
2. (×) 기업에서 발생하는 거래와 사건 가운데 해당 항목과 관련된 미래 경제적 효익이 기업에 유입되거나 기업으로부터 유출될 가능성이 높고, 해당 항목의 원가 또는 가치를 신뢰성있게 측정할 수 있는 경우에 회계처리(분개)를 포함한 인식이 이루어지게 된다.
3. (×) 측정이란 인식 과정 가운데 특히 금액을 결정하는 것을 의미한다. 여기서 주의할 것은 측정이라는 것이 사전에 정해져 있는 정답을 찾아내는 과정이 아니라는 점이다. 회계에서는 특정 경제적 거래 또는 사건에 대해서 상이한 의미를 가지는 다양한 금액들이 존재할 수 있다.
4. (○)
5. (×) 역사적원가란 기업이 자산 취득의 대가로 취득 당시에 지급한 현금 또는 현금성자산이나 그 밖의 대가의 공정가치로서 거래원가를 포함한다.

〈연습문제〉

1. 해당 내용과 관련하여 1월 중에 해야 할 거래는 없다.
   1월 2일과 1월 30일의 내용은 해당 항목의 원가 또는 가치를 신뢰성있게 측정할 수가 없다. 그리고 1월 7일과 1월 19일의 내용은 해당 항목과 관련된 미래 경제적 효익이 기업에 유입되거나 기업으로부터 유출되는 일이 아직 발생하지 않았다. 1월 7일과 1월 19일의 내용의 경우에는 해당 항목과 관련된 미래 경제적 효익이 기업에 유입되거나 기업으로부터 유출되는 일이 발생하는 시점(예: 실제 상품 구입 시점, 실제 용역서비스 제공 시점 등)이 되었을 때 인식을 하게 된다.
2. (1) 역사적원가 100만원
   (2) 현행원가 110만원
   (3) 실행가능가치 95만원
   (4) 현재가치 1,298,850원
   $300{,}000원/(1+0.05(5\%))^{1}$ (1년 뒤 시점의 300,000원의 현재가치)
   $+300{,}000원/(1+0.05(5\%))^{2}$ (2년 뒤 시점의 300,000원의 현재가치)
   $+300{,}000원/(1+0.05(5\%))^{3}$ (3년 뒤 시점의 300,000원의 현재가치)
   $+300{,}000원/(1+0.05(5\%))^{4}$ (4년 뒤 시점의 300,000원의 현재가치)

$+300{,}000$원$/(1+0.05(5\%))^5$ (5년 뒤 시점의 300,000원의 현재가치) = 1,298,850원

당신은 위에 제시된 현재가치 관련 해답을 보고 다섯 번 각각 계산을 한 후에 각각의 값을 다 더하다가 다음과 같은 생각을 할 수도 있을 것이다. "와, 5년이기에 망정이지 30년 동안 기계장치를 사용하면 이걸 어떻게 다 구해? 왜 이렇게 복잡하게 계산을 할까? 곱해주는 금액이 다 300,000원으로 동일하니까 같은 금액을 묶으면 '300,000원 $\times$ $(1/1.05^1+1/1.05^2+1/1.05^3+1/1.05^4+1/1.05^5)$'과 같이 되는데 이렇게 묶어서 좀 더 간단하게 금액을 구할 수 있는 방법이 무언가 있을 것 같은데……
아주 좋은 생각이다. 그리고 구할 수 있는 방법이 있을 것 같은 게 아니라 실제로 있다. 이후 당신이 현재가치(화폐의 시간가치)에 대해서 좀 더 깊이 살펴보게 될 때에 '연금의 현재가치'라는 개념을 만나게 될 것인데, 해당 개념을 숙지하고 나면 위에서 생각하던 내용들이 당신의 예상보다 훨씬 간단하게 해결되는 것을 경험할 수 있을 것이다.

3. (주)세연주얼리가 취급하는 상품의 취득원가는 개당 1,000원이다. (주)세연주얼리가 상품을 취득원가 이상의 금액을 받고 판매할 수 있는 상황에서는 보유하고 있는 상품의 개당 장부금액은 취득원가(역사적원가)인 1,000원이다. 그런데 만약 (주)세연주얼리가 상품을 취득원가 이상의 금액을 받고 판매할 수 없는 상황, 즉 판매 시에 손해를 보게 될 상황에서는 보유하고 있는 상품의 개당 장부금액은 취득원가(역사적원가)가 아닌 실제 판매해서 받을 수 있는 금액(실행가능가치)인 900원으로 낮아지고 취득원가인 1,000원과 새로운 장부금액(실제 판매해서 받을 수 있는 금액(실행가능가치))인 900원 간의 차액 100원은 재고자산평가손실이라는 비용으로 인식하게 된다. 이상의 내용은 재고자산의 내용 가운데 저가법이라는 주제에서 다루어진다.

찾아보기

국 문

[ㄱ]
감가상각 185
감가상각누계액 189
개발비 231
결산수정분개 299
결산조정분개 299
경영전략 23
경제적 내용연수 187
관리회계 19
국제회계기준 28

[ㄴ]
내부창출 무형자산 233
내용연수 186

[ㄷ]
단리 274
당기순이익 85
당좌자산 66
대변 56
대차평균의 원리 37, 40

[ㅁ]
마감 115
마감분개 121
매출원가 81
매출총이익 84
무형자산 67, 228
물리적 내용연수 187
미래가치 271
미수수익 148
미지급비용 145

[ㅂ]
반제품 157
복리 274
부채 35
분개 52, 100
분개장 100
비용 84
비유동부채 68
비유동자산 67

[ㅅ]
사용가치 251
상각 229
상품 156
생산량비례법 202
선급비용 137
선수수익 142

선입선출법 171
세무회계 20
손상 247
손상차손 247
손익계산서 29, 76
수익 83
순공정가치 251
시간가치 268
시산표 109

[ㅇ]
역사적원가 289
역사적원가법 207
연수합계법 200
영구계정 115
영업권 238
영업이익 85
원가모형 207
원가흐름의 가정 163
원재료 156
유동부채 68
유동성 65
유동자산 66
유형자산 67, 182
이동평균법 173
이익잉여금 66, 68
이자 271
이중체감법 195
인식 284
일반기업회계기준 27
일반적으로 인정된 회계원칙 20
임시계정 116

[ㅈ]
자본 36
자본금 65, 68
자본변동표 29
자산 35
자산의 차감계정 189
잔존가액 186
잔존기간 358
재고자산 67, 156
재공품 156
재무상태표 29, 39
재무상태표 등식 40
재무제표 29
재무회계 19
재평가모형 207
재평가법 207
저장품 157
전기 103
정률법 220
정액법 188
제품 156
주석 29
중소기업회계기준 27

[ㅊ]
차변 56
체감잔액법 193
총계정원장 103
총평균법 173
추정기간 358
측정 287

[ㅌ]
투자자산 67

[ㅍ]
판관비 81
평균법 173

[ㅎ]
한국채택국제회계기준 27
현금흐름표 29
현재가치 271, 289
현행원가 289
회계 18
회계감사 20
회계기준 27
회계 등식 40
회계순환과정 99
회수가능액 247, 250
후입선출법 173

영 문

[A]
accounting 18
accounting cycle 99
accounting equation 40
accounting standards 27
accrued expenses 145
accrued revenues 148
accumulated depreciation 189
adjusting entries 299
amortization 229
assets 35
auditing 20

[B]
business strategy 23

[C]
capital stock 65, 68
closing 115
closing entries 121
compound interest 274
constant percentage method 220
contra asset account 189
cost 84
cost flow assumption 163
cost model 207
cost of goods sold 81
credit 56
current assets 66
current liabilities 68

[D]
debit 56
debt 35
declining balance method 193
depreciation 185

[E]
equity 36

[F]
fair value less costs to sell 251
financial accounting 19
financial statements 29
finished goods 156
First-In First-Out 171
future value 271

[G]
GAAP, Generally Accepted Accounting Principles 20
goodwill 238

gross profit 85

[I]
IFRS, International Financial Reporting Standards 28
impairment 247
impairment loss 247
income statement 76
intangible asset 67, 228
interest 271
internally generated intangible assets 233
inventory 66, 156
investment assets 67

[J]
journal 100
journalizing 100

[K]
K-GAAP, Korean Generally Accepted Accounting Principles 27
K-IFRS, Korean International Financial Reporting Standards 27
Korean Accounting Standards for Small & medium Enterprises 27

[L]
Last-In First-Out 173
liquidity 65

[M]
management accounting 19
measurement 287
merchandise 156
moving average method 173

[N]
net income 85
non-current assets 67
non-current liabilities 68

[o]
operating profit 85

[P]
permanent accounts 115
posting 103
prepaid expenses 137
present value 271
principle of equilibrium 37
profit 83
property, plant and equipment 67, 182

[Q]
quick assets 66

[R]
raw material 156
recognition 284
recoverable amount 247, 250
retained earnings 66, 68
revaluation model 208

[S]
salvage value 186
selling, general, and administrative expenses 81
semi-finished goods 157
simple interest 274
statement of financial position 39
straight-line method 188
sum-of-the-years'-digits method 200
supplies 157

[T]
tax accounting 20
temporary accounts 116
time value 268
trial balance 109

[U]
unearned revenues 142
units-of-production method 202
useful life 186

[V]
value in use 251

[W]
weighted average method 173
work-in-process 156

[저자 약력]

김세연

현 (주)세이버파트너스 대표이사
서울대학교 경영대학 경영학과 졸업(1995)
서울대학교 대학원, 경영학석사(1998)
Drexel University 정보공학대학원, 정보공학석사(2004)
숭실대학교 회계학과, 경영학박사(2012, 회계학전공)
2021~2024 초록뱀그룹 부회장, (주)티엔엔터테인먼트 대표이사
2014~2020년: 주식회사 아이오케이컴퍼니(코스닥상장법인) 대표이사
2016~2018년: 더블유투자금융 주식회사(신기술사업금융회사) 대표이사
2009~2014년: 더블유홀딩컴퍼니 주식회사(코스닥상장법인) 대표이사
2006~2009년: 회계법인 리안 설립. Partner, TS/FAS본부 대표
2015~2017년: 대한중재인협회 부회장
2010~2017년: 대한상사중재원 중재인. 대한중재인협회 이사
2012~2016년: 숭실대학교 경영대학 겸임교수
2008~2011년: 서울시립대학교 상경대학 겸임교수
1998~2006년: 삼일회계법인 TS/FAS
경희대학교, KT&G사내 MBA과정, 우리은행 구조조정 전문가 과정, 기술거래소 M&A 전문가과정, 효성그룹 사내 교육프로그램 등 강의 진행

김경태

현 서울시립대학교 경영대학 교수
서울대학교 경영대학 경영학과 졸업(1996)
연세대학교 대학원, 경영학석사(1998)
LG경제연구원 근무
서울대학교 대학원, 경영학박사(2006, 회계학 전공)
강의우수교수상, 서울시립대학교, 2012, 2014, 2017, 2019
회계 · 세무와 감사연구 논문 현상공모전 최우수상, 한국공인회계사회, 2013
한국회계학회 학위논문상 공모 최우수상, 2006
The Vernon Zimmerman Best Paper Award, the 16th Asian-Pacific Conference on International Accounting Issues, 2004

기업정보와 회계 (제2판)

2022년 2월 22일 초판 발행
2025년 2월 25일 제2판 발행

저 자 김세연 · 김경태
발행인 윤 동 구
발행처 **창 민 사**
서울시 마포구 창전로 46 4층 401호
등 록 1999. 10. 28/제10-1846호
전 화 3272-1243~4
팩 스 3272-1245
e-mail cmbooks@hanmail.net

정가 25,000원
ISBN 979-11-92272-28-3 03320